KB082543

카르미데스

정암고전총서 플라톤 전집

카르미데스

플라톤

유혁 옮김

아카넷

정암고전총서는 윤독의 과정을 거쳐 책을 펴냅니다.
아래의 정암학당 연구원들이 『카르미데스』 원고를 함께 읽고
번역에 도움을 주셨습니다.
김인곤, 이기백, 정준영, 김주일, 강성훈

'정암고전총서'를 펴내며

그리스·로마 고전은 서양 지성사의 뿌리이며 지혜의 보고이다. 그러나 이를 우리말로 직접 읽고 검토할 수 있는 원전 번역은 여전히 드물다. 이런 탓에 우리는 서양 사람들의 해석을 수동적으로 수용하는 처지를 완전히 극복하지 못하고 있다. 사상의 수입은 있지만 우리 자신의 사유는 결여된 불균형의 문제를 안고 있는 것이다. 이런 상황은 우리의 삶과 현실을 서양의 문화유산과 연관 지어 사색하고자 할 때 특히 심각한 문제를 야기한다. 우리 자신이 부닥친 문제를 자기 사유 없이 남의 사유를 통해 이해하거나 해결하는 것은 거의 불가능하기 때문이다. 우리의 문제에 대한 인문학적 대안들이 때로는 현실을 적확하게 꼬집지 못하는 공허한 메아리로 들리는 것도 그런 이유 때문일 것이다.

한 공동체에서 살아가는 사람들이 자신들의 생각과 말을 나누며 함께 고민하는 문제와 만날 때 인문학은 진정한 울림이 있는 메아리가 될 수 있다. 이것은 우리가 우리의 현실을 함께 고민하는 문제의식을 공유함으로써 가능하겠지만, 그조차도 함께 사유할 수 있는 텍스트가 없다면 요원한 일일 것이다. 사유를 공유할 텍스트가 없을 때는 앎과 말과 함이 분열될 위험에 노출될 수 있기 때문이다. 이런 점에서 진정한 인문학적 탐색은 삶의 현실이라는 텍스트, 그리고 생각을 나눌 수 있는 문헌 텍스트와 만나는 이중의 노력에 의해 가능할 것이다.

현재 한국의 인문학적 상황은 기묘한 이중성을 보이고 있다. 대학 강단의 인문학은 시들어 가고 있는 반면 대중 사회의 인문학은 뜨거운 열풍이 불어 마치 중흥기를 맞이한 듯하다. 그러나 현재의 대중 인문학은 비판적으로 사유하는 인문학이 되지 못하고 자신의 삶을 합리화하는 도구로 전락하는 경향이 없지 않다. 사유 없는 인문학은 대중의 욕망을 충족시키기 위해 소비되는 상품에 지나지 않는다. '정암고전총서' 기획은 이와 같은 한계상황을 극복할 수 있는 기본적인 토대를 마련하고자 하는 절실한 문제의식에서 시작되었다.

정암학당은 철학과 문학을 아우르는 서양 고전 문헌의 연구와 번역을 목표로 2000년 임의 학술 단체로 출범하였다. 그리고 그 첫 열매로 서양 고전 철학의 시원이라 할 『소크라테스 이전 철학자들의 단편 선집』을 2005년도에 펴냈다. 2008년에는 비영리 공익법인의 자격을 갖는 공적인 학술 단체의 면모를 갖추고 플라톤 원전 번역을 완결할 목표 아래 지금까지 20여 종에 이르는 플라톤 번역서를 내놓고 있다. 이제 '플라톤 전집' 완간을 눈앞에 두고 있는 시점에 정암학당은 지금까지의 시행착오를 밑거름 삼아 그리스·로마의 문사철 고전 문헌을 우리말로 옮기는 고전 번역 운동을 본격적으로 펼치려 한다.

정암학당의 번역 작업은 철저한 연구에 기반한 번역이 되도록 하기 위해 처음부터 공동 독회와 토론을 통해 이루어진다. 번역 초고를 여러 번에 걸쳐 교열·비평하는 공동 독회 세미나를 수행하여 이를 기초로 옮긴이가 최종 수정하는 방식으로 진행된다. 이같이 공동 독회를 통해 번역서를 출간하는 방식은 서양에서도 유래를 찾기 어려운 번역 시스템이다. 공동 독회를 통한 번역은 매우 더디고 고통스러운 작업이지만, 우리는 이 같은 체계적인 비평의 과정을 거칠 때 믿고 읽을 수 있는 텍스트가 탄생할 수 있다고 확신한다. 이런 번역 시스템 때문에 모든 '정암고전총서'에는 공동 윤독자를 병기하기로 한다. 그러나 윤독자들의 비판을 수용할지 여부는 결국 옮긴이가 결정한다는 점에서 번역의 최종 책임은 어디까지나 옮긴이에게 있다. 따라서 공동 윤독에 의한 비판의 과정을 거치되 옮긴이들의 창조적 연구 역량이 자유롭게 발휘될 수 있도록 노력하였다.

정암학당은 앞으로 세부 전공 연구자들이 각각의 연구팀을 이루어 연구와 번역을 병행함으로써 아리스토텔레스 철학 원전, 키케로 전집, 헬레니즘 선집 등의 번역본을 출간할 계획이다. 그리고 이렇게 출간될 번역본에 대한 대중 강연을 마련하여 시민들과 함께 호흡할 수 있는 장을 열어 나갈 것이다. 공익법인인 정암학당은 전적으로 회원들의 후원으로 유지된다는 점에서 '정암고전총서'는 연구자들의 의지뿐만 아니라 시민들의 소중한 뜻이 모여 세상 밖에 나올 수 있는 셈이다. 이런 점에서 '정암고전총서'가 일종의 고전 번역 운동으로 자리매김되길 기대한다.

'정암고전총서'를 시작하는 이 시점에 두려운 마음이 없지 않으나, 이런 노력이 서양 고전 연구의 디딤돌이 될 것이라는 희망, 그리고 새로운 독자들과 만나 새로운 사유의 향연이 펼쳐질 수 있으리라는 기대감 또한 적지 않다. 어려운 출판 여건에도 '정암고전총서' 출간의 큰 결단을 내린 아카넷 김정호 대표에게 경의와 감사의 뜻을 전한다. 끝으로 정암학당의 기틀을 마련했을 뿐만 아니라 앎과 실천이 일치된 삶의 본을 보여 주신 이정호 선생님께 존경의 마음을 표한다. 그 큰 뜻이 이어질 수 있도록 앞으로도 치열한 연구와 좋은 번역을 내놓는 노력을 다할 것이다.

2018년 11월

정암학당 연구자 일동

'정암학당 플라톤 전집'을 새롭게 펴내며

플라톤의 사상과 철학은 서양 사상의 뿌리이자 서양 문화가 이루어 온 지적 성취들의 모태가 되었다는 점에서 큰 의미를 지니고 있다. 특히 그의 작품들 대부분은 풍성하고도 심오한 철학적 문제의식을 담고 있을 뿐만 아니라 생동감 넘치는 대화 형식으로 쓰여 있어서, 오늘날까지 많은 사람이 최고의 철학 고전이자 문학사에 길이 남을 걸작으로 손꼽고 있다. 화이트헤드는 '유럽철학의 전통은 플라톤에 대한 일련의 각주'라고까지 하지 않았던가.

정암학당은 플라톤의 작품 전체를 우리말로 공유할 수 있도록 하자는 취지에서 뜻있는 학자들이 모여 2000년에 문을 열었다. 그 이래로 플라톤의 작품들을 함께 읽고 번역하는 데 매달려 왔다. 정암학당의 연구자들은 애초부터 공동 탐구의 작업 방식을 취해 왔으며, 이에 따라 공동 독회와 토론을 통해 텍스트를 이해하는 노력을 기울여 왔고, 초고를 여러 번에 걸쳐 교열·비평하는 수고 또한 마다하지 않았다. 2007년에 『뤼시스』를 비롯한 3종의 번역서를 낸 이후 지금까지 출간된 정암학당 플라톤 번역서들은 모두 이 같은 작업 방식으로 이루어진 성과물들이다.

정암학당의 이러한 작업 방식 때문에 번역 텍스트를 출간하는 데 출판사 쪽의 애로가 없지 않았다. 그동안 출판을 맡아 준 이제이북스는 어려운 여건에서도 플라톤 전집 출간의 의미를 이해하고 전집 출간 사업에 동참하여 많은 노력을 기울여주었다. 그 결과 2007년부터 2018년까지 20여 종의 플라톤 전집 번역서가 출간되었다. 그러나 최근 이제이북스의 여러 사정으로 인해 전집 출간을 마무리하기가 어려워졌다. 정암학당은 플라톤 전집 출간을 이제이북스와 완결하지 못하게 된 것에 대해 아쉬움을 표하는 동시에 그동안의 노고에 고마움을 전한다.

정암학당은 이 기회에 플라톤 전집의 번역과 출간 체계를 전반적으로 정비하기로 했고, 이런 취지에서 '정암학당 플라톤 전집'을 '정암고전총서'에 포함시켜 아카넷 출판사를 통해 출간할 것이다. 아카넷은 정암학당이라는 학술 공간의 의미를 이해하고 '정암학당 플라톤 전집' 출간의 가치를 공감해주었다. 여러 가지 측면에서 많은 어려움이 있었음에도 어려운 결단을 내린 아카넷 출판사에 감사를 표한다.

정암학당은 기존에 출간한 20여 종의 번역 텍스트를 '정암고전총서'에 편입시켜 앞으로 2년 동안 순차적으로 이전 출간할 예정이다. 그러나 이런 작업이 짧은 시간에 추진되었기 때문에 번역자들에게 전면적인 수정을 할 시간적 여유가 주어지지는 않았다. 따라서 아카넷 출판사로 이전 출간하는 플라톤 전집은 일부의 내용을 보완하고 오식을 수정하는 선에서 새로운 판형과 조판으로 출간한다. 이 점에 대해서는 독자들께 양해를 구한다. 정암학당은 출판사를 옮겨 출간하는 작업을 진행하는 동시에, 플라톤 전집 중 남아 있는 텍스트들에 대한 번역본 출간 시기도 앞당길 수 있도록 노력할 것이다. 그리하여 오랜 공동 연구의 결실인 '정암학당 플라톤 전집' 전체를 독자들이 조만간 음미할 수 있도록 최선을 다할 것이다.

끝으로 정암학당의 기반을 마련해 주신 고 정암(鼎巖) 이종건(李鍾健) 선생을 추모하며, 새 출판사에서 플라톤 전집을 완간하는 일에 박차를 가할 것을 다짐한다.

2019년 6월

정암학당 연구자 일동

차례

작품 내용 구분

등장인물[*]

소크라테스(Sōkratēs, 469~399 BC)

작품 속의 장면 설정 시점이 기원전 429년이라고 보면, 현재 나이는 40세가
량이라고 추정해 볼 수 있다. 주인공 소크라테스에 대해서는 「작품 안내」에
서 다양한 설명을 했다.

카이레폰(Chairephōn, 469?~399 BC)

소크라테스의 가장 절친한 친구 중 한 사람으로 알려져 있다. 『소크라테스의
변론』편에 따르면 델포이에서 신탁을 받아 온 인물이다. 정확한 생몰 연대가
알려져 있지 않으나, 소크라테스와 비슷한 연배였을 것으로 추정된다. 그는
『고르기아스』에도 등장하는데, 첫 장면에서 소크라테스는 카이레폰과 함께
아고라(agora)에서 ― 아마도 동료 시민들과의 대화에 힘쓰느라고 ― 시간을
보내다가 칼리클레스가 마련한 고르기아스의 연설회에 늦게 도착한 것으로
설정되어 있다. 카이레폰은 작품의 도입부 대화의 전개 과정에 생생함을 더
해 준다.

크리티아스 (Kritias, 460~403 BC)

이 작품이 설정하고 있는 장면에서 크리티아스는 대략 30~31세가량인 것으
로 추정된다. 그는 기원전 404~403년에 성립된 30인 참주들의 과두정 체제
의 우두머리로서 정권을 찬탈하고 시민들의 재산 몰수, 반대파 살해 등의 전

---

[*] 등장인물의 역사적인 인물로서의 생몰연대는 네일스(Nails, 2002)의 추정을
    따랐다.

횡을 주도했던 것으로 알려져 있다. 또한 그는 플라톤의 어머니와 사촌 간이었던 것으로 알려져 있다.

카르미데스(Charmidēs, 446~403 BC)

대화 장면 속에서 현재 (기원전 429년을 기준으로 보자면) 17살가량의 소년이며, 크리티아스와 사촌 간이다. 훗날 크리티아스가 30인 참주들의 우두머리로서 활동하던 때에 카르미데스는 그의 하수인 또는 일종의 행동대원으로서 페이라이에우스(Peiraieus) 지역을 관할하는 10인 중의 하나로 지명되었다고 알려져 있다. 크리티아스와 마찬가지로 플라톤의 어머니와 사촌 간이었다고 한다.

등장인물들 상호 간의 호칭 및 높임말

『소크라테스의 변론』편에서도 언급되고 있듯이 소크라테스와 카이레폰은 상당히 친근한 친구 사이였던 것으로 보이며, 이를 반영하여 둘은 서로 격의 없이 대화를 나누는 것으로 옮긴다. 하지만 소크라테스가 크리티아스와 대화를 하는 대목에서는, 소크라테스와 크리티아스 둘 모두 어느 정도의 거리를 취하고 있는 것으로 보고 서로 존댓말을 쓰는 것으로 상정한다. 한편 『카르미데스』편의 장면 설정을 고려할 때, 작품의 첫 줄에서 언급되고 있듯이 포테이다이아 전투에 참전했던 소크라테스가 아테네로 돌아온 연도는 기원전 429년이므로, 소크라테는 지금 이 대화편 속에서 40세가량이라고 추정할 수 있고, 크리티아스는 31세가량이라고 계산할 수 있겠다. 두 사람의 상호작용에서 드러나는 거리감을 생각할 때 서로 격의 없이 아주 친밀하게 대화를 나누는 것으로 보기는 어렵고, 그렇다고 (우리 말과 문화를 투사해서) 소크라테스가 말을 놓고 크리티아스가 말을 높이는 것은 적합하지 않아 보인다. 반면에 소크라테스와 카르미데스가 대화하는 대목에서는, 카르미데스가 이 작품의 대화 장면 속에서 현재 17살가량의 소년이므로 소크라테스가 말을 다소간 놓고 카르미데스는 존대하는 것으로 상정하고 옮긴다. 한편 작품이 취하고 있는 일종의 액자 장치를 고려할 때, 소크라테스는 액자 밖의 어떤 친구에게 자신의 과거 경험을 보고하고 있는데, 그에게는 예사말을 쓰는 것으로 옮긴다. 이렇게 역자가 번역을 위해 상정한 등장인물들 간의 친소에 따른 일종의 심리적 거리 및 상호작용은 — 번역의 가독성을 높이기 위해서 — 우리 말과 문화를 어느 정도 반영하여 설정한 것이며, 원문이 보여주는 일종의 문화적인 실상을 있는 그대로 고스란히 전달하는 것이라고 보기는 어렵다는 점도 밝혀둔다.

일러두기

- 『카르미데스』 우리말 번역의 희랍어 원전 텍스트는 OCT(Oxford Classical Texts) 시리즈에 포함된 버넷(1903/1987[20])의 편집본이다.

  Burnet, J. (ed.) (1903/1987[20]), *Platonis Opera*, vol.3, Oxford: Oxford University Press.

- 번역 과정에 참고한 기존의 여러 외국어 번역 및 단행본과 논문 등의 서지 사항은 권말의 참고문헌에서 밝힌다.

  한편 플라톤 작품의 특정 구절을 지칭하는 데에는 전통적으로 1578년 Henricus Stephanus(Henri Estienne)가 출간한 플라톤 작품의 쪽수인, 스테파누스 쪽수(Stephanus pagination)를 기준으로 삼는다. 물론 옥스퍼드 고전 텍스트(Oxford Classical Text, OCT로 약칭) 시리즈로 1900~1907년에 버넷이 간행한 플라톤 전집(Platonis Opera) 텍스트도(그중 1권은 1995년에 개정판이 나왔다) 스테파누스 쪽수를 여백에 표시하고 있다. 한편 172a1(172a면의 1번째 줄)과 같이 특정 페이지의 줄 수(line number)를 지칭할 필요가 있는 경우에 그것을 표시하는 방식은 버넷 텍스트의 편제를 따른다. 이에 따라 희랍어 원문 텍스트를 우리말로 옮기고 번역 원고를 편집하면서 위에 언급한 스테파누스 쪽수 및 행수 표기 관례를 기준으로 삼았지만, 그 과정에서 우리말 문장 구조와 희랍어 문장 구조의 차이로 인해서, 쪽과 줄의 구분이 둘 사이에 정확히 일치하지 않는 일은 불가피하게도 빈번하게 일어난다는 사실을 미리 일러둔다.

  또한 주석이나 해설에서도 특정한 단어가 등장하는 자리를 언급하거나 표시할 필요가 있는 경우에는—우리말 번역의 쪽과 행 표시가 아니라—희랍어 원문 텍스트의 행수를 기준으로 삼아서 표기하였다. 이로 인하여, 특정 단어가 등장한다고 주석이나 해설에서 언급한 텍스트 행수가 우리말 번역본의 것과 정확히 일치하지 않는 일은 피할 수 없었다. 이를테면, 157d9에 등장한다고 표시한 단어가 우리말 번역본에서는 해당 문장 내의 어순으로 인해서 157e라고 표시된 곳 다음에 등장하는 일이 있고 이는 불가피하다.

- 이 번역에서 묶음표의 사용법은 다음과 같다.

  [대괄호] 안의 것은 텍스트 편집자인 버넷이 제외하고 읽자고 제안한 것을, 〈꺾쇠〉는 보충하여 읽자고 제안한 것을 나타낸다. 이 둘은 번역의 기준 판본으로 삼은 텍스트 원문에 본래 들어 있는 것이다.

  또한 — 맞줄표 — 는, 그것이 원문에 사용된 경우에는 해당 부분에 주석을 달아서 이를 분명히 밝힌다. 그리고 역자가 번역문에서 우리말 표현과 의미 전달에 도움이 된다고 판단하여 사용한 맞줄표에도 — 그 사용을 최소로 하려고 노력하였는데 — 주석을 달아서 설명하였다.

- 희랍어 지명과 고유명사는 고전 시대의 희랍어 발음에 가깝게 발음을 모사하여 적는 것을 원칙으로 삼는다. 그리하여 어떤 특정한 고유명사가 등장하는 자리에서 그 고유명사의 희랍어 발음에 가깝게 우리말로 적고, 필요한 경우 (괄호나 주석에서) 원래 단어에 상응하는 로마자 음역(transliteration)을 병기한다. 희랍어 문자를 사용하는 것이 나름의 효용이 있으나, 출판 작업의 편의와 일반 독자들의 이해를 위해서 로마자로 옮겨 적었다. 또 라틴어식 표기 전통을 따른 영어식 고유명사 표기가 널리 쓰이고 있는 경우에는, 특히 그것이 우리말에서 이미 외래어로 수용되어 널리 쓰이고 있는 경우에는, 이를 경우에 따라 허용한다.

- 작품의 본문은 소크라테스가 과거에 자신이 경험한 일을 누군지 알려지지 않은 친구에게 보고하는 형식으로 되어 있다. 그 보고 내용의 대부분은 소크라테스와 그 상대방이 서로 주고받은 대화로 되어 있다. 그 대화의 전달 과정에서 원문 텍스트에 '그가 말했다' 또는 '내가 말했다'라는 표현이 있는 경우에는 그 내용을 따옴표 안에 넣어서 표시했다. 하지만 원문 텍스트에 '그가 말했다' 또는 '내가 말했다'는 표현이 없이 발화 내용만 등장하는 경우에는 따옴표를 사용하지 않았다. 그렇게 한 이유와 취지는 주석에서 상세하게 밝혔다.

카르미데스

카르미데스

소크라테스[1]

우리는 그 전날 저녁나절에 포테이다이아[2]의 주둔지(駐屯地)에   153a
서 돌아왔다네. 어찌나 오랜만에 돌아왔던지, 나는 늘 마음 쓰던
일을 하러 익숙하게 드나들던 곳으로 기쁘게 갔다네.[3] 더 정확히
말하자면 바실레[4] 신전 맞은편에 있는 타우레아스의 레슬링 경
기장 안으로 들어갔는데,[5] 그곳에서 나는 매우 많은 사람들과 마
주치게 되었다네. 한편에는 내가 알지 못하는 사람들도 있었지
만, 그들 대부분은 내가 아는 사람들이었다네. 내가 예견치 않게   b
들어오는 것을 보고서, 곧바로 그들도 멀리에서부터 저마다 여
기저기에서 나를 반겼다네. 특히 카이레폰[6]은 마치 미치기라도
한 사람처럼 그들 가운데에서 펄쩍 뛰어오르더니 나에게 달려왔
고, 내 손을 잡더니 "소크라테스," 그가 말했다네. "어떻게 그 전
투에서 살아 돌아왔나?"[7] 우리가 떠나오기 조금 전에 포테이다
이아에서 전투가 있었는데,[8] 그 소식을 여기 사람들은[9] 방금 전

에야 전해 들었던 것이라네.

그리고 나도 그에게 대답하여 말했네. "이렇게 자네가 보다시피."

c "그런데 이곳에 전해진 바로는" 그가 말했다네. "그 전투가 격렬했었으며 그 전투에서 우리가 아는 많은 이들이 죽었다고 하더군."

"꽤 정확하게" 내가 말했다네. "사실대로 소식이 전달되었군."

"전투에는 직접 참여했었나?"[10] 그가 물었다네.

직접 참여했었다네.[11]

"자 이리로," 그가 말했다네. "앉아서 우리에게 상세히 이야기해 주게. 우리는 도대체 아직까지 모든 것들을 분명하게 전해 듣지 못했으니까." 그와 동시에 그는 나를 데려다 칼라이스크로스의 아들인 크리티아스 곁에 앉혔다네.[12]

그리하여 나는 그 곁에 앉으면서 크리티아스와 그리고 다른 사람들과 인사를 나누었고, 그들에게 주둔지에서 일어났던 일들을 누군가 나에게 무엇을 묻든지 간에 상세하게 이야기해 주었다네. 그들도 저마다 제 각각 다른 것을 물었다네.

d 그러한 것들을 우리가 충분히 다루었을 때, 이번에는 내가 그들에게 이곳의 일들에 대해서 물었다네.[13] 지혜를 사랑함과 관련해서[14] 지금 사정이 어떠한지, 또 젊은이들과 관련해서 그들 가운데에 누군가가 지혜로 보나 또는 아름다움으로 보나 아니면

24

둘 모두를 보더라도 뛰어난 자들로 성장했는지를 물었다네.[15] 그러자 크리티아스가 출입문 쪽을 바라보더니, 어떤 젊은이들이 들어오면서 서로에게 욕을 해대고 또 다른 무리가 그 뒤를 따라오는 모습을 보고서는 말했다네. "아름다운 자들에 관해서라면, 소크라테스, 제가 보기에 당신은 곧 아시게 될 것입니다. 마침 들어오고 있는 이 사람들이 지금 상황에서는 가장 아름답다고 여겨지는 자의 선발대이자 연인들이어서, 제가 보기에는 그 사람 자신도 이미 근처 어딘가에서 이리로 다가오고 있는 것이 분명하니까요."[16]

"그가 누구고 또 누구의 아들입니까?" 내가 말했다네.

"아마 당신도 아실 테지만," 그가 말했다네. "당신이 원정을 떠나기 전에 그는 아직 나이가 차지 않았었지요. 카르미데스라고, 우리 삼촌 글라우콘의 아들인데, 제 사촌이지요."[17]

"물론 알지요. 제우스에게 맹세컨대,"[18] 내가 말했다네. "그는 아직 어린아이였던 그때에도 결코 평범하지 않았으니까요. 지금쯤이면 제 생각에 아마도 그는 벌써 족히 청년이 되었겠군요."

"곧바로" 그가 말했다네. "당신은 그가 얼마나 성장했는지 또 어떤 사람이 되었는지를 알게 될 것입니다." 그리고 그가 이런 이야기를 하는 것과 동시에 카르미데스가 들어왔다네.

나를 도구로 써서는, 친구여,[19] 결코 아무것도 측정할 수가 없다네. 왜냐하면 아름다운 사람들에 대해서 나는 단지 흰 줄일 뿐

154a

b

이니까[20] — 사실상 내게는 그만한 나이에 다다른 이들 거의 모두가[21] 아름답게 보이기 때문이지 —[22] 하지만 그렇다고 해도 정말이지 그때에도 그는 나에게 그 체구로 보나 또 그 아름다움으로 보나 경이롭게 보였고, 다른 사람들도 실은 모두 그를 사랑하고 있는 걸로 나에게는 보였다네 — 그가 들어왔을 때 그들은 그렇게 두들겨 맞은 듯 얼이 빠져서 난리를 떨고 있었지 —[23] 그리고 정말이지 많은 다른 연인들이 그 뒤를 따르는 무리들 가운데에도 뒤쫓아 오고 있었다네. 다 큰 어른들인[24] 우리들의 상황은 별로 놀라울 것도 없었다네. 하지만 나는 소년들에게도 관심을 돌려 보고서, 그들 중의 어느 누구도, 심지어 가장 어린아이라고 할지라도, 다른 곳을 향해 시선을 두고 있지 않았고, 도리어 모두가 마치 조각상을 우러러보듯 그를 바라보고 있었음을 주목하게 되었다네.[25] 그리고 카이레폰도 나를 부르더니 말했다네. "자네에게는 이 젊은이가 어때 보이는가? 소크라테스, 얼굴이 잘 생기지 않았나?"

"정말 출중하군." 내가 말했다네.

"하지만 정말이지 이 소년이," 그가 말했다네. "만약 벗으려고 들기라도 한다면,[26] 자네에게 그는 얼굴이 없다고[27] 보이게 될 것이네. 그렇게도 그 외모가 완벽하게 아름답다네."[28]

그러자 다른 사람들도 바로 이런 점들에 대해서 카이레폰에게 동의를 했다. 그리고 나도 "헤라클레스!"[29]라고 하면서 말했지.

26

"당신들은 그가 얼마나 정복하기 불가능한 남자라고 말씀하시는 것인가요.[30] 만약 게다가 그에게 정말로 어떤 작은 것 하나만 더 붙어 있게 된다면 말입니다."[31]

"그것이 무엇입니까?" 크리티아스가 말했다네.

"만약 그 영혼을 보건대" 내가 말했다네. "그가 좋은 본성을 타고났다면 말입니다.[32] 아마도 그가 그런 사람인 것이 합당하겠지요. 크리티아스, 그는 당신네 집안사람이니까요."[33]

"아니[34]" 그가 말했다네. "이 점에서도 그는 아주 아름답고 훌륭합니다."[35]

"그러면 왜" 내가 말했다네. "우리는 그의 바로 이 점을 벗겨서 그 외모[36]에 앞서 주시하지[37] 않은 것입니까? 어쨌든 그가 그만한 나이가 되었으니 진작에 대화하려고 할 용의가 있을 것이 무엇보다도 분명할 텐데요."

"물론 그렇죠." 크리티아스가 말했다네. "감히 당신께 말씀드리건대 그는 지혜를 사랑하는 자일 뿐만 아니라, 다른 사람들이 보기에도 그렇고 특히 그 자신이 보기에도 그렇다고 하는데, 시재(詩才)가 대단히 뛰어나니까요."[38]

"바로 이 아름다움은," 내가 말했다네. "친애하는 크리티아스, 저 멀리 옛날부터, 솔론과 한 집안이 된 이래로,[39] 당신네 집안에 속하는 것이군요. 그런데 왜 그 청년을 이리로 불러다가 저에게 보여주지 않으신 거죠? 비록 그가 훨씬 더 어렸다고 하더라

도, 그의 후견인이자 또 동시에 사촌이기도 한 당신 앞에서 우리
와 함께 대화를 나누는 것이 아마도 그에게 결코 부끄러운[40] 일
은 아니었을 텐데요."[41]

"아니,[42] 좋은 말씀입니다." 그가 말했다네. "그를 우리가 부
b 를 겁니다." 그러면서 동시에 그의 시종을 향해서 "애야," 하고
그는 말했다네. "카르미데스를 불러와라. 얼마 전에 그가 아프
다고 나에게 호소했던 그 질병을 치료해 줄 의사에게[43] 그를 내
가 소개시켜 주고 싶다고 이야기하거라." 그러더니 나를 향해서
크리티아스가 말했다네. "바로 얼마 전에 그가 저에게 말하더군
요. 아침에 일어나서부터 머리가 좀 무겁다고 말입니다. 그런데
무엇이 당신이 그를 상대로 머리를 치료할 어떤 약을 쓸 줄 아는
척하며 나서지 못하게 막습니까?"[44]

"아무것도 막지 않습니다." 내가 말했다네. "그가 오게만 하십
시오."

"안 그래도 그가 올 것입니다." 그가 말했다네.

그러자 그런 일이 정말로 벌어졌다네. 그가 실제로 왔고, 또
c 많은 웃음거리를 자아냈다네. 앉아 있던 우리들 각자는, 자기 자
신 곁에 그가 앉게 하려고, 자리를 만들면서 자기 옆 사람을 열
성적으로 밀치고 있었고,[45] 이런 일은 우리가 가장자리에 앉아
있던 사람들 중에서 한쪽 끝의 사람을 일으켜 세우고 또 다른 한
쪽 끝의 사람을 열 밖으로 내동댕이쳐 버렸을 때까지 계속되었

으니까. 하지만 그는 들어와서, 나와 크리티아스 사이에 앉았다
네.[46] 바로 그때 정말이지, 친구여,[47] 나는 이미 어찌해야 할 바
를 몰랐고, 또 방금 전에 내가 아주 쉽게 그와 대화하게 될 것이
라고 기대하며 지니고 있던 그 대담함은 한방에 무너졌다네. 그
러고 나서 내가 치료약을 아는 사람이라고 크리티아스가 이야기
하자, 그는 나를 두 눈으로 형언할 수 없게[48] 쳐다 보면서 질문할   d
태세로 다가붙었다네. 그러자 레슬링 경기장에 있던 사람들 모
두가 주위로 몰려들어 우리를 완전히 원으로 둘러쌌다네. 그때
정말이지, 고귀한 친구여,[49] 나는 그의 외투 속의 것들을 보았고,
나는 불이 달아올라서 더 이상 내 자신 안에 머물러 있지 못했다
네.[50] 그리고 나는 퀴디아스[51]가 연애 문제에 관해서 가장 지혜롭
다고 믿게 되었다네. 그는 아름다운 소년을 맞닥뜨린 어떤 다른
사람에게 충고하면서[52] 다음과 같이 이야기했지.

　"조심해야 한다네. 사자 앞 맞은편에 다가가는 새끼 사슴이
　　한 끼니 먹잇감으로 잡히지 않으려면"[53]

　왜냐하면 바로 나 자신이 그런 젖먹이한테 사로잡힌 걸로 보   e
였으니까. 그럼에도 불구하고, 머리를 낮게 할 약을 내가 쓸 줄
아느냐고 그가 물었을 때, 가까스로 나는 그것을 쓸 줄 안다고
어떻게든 대답은 했다네.[54]

"그러면 그것이 무엇이죠?"[55] 그가 말했다네.

그래서 나는 그것이 어떤 약초라고, 하지만 그 약에 얹어서 어떤 주문이 있는데, 만약 누군가가 그 주문을 외면서 또 동시에 그 약도 사용한다면, 그 약은 완전히 건강하게 만들어 줄 것이라고 이야기했다네. 그렇지만 주문이 없이는, 그 약초로부터 아무런 이로움도 없을 것이라고 이야기했다네.

156a   그러자 그가 말했다네. "그럼 이제 제가 당신한테서 그 주문을 받아 적겠습니다."

"만약 자네가 나를 설득하거든 그렇게 할까, 아니면 설득하지 못하더라도 그렇게 할까?"[56] 내가 말했다네.

그러자 그가 웃으면서 말했다네. "제가 당신을 설득시킨다면요, 소크라테스."

"좋아," 내가 말했다네. "내 이름까지도 자네는 정확히 알고 있나?"[57]

"만약 그렇지 않다면, 제가 부당한 일을 저지르는 것이죠."[58] 그가 말했다네. "왜냐하면 저희들 또래의 젊은이들 사이에서 당신에 대해 적지 않은 이야기가 오가고 있고, 제가 어린아이였을 때도 여기 있는 크리티아스와 당신이 함께 어울리던 것을 저는 기억하고 있으니까요."

"자네가 그렇다고 하니 잘 됐네."[59] 내가 말했다네. "그러면 더
b   더욱 자네에게 그 주문에 대해서 그것이 어떠한 것인지를 내가

솔직하게 이야기해 주겠네. 방금 전에 나는 어떤 방식으로 자네에게 그 주문의 힘을[60] 보여줄 수 있을지 난감했었다네. 왜냐하면 그것은, 카르미데스, 단지 머리만을 건강하게 만들어 줄 수는 없는 그러한 것이니까 말이야.[61] 도리어 아마도 이미 자네도 훌륭한 의사들에게서 들었을 텐데, 누군가가 눈이 아파서 그 의사들에게 치료받으러 올 때면, 그들은 아마도 다음과 같이 이야기한다네. 그들이 바로 그 두 눈만을 치료하려고[62] 시도하는 것은 가능하지 않으며, 만약 그 두 눈에 속하는 것들도 좋아지게 되려면[63] 머리까지도 동시에 돌보는[64] 것이 필연적이라고[65] 말일세. 또한 더 나아가서 머리를, 그것에 더불어 신체 전체를 돌보지 않고서, 도대체 그것 자체로만 돌보려고 생각하는 것도 대단히 어리석은 일이라고 이야기하지. 그래서 이 말에서 출발하여[66] 그들은 자신들의 처방을 신체 전체에 적용하면서, 전체와 함께 그 부분을 돌보고 치료하려고 시도한다네.[67] 아니면 자네는 그들이 사정이 그러하다고 이야기한다는 것과 사실이 실제로 그러하다는 것을 감지하고 있지[68] 않았나?"

"당연하지요." 그가 말했다네.

그럼 자네에게는 그것이 잘 이야기되었다고 보이고, 자네는 그 말을[69] 받아들이나?[70]

"무엇보다도 가장 그러합니다."[71] 그가 말했다네.

그리고 나는 그의 칭찬을 듣고 나서 다시 용기를 얻었고, 내게 조금씩 다시 대담함이 한데 모여 일어나고 있었으며, 또 불이 달아오르고 있었다네. 그리고 내가 말했다네. "그러니까 이제, 카르미데스, 바로 이 주문에 속하는 것도[72] 그러하다네.[73] 그것을 나는 거기로 원정 나가서,[74] 트라케에서 온, 잘목시스[75]의 의사들 중 한 사람에게서 배웠는데, 그 의사들은 심지어 사람들을 죽지 않게 만든다고까지 이야기되더군.[76] 그리고 이 트라케 사람은 방금 전에 내가 이야기했던 이것들을 헬라스 의사들이[77] 훌륭하게 이야기한다고 말했다네. '하지만 잘목시스는,' 그는 이야기했지. '우리의 왕이시며, 신이기도 한 그는 다음과 같이 말씀하셨다네.

e "우리가 머리를 돌보지 않고 눈을 치료하려고 시도해서는 안 되고, 신체를 돌보지 않고 머리를 치료하려고 시도해서도 안 되는 것처럼, 바로 그렇게 영혼을 돌보지 않고 신체를 치료하려고 해서도 안 된다네.[78] 하지만 이것이 많은 질병들이 헬라스인들 곁에 있는 의사들을 피해 달아나는 원인이기도 하지. 왜냐하면 그들이 보살펴야 마땅한 그 전체에 관심을 두지 않기 때문인데,[79] 전체가 좋지 않고서는 부분이 좋아지기가 불가능하기 때문이라네."[80] 또한 실로 모든 것이,' 그가 말했다네. '즉 신체에도 전체로서의 인간에게도[81] 나쁜 것들과 좋은 것들이 모두 영혼에서 비롯되며, 마치 머리에서부터 두 눈으로 흘러가는 것처럼, 그렇게 거

157a 기에서부터[82] 모든 것들이 흘러가기 때문이지. 그러므로 우리는 그것을 첫째로 그리고 무엇보다도 각별히 돌보아야 한다네. 만

약 머리에 속하는 것들과 또 다른 신체에 속하는 것들도[83] 좋게 유지되고자 한다면 말이야.' 축복 받은 친구여,[84] 그가 이야기했다네.[85] '영혼은 어떤 주문을 써서 돌보아지며, 이 주문은 아름다운 말이라네.[86] 그리고 바로 그러한 말에서부터 영혼들 안에 절제[87]가 생겨나게 되지. 그리고 그것이[88] 안에 생겨나서 그 자리에 있게 되면, 비로소 머리에도 그리고 신체의 다른 부분에도 건강함을 가져오기가 쉬워진다네.' 그리고 그는 나에게 그 약과 주문을[89] 가르쳐 주면서 말했다네. '어느 누구도 자네를 설득해서 이 약으로 그 자신의 머리를 치료하게 하지 못하도록 하라. 그가 만약 그 영혼을 먼저 내놓고 그 주문을 써서 자네에게 치료받지 않는다면 말일세.[90] 그리고 오늘날에도,' 그가 말했다네. '이 점이, 즉 어떤 이들이 절제와 건강, 이 둘을 따로 떼어 놓고 의사가 되려고 시도한다는 점이 사람들 주위에 퍼져 있는 잘못[91]이니까.' 그리고 나에게도 매우 단호하게 그는 명령했다네. 어느 누구라도, 그가 제 아무리 부유하건 태생이 고귀하건 아름답건 간에, 내가 다른 식으로 행동하도록 설득하는, 그런 자가 결코 없게 하라고 말이야. 그러니 나는—그와 맹세를 했으니 따르는 것도 나에게는 필연적이니까—[92] 그 말에 따르기로 하겠네. 그러니 자네에게도, 만약 자네가 그 이방인[93]의 명령에 따라서 영혼을 우선 내맡기고 그 트라케 사람의 주문을 외기를 원한다면, 나는 머리에 약을 가져다 쓰겠네. 하지만 만약 자네가 그렇게 하기를 원하지 않는다면, 우리가 자네에게 해 줄 수 있는 것이 아무것도 없 겠네. 친애하는 카르미데스."[94]

그러자 내가 이런 이야기를 하는 것을 듣고서 크리티아스가 말했다네. "소크라테스, 머리의 그 질병은 이 젊은이에게 헤르메 스의 선물이[95] 될 것입니다. 만약 그가 그 머리로 인해서 사고능 d 력마저도[96] 더 훌륭하게 되도록 강제될 거라면[97] 말이죠. 하지만 저는 당신에게 카르미데스가 자기 또래의 젊은이들을 그의 외모 에서뿐만 아니라, 당신이 그것의 주문을 갖고 있다고 말하는, 바 로 그 점에서도 능가하는[98] 것으로 보인다고 말하겠습니다. 그리 고 당신은 그것이 바로 절제라고 말씀하시는 거죠.[99] 안 그렇습 니까?"

"물론 그렇습니다." 내가 말했다네.

"그럼 이제 잘 알아두십시오." 그가 말했다네. "아주 엄청나게 도 그가 요즈음 젊은이들 가운데에서 가장 절제 있어 보인다는 것을 말이죠. 그리고 다른 모든 것들을 보더라도, 그가 그 나이 에 도달한 만큼, 그는 누구에게도 뒤처지지 않으니까요."

"그렇군요."[100] 내가 말했다네. "그것이 정당하군,[101] 카르미데 e 스, 자네가 그러한 모든 점들에서 다른 사람들을 능가한다는[102] 것이 말이야. 왜냐하면 내 생각에, 여기 사람들[103] 중에서 다른 어느 누구도, 아테네에 있는 가문들 중에서 어떤 두 집안이 하 나로 합쳐서, 자네가 거기서 태어난 그 두 집안보다도, 더 아름답고 더 훌륭한[104] 자식을 낳을 법한지를 결코 쉽게 보여 줄 수는 없을 테니까 말이네. 자네 아버지 쪽 집안은 드로피데스의 아들인 크리티아스의[105] 집안인데, 아나크레온도 솔론도 그리고 다른 많은 시인들도 그 집안이 그 아름다움으로 보나 뛰어남으로 보나 그리고 행복이라고 불리는 그 밖의 것으로 보나[106] 특출하다고[107] 칭송했음이 우리에게 전해졌으니까.[108] 게다가 또 자네 어머니 쪽 집안도 마찬가지이지. 왜냐하면 자네 아저씨인 퓌릴람페스[109]가 대왕에게든 아니면 대륙에 있는 사람들 중 다른 누군가에게든 여러 번 사절로 갔을 때, 그 대륙[110]에 있는 어느 누구도 그보다[111] 더 아름답고 더 우람한[112] 사내라고 보이지는 않았다고 이야기되니까. 그러니 바로 이쪽 집안 전체가 다른 쪽 집안보다도[113] 전혀 어떤 점에서도 뒤지지 않네. 그러니 정말이지 그러한 집안들에서부터 태어났으므로, 자네는 모든 면에서 으뜸일 것 같네. 그러니 그 외모를 보건대, 친애하는 글라우콘[114]의 아들이여, 자네는 내가 보기에 자네보다 앞서간 조상들 가운데 어느 누구에게도 어떤 점에서도 결코 처지지 않는군. 하지만 정말이지 절제에 관해서도 또 다른 것들에 관해서도 여기 이 사람의[115] 이야기대로 자네가 충분하게 타고났다면, 축복받은 자네를," 내가 말했다네.[116] "친애하는 카르미데스, 자네 어머니께서는 세상에 낳으신 것이네. 그러면 이제 상황은 다음과 같네. 만약 자네에게 이미, 여기 있는 크리티아스가 이야기하듯이, 절제가 들어 있고

158a

b

자네가 충분히 절제를 갖추고 있다면, 잘목시스의 주문이든 또는 휘페르보레오스 출신의 아바리스의[117] 주문이든 아무것도 더 자네에게는 필요하지 않았을 것이고,[118] 오히려 바로 그 머리 치
c 료 약을 자네에게 즉각 주어야 마땅할 것이네. 하지만 자네가 아직 이것들을 필요로 하는 것으로 보인다면, 그 약을 주어 복용하기에 앞서서[119] 주문을 외워야 마땅하겠네. 그러니 자네 스스로 나에게 말해 보게. 자네는 여기 이 사람에게[120] 동의해서 자네가 이미 절제를 충분히 나누어 갖고 있다고[121] 말할 텐가, 아니면 부족하다고 말할 텐가?"

그러자 카르미데스는 낯이 붉어져서 일단 한결 더 아름답게 보였다네. ─그의 수줍음은 그 나이에 어울렸으니까─[122] 그러고 나서 그는 꽤나 고상하게도 대답을 했다네. 그는 지금 상황에서는 질문 내용에 동의하기도 그것을 부인하기도 쉽지 않다고 이야기
d 했으니까. 그가 말했다네. "왜냐하면 만약에 제가 절제 있지 않다고 이야기한다면, 한편으로 자기 자신에 대해서 스스로 그런 말을 한다는 것이 이상할[123] 뿐만 아니라 또 한편으로 여기 있는 크리티아스와 다른 많은 사람들이 ─ 그들에게는 제가 여기 이분 말대로[124] 절제 있다고 보이는데 ─[125] 거짓말하고 있음을 제가 증명해 보여주는 것이 될 테니까요. 하지만 또 만약 제가 절제 있다고 이야기해서 제 자신을 칭찬한다면, 그것 역시 아마도 꼴불견이라고[126] 보이겠지요. 따라서 저는 당신에게 뭐라고 대답해야

할지를 모르겠습니다."[127]

그리고 나는 "나에게는 자네가 그럴듯한 것을 이야기하는 것으로 보이네, 카르미데스"라고 말했다네.[128] "또 나에게는," 내가 계속해서 말했다네. "내가 알아내려는 것을 자네가 지니고 있는지 그렇지 않은지를 우리가 함께 살펴보아야 할 걸로 보이네. 그 e 렇게 해서 자네가 원하지 않는 것을 이야기하도록 강요받지도 않도록 하고, 나 또한 검토해 보지 않은 채로 그 치료법[129] 쪽으로 관심을 돌리지[130] 않도록 말이지. 그러니까 만약 그것이[131] 자네에게 마음에 든다면, 나는 자네와 함께 살펴볼 의향이 있네. 하지만 만약 그렇지 않다면, 내버려 둘 것이네."

"아니[132] 무엇보다도 가장" 그가 말했다네. "마음에 듭니다. 그러면 그렇게 하기 위해서,[133] 그것이 어떤 방식이든지 우리가 더 훌륭하게 검토할 것이라고 당신 자신이 생각하시는 바로 그 방식으로[134] 살펴보시죠."

"그럼 이제 다음과 같은 방식으로," 내가 말했다네. "나에게는 그것에 대한 탐구가 가장 훌륭하게 된다고 보이네. 만약에 자네에게 절제가 들어 있다면, 자네는 그것에 대해서 어떤 의견을 지 159a 닐 수 있을 것이 분명하기 때문이네. 아마도 그것이 들어 있음이, 만약 실제로 그것이 들어 있다면, 어떤 지각을 가져다줄 것이고, 그 지각으로부터 어떤 의견이 자네에게 그것에 대해[135] ― 절제가 무엇이고 또 어떤 종류의 것인지 ― 있게 되리라는 것이 필연적이니까.[136] 자네는 그렇게 생각하지 않나?"

"저로서도 그렇게 생각합니다." 그가 말했다네.

"그렇다면" 내가 말했다네. "자네가 생각하고 있는 바로 이것을, 자네가 헬라스 말을 할 줄 아니까,[137] 즉 그것이 자네에게 무엇이라고 보이는지를 분명 자네는 이야기할 수도 있을 텐데?"[138]

"아마도 그럴 것입니다." 그가 말했다네.

"그럼 이제 그것이 자네에게 들어 있는지 그렇지 않은지를 우리가 추정해 보기 위해서 이야기해 보게." 내가 말했다네. "자네 의견에 따르면 절제가 무엇이라고 자네가 말하는지를."

b   그러자 그는 처음에는 머뭇거렸고 선뜻 대답하려고 하지 않았다. 그러더니 잠시 뒤에 그에게 보이기로는 절제는 모든 것을 조화롭게 그리고 조용하게 행함이라고, 이를테면 길을 걷거나 대화를 나누거나, 그리고 다른 모든 것들을 마찬가지 방식으로 함[139]이라고 그는 이야기했다. "그래서 저에게는" 그가 말했다네. "모든 것을 한데 모아 보면,[140] 당신이 묻고 계신 그것은 어떤 종류의 조용함[141]이라고 보입니다."

"그러면 과연," 내가 말했다네. "자네가 잘 이야기하는 걸까? 사람들이 말하기를 자네도 알다시피, 카르미데스, 조용한 사람들은 절제 있다고 하지. 그럼 과연 그들이 뭔가 말이 되는 이야기를 하는 것인지를[142] 우리가 함께 보기로 하세. 그러니 나에게 이

c 야기해 주게. 절제는 분명히 아름다운 것들[143]에 속하지 않나?"[144]

"물론이죠." 그가 말했다네.

그러면 글 가르치는 선생님한테 배우러 가서 비슷한 글자들을 빠르게 쓰는 것과 조용히 쓰는 것 중에서 어느 쪽이 가장 아름다운가?[145]

빠르게 하는 것이죠.

그럼 읽기는 어떨까? 빠르게 아니면 느리게?[146]

빠르게죠.

그럼 또 마찬가지로[147] 키타라 연주도 빠르게 하는 것이 그리고 레슬링도 민첩하게 하는 것이 조용하게 그리고 느리게 하는 것보다 훨씬 더 아름다운 것이지?

예.

권투 시합과 종합 격투기 경기[148]는 어떨까? 마찬가지 아닐까?

당연하죠.

그러면 달리기와 멀리뛰기[149] 그리고 신체에 속하는 모든 일들에 대해서[150] 민첩하게 그리고 빠르게 이루어지는 것이 아름다운 것들이고, 반면에 [느리게] 힘겹게 그리고 조용하게[151] 이루어지는 것은 부끄러운 것들이 아닐까?

분명히 그렇습니다.[152]

"그렇다면 우리에게 분명하군." 내가 말했다네. "적어도 신체에 관한 한, 조용한 것이 아니라 가장 빠르고 가장 민첩한 것이 가장 아름다운 것임이. 그렇지 않은가?"

d

물론이죠.

그런데 절제는 아름다운 어떤 것이었지?[153]

예.

그럼 이제 적어도 신체와 관한 한, 조용함이 아니라 오히려 빠름이 더 절제 있겠군, 절제가 아름다운 것이라고 했으니까 말이야.

"그렇겠군요." 그가 말했다네.

e   "그럼 이건 어떨까?" 내가 말했다네. "잘 배움이 더 아름다운가 아니면 잘 못 배움이 더 아름다운가?"

잘 배움이죠.

"그러면," 내가 말했다네. "잘 배움은 빠르게 배움이고, 반면에 잘 못 배움은 조용히 그리고 느리게 배움이지?"

예.

그럼 다른 사람을 가르침도 빠르게 그리고 힘차게 하는 것이 조용히 그리고 느리게 하는 것보다 더 아름답지 않은가?[154]

예.[155]

이것은 또 어떨까? 다시 떠올리고 기억하는 일은 조용히 그리고 느리게 하는 것이 더 아름다운가, 아니면 힘차고 빠르게 하는 것인가?

"힘차게," 그가 말했다네. "그리고 빠르게죠."

160a   그러면 명민(明敏)함은 영혼의 조용함이 아니라 영혼의 어떤

민첩함[156]이 아닐까?

참입니다.

그러면 이야기된 것들을 이해하는 일도, 글 가르치는 선생님한테서도 또 키타라 연주를 가르치는 선생님한테서도 그리고 다른 어느 곳에서든지 간에, 가능한 한 조용하게 하는 것이 아니라 가능한 한 빠르게 하는 것이 가장 아름답지 않을까?

예.

그렇다면 영혼의 탐구 활동들[157]에서도 숙의하는 일에서도 가장 조용하게 하는 사람과, 내가 생각하기로는, 어렵사리 숙의하고 고안해 내는 사람은 칭찬받을 만하다고 보이지 않고, 오히려 b 가장 손쉽게 그리고 가장 빠르게 이것을 행하는 사람이 칭찬받을 만하다고 보이는군.

"그건 그렇습니다." 그가 말했다네.

"그렇다면 모든 것들에 대해서," 내가 말했다네. "카르미데스, 영혼과 관련된 것들에 대해서도 신체와 관련된 것들에 대해서도, 빠름과 민첩함에 속하는 것들이 느림과 조용함에 속하는 것들보다 더 아름답다고 우리에게는 드러난 것이지?"

"그럴 것 같습니다." 그가 말했다네.

그렇다면 절제는 일종의 조용함이 아닐 테고, 또한 절제 있는 삶도 조용하지 않겠군. 적어도 지금까지의 이 이야기로 미루어 볼 때, 절제 있는 삶은 — 그것은 절제 있으므로 — 아름다워

야 하니까 말이야.[158] 왜냐하면 다음의 두 가지 서로 다른 선택

c 지가 있으니까. 어떤 경우에도 결코 우리에게는 삶에서의 조용
한 행위들이 빠르고 힘찬 행위들보다 더 아름답지 않다고 드러
났거나 아니면 아마도 아주 드문 경우에만 더 아름답다고 드러
났으니까. 하지만 어찌 되었건 만약, 친구여, 무엇보다도[159] 결코
더 적지 않은 조용한 행위들이 힘차고 빠른 행위들보다 더 아름
답다고 해도,[160] 심지어 이런 식으로는 절제가 힘차고 빠르게 행
위함이기보다 조금이라도 더 조용하게 행위함이지는 않을 테고,
걷거나 말하거나 또 다른 어떤 경우에도 결코 그렇지 않을 것이

d 며, 또 조용한 삶이 조용하지 않은 삶보다 더 절제 있도 않을
것이네.[161] 왜냐하면 이 이야기에서 우리에게 절제는 아름다운
것들에 속하는 어떤 것이라고 가정으로 밑에 놓였었고, 또 빠른
것들이[162] 조용한 것들보다 결코 덜하지 않게 아름다움이 드러났
으니까.[163]

"제게는 당신이 옳게," 그가 말했다네. "소크라테스, 말씀하셨
다고 보입니다."

"자 그럼 다시," 내가 말했다네. "카르미데스, 좀더 주의를 기
울여서 자네 자신 안을 들여다보고, 절제가 들어 있어서 그것이
자네를 어떠한 사람으로 만드는지 그리고 그것이 어떠한 것이길
래 그러한 일을 해낼지를 숙고해 보고서, 이 모든 것들을 한데

e 모아서, 잘 그리고 사내답게[164] 이야기해 보게. 그것이 자네에게

는 무엇이라고 보이는가?"

그러자 그는 멈추더니 매우 사내답게 그 자신을 마주하여 검토해 보고서 "이제 저에게" 그가 말했다네. "절제는 사람이 부끄러워하고 수치심을 느끼게 하는 것으로, 그러니 절제는 염치라고 하는 바로 그것이라고 보입니다."[165]

"좋네," 내가 말했다네. "방금 전에 자네는 절제가 아름다운 것이라고 동의하지 않았었나?"

"분명히 그랬었죠," 그가 말했다네.

그러면 절제 있는 사람들은 훌륭한 사람들이기도 하군?

예.

그럼 사람들을 훌륭하게 만들지 못하는 것이 훌륭할 수 있을까?

아니요, 결코 그럴 수 없습니다.

그렇다면 절제는 아름다운 것일 뿐만 아니라 훌륭한 것이기도 하지.[166]

적어도 제게는 그렇게 보입니다.

"그럼 이것은 어떨까?" 내가 말했다네. "자네는 호메로스가 다음과 같이 이야기할 때, 그가 아름답게 이야기한다고 신뢰하지 않나?"

염치는 곤궁한 사람이 곁에 두기에 훌륭하지 않다.[167]

"저로서는 신뢰합니다."[168] 그가 말했다네.

그렇다면, 지금 보이는 것처럼, 염치는 훌륭하지 않으면서 또 훌륭하기도 하군.[169]

그래 보입니다.

하지만 절제는 훌륭한 것이지. 만약 정말로 그것이 사람들에게 들어 있게 되면 그 사람들을 훌륭하게 만들고, 그것이 들어 있지 않으면 사람들을 나쁘게 만든다면 말이야.

물론이죠,[170] 저에게도 당신이 말씀하시는 것처럼 사정이 바로 그러하다고 보입니다.

그렇다면 절제는 염치가 아니겠군. 만약 그것은 정말로 훌륭한 것임에도, 염치는 나쁜 것이기도 한 경우보다 훌륭한 것인 경우가 결코 더 많지 않다고 한다면 말이야.[171]

"물론 저에게도," 그가 말했다네. "소크라테스, 이것이 옳게 이야기되었다고 보입니다. 그럼 절제에 대한 다음과 같은 제안이 당신에게는 어떻게 보이는지를 살펴보시죠. 방금 생각이 떠올라서 드리는 말씀인데 — 예전에 누군가가 그런 이야기하는 것을 들었거든요 —[172] 절제는 자신에게 속한 것을 행함이라고 하더군요. 그러면 이것을 이야기한 사람이 당신에게는 옳게 이야기했다고 보이는지를 살펴보시죠."

그래서 내가 말했다네. "아, 더러운 녀석![173] 여기 있는 크리티아스에게서 자네는 그것을 들었거나 아니면 지혜로운 사람들 중

44

의[174] 다른 누구한테서 들었군."

"아마도" 크리티아스가 말했다네. "다른 사람한테서 들었겠죠. 분명 저한테서 들은 것은 아니니까요."

"그런데 그것이 무슨 차이가 있죠?" 카르미데스가 말했다네. "소크라테스, 제가 그것을 누구한테서 들었던가 하는 점이?"[175]

"아무 차이 없지." 내가 말했다네. "사실 어떤 경우에도 누가 그것을 이야기했는가 하는 이 점을 우리가 살펴볼 것이 아니라, 이야기되는 것이 참인지[176] 그렇지 않은지를 살펴보아야 하니까."

"이제 옳은 말씀하시는군요." 그가 말했다네.

"제우스에 맹세코," 내가 말했다네. "하지만 만약 우리가 그것과 관련된 사정이 어떠한지를[177] 알아내게 된다면, 나는 경탄할 것이네. 그것은[178] 일종의 수수께끼와 흡사해 보이니까."

"도대체 무엇 때문에 그렇다는 것이죠?" 그가 말했다네.

"왜냐하면 분명," 내가 말했다네. "절제가 자신에게 속한 것을 d 행함이라고 이야기한 그 사람이 결코 그가 그 문구를 발설한 바로 그런 방식으로, 그 뜻을 품고 있지는[179] 않았을 테니까 말이지. 아니면 혹시 자네는, 글 가르치는 선생님이 글을 쓰거나 읽을 때 그가 아무것도 행하지 않는다고 생각하나?"

"저는 분명히 그가 무엇인가를 행한다고 생각합니다." 그가 말했다네.

그러면 글 가르치는 선생님은 자신의 이름만을 쓰고 읽거나 자네들 아이들한테도 그렇게 하라고 가르치는 것으로 자네에게 보이나? 아니면 자네들은 자네들 자신의 이름들과 친구들의 이름들에 못지않게 적들의 이름들도 쓰곤 했지?

그에 못지않게[180] 했었죠.

그러면 이런 것을 하느라고 자네들은 남의 일에 참견했고 절제 있지 않았었나?[181]

결코 그렇지 않습니다.

그런데 정말로 자네들은 자신들에게 속하는 것들을 행하지 않았겠군. 만약 정말로 글쓰기와 읽기가 무엇인가를 행함[182]이라면 말이지.[183]

하지만 그것들은 물론 무엇인가를 행함이지요.[184]

좋아 그렇다면, 친구여, 치료하기, 집 짓기, 옷감 짜기, 그리고 그것이 어떤 종류의 기술이건 간에 기술을 써서 그 기술에 속하는 결과를 완성해 냄도 분명히 무엇인가를 행함[185]이지.

분명히 그렇습니다.

"그럼 이것은 어떤가?" 내가 말했다네. "자네에게는 어떤 나라가 다음과 같이, 각자가 자신의 옷감을 짜서 옷을 만들고 빨래를 하고, 또 가죽을 무두질해서 자신의 샌들을 만들고, 그리고 자신의 기름병과 때밀이[186]를 만들고, 그리고 다른 모든 것들도 똑같은 원리에 따라서 다른 사람들에게 속하는 것들은 손도 대지 않고, 각자가 자신에게 속하는 것을 만들어 내고 행하도록 명령하고 있는 이러한 법 아래에서 잘 다스려진다고 보일까?"

"아니요, 제게는 그렇게 보이지 않습니다." 그가 말했다네.

"아니 그런데," 내가 말했다네. "절제 있게 다스리는 나라는 잘 다스려지겠지."

"어떻게 안 그럴 수 있습니까?" 그가 말했다네.

"그렇다면" 내가 말했다네. "그러한 것들을 행하면서 자신에게 속하는 것을 그러한 방식으로 행하는 것이[187] 절제는 아니겠군."

분명히 아니지요.

그렇다면 자신에게 속한 것을 행함이 절제라고 말했던 그 사람은, 내가 방금 전에 이야기했던 대로, 아마도 수수께끼를 이야기했었던 것이네. 그가 아마도 그렇게 단순한 사람은 아니었을 테니까. 아니면 어떤 멍청이 같은 녀석이 그런 이야기하는 것을 자네는 들었던 겐가, 카르미데스? b

"결코 그렇지 않습니다." 그가 말했다네. "그는 정말이지 대단히 전문가답게[188] 보였으니까요."

그럼 이제 무엇보다도 분명해졌군. 내겐 그렇게 보이는데, 그 사람은 자신에게 속한 것을 행함이 도대체 무엇인지를 알아내기가 정말로 어려울 것이라고 생각하고서, 그것을 수수께끼로 던져 놓았던 게로군.

"아마도 그럴 것 같습니다." 그가 말했다네.

그러면 도대체 자신에게 속하는 것을 행함이란 무엇일까? 자네가 이야기할 수 있나?

"저로서는 모르겠습니다. 제우스에 맹세코!" 그가 말했다네. "하지만 아마도 그 어떤 것도 그것을 이야기한 사람이 자신이 생각에 품고 있던 것을 알지 못하게는 막지 않겠죠." 이렇게 이야기하면서 동시에 그는 슬쩍 미소 지으며 크리티아스를 바라보았다네.

c　그런데 크리티아스는 이미 진작부터 경쟁심으로 안달이 나서 카르미데스 앞에서 그리고 참석해 있던 사람들 앞에서 명예를 얻고 싶어하고 있었음이 분명했다네. 그는 그전까지는 어렵사리 자신을 붙들고 참아 왔는데, 이제 와서는 더 이상 그럴 수가 없게 되었다네. 앞서서 내가 의심했던 것, 카르미데스가 절제에 대한 이 대답을 크리티아스에게서 들었을 것이라는 점이 무엇보다도 더 참이라고 보이니까. 그런데 카르미데스는 자신이 논의를 떠맡기를 원하지 않았기에, 그 대답을 그 사람이 대신 떠맡아 주기를 바라면서, 바로 그 사람을 은근슬쩍 부추겼고, 또 그자신은 완전히 논박 당하였다고 선언했다네. 반면에 크리티아스는 더 이상 참지 못했고, 오히려 그는 카르미데스에게, 마치 어떤 작가가 자신의 작품을 엉터리로 읊고 있는 배우에게 그러듯이, 화가 난 걸로 내게 보였다네. 그래서 크리티아스는 그를 들여다보더니 이야기했다네. "그렇게 생각하나? 카르미데스, 절제

가 자신에게 속하는 것을 행함이라고 말한 그 사람이 도대체 어떤 생각을 품고 있었는지를 자네가 모른다고 해서, 그 사람까지도 정말로 그 뜻을 알지 못한다고 생각하나?"[189]

"하지만, 고귀한 친구여," 내가 말했다네. "크리티아스, 그만한 나이에 있는 여기 이 소년이 그것을 모른다고 해서 그것이 결코 놀랄 만한 일은 아니지요. 그런데 당신은 아마도 나이로 보나 노력을 기울여 온 관심의 정도로 보나[190] 분명히 아실 것 같습니다. 그러므로 만약 절제가 여기 이 소년이[191] 말하는 바로 그것이라고 당신이 동의한다면, 그래서 논의를 넘겨받겠다면, 저로서도 대단히 기꺼이 이야기된 것이 참인지 그렇지 않은지를 당신과 함께 따져 보고 싶습니다." ^e

"아니[192] 전적으로 동의합니다." 그가 말했다네. "그리고 넘겨받겠습니다."

"잘 되었습니다. 당신이 이제," 내가 말했다네. "그렇게 하시니. 그럼 제게 이야기해 주시지요. 제가 방금 전에 물었던 것에, 즉 제작자(製作者)들은 모두 무엇인가를 만든다는 점에[193] 당신은 동의하십니까?"

저는 동의합니다.

그렇다면 당신이 보기에 그들은 자신들에게 속하는 것들만을 ^163a 만듭니까, 아니면 다른 사람들에게 속하는 것들도 만듭니까?

다른 사람들에게 속하는 것들도 만들죠.

그러면 그들은 자신에게 속하는 것들만을 만들지는 않으면서도 절제 있나요?

"무엇이 막습니까?" 그가 말했다네.

"아무것도 저를 막지는 않습니다." 내가 말했다네. "하지만 한번 보시죠. 다음과 같은 사람을, 절제가 자신에게 속하는 것을 행함이라고 전제로 놓고, 그러고 나서 다른 사람들에게 속하는 것들을 행하는 사람들까지도 절제 있지 못하게 막을 것은 아무것도 없다고 이야기하는 사람을 그렇게 하지 못하게 막는 것이 혹시 있는지 보시죠."

"제가 아마도" 그가 말했다네. "다른 사람들에게 속하는 것들을 행하는 사람들이 절제 있다고 하는 이 점도 동의했던 것이군요. 만약 다른 사람들에게 속하는 것들을 만드는 사람들이 절제 있다고 제가 동의했으면 말입니다."[194]

b "제게 말씀해 주시지요." 내가 말했다네. "당신은 만들기와 행하기가 같다고 말하지 않나요?"[195]

"결코 같지 않습니다." 그가 말했다네. "게다가 일하기와 만들기도 같지 않습니다.[196] 왜냐하면 저는 헤시오도스에게서 배웠는데, 그는 일이란 결코 수치스러운 것이 아니라고 말했으니까요.[197] 그렇다면 당신은 다음과 같이, 만약 그가 당신이 방금 전에 이야기하셨던 그러한 일들을 '일하기'라고도 또 '행하기'라고도 불렀다면,[198] 신발 만드는 사람에게, 절인 생선을 파는 사람에

게, 그리고 집에 앉아 있는 사람에게도 결코 수치스러움이 없다
고[199] 이야기했으리라고 생각하십니까? 그렇게 생각해서는 안 되
지요. 소크라테스, 오히려 제가 생각하기에, 그도 만들기는 행하
기나 일하기와는 다르다고 믿었을 것입니다. 또한 만든 결과물 c
인 작품(poiēma)도 어떤 경우에는, 즉 아름다움과 함께 생겨나지
않는다면, 수치스러운 것이 되지만, 일의 결과물인 업적(ergon)
은 어떤 경우에도 결코 수치스러운 것이 아니라고 그는 믿었습
니다.[200] 왜냐하면 그는 아름답게 그리고 이롭게 만들어진 것을
업적(erga)이라고 불렀고, 또 그러한 것들을 만들어 내기를 일하
기(ergasias)와 행하기(praxeis)라고 불렀으니까요.[201] 또 우리는,
그러한 것들만을 자신에게 고유한 것이라고 그는 생각했으며 반
대로 해로운 것들은 모두 다른 사람들에게 속하는 것이라고[202] 그
가 생각했다고 이야기해야 합니다. 그래서 결국 헤시오도스도
또 다른 누구라도 지각 있는 사람이라면 자신에게 속하는 것을
행하는 바로 이 사람을 절제 있다고 부른다고 우리는 생각해야
합니다."[203]

"크리티아스," 내가 말했다네. "당신이 이야기를 시작하자마자 d
곧바로 저는 당신 말을, 자신에게 고유한 것과 자신에게 속한 것
들을 좋은 것들[204]이라 하고 그리고 좋은 것들을 만듦을 행하기라
고 당신이 부르겠다는 주장을, 거의 알아들었습니다. 저는 프로
디코스[205]에게서도 이름들에 대해서 무수히 많은 어떤 것들을 그

가 구별하는 것을 들어 보았으니까요.[206] 하지만 저로서는 이런 이름들 각각을 당신이 원하는 바대로 설정해 놓으라고 당신에게 맡겨 두겠습니다. 그렇지만 단 한 가지, 당신이 사용하는 이름이 어떤 것이든지 간에, 그 이름을 무엇에다가 가져다 붙이는지 그 대상만큼은 분명히 해 두시지요.[207] 그럼 이제 다시 처음부터 더

e 분명하게 정의해 보시죠. 좋은 것들을 행하기 또는 만들기 아니면 당신이 어떻게 이름 붙이기를 원하든지 간에, 절제는 바로 이 것이라고 당신은 이야기하는 것이지요?"[208]

"저는 그렇습니다." 그가 말했다네.

"그렇다면 나쁜 것들을 행하는 사람이 아니라 좋은 것들을 행하는 사람이 절제 있는 것이지요?"

"당신에게는 그럼," 그가 말했다네. "뛰어난 친구여, 그렇게 보이지 않습니까?"

"그건 내버려 두시죠." 내가 말했다네. "어찌 되었건 우리는 그 것이 저에게 어떻게 보이는가를 검토해 볼 것이 아니라, 당신이 지금 이야기하고 있는 것을 검토해 볼 것이니까요."[209]

"그러면 정말이지 저로서는" 그가 말했다네. "좋은 것들이 아니라 나쁜 것들을 만드는 사람은 절제 있지 않으며, 좋은 것들을 만들고 나쁜 것들은 만들지 않는 사람이 절제 있다고 이야기하죠. 저는 좋은 것들을 행함이 절제라고 분명하게 당신에게 그 정의로서 제안하니까요."[210]

"아마도 어떠한 것도 결코 당신이 참인 것들을 이야기하지 못
하게 막지 않을 것입니다.[211] 하지만 바로 이 점에 대해서만큼
은," 내가 말했다네. "저는 놀라워하고 있습니다. 만약 절제 있는
사람들이 그들 자신이 절제 있다는 사실을 모른다고 당신이 생
각한다면 말입니다."[212]

"아니, 저는 그렇게 생각하지 않습니다." 그가 말했다네.

"하지만 조금 전에," 내가 말했다네. "어떠한 것도 결코 제작자
들이 심지어 다른 사람들에게 속하는 것들을 만들면서도 절제 있
지 못하게 막지는 않는다고 당신은 이야기하지 않았었나요?"[213]

"분명히 그렇게 이야기했었죠." 그가 말했다네. "그런데 그것
이 어쨌다는 겁니까?"

아무것도 아닙니다. 하지만 이야기해 보시죠. 당신이 보기에
어떤 의사가 누군가를 건강하게 만들 때, 그는 그 자신에게도 또 b
그가 치료하는 그 사람에게도 이로운 것들을 만드나요?[214]

저에게는 그렇게 보입니다.

그렇다면 이것들을 행하는 사람은 해야 하는 것들[215]을 행하겠
군요?

예.

그러면 해야 하는 것들을 행하는 사람은 절제 있지 않은가요?

그는 정말로 절제 있죠.

그러면 그 의사는 어떤 경우에 그가 이롭게 치료하고 또 어떤

경우에 그렇지 못한지를 아는 것도 필연적이지요?[216] 그리고 각 각의 제작자들도 어떤 경우에 그가 행하게 되는 일의 결과물로 부터 이로움을 얻게 되고, 또 어떤 경우에 그렇지 못하게 되는가 를 아는 것이 필연적이지요?

아마도 그렇지 않을 것입니다.[217]

"그렇다면 때때로" 내가 말했다네. "의사는 이롭게 또는 해롭 게 일을 행하고서도, 그 자신이 어떻게 그 일을 행하였는지 스스 로를 알지 못하는군요.[218] 하지만 분명히 이롭게 행했으면, 당신 의 말대로, 그는 절제 있게 행한 것이지요. 아니면 당신은 그렇 게 이야기하지 않았나요?"

저는 그랬습니다.

그렇다면 아마도 때때로 그는 이롭게 행하였으니 절제 있게 일을 행하고 또 그 사람이 절제 있기도 한데, 그런데도 그는 그 자신이 절제 있다는 사실을 모르나요?[219]

"그러나 이런 일은," 그가 말했다네. "소크라테스, 결코 일어나 지 않을 것입니다. 하지만 만약에 앞에서 제가 동의했던 것들로 부터 이것이 귀결로 따라 나오는 것이 필연적이라고 당신이 생 각하신다면, 그것들 중에서 어떤 것을 저는 차라리 물려 거두렵 니다.[220] 그리고 도대체 자기 스스로 자신을 알지 못하는 사람이 절제 있다고 동의하느니보다는, 차라리 저로서는 제가 올바르게 대답하지 못했다고 인정하는 것은 아닐까 하고 부끄러워하지는

c

d

않을 것입니다.[221] 왜냐하면 사실상 저로서는 바로 이것이, 즉 자기 자신을 앎이, 절제라고 주장하는 바이고, 델포이에 그러한 명문(銘文)을 바친 사람에게도 동의하니까요. 또 사실 이 문구(文句)는 신이 신전에 들어오는 사람들에게 건네는 인사말로서 '안녕'이라는 인사말 대신에 바쳐진 것이라고 제게는 그렇게 보이니까요. '안녕하라'라는 이 인사말은 올바르지 않으므로, 우리는 이 인사말을 서로에게 권해서는 안 되고, '절제하라'라는 말을 서로에게 권해야 한다는 것입니다. 바로 그러한 방식으로 신은 그 신전 안에 들어오는 사람들에게 인간들이 인사하는 방법과는 구분되는 어떤 특별한 방식으로 말을 건네는데, 바로 이러한 생각을 품고서 그 명문을 바친 사람이 그것을 바쳤던 것이라고, 제게는 그렇게 보입니다. 그리고 신이 신전에 들어오는 사람에게 다름 아닌 바로 '절제하라'라는 말을 건넨다고 그[222]는 주장하는 것이지요. 하지만 그는 정말로 더 수수께끼같이, 마치 예언가처럼, 말합니다. 왜냐하면 '너 자신을 알라'라는 말과 '절제하라'라는 말은, 그 문구들이 말해 주듯이 또 저도 그렇게 말하는 바인데, 같은 것이니까요.[223] 하지만 아마도 누군가는 그것들이 서로 다르다고 생각할 수도 있겠습니다만, 바로 그것을, 후대에 가서 '어떤 것도 지나치지 말라'[224] 그리고 '보증, 파탄이 곁에 (있다)'[225]라는 문구들을 바친 사람들도, 겪었다고 제게는 보입니다. 사실 이들도 '너 자신을 알라'라는 문구가 충고의 말이라고 생각했지, 신 165a

전에 들어오는 사람들을 위해서 신의 편에서 건네는 인사말[226]은 아니라고 생각했기 때문입니다. 그래서 그들도 결코 못지않게 유용한 충고들을 바치고자 이것들을 써서 바쳤던 것입니다. 그러니까 제가 이 모든 것들을 이야기하는 이유는, 소크라테스, 바
b   로 다음과 같습니다. 앞서 이야기된 모든 것들을 저는 당신을 위해서 거두어들이겠습니다. — 어쩌면 당신께서 그것들에 관해서 무엇인가 더 옳은 것을 이야기하셨고, 또 어쩌면 제가 그렇게 하기도 했겠지요. 하지만 우리가 이야기했던 것들 중에서 그 어떤 것도 결코 매우 분명하지 않았으니까요 —[227] 하지만 이제 만약 당신이 절제가 자기 스스로 자신을 앎이라고 동의하시지 않는다면, 제가 당신에게 그것을 설명해 드리겠습니다.”

“하지만” 내가 말했다네. “크리티아스, 당신은 제가 질문했던 것들에 대해서, 마치 제가 알고 있다고 주장하기라도 한 것처럼 저에게 달려드는군요. 게다가 만약 제가 원하기만 하면, 당신에게 동의할 수 있을 것처럼 말입니다. 하지만 사정은 그렇지 못합니다. 도리어 저는 제 스스로가 알지 못하기 때문에 그때마다 앞
c   에 제기되는 문제들을 당신과 함께 탐구하고 있으니까요. 그러므로 저는 검토해 보고 나서 제가 동의하는지 그렇지 않은지를 이야기하고 싶습니다. 제가 검토해 볼 때까지 기다려 주시지요.”

“그럼 검토해 보시지요.” 그가 말했다네.

“예, 실제로” 내가 말했다네. “검토하고 있는 거죠. 만약 절제

가 정말로 무엇인가를 앎이라고 한다면, 분명히 그것은 어떤 하나의 앎이고 또한 무엇에 대한 앎이겠지요.[228] 그렇지 않습니까?

"그렇죠." 그가 말했다네. "그것은 자신에 대한 앎이죠."

"그러면 의술도" 내가 말했다네. "건강함에 대한 앎이군요?"[229]

당연히 그렇습니다.

"자, 그럼 이제 만약 저에게" 내가 말했다네. "당신이 다음과 같이 질문을 한다고 해 봅시다. '의술은 건강함에 대한 앎이므로, 어떤 점에서 그것이 우리에게 유용하며, 또 무엇을 만들어 줍니까?'라고. 그러면 저는 그것이 적지 않은 이로움을 만들어 준다고 말하겠습니다. 의술은 우리에게 아름다운 결과물인 건강을 만들어 주니까요. 만약 당신이 이것을 받아들이신다면 말이지요." d

받아들입니다.

그리고 또 계속해서 당신이 저에게 '건축술이, 그것은 집 짓기에 관한 앎이므로, 어떤 결과물[230]을 만들어 낸다고 내가 말하겠느냐?'라고 묻는다면, 저는 그것이 집들을 만들어 낸다고 말하겠습니다. 그리고 그와 마찬가지로 다른 기술들에 대해서도 이야기하겠습니다. 그러면 당신도 절제 편에 서서, 그것이 자신을 앎[231]이라고 당신이 이야기하고 있으므로, 다음과 같이 질문을 받는다면 대답하실 수 있어야만 하겠지요. '크리티아스, 절제는, 그것이 자신을 앎이면, 우리에게 어떤 아름다운 결과물을, 게다 e

가 그 이름에 걸맞은[232] 것을, 만들어 줍니까?'라고 말입니다. 자 그럼 대답해 보시지요.

"하지만 소크라테스," 그가 말했다네. "당신은 올바르게 탐구하고 있지 않습니다. 왜냐하면 이 앎은 다른 앎들과 그 본성이 비슷하지 않으며, 다른 앎들도 또한 서로서로 비슷하지 않기 때문입니다. 하지만 당신은 마치 그것들이 비슷하기라도 한 것처럼 간주하고 탐구를 하고 있습니다. 왜냐하면 저에게 말씀해 보세요." 그가 계속해서 말했다네. "산술이나 기하학의 어떤 다음과 같은 결과물이 있나요? 마치 건축술의 결과물이 집이고, 직조술의 결과물이 외투이듯이, 또 누군가는 많은 기술들의 많은 결과물들을 보여줄 수도 있을 텐데, 바로 그런 다른 결과물들 말입니다. 그러면 당신은 저에게 이것들의 그러한 어떤 결과물을 보여주실 수 있습니까? 하지만 당신은 그렇게 하실 수 없을 것입니다만."

166a

그리고 내가 말했다네.[233] "당신 말이 참입니다. 하지만 저는 다음의 것을 당신에게, 이 앎들 각각이 무엇에 대한 앎인지를, 그리고 바로 그 무엇은 사실 그 앎 자체와는 다른 것임을, 보여드릴 수 있습니다. 이를테면, 산술은 어쨌건 짝수와 홀수에 대한 것이고, 수량이 그것들 자신과 관련해서 그리고 서로서로와 관련해서 어떠한 관계에 있는지를 다룹니다.[234] 그렇지 않습니까?"

"당연히 그렇죠." 그가 말했다네.

그러면 분명 홀수와 짝수는 산술 바로 그것 자체와는 다른 것이니까 그렇겠죠?[235]

어찌 안 그렇겠습니까?

그럼 게다가 또, 더 무겁거나 더 가벼운 무게를 다는 것이 무 b
게 달기 기술이고, 무거운 것과 가벼운 것은 무게 달기 기술 바로 그것 자체와는 다르지요. 당신도 동의하십니까?

저도 동의합니다.

자, 그럼 말해 보십시오. 절제는 무엇에 대한—또 그 무엇인가는 분명 절제 그 자체와는 다른 것인데—앎인가요?

"이게 그것입니다."[236] 그가 말했다네. "소크라테스, 당신은 탐구를 진행하면서 절제가 그 점에서 모든 앎들과 구분되는 바로 그것에 이르렀습니다.[237] 하지만 당신은 그것[238]과 다른 것들 사이의 어떤 비슷함을 계속 찾고 계시는군요. 하지만 사정은 그렇지 않습니다. 오히려 다른 모든 앎들은 다른 것에 대한 앎이고, 그 c
자신들에 대한 것은 아닙니다. 그렇지만 오직 이 앎만이 다른 앎들에 대한 앎이면서 또 그것 자체로 그 자체에 대한 앎이지요.[239] 그리고 이것들이 당신 몰래 달아났을 리는 없습니다.[240] 오히려 제가 생각하기에 당신은 방금 전에 당신이 하고 있지 않다고 이야기했었던 바로 그것을 하고 계시니까요. 왜냐하면 당신은 논의가 무엇에 관한 것인가 하는 점은 내버려 둔 채로, 저를 논박하려고 시도하고 계시니까 말입니다."

"그렇게" 내가 말했다네. "믿고서 당신은 그리하시는군요. 만약 설령 제가 당신을 논박하고 있다고 하더라도 말입니다만, 제가 제 자신을 검토하고 있는 그 목적 말고 또 다른 어떤 것을 위해서 당신을 논박하고 있다고 그렇게 믿고서 그러시는군요. 하지만 저는 제가 실제로는 모르면서도, 무엇인가를 알고 있다고 저도 모른 채로 혹시라도 생각하게 되지나 않을까 두려워서, 제가 뭔가 의미 있는 이야기를 하고 있는 것인지 제 자신 스스로를 자세히 검토하고 있는 것입니다. 바로 지금도 마찬가지인데, 저는 다음의 것을 제가 하고 있다고 주장하겠습니다. 우선 무엇보다도 저는 제 자신을 위해서 논변을 검토하고 있으며, 아마도 그것은 다른 동료들을 위한 것이기도 할 것입니다. 아니면 당신은 있는 것들 각각이, 그것이 있는 바 그대로, 분명하게 드러남이 거의 모든 인간들에게[241] 공통되게 좋은 것이라고 생각하지 않으십니까?"

"정말이지" 그가 말했다네. "저로서도 그렇게 생각합니다. 소크라테스."

"자, 그럼 당당하게 용기를 내서," 내가 말했다네. "축복 받은 친구여, 질문 받은 것이 당신에게는 어떻게 보이는지를 대답하면서, 논박당하는 사람이 크리티아스인지 소크라테스인지는 안녕하고 내버려 두시지요.[242] 오히려 바로 그 논변에 주의를 기울여서, 그것이 검토를 거쳐서 도대체 어떤 귀결이 따라 나오게 될지를 살펴보시지요."

"아니"[243] 그가 말했다네. "저도 그렇게 하겠습니다. 저에게도 당신이 적절하게 이야기하고 계시다고 보이니까요."

"자, 그럼 말해 주시지요." 내가 말했다네. "절제에 대해서 당신은 어떻게 말하십니까?"

"그럼 저는 말합니다." 그가 말했다네. "다른 앎들 가운데에서 오직 이것만이 그 자체에 대한 앎이고 또 다른 앎들에 대한 앎[244]이라고."

"그러면" 내가 말했다네. "그것은 알지 못함에 대한 앎이기도 하겠군요? 그것이 만약 정말로 앎에 대한 앎이라고 한다면 말입니다."[245]

"분명히 그렇습니다." 그가 말했다네.

그렇다면 절제 있는 사람 바로 그 자신만이 그 자신을 알게 될 것이고 또 그 자신이 실제로 무엇을 알고 무엇을 모르는지를 면밀히 검토할 수 있게 되겠군요. 또 그 사람만이 다른 사람들을 마찬가지로—누군가가 무엇을 알고서, 만약 그가 실제로 안다면, 자신이 알고 있다고 생각하는지를, 또 한편 누군가가 무엇인가를 안다고 생각하지만 실제로는 모르는지를—[246] 살펴볼 수 있게 되겠군요. 하지만 다른 사람들 중에서는 어떤 누구도 그렇게 할 수는 없겠지요. 그리고 정말로 이것이, 즉 누군가가 무엇을 알고 무엇을 모르는지를 앎[247]이, 절제하기, 절제,[248] 그리고 그

167a

자신이 자신을 앎이지요. 이것이 당신이 말하시는 바입니까?[249]

"저는 그렇게 말하는 겁니다." 그가 말했다네.

b "자, 그럼 다시" 내가 말했다네. "세 번째 잔을 구원자께 바치고,[250] 마치 맨 처음부터 시작하는 것처럼, 우선 이것이 ─"누군가가, 자신이 알고 있는 것을, 〈그것을 안다고 알고〉,[251] 또 자신이 모르는 것을, 그것을 모른다고 앎"─[252] 있을 수 있는지 아니면 그렇지 않은지를 우리가 같이 검토해 봅시다.[253] 그러고 나서 그것이 최대한으로 가능하다고 한다면, 어떤 이로움이 그것을 아는 우리에게[254] 있게 될지도 검토해 봅시다."

"물론[255] 검토해 보아야 하겠는데요." 그가 말했다네.

"자, 그럼" 내가 말했다네. "크리티아스, 이것들에 대해서 당신이 저보다 조금이라도 더 길을 잘 찾아낼 수 있는[256] 것으로 드러나게 될지 검토해 보시지요. 저는 도대체 길을 찾을 방도를 모르겠거든요. 도대체 어떤 점에서 제가 길을 못 찾고 있는지를 당신에게 이야기해 볼까요?"

"당연히 그러셔야죠." 그가 말했다네.

"다름이 아니라" 내가 말했다네. "이 모든 것들이 아마도 바로 다음과 같은 것이라는 것이죠?[257] 만약 당신이 방금 이야기하신 바로 그것이 있다면, 오직 어떤 하나의 앎으로서 그것은 바로 c 그것 자체와 다른 앎들 이외에는 다른 어떤 것에 대한 앎도 아니고,[258] 더 나아가 특히[259] 바로 이 동일한 앎은 알지 못함에 대한 앎이기도 하다는 것이죠?"[260]

당연히 그렇죠.[261]

그럼 정말이지 우리가 얼마나 이상한 것을[262] 이야기하려고 시도하고 있는 것인지 보시지요. 친구여. 어딘가 다른 곳에서 바로 이 동일한 것을 만약 당신이 찾아 나선다면, 당신에게는 그것이, 제가 생각하건대, 불가능하다고 보일 테니까요.

어떻게 그리고 어떤 곳에서 그렇지요?

다음과 같은 곳에서죠. 당신에게는 다음과 같은 어떤 봄이 있다고 보이는지 생각해 보세요. 다른 봄들이 그것들에 대한 것이 되는 바로 이것들을 봄[263]은 아니면서, 봄 그 자체를 그리고 다른 봄들을 봄이며, 또 마찬가지로 못 봄들을 보는 그런 어떤 봄이 있나요?[264] 그리고 그것이 봄이면서도 어떤 색도 결코 보지 못하고, 그 봄 자체를 그리고 다른 봄들을 보나요? 당신에게는 그러한 어떤 것이 있다고 보입니까?

제우스에게 맹세코 제게는 그렇게 보이지 않습니다.

그럼 듣기는 어떨까요? 소리는 어떠한 것도 결코 듣지 않으면서, 듣기 바로 그 자체를 듣고, 다른 듣기들을 듣고, 또 못 들음들을 듣기가 있습니까?

이것도 없습니다.

그럼 모두 종합해서 감각지각들 모두에 대해서 검토해 보시지요. 다른 감각지각들이 그것들에 대하여 지각하는 것들 중에서는 그 어느 것도 결코 지각하지 않으면서, 지각들에 대한 그리고 그 자체에 대한 그러한 어떤 지각이 있다고 당신에게는 보이는 지요?

제게는 그렇게 보이지 않습니다.

e 아니면 욕구도, 그것이 어떠한 것이든 어떠한 즐거움에 대한 욕구도 아니면서, 그 자체에 대한 그리고 또 다른 욕구들에 대한 욕구인, 그러한 어떤 욕구가 있다고 당신에게 보입니까?

분명히 없습니다.

그럼 분명히 바람도, 제 생각에는, 좋은 것은 어떠한 것도 바라지 않으면서, 바로 그것 자체를 그리고 다른 바람들을 바라는 그러한 것도 결코 없군요.

정말로 그러한 것은 없지요.

사랑도, 아름다운 어떠한 것에 대한 사랑은 아니면서, 그 자체에 대한 그리고 다른 사랑들에 대한 사랑인, 그러한 어떤 사랑이 있다고 당신은 이야기하시렵니까?

"아니요." 그가 말했다네. "저는 그렇게 이야기하지 않을 것입니다."

어떤 두려움을 당신은 지금껏 인지한 적이 있습니까? 그것 자
168a 체를 그리고 다른 두려움들을 두려워하면서도, 겁나는 것들 중에서는 그 어느 것 하나도 두려워하지 않는 그런 어떤 두려움을?

"결코 인지한 적이 없습니다." 그가 말했다네.

그러면 의견은 어떤가요? 의견들에 대한 그리고 그것 자체에 대한 의견이지만, 다른 의견들이 그것들에 대하여 의견을 지니는 그런 것들 중에서는 어떠한 것에 대해서도 의견을 지니지 않는, 그러한 어떤 의견이 있나요?

결코 없습니다.

그런데 앎에 대해서는, 보아 하니, 배울 수 있는 어떠한 것에 대한 앎은 아니면서, 그것 자체에 대한 그리고 다른 앎들에 대한 앎인, 그러한 어떤 앎이 있다고 우리는 이야기하나요?

우리는 정말로 그렇게 이야기하죠.

그렇다면 만약 그런 것이 있다면, 그러면 정말로 이상하네요?[265] 하지만 그런 것이 없다고 아직은 확언하지 말고, 그런 것이 있는지 좀더 검토해 보기로 합시다.

당신 말씀이 옳습니다. b

자 그럼, 바로 이 앎은 무엇에 대한 앎이고, 또 바로 그 무엇에 대한 것이 될 만한 그러한 어떤 힘을 지니지요, 그렇지요?[266]

전적으로 그렇죠.

그럼 더 나아가서, 더 큰 것도 그것이 어떤 것에 대하여 더 크게 될 만한[267] 그러한 어떤 힘을 지닌다고 우리는 이야기하지요?

그것은 그런 힘을 지니고 있으니까요.

그러면 만약 그것이 더 크게 되려고 한다면, 그것은 어떤 더 작은 것에 대해서 더 큰 것이 되지요.

필연적으로 그렇습니다.

그렇다면 만약에 우리가 다음과 같은 어떤 더 큰 것을, 즉 더 큰 것들에 대해서 그리고 그 자체에 대해서 더 크지만, 다른 것들이 그것들에 대해서 더 크게 되는 그러한 것들 중의 어떤 것에 대해서도 더 크지는 않은 것을 찾아내려고 한다면,[268] 분명히 아마 다음과 같은— 만약 그것이 그 자신에 대하여 더 크다면, 동시에 그것은 그 자신에 대하여 더 작기도 하다는— 사태가 그것에 속하겠지요.[269] 안 그렇습니까?[270]

"대단히 필연적입니다." 그가 말했다네. "소크라테스."

그러면 또 만약 다른 두 배인 것들과 그 자신에 대하여[271] 두 배인 어떤 것이 있다면, 분명히 그것은 절반이기도 하므로,[272] 그것은 그 자신에 대하여 그리고 또 다른 것들에 대하여 두 배이겠군요. 왜냐하면 두 배란 어떻든 절반 이외의 다른 것에 대하여 두 배인 것은 아니니까요.

참입니다.

그러면 자신에 대하여 더 많음은[273] 또한 더 적음이 되고, 더 무거움도 동시에 더 가벼움이 되고, 더 늙음도 동시에 더 젊음이 되고, 다른 모든 것들도 이와 마찬가지가 되지 않겠습니까?[274] 그것이 무엇이건 간에 그 자신의 힘을 자신을 향해서[275] 지니게 된다면, 그것은 또한 그것의 힘이 저것을 향해서 있었던 바의 저것임을 지니게 되지 않겠습니까?[276] 제가 이야기하는 것은 바로 다음과 같은 것입니다. 예를 들어, 듣기는, 우리가 말하는 바로는, 소리이외의 다른 어떤 것에 대한 듣기는 아니었지요, 그렇지요?

예.

그럼 만약 그것이 그 자신을 듣게 되려면, 그것은 소리를 지닌 자신을 듣게 되겠지요. 왜냐하면 다른 방식으로는 그것이 듣게 되지는 않을 테니까요.

대단히 필연적입니다.

그리고 봄도 또한 아마도, 고귀한 친구여, 만약 그것이 그 자신을 보게 되려면, 어떤 색을 그것이 지닐 것이 필연적이군요. 왜냐하면 봄은 색이 없는 어떠한 것도 결코 보게 될 것 같지 않으니까요.[277]

정말로 그런 일은 없을 것입니다.

그럼 당신이 보시다시피, 크리티아스, 우리가 지금까지 줄곧 살펴본 그 만큼의 것들 중에서, 어떤 것들은 전혀 불가능하다고 우리에게 보이고, 또 다른 것들은 도대체 그것들이 자신들의 힘을 그 자신들을 향해서 지니게 될지 대단히 의심받고 있지요? 왜냐하면 크기, 수량, 그리고 그와 같은 것들과 관련해서는 그런 일이 도대체 불가능했었으니까요. 안 그렇습니까?

확실히 그렇습니다.

그리고 또 듣기도 보기도 그리고 더 나아가 운동이 스스로 자신을 움직이게 함, 그리고 열이 스스로를 태움, 그리고 또 그러

169a 한 모든 것들도 어떤 사람들에게는 불신을 제공하겠지만,[278] 아마도 또 다른 사람들에게는 그렇지 않을 것입니다. 그러니, 친구여, 그가 누구든지 간에 모든 것들에 대해서 다음의 것을 충분히 구분해 낼 어떤 위대한 사람이 필요하군요. 있는 것들 중에서 그 어떠한 것도 그 자신의 힘을 그 자신이 자신을 향해서는 지니지 못하게 본래 타고났고,[279] 도리어 다른 것을 향해서 그런 힘을 지니는지, 아니면 어떤 것들은 그런 힘을 지니고, 또 다른 어떤 것들은 그런 힘을 지니지 못하는지를 구분해 내고, 그리고 만약 도대체 그것들이 어떠한 것이든지 그 자신들 스스로 자신들을 향해서 그러한 힘을 지니는 어떤 것들이 있다면, 이것들 안에 앎도 — 그것을 우리가 절제라고 이야기하는 것인데 —[280] 있는지를 구분해 낼 사람 말입니다. 하지만 저로서는 제가 이것들을 구분해 내기에 충분한지 스스로를 신뢰하지 못합니다. 이런 이유
b 로 해서, 이런 것이 생겨나는 일이 가능한지, 즉 앎에 대한 앎이 있을 수 있는지, 저는 확언할 수가 없습니다. 또 만약 최대로 쳐서 그것이 있다고 하더라도, 그것이 그러한 것이어서 우리를 조금이라도 이롭게 하는지 그렇지 않은지를 검토해 보기 전까지는, 저는 그것이 절제라고 받아들이지도 않습니다. 왜냐하면 절제가 정말로 이로운 것이며 좋은 것임을 저는 신탁을 전달하는 것처럼 점쳐 보는 것이니까요.[281] 그러니 당신도, 칼라이크로스의 아들이여, — 당신은 절제가 이것이라고, 즉 앎에 대한 앎이며

또 더 나아가 알지 못함에 대한 앎이기도 하다고 전제로 놓았으니까요 —[282] 우선 제가 방금 전에 말했던 것이 가능하다는 이 점을 보여주시고,[283] 그리고 나서 그것의 가능함에 덧붙여서 그것이 이로운 것임도 또한 보여주십시오. 그렇게 하시면 당신이 어쩌면 저를 만족시킬 수도 있으시겠지요. 절제에 대해서, 그것이 무엇인지를, 당신이 올바르게 이야기한다고 말입니다.

크리티아스도 이런 사정을 듣고서 그리고 내가 길 없음에 봉착했음을 보고서, 마치 하품하고 있는 사람들을 바로 건너편에서 바라보고 있는 사람들이 똑같은 것을 함께 겪는 것처럼, 그도 마찬가지로 내가 길 없음에 봉착했음에 의해서 어쩔 수 없이 강제되어 그 자신도 길 없음에 사로잡힌 걸로 내겐 보였다네. 그리하여 그는 각각의 경우마다 좋은 평판을 얻어 온 만큼, 참석해 있던 사람들을 상대로 부끄러움을 느끼고 있었고, 내가 그에게 제안했던 것을 그 자신이 구분해 내는 일이 불가능하다고, 나에게 동의하려고 들지도 않았을뿐더러, 그 길 없음을 숨기면서, 분명한 것은 아무것도 이야기하지 않았다네.[284] 그래서 나는 우리 논의가 앞으로 나아가게 하기 위해서 이야기했다네. "하지만 만약 그것이 당신에게 좋아 보인다면, 크리티아스, 지금으로서는 앎에 대한 앎이 생겨나는 것이 가능하다고 동의해 봅시다. 그리고 나서 사정이 정말로 그러한지, 그렇지 않은지를 우리가 다시 검토할 것입니다. 자 그럼 이제, 만약 그것이 무엇보다도 가능하다고 하면, 누군가가 무엇을 알고 무엇을 모르는지를[285] 아는 일이 왜 조금이라도 더 가능할까요? 왜냐하면 이것이[286] 분명히 자기 자신을 앎이고 또 절제하기라고 우리가 이야기했으니까요.[287] 그렇지 않습니까?"

"전적으로 그렇지요." 그가 말했다네. "아마도 그런 귀결이 따라 나오는 겁니다.[288] 소크라테스. 만약에 누군가가 그것이 스스로 그것 자체를 아는 그런 앎을 지니고 있다면, 바로 그 사람 자신도 그가 지니고 있는 것이 그러한 바대로 바로 그러하게 될 테니까요.[289] 마치 누군가가 빠름을 지니게 될 때면 언제든 그는 빠르게 될 테고, 또 아름다움을 지니게 될 때면 언제든 그는 아름답게 될 테고, 또 앎을 지니게 될 때면 언제든 그는 아는 자가 될 테고, 또 누군가가 그것이 그것 자체를 아는 그런 앎을 지니게 될 때마다 바로 그때에 분명히 그는 자신이 자신을 아는 자가 될 것처럼 말입니다."[290]

"이것에 대해서," 내가 말했다네. "누군가가 그것 자체를 아는 것을 지니게 될 때마다, 바로 그 자신도 자신을 알게 되리라는 점에 대해서 제가 이의를 제기하는 것은 아닙니다.[291] 오히려 이것을 지니고 있는 사람이 자신이 무엇을 알고 또 무엇을 모르는지를 알게 되는 어떤 필연성이 있는 것인가요?"[292]

왜냐하면, 소크라테스, 이것은 저것과 같기 때문입니다.[293]

"아마 그럴 수도 있겠죠." 내가 말했다네. "하지만 저는 감히 말하건대 여전히 같은 채로 있습니다.[294] 왜냐하면 다시 저는 어떻게 바로 그것이 누군가가 무엇을 아는지를 알고 무엇을 모르는지를 앎인지를 이해할 수 없으니까요."[295]

"무슨 말씀을 하시는 겁니까?" 그가 말했다네.

"이런 것이죠."[296] 내가 말했다네. "그것이 어떻든 앎에 대한 앎이라고 하면, 이것들 중에서[297] 하나는 앎이고 또 다른 것은 앎이 아니라는 사실 이외에 그 이상의 어떤 것을 그것이 구분해 낼 수 있게 될까요?"[298]

아니요, 단지 그만큼만이죠.

그러면 그것[299]은 건강함에 대한 앎과도 그리고 건강함에 대해 알지 못함과도 같은가요? 또 그것은 정의로움에 대한 앎과도 그리고 정의로움에 대해 알지 못함과도 같은가요? b

결코 그렇지 않습니다.

안 그렇죠, 제 생각에도 앞의 것은 의술(醫術)이고, 그다음 것은 정치술(政治術)인데, 또 다른 하나는[300] 앎 이외의 다른 어떤 것도 아니지요.

어떻게 안 그렇겠습니까?

그렇다면 만약에 누군가가 건강함과 정의로움을 더불어 알지 못하고, 도리어 단지 앎을 알 뿐이라면, 그는 오직 이것에 대해서—즉 누군가가 무엇을 안다는 점과 누군가가 어떤 앎을 지니고 있다는 점에 대해서— 앎을 지닐 뿐이므로, 그럴 법하게도 그는 그 자신에 대해서 그리고 다른 사람들에 대해서도 이것만을 알게 되겠지요.[301] 그렇지요?

예.

그런데 누군가가 아는 것을 바로 이 앎으로 그가 어떻게 알게 c 될까요?[302] 왜냐하면 분명히 그가 건강함을 아는 것은 의술에 의해서이지 절제에 의해서는 아니며, 화성(和聲)을 아는 것은 음악에 의해서이지[303] 절제에 의해서는 아니며, 또 집짓기를 아는 것은 건축술에 의해서이지 절제에 의해서가 아니며, 다른 모든 것들도 마찬가지이지요. 그렇지 않습니까?

그렇게 보입니다.

그런데 절제에 의해서, 만약 그것이 정말로 오로지 앎들에 대한 앎일 뿐이라면, 그는 어떻게 누군가가 건강함을 안다는 점을 또는 누군가가 집 짓기를 안다는 점을 알게 될까요?

결코 알 수 없습니다.

그렇다면 이것을[304] 모르는 사람은 누군가가 무엇을 알고 있는지를[305] 알지 못할 것이고, 단지 누군가가 안다는 점만을 알게 되겠군요.

그럴 것 같습니다.

d 그렇다면 절제하기라는 것과 절제는[306] 이것이 ― 누군가가 무엇을 알고 또 무엇을 모르는지를 앎이 ―[307] 아닐 터이고, 아마도 그렇게 보이는데, 도리어 누군가가 안다는 점과 누군가가 모른

다는 점만을 앎이겠군요.[308]

그렇겠네요.

그렇다면 이 사람은 무엇인가를 안다고 주장하는 어떤 다른 사람을, 그가 안다고 주장하는 것을 아는지 아니면 모르는지를, 검토해 볼 수 없겠군요. 도리어 그러한 만큼만을, 아마도 그렇게 보이는데, 어떤 다른 사람이 어떤 앎을 지니고 있다는 것만을 그는 알게 되겠군요. 하지만 그것[309]이 무엇에 대한 것인가 하는 그점을 절제가 그로 하여금 알게 만들어 주지는 않을 것입니다.

그렇지 않을 것이라고 보입니다.

그렇다면 의사인 체하는 — 하지만 실제로는 의사가 아니면 e 서 — 사람과 정말로 의사인 사람을 그는 가려낼 수 없게 될 테고, 또 앎을 지닌 다른 누군가와 그렇지 않은 자를 전혀 구분해 낼 수 없게 되겠군요. 하지만 다음의 것들에서 시작해서 검토해 봅시다. 만약에 절제 있는 사람이, 또는 다른 누구라도, 진짜 의사와 그렇지 않은 사람을 감별해 내려고 한다면, 그는 다음과 같이 하지는 않겠지요? 그는 의술에 대해서는 분명 그 사람과 대화를 나누지 않을 겁니다. — 왜냐하면 우리가 이야기했듯이 의사는 건강함과 병듦 이외에는 다른 어떠한 것도 알아듣지[310] 못하니까요 —[311] 안 그렇습니까?

예, 그렇습니다.

그런데 앎에 대해서는 그 의사가 아무것도 알지 못하고, 도리어 이것을 우리는 오직 절제에게만 할당했었지요.

예.

그렇다면 의술에 대해서도 의사가 전혀 알지 못하는군요. 의

171a 술도 사실은 앎이니 말입니다.[312]

정말로 그렇지요.

하지만 의사가 어떤 앎을 지니고 있다는 점은 절제 있는 사람
이 알게 될 겁니다. 그런데 그가 그 앎이 무엇인지를 시험해 보
아야 한다면, 그는 그것이 무엇들에 대한 것인가 하는 점 이외의
다른 어떤 것을 살펴보려고 할까요? 아니면 각각의 앎이 단지 앎
이라고 정의되었을 뿐만 아니라 어떤 특정한 앎이라고 정의되었
던 것은, 그것이 무엇들에 대한 것인가 하는 바로 이 점에서가
아닌가요?[313]

그럼요, 이 점에서이지요.

그리고 의술도, 그것이 건강함과 병듦에 대한 앎이다라는 점
에서, 다른 앎들과는 다르다고 정의되었지요.

예.

그러면 의술을 살펴보기를 원하는 사람은, 도대체 어디든 그
것이 그 안에 있는, 이러한 곳 안에서 살펴보는 것이 필연적이겠

b 지요? 왜냐하면 그것이 그 안에 있지 않은, 그 바깥에서는 분명
아니니까요.

분명 아닙니다.

74

그렇다면 올바르게 살펴보는 사람은 건강한 것들 안에서 그리고 병든 것들 안에서 의사를, 그가 의술을 행하는 자인 한에서, 살펴보겠지요.

그럴 것 같습니다.

그러면 그런 식으로 이야기된 것들 안에서 또는 실행된 것들 안에서 그는 이야기된 것들은 참되게 이야기되었는지를 그리고 실행된 것들은 올바르게 실행되었는지를 살펴보면서 그렇게 하겠지요?

필연적이죠.

그러면 의술이 없이 누군가가 이것들 중의 어느 것 하나라도 따라갈 수 있을까요?

분명 그럴 수 없습니다.

다른 어느 누구도, 그렇게 보이는데, 의사 이외에는, 심지어 c 절제 있는 사람도 그럴 수 없겠지요. 왜냐하면 그는 절제에 덧붙여서 의사이기도 할 테니까요.[314]

그렇습니다.

그렇다면 다른 무엇보다도 정말로 그럴 텐데, 만약에 절제가 오직 앎과 알지 못함에 대한 앎이기만 하다면, 그것은 의사가 그 기술에 속하는 것들을 아는지, 아니면 알지 못하는지, 그러면서도 아는 체 하거나 안다고 생각하는지를 가려낼 수 없게 될 것이며, 또한 그것은[315] 다른 어떠한 것에 대해서든 앎을 지닌 사람들 중의 다른 누군가를, 자신에게 속하는 같은 기술을 행하는 자를 제외하고는, 결코 가려낼 수 없게 될 것입니다. 다른 제작자들도 마찬가지일 것처럼 말입니다.[316]

"그렇게 보입니다." 그가 말했다네.

d   "그러면" 내가 말했다네. "크리티아스, 어떤 이로움이 우리에게 여전히 더 절제로부터 — 절제가 그러한 것이라면 — 있게 될까요?[317] 왜냐하면 만약에, 우리가 처음 시작부터 전제로 놓았던 것처럼,[318] 절제 있는 사람이 무엇을 알고 있었고 또 무엇을 알고 있지 못했는지를 알고 있었더라면, 한편으로는 그가 아는 것은 안다고 알고 다른 한편으로 모르는 것은 모른다고 알았더라면, 그리고 다른 사람도 이 동일한 것을 겪었는지를 검토할 수 있었더라면, 절제 있음이 우리에게 엄청나게, 우리가 이야기하듯이, 이로운 것이었을 테니까요.[319] 왜냐하면 절제를 지닌 우리들 자신들과[320] 우리들에 의해서 다스려졌을 다른 모든 사람들도 실수

e   를 저지르지 않고 삶을 살았을 테니까요. 또한 우리는 자신이 알지 못했던 것을 행하려고 스스로 시도하지 않았을 것이고, 오히려 아는 사람들을 찾아내서 그들에게 넘겨주었을 것이며, 우리가 다스리고 있던 다른 사람들에게도, 그것이 무엇이든지 그들이 그것을 행할 때 올바르게 행하게 되었을 것을 — 이것이 그것에 대한 앎을 그들이 지니고 있던 바로 그것이었을 텐데 —[321] 제외하고는, 다른 어떤 것을 행하라고 맡기지는 않았을 테니까요.

그리고 이런 식으로 절제에 의해서 집안이 운영되면 아름답게 운영되었을 것이고, 또 나라도 절제에 의해서 다스려지면 아름답게 다스려졌을 것이며, 또 절제가 다스리게 되었을 법한 다른 모든 것도 마찬가지였겠지요. 왜냐하면 실수가 제거되고, 올바름이 인도하게 되면, 그렇게 놓여진 사람들은[322] 모든 행위에서 아름답게 그리고 잘 행할 것이 필연적이고, 또한 잘 행하는 사람들이 행복하다는 것도 필연적이니까요. 이러한 방식으로" 내가 말했다네. "크리티아스, 우리가 절제에 대해서 이야기했던 것 아니었나요? 누군가가 무엇을 아는지를 그리고 무엇을 알지 못하는지를 아는 일이 얼마나 좋은 것이겠느냐고[323] 이야기하면서 말이죠."

172a

"전적으로 그렇습니다." 그가 말했다네.

"하지만 이제" 내가 말했다네. "당신은 결코 어디에서도 어떠한 앎도 그러한 것이라고 드러난 적이 없다는 것을 보고 계시지요."[324]

"저도 봅니다." 그가 말했다네.

"그러면" 내가 말했다네. "우리가 지금 절제가 그것이다라고 찾아낸 그것은, 즉 앎과 알지 못함을 가려내는 앎은, 다음과 같은 좋음을 갖나요? 이것을[325] 지닌 사람은, 그가 다른 어떠한 것을 배우더라도 그것을 더 쉽게 배울 것이고, 모든 것들이 그에게는 더 분명하게 드러나겠지요? 왜냐하면 그가 배우는 각각의 것

b

에 덧붙여서 그는 앎도 더불어 파악하게 될 테니까요. 또 그는 자신이 배운 것들에 대해서는 다른 사람들도 더 잘 검토하게 되겠지만, 반대로 이것이 없는 채로 검토하는 사람들은 더 미약하고 더 형편없이 이 일을 하겠지요?[326] 친구여, 그러한 어떤 것들

c 이 우리가 절제로부터 얻어 누리게 될 것들인데, 그럼에도 우리는 어떤 더 큰 것을 바라보면서 그것이 실제로 그러한 것만큼보다 그것이 어떤 더 큰 것이기를 구(求)하고 있는 것인가요?"[327]

"어쩌면 그럴 수도 있겠네요." 그가 말했다네.

"아마도 그럴 것입니다." 내가 말했다네. "아마도 우리는 전혀 유용하지 않은 것을 쫓아왔던 것입니다.[328] 제가 이렇게 말하는 증거는 다음과 같습니다. 만약에 절제가 그러한 것이라면, 저에게는 어떤 이상한 것들이 절제에 관하여 분명히 드러나 보이기 때문이지요.[329] 우리가 살펴보기로 합시다. 당신이 원하신다면, 앎을 가려내 알기가 가능하다고[330] 동의하고서, 또한 처음 시작에서부터 우리가 절제가 그것이라고 전제로 놓았던 것도, 즉 누군가가 무엇을 알고 무엇을 모르는지를 안다는 것도, 빼앗지 말

d 고 인정해 줍시다. 이 모든 것들을 인정해 주고서, 그렇다면 그것이 그러한 것이어서 조금이라도 우리를 이롭게 해 줄지도, 더욱더 잘 탐구해 봅시다. 왜냐하면 우리가 방금 이야기했던 것들을, 즉 만약 절제가 그러한 것이라면, 그것이 집안 살림과 나라 경영을 이끌어 가게 되면, 절제가 얼마나 큰 좋음이겠느냐고 했

던 이야기를, 크리티아스, 저에게는 우리가 아름답게 동의했었던 것으로 보이지가 않는군요."[331]

"어째서 그렇죠?" 그가 말했다네.

"왜냐하면" 내가 말했다네. "쉽게 우리가 동의했기 때문이지요. 만약 우리들 각자가 자신이 아는 것들 그것들은 행하고, 알지 못할 것들은 아는 다른 사람들에게 넘겨주었더라면, 그것이 인간들에게 크게 좋은 어떤 것이라고 말입니다."

"그러면" 그가 말했다네. "우리가 아름답게 동의하지 않았나 e 요?"

"제게는 우리가 그러지 않았던 걸로 보입니다." 내가 말했다네.

"당신은 정말로 이상한 것들을 말씀하시는군요." 그가 말했다네. "소크라테스."

"그 개한테 맹세코,"[332] 내가 말했다네. "저에게도 분명 그렇게 보입니다. 지금 이 순간에도 그리고 방금 전에도 어떤 이상한 것들을 보고서 그것들이 저에게 앞에 드러난다고 이야기했고, 그래서 우리가 혹시 올바르지 않게 탐구하고 있는 것은 아닌가 하고 저도 두렵다고 이야기했던 것이니까요. 그런데 정말로, 만약 절제가 무엇보다도 그러한 것이라면, 저에게는 그것이 어떤 좋 173a 은 것을 우리에게 만들어 주는지가 전혀 분명하지 않다고 보이니까요."[333]

"어째서 그렇죠?" 그가 말했다네. "말씀해 주세요. 우리도 당신이 말씀하시는 바를 알아볼 수 있도록 말입니다."

"제 생각에는," 내가 말했다네. "제가 어리석은 짓을 하고 있네요. 그럼에도 불구하고 앞에 드러난 것을 검토하고 아무렇게나 흘려 지나쳐 버리지 말아야 한다는 것도 필연적이지요. 만약 누군가가 자기 자신을 조금이라도 염려한다면 말입니다."

"정말 아름답게 말씀하시네요." 그가 말했다네.

"자, 들어 보세요." 내가 말했다네. "제 꿈을, 그것이 뿔을 통과해서 나온 것인지, 아니면 상아(象牙)를 통과해서 나온 것인지를 말입니다.[334] 만약 무엇보다도 우리를 절제가—그것이 지금 우리가 정의하는 그러한 것인데—[335] 다스릴 것이라고 하면,

b 앎들에 따라서 모든 것들이 수행되는 것 말고 다른 일이 생길까요?[336] 이를테면 누군가가 조타수라고 주장하면서—실은 그렇지 않은데도—[337] 우리들을 속일 수 없을 것이며, 또 누군가가 의사라고 주장하면서, 또 누군가가 장군이라고 주장하면서, 또 다른 어느 누구도, 그가 실제로는 알지 못하는 어떤 것을 아는 척하면서 우리가 알아차리지 못하게 피해 갈 수 없겠지요? 이것들의 사정이 그러하다는 점에서부터 우리에게 다음과 같은 것 이외의 다른 어떤 것이 귀결로 따라오게 될까요? 우리가 몸이 지금보다 더 건강해지고, 또 바다에서나 전쟁터에서나 위험을 무릅쓰는 자들이 구원받아 살아나고, 가재도구들과 옷과 신발류 일

c 체와 또 필요한 모든 물건들이 기술을 써서 우리를 위해서 생산

되고, 또 다른 많은 것들도 진짜 제작자들을 사용함으로써 생산되겠지요? 그런데 만약 당신이 정말 원하신다면, 예언술도 있게될 것에 대한 앎이라고, 그리고 절제가, 그것을 관할하는 의장(議長)이 되어서, 허풍선이들은 쫓아내고, 진짜 예언자들을 앞으로 일어나게 될 일들의 예언관(豫言官)으로 우리에게 임명해 준다고[338] 동의해 봅시다. 그러면 그렇게 채비를 갖춘 인간 종족이 앎에 의거하여 행위하고 살아가게 되리라는 점은 제가 쫓아가겠습니다. ─왜냐하면 절제가 보초로서 지켜 주니까 알지 못함이 끼어들어 와서 우리에게 동료가 되는 것을 허용하지 않을 테니까요─[339] 하지만 우리가 앎에 의거해서 행한다고 해서 잘 행하게 될 것이고 또 행복하게 되리라는 점,[340] 이 점을 아직까지도 우리는 이해할 수 없습니다. 친애하는 크리티아스."

"하지만 덧붙이자면,"[341] 그가 말했다네. "만약 당신이 '앎에 의거해서'라는 것을 업신여기신다면,[342] 당신은 '잘 행함'의 또 다른 완성을[343] 쉽게 찾아낼 수 없을 것입니다."

"작은 것을 그럼 이제 저에게" 내가 말했다네. "계속해서 덧붙여 가르쳐 주시지요. '무엇을 앎에 의거해서'라고 당신은 이야기하시는거죠? 정말이지 신발용 가죽 재단하기[344]를 앎에 의거해서인가요?

제우스에게 맹세코,[345] 제 말은 그게 아닌데요.

아니면 청동 다루기를 앎에 의거해서인가요?

결코 아닙니다.

아니면 양모나 목재 또는 그러한 것들 중에서 다른 무언가를 다루기를 앎에 의거해서인가요?

그런 것도 정말로 아닙니다.[346]

"그렇다면" 내가 말했다네. "우리는 앎에 의거해서 살아가는 사람이 행복하다는 말을[347] 더 이상 고수하지 못하는군요. 왜냐하면 이 사람들이 비록 앎에 의거해서 살아가고 있음에도 그들이 행복하다고 당신으로부터 동의를 얻지 못하고 있고, 도리어 당신은 행복한 사람을 무엇인가에 대한 앎에 의거해서 살아가는 사람이라고 한정하고 있는 것으로 저에게는 보이니까요.[348] 그리

174a 고 아마도 당신은, 제가 방금 전에 말했던 그 사람을, 즉 앞으로 있게 될 모든 것을 아는 사람인 예언자를, 말씀하시나 봅니다. 당신은 이 사람을 말씀하시는 겁니까, 아니면 다른 어떤 사람을 말씀하십니까?

"바로 이 사람을 저는 말하는 것이고," 그가 말했다네. "또한 다른 사람도 말하는 것입니다."[349]

"누구를 말씀하십니까?" 내가 말했다네. "혹시 다음과 같은, 만약 누군가가 앞으로 일어날 일들에 더해서 일어난 모든 일들과 지금 있는 일들도 알고, 어떠한 것도 모르지 않을 거라면, 그런 사람을 말씀하시는 건가요? 정말로 어떤 사람이 그 사람이라고 우리가 가정해 봅시다. 왜냐하면 제 생각에 바로 이 사람보다

더 앎에 의거해서 살아가는 누군가가 있다고 당신이 말씀하시지
는 않을 테니까요."

정말로 그렇게 말하지 않지요.

바로 다음과 같은 것을 여전히 저는 추가로 알고 싶습니다. 앎
들 중에서 무엇이 그를 행복하게 만들어 줍니까? 모든 앎들이 마
찬가지로 그렇게 만들어 줍니까?[350]

"결코 마찬가지로 그렇게 하지는 않죠." 그가 말했다네.

아니면 어떤 앎이 가장 그렇게 합니까? 그것으로 지금 있는 것   b
들과 일어난 것들과 앞으로 있게 될 것들 중에 무엇을 그가 아는
그런 앎인가요? 혹시 그것으로 그가 장기 두기를 아는 그런 앎인
가요?[351]

"웬 장기 두기?"[352] 그가 말했다네.

그러면 그것으로 그가 계산할 줄 아는 그런 앎인가요?

결코 아닙니다.

아니면 그것으로 그가 건강함을 아는 그러한 앎인가요?

"그건 더 낫네요."[353] 그가 말했다네.

"가장 그렇게 한다고 제가 말하고자 하는 그 앎은,"[354] 내가 말
했다네. "'그것으로 그가 무엇을 아는 앎이냐?' 하는 것입니다."

"그것으로 그가 좋음과 나쁨을 아는 그런 앎이죠." 그가 말했
다네.

"아, 더러운 녀석!"[355] 내가 말했다네. "오래전부터 당신은 나를

원으로 빙 둘러 끌고 오셨군요.[356] 앎에 의거해서 살아감이 잘 행

c 위하게 그리고 행복하게 만들어 주는 것은 아니었으며, 다른 앎

들 모두에 의거해서도 아니며[357] 오히려 그것은[358] 오직 좋음과 나

쁨에 대한 이 하나의 앎임을 숨기고서 말입니다. 왜냐하면 말이

죠,[359] 크리티아스, 만약 당신이 이 앎을 다른 앎들로부터 떼어

내려고 하신다면, 의술이 우리를 조금이라도 덜 건강하게 만들

게 되거나, 신발 만들기가 우리 발을 조금이라도 덜 묶어 보호하

게 되거나, 직조술이 옷을 조금이라도 덜 두르게 만들게 되거나,

조타술이 바다에서 죽는 일을 조금이라도 덜 방지하게 되거나,

또 장군의 작전술이 전쟁에서 죽는 일을 조금이라도 덜 방지하

게 될까요?"[360]

"아무것도 더 못하게 되는 일은 없을 것입니다." 그가 말했다

네.

하지만, 친애하는 크리티아스, 이것들 각각이 잘 그리고 이롭

d 게 이루어지는 것은,[361] 이 앎이 분리된 채로는, 우리를 남겨 두

고 떠나 버리게 되겠군요.

참인 말씀입니다.

그렇다면 바로 이 앎은, 아마도 그럴 것 같은데, 절제가 아니

고, 오히려 그것이 하는 일이 우리를 이롭게 해주는 그런 것으로

군요. 왜냐하면 그 앎은 앎들과 알지 못함들에 대한 것이 아니

고, 좋음과 나쁨에 대한 것이니까요. 그 결과로, 만약 바로 이 앎

이 이롭다면, 절제는 우리에게는 다른 어떤 것이겠군요.[362]

"왜 그런데" 그가 말했다네. "바로 이 앎이 이로움을 가져다주지 못한다는 것입니까?[363] 왜냐하면 만약 절제가 무엇보다도 앎들에 대한 앎이라면, 그래서 그것이 다른 앎들도 관할하는 의장   e
이 된다면, 그것은 분명히 좋음에 대한 이 앎도 다스릴 것이므로 우리를 이롭게 해 줄 텐데요."[364]

"그러면 정말로 이 앎이 우리를 건강하게도 만들어 줄까요?" 내가 말했다네. "오히려 의술은 그렇게 하지 않고? 또한 다른 기술들에 속하는 나머지 것들도 이 앎이 만들어 줄 것이고, 다른 기술들 각각은 그 자신에게 속하는 일을 하지 않게 될까요?[365] 아니면 오래전부터 우리는 이 앎이 오직 앎과 알지 못함에 대한 앎일 뿐이고, 그 이외의 다른 어떠한 것에 대한 것도 아니라고 증언해 오지 않았나요? 그렇지 않습니까?"[366]

분명합니다.[367]

그렇다면 그것은 건강을 만들어 내는 제작자가 되지는 않겠군요?

그것도 아니죠.

왜냐하면 건강은 다른 기술에 속했으니까요.[368] 그렇지 않았나   175a
요?

다른 기술에 속했지요.

그렇다면 그것은 이로움을 만들어 내는 제작자도 아니었군요.

친구여, 왜냐하면 이번에는 이 일을 다른 기술에게 우리가 방금 전에 할당했으니까요. 그렇지요?

당연히 그렇습니다.

그러면 어떻게 절제가 이롭게 될까요? 그것이 어떠한 이로움도 만들어 내는 제작자가 아니면서 말입니다.

결코 그럴 것 같지 않습니다. 소크라테스.

그럼 이제 당신도, 크리티아스, 제가 오래전부터 얼마나 합당하게 두려워해 왔는지 그리고 정당하게, 절제에 관해서 어떠한 유용한 것도 제가 탐구하지 못하고 있다고, 제 자신을 탓해 왔는지를 보고 계시는 거죠? 왜냐하면 분명 무엇보다도 가장 아

b 름답다고 동의된 것이, 만약 아름답게 탐구하는 데에 제가 조금이라도 도움이 되었더라면, 이것이 우리에게 이롭지 않다고 드러나지는 않았을 테니까요. 하지만 이제 우리는 모든 면에서 졌고, 또한 있는 것들 중에서 도대체 무엇에다가 입법가가 절제라는 이 이름을 제정해 놓았는지를 찾아낼 수도 없으니까요. 또한 우리 논의에서 따라 나오지 않는 많은 것들도 우리는 함께 동의했지요. 왜냐하면 또한 앎에 대한 앎이 있다고, 비록 논의가 허용하지도 않았고 그것이 있다고 주장하지도 않았지만, 우리가 함께 동의했으니까요. 게다가 다시 또 이 앎이 다른 앎들에 속

c 하는 일들도 안다고 우리는 함께 동의했지요. 이것도 논의가 허용하지는 않았지만, 그가 아는 것들은 그가 안다고 알고 또 그

가 알지 못하는 것들은 그가 알지 못한다고 아는, 그러한 절제 있는 사람이 우리에게 생겨나도록 하기 위해서 그랬지요. 그런데 이것을 우리는 대단히 통이 크게도 함께 동의했지요. 누군가가 도대체 전혀 알지 못하는 것들, 이것들을 이렇게든 저렇게든 알기는 불가능하다는 점을 살펴보지도 않은 채로 말입니다. 왜 냐하면 우리가 동의한 바로는 그가 그것들을 알지 못한다는 사실을 안다고 말했으니까요.[369] 또한 제 생각에는 어떠한 것보다도 이것이 가장 비합리적이라고 보일 것 같네요.[370] 하지만 비록 그렇게도 성품이 좋고 까다롭지 않은 우리를 그 탐구가 만났음 에도 불구하고, 그것은 진리를 조금이라도 더 많이 찾아낼 수가 없군요. 도리어 그것은 다음과 같은 정도로까지 진리를 비웃었고, 그 결과 우리가 오래전부터 함께 동의하면서 그리고 함께 모양을 빚으면서 절제가 그것이라고 전제로 놓았던 것, 이것이 완전히 오만무례하게도 우리에게 이롭지 않은 것임을 증명해 주었 군요. 그러므로 이제 저에 관해서라면 저는 차라리 덜 실망스럽습니다. "하지만 자네를 위해서는,"[371] 내가 말했다네. "카르미데스, 나는 완전히 실망스럽다네. 만약 자네가 외모도 그렇게나 아름답고 또 이 점에 덧붙여서 영혼도 가장 절제 있는 사람인데, 그런데도 이 절제로부터 자네가 어떠한 이로움도 누리지 못하게 되고, 이것이 들어 있다고 해서 인생에서 자네를 조금이라도 이롭게 해주지 않는다면 말이지. 더구나 나는 내가 트라케 사람에게서 배웠던 주문 때문에 훨씬 더 실망스럽다네. 만약 그것이 아무런 값어치가 없는 일인데도 내가 그것을 많은 열성을 기울여 배웠던 것이라면 말이네. 하지만 분명히 나는 사정이 이러하다고 생각하지는 않고,[372] 도리어 내가 어설픈 탐구자라고 생각하네. 왜냐하면 절제는 대단히 좋은 어떤 것이므로, 또 만약 자네가 정말로 그것을 지니고 있다면, 자네가 축복받은 자라고 나는 생각하네. 하지만 자네가 그것을 정말로 지니고 있는지 그래서 어떠한 주문도 필요로 하지 않는지를 보게나. 만약 자네가 정말로 지니고 있다면, 차라리 나는 자네에게 충고해야 할 테니까. 나는 허튼소리를 하는 자여서 무엇이 되었든지 말로 탐구할 수 없다고 믿으라고 하고, 반면에 자네 자신은, 자네가 더 절제 있는 만큼, 바로 그러한 만큼 더 행복하기도 하다고 믿으라고 말이야."

그러자 카르미데스가 말했다네. "하지만 제우스에 맹세코, 저로서도, 소크라테스, 제가 그것을 지니고 있는지도 아니면 제가 지니고 있지 못한지도 알지 못합니다. 당신이 말씀하시다시피 당신들 두 분조차도 그것이 도대체 무엇인지를 찾아낼 수 없는 것을 어떻게 제가 알 수 있겠습니까? 저는 정말이지 당신에게 완전히 설득되지 못했고, 제 자신이, 소크라테스, 분명히 그 주문을 필요로 한다고 저는 생각합니다. 또 저에 관해서라면, 어떠한 것도 결코 당신한테서 주문을 듣지 못하게 막지 못합니다. 몇 날이 걸리든 충분하다고 당신이 말씀하실 때까지 말입니다."[373]

"좋아. 하지만" 크리티아스가 말했다네. "카르미데스, 〈만약〉[374] 자네가 이것을 한다면, 나에게는 이것이 바로 자네가 절제 있다는 증거가 될 것이네. 만약 자네가 소크라테스에게 주문을 외도록 자신을 내맡기고 크게든 작게든 간에 이분을 저버리지 않는다면 말이야."

"따를 거라고요" 그가 말했다네. "그리고 저버리지 않을 거라고 해 주세요. 왜냐하면 제가 만약 후견인인 당신에게 설득되어 따르지 않고 당신이 명령하시는 것을 행하지 않는다면, 저는 아마도 끔찍한 일을 저지르게 될 테니까요."

"아니 정말로[375]" 그가 말했다네. "나는 명령하네."

"그럼 이제 저도 하겠습니다." 그가 말했다네. "바로 당장 오늘부터 시작해서."

"이 사람들아," 내가 말했다네. "당신들 둘이 무슨 일을 꾸미고 있는 거요?"

"아무것도 아닌데요." 카르미데스가 말했다네. "아니 저희들은 계획을 다 세웠습니다."

"그렇다면 자네는 폭력을 쓰겠군?" 내가 말했다네. "그리고 나에게는 재판에 앞선 심리(審理)의 기회도 주지 않겠군?"[376]

"제가 폭력을 쓰게 될 거라고 해 두세요." 그가 말했다네. "바로 여기 이분께서 명령을 내리고 계시니까요. 이러한 일들에 대해서 당신 편에서도 당신이 무엇을 하셔야 할지 숙고해 두시지요."

d   "하지만 아무것도" 내가 말했다네. "숙고할 일은 남아 있지 않군. 왜냐하면 무엇인가를 행하려고 시도하고 있고 또 폭력을 쓰는 자네에게 인간들 중의 어느 누구도 반대할 수 없게 될 테니까 말이야."

    "그럼 이제" 그가 말했다네. "당신도 반대하지 마세요."

    "그럼 이제" 내가 말했다네. "나는 반대하지 않겠네."[377]

주석

1   옥스퍼드 고전 텍스트(Oxford Classical Texts, 이하에서는 관행에 따라서 OCT로 약칭한다)의 작품 첫 페이지에는 『카르미데스』라는 작품 제목과 그 작품 내에서 화자로서 등장하는 인물이 소크라테스라는 정보가 첫 머리에 들어 있다. 우리말 번역 본문에도 그러한 상황과 정보를 포함시켜서 첫 페이지를 편집하는 것이 이 번역이 원문으로 삼은 텍스트의 내용을 있는 그대로 전달한다는 관점에서 의미 있고 필요한 일이라고 본다. 한편 로엡 고전 문고(Loeb Classical Library)에 수록된 텍스트에는, 그리고 불어 대역본(Budé edition)과 독일어 대역본(불어 대역본에 수록된 희랍어 텍스트를 저본으로 슐라이어마허(Schleiermacher) 번역을 합본하여 만든 판본)에는 소크라테스와 함께 카이레폰, 크리티아스, 카르미데스도 등장인물로 표시하고 있다. OCT가 액자 장치의 밖에 등장한 인물에 주목하였다면, 다른 대역 판본들은 액자 장치 내부의 등장인물에 초점을 두었기에 위와 같은 차이가 생겨났다고 볼 수 있다.

한편 OCT 편집본이 주요 대본으로 삼은 사본 B를 실제로 확인해 보면, 그 첫 장에 『카르미데스』라는 제목과 함께 '또는 절제에 관하여(ē peri sōphrosynēs)'라는 부제가 맨 첫 줄에 함께 나오는데, 등장인물은 명시하고 있지 않다. 또한 '시험적인(잠정적인, peirastikos)'이라는 단어가 오른쪽 여백에 추가로 기입되어 있는데, 이것은 사본의 전승 과정에서 누군가가 작품의 성격에 대해 당시에 통용되던 분류 방식에 따라서 메모를 해 놓았던 것으로 보인다.('시험적인' 또는 '잠정적인' 것으로 분류되는 작품들에는 『에우튀프론』, 『메논』, 『이온』이 있다. 하이델(Heidel, 1902, p. 29)을 참조하라.) 이러한 사정을 반영하여, 로엡 문고판, 불어 대역본과 독어 대역본에는 『카르미데스』라는 작품의 제목 아래에 '또는 절제에 관하여, 시험적인(ē peri sōphrosynēs, peirastikos)'이라고 부제 및 작품의 성격에 대한 언급을 덧붙여서 사본 B를 충실하게 따르려는 노력을 하고 있다. 하지만 사본 B의 해당 줄을 자세히 보면 알파벳 문자 이외에 일종의 장식을 위한 기호가 있고, 그 기호의 사용법을 통해 정황을 추정하자면, '시험적인'이라는 단어는 핵심적인 정보라기보다는 여백에 (필사자 또는 누군가가) 메모해 놓은 부가적인 정보일 가능성이 높아 보인다. 한편 OCT 편집자 버넷은 사본 B를 가장 중요한 저본으로 삼고 있지만, 이러한 부제 및 작품의 성격에 대한 언급을 OCT의 편집에 반영하여 표기하지는 않았다. 아마도 버넷은 그것들이 핵심적인 정보가 아니라고 판단한 것으로 보인다. 하지만 그렇다고 해서 이러한 차이를 근거로 텍스트 판본 사이의 우열을 논하는 것은 무리가 있다고 본다. 다만 우리가 기존의 여러 텍스트 판본 및 대역본에서 발견하는 제목, 부제, 작품의 성격에 대한 언급이 저자인 플라톤이 애초에 직접 써 놓은 것을 그대로 이어받은 것이라기보다는 필사본의 전승 및 편집 과정에서 필사자 및 편집자의 관점이 반영되어 생겨난 결과라는 사실을 분명히 확인하고 언급해 둔다.

또 한편 우리가 이 작품을 읽기 시작하면서 그냥 지나치기 쉬운 점 하나가 대화편이 설정하고 있는 액자 장치이다. 독자인 우리들은 많은 경우에 소크라테스와 그의 대화 상대자들이 어떤 이야기를 나누고 있는가에 집중을 하기 마련이고, 이는 대단히 자연스러운 일이다. 하지만 이 작품의 가장 외곽을 이루는 액자 틀(the outermost frame)에 주목하면, 이 작품의 등장인물은 소크라테스 한 사람이다. 다시 말하면, 내레이터인 소크라테스가 혼자 무대 위에 등장해서 누구인지 밝혀지지 않은 친구인 어떤 청자에게 자신의 과거 경험을 회상하며 구술하고 있는 것으로 틀(narrative frame)이 설정되어 있다. 우리가 읽게 되는, 소크라테스, 카이레폰, 카르미데스, 크리티아스 사이에서 이루어지는 대화는 그렇게 액자 밖의 무대에 있는 소크라테스가 자신의 관점에서 기억을 떠올려 전달하고 있는 과거 사건의 내용이다. 어쩌면 플라톤의 저술 시점이 (액자 내부) 등장인물들 상호 간의 대화라는 사건이 있었던 것으로 상정된 때로부터 상당한 시간이 지난 후에 놓여 있다는 사정과도 연관이 있을 수 있다. 참고로 『국가』와 『뤼시스』도 그러한 형식적 틀을 취하고 있다. 한편 『프로타고라스』도 소크라테스가 자신이 나누었던 대화를 그의 동료에게 이야기해 주는 액자를 취하고 있는데, 그 동료가 누구인지 이름은 드러나 있지 않지만 그가 소크라테스와 함께 액자 틀 밖의 무대 위에 등장해서 두 사람이 대화를 나누는 장면이 작품의 가장 첫머리에 제3자의 관점에서 묘사되어 있다는 점이 앞에 언급한 대화편들과 차이가 있다. 그러한 액자 설정과 (각 대화편 사이의) 차이점들이 플라톤의 작품 이해에 정확히 어떤 함축을 지니는가 하는 점은 더 숙고할 문제로 일단 남겨 놓는다. 작품의 액자 장치와 저술 시점을 둘러싼 상황에 대해서는 「작품 안내」에서 조금 더 다룬다.

2 **포테이다이아**(Poteidaia) : 희랍 북부 칼키디케(Chalkidikē) 반도에 있었던 코린토스(Korinthos)의 식민지였으며, 아테네에 공물(貢物)을 바치는 속국으로서 동맹관계를 맺고 있었다. 기원전 432년에 아테네에 대항하여 반란을 일으켰는데, 그다음 해에 이를 진압하기 위해서 아테네의 군대가 파견되었다. 포테이다이아를 도우려고 펠로폰네소스에서 온 지원군과 아테네 군이 전투를 벌이게 되었고, 아테네 군은 그 도시를 포위하고 대치하게 된다. 이것이 펠로폰네소스 전쟁의 발단이 되었으며, 429년까지 지속되었다고 한다. 소크라테스는 바로 이 원정에 참여한 것이었다.

3 **늘 마음 쓰던 일을 하러 익숙하게 드나들던 곳으로 :** 이 구절의 우리말 번역이 다소 장황하게 들릴 수도 있겠다. *LSJ*에서는 'diatribē'라는 단어의 여러 용례를 제시하고 있는데, 그중 『카르미데스』의 바로 이 구절을 한 사례로 지칭하면서 '자주 드나들던 곳'이라는 의미로 간략하게 풀이하고 있다. 그런데 이런 뜻풀이는 그 단어의 의미를 조금 협소하게 잡고 있는 것으로 보인다. 이 단어는 누군가가 '업으로 삼아 열심히 해 온 일(serious occupation, study)'을 의미하기도 하며, 이 구절에서도 그러한 뜻을 좀더 살려서 '자신이 평소에 늘상 관심을 두고 마음을 쓰면서 일로 삼아 오던 것들을 하러'라는 뜻으로 읽는 것이 단어의 의미와 구절의 맥락을 좀더 풍성하게 이해하는 데에 도움이 된다고 보고 위와 같이 옮겼다.

물론 소크라테스가 전쟁터에 원정을 나가기 전에 평소에 무엇에 관심을 두고 무슨 일을 해 왔는지는 대화편의 첫 장면인 바로 이곳에 분명하게 기술되어 있지 않다. 그것이 무엇이었는지는 곧 이어서 153d 이하에서 드러나기 시작할 것이다. 또한 이 점은 플라톤의 다른 대화편들을 참조하여 보면 쉽게 드러나는데, 그 가운데에서도 특히 『소크라테스의 변론』, 『고르기아스』, 『프로타고라스』와 그 외 다수의 대화편들을 참고하면 분명하게 드러날 것이다.

4 **바실레(Basilē) :** 바실레는 여신의 이름이며, 아테네에서 넬레우스(Nēleus), 코드로스(Kodros)와 함께 숭배되었을 것이라고 한다. 코드로스는 아테네의 전설적인 왕이었다고 하며, 플라톤, 카르미데스, 크리티아스의 조상이었을 것으로 추정된다. 또 다른 가능성이 있다면, 바실레는 지하세계의 통치자인 플루톤-하데스(Ploutōn-Haidēs)의 아내인 페르세포네(Persephonē)와 같은 여신일 수도 있다고 한다. *LSJ* 및 West & West(1986, p. 13. n. 3)를 참조하라. 그리고 Lamb(1955)에 따르면, 바실레 신전은 아크로폴리스의 남쪽 어딘가에 있었을 것으로 추정된다.

5 **타우레아스의 레슬링 경기장 안으로 들어 갔는데 :** 타우레아스(Taureas)

에 관해서 알려진 바가 많지 않으나, 그는 아테네의 귀족 가문에 속했으며, 기원전 430년에서 415년 사이에 비극경연에 참여하는 합창가무단(또는 코로스choros)을 재정적으로 지원하는 코레고스(chorēgos) 역할을 두고 알키비아데스와 경쟁하다가 패한 것으로 알려져 있다. 한편 그는 기원전 415년에 헤르메스 신상 훼손 사건에 연루되어 고발당했으나, 그의 친척인 안도키데스(Andocides)의 자백으로 방면되었다고 한다. Kinzl(2006), "Taureas", *Brill's New Pauly*. 자세한 서지 사항은 「참고문헌」을 보라.

요컨대 플라톤은 귀족이자 재력가인 타우레아스 집안에 속한 레슬링 경기장에 소크라테스가 드나들던 것으로 장면을 설정하고 있다. 한편 고대 그리스의 문화적인 맥락에서 레슬링 경기장은 종종 동성애적인 로맨스의 배경으로서 일종의 사교장소 기능을 했던 것으로 알려져 있다. 그러한 레슬링 경기장이 이상적으로는 미래에 있을 수도 있는 전쟁을 대비한 교육의 한 축이 될 수도 있다고 한다면, 그것은 소크라테스가 방금 전에 참전했다가 돌아온 실제 전쟁터와 일종의 대비를 이룬다고 할 수 있다.

6 카이레폰(Chaerephōn) : 『소크라테스의 변론』 20e8~21a9에서 등장인물인 소크라테스가 법정에서 변론을 펴면서, 자신에 대한 오해와 편견이 오랜 기간에 걸쳐 어떻게 생겨났는지 그 자초지종을 설명하는 장면에서도 그는 카이레폰을 언급하고 있다. 어느 누구도 소크라테스보다 더 지혜롭지 못하다는 신탁의 말은 다름 아닌 카이레폰이 받아 온 것이었다. 또한 『고르기아스』의 첫 장면에서도 그는 소크라테스와 함께 시장(agora)에서 늘 하던 일을 하며 시간을 보내다가 칼리클레스가 (고르기아스의 연설을 듣기 위해) 마련한 연회에 뒤늦게 도착하는 것으로 설정된 장면에 등장한다. 카이레폰의 등장은 바로 그러한 일화들을 기억하고 있는 독자들에게 위의 작품들이 서로 긴밀하게 연결되어 있음을 암시하는 것으로 볼 수 있다. 달리 말해 그러한 상호 참조(cross-references)를 통해서 저자인 플라톤은 『카르미데스』에 등장하는 논의 주제들을

『소크라테스의 변론』과『고르기아스』편에서 (물론 더 많은 다른 작품들에서도) 소크라테스가 보여주는 삶의 방식 및 그가 줄곧 다루어 온 주제들과 연관 지어 그 함의를 이해할 수 있다고 — 독자들에게 그렇게 해 보라고 — 제안하는 것으로 읽을 수 있다. 한편 등장인물들 상호 간의 관계 및 호칭 그리고 그에 상응하는 우리말 표현에 관해서는 권두의 등장인물 소개를 참조하라.

7   특히 카이레폰은 … 내 손을 잡더니 "소크라테스," 그가 말했다네. "어떻게 그 전투에서 살아 돌아왔나?" : 고전 희랍어 원문을 현대 한국어로 옮기면서 우리는 한글 맞춤법 및 문장 부호 사용과 관련해서 다음과 같은 점을 고려하게 된다. 우리말 문장 사용의 일반적인 관행에 비추어 어긋남이 없고 편안하고 쉽게 읽히는가? 우리말 문장이 다소 낯설더라도 (어순이나 구두점에 상응하는 장치 등) 원문의 특징을 어느 정도 가능한 한도 내에서 반영할 수 있는가? 역자는 우리말 문장이 지나치게 어색해지거나 파편화되지 않는 범위 내에서 희랍어 원문의 특징을 일부 반영하고자 노력했다. 이를테면 지금 이 문장의 '그가 말했다'와 같은 표현이 문장 내에서 등장하는 자리를 원문에 가능한 한 근접시키고자 노력했다. 물론 우리가 취하는 관점에 따라서 그러한 논점이 사소한 것일 수도 있고, 그러한 관점을 취하는 독자들에게는 역자의 노력이 사소한 것에 집착하는 다소간의 억지처럼 보일 가능성도 있다. 그러나 역자는 다음과 같은 취지에서 그런 노력을 하였다. 첫째, 우리가 원문 텍스트를 읽으면서 경험하는 문장구조와 어순의 차이, 말하기와 글쓰기의 문화적인 차이를 있는 그대로 반영하여 독자들에게도 전달하는 것이 있는 그대로의 정보를 전달한다는 점에서 의미가 있다고 본다. 둘째, 이 점은 부가적으로 영어나 또 다른 현대의 여러 외국어를 배우고 활용하는 맥락에서도 (외국어 습득과 활용이 피할 수 없는 삶의 조건이 된 현대 한국인에게) 시사하는 유용함이 있다. 고전 그리스어에서 '그가 말했다'와 같은 표현이 등장하는 어순상의 위치를 (그리고 그와 결부된 문장부호에 상응하는 장치들의 용법을) 현대 서구 언어의 어순도 거의 그대로 따르

고 있으므로 (이를테면 'he said'와 같은 표현이 문장의 첫머리에 등장하는 일은 상대적으로 적다), 그러한 낯선 어순을 반복적으로 경험하는 일은 외국어를 활용하여 글을 쓰는 맥락에서도 간접적으로 도움이 될 수 있다. 셋째, 무엇보다도 중요한 이유는 다음과 같다. 일련의 대화가 계속해서 이어져 갈 때, 대화 참여자 각각이 발화하는 각 문장들이 무엇을 연결고리로 하여 서로 연결되고 있는가 하는 점을 정확히 직시하여 포착하고 그것을 가능한 한 있는 그대로 드러내 주는 것이 대화 진행의 생생함을 살려서 전달하는 데에 중요한 역할을 한다고 본다. 부연하자면, 대화의 진행과 함께 아래 구절들 도처에서 등장하게 될 것처럼, '그가 말했다' 또는 '내가 말했다'와 같은 표현은 그 모든 문장을 구술하고 있는 것으로 설정된 화자인 소크라테스가 ― 이 점은 작품의 액자 장치에 대한 해설을 참조하라 ― 발화하면서 전달하고자 하는 일차적인 관심사를 반영한 정보가 아니다. '그가 말했다' 그리고 '내가 말했다'와 같은 표현을 일괄적으로 각 문장의 처음에 위치시키고 따옴표를 한 번만 사용하는 것이 우리말 문장을 단순하게 만드는 장점을 지닐 수 있다는 점은 인정한다. 하지만 소크라테스가 독자(청자)들에게 전달하고 있는 각각의 문장에서 자신 혹은 그의 대화 상대자가 입을 열어 발화하면서 바로 처음으로 내놓는 단어 및 발화 내용이 각 문장에 담긴 화자의 우선적인 관심사를 있는 그대로 가장 잘 반영하고 있으며, 그것에 주목하여 대화를 쫓아가는 것이 대화 참여자들의 상호작용을 좀더 생생하게 포착하는 데에 도움을 준다고 역자는 판단하게 되었다. 그래서 그러한 점을 우리말 번역 문장에도 반영하는 것이 좋겠다는 취지에서 역자는 우리말 문장 부호 사용이 다소 낯설게 보이는 점을 감수하면서 이와 같은 시도를 하게 되었다. 다만 모든 경우에 특정 단어와 표현의 어순을 원문과 일치시키는 것이 불가능하다는 점은 주지의 사실로 인정하고, 우리말 문장이 수용 가능한 한도 내에서 그러한 시도를 하였다.

8 우리가 … 포테이다이아에서 전투가 있었는데 : 이 작품의 장면 설정이 역사적 사실에 근거를 둔 것인가에 대해서 많은 논란이 있어 왔다. 종

래에 많은 학자들이 지금 이 장면(153b5~7)이 지칭하는 포테이다이아에서의 전투가 『향연』편에서 알키비아데스가 소크라테스를 칭송하면서 소크라테스가 전투 중에 자신을 구했던 일화를 이야기 하는 장면(220d5~e7)에 언급된 전투와 동일시하기도 했고, 더 나아가 투퀴디데스 『펠로폰네소스 전쟁사』(I 62,1~63,3)의 보고와 대응시켜 설명하고자 시도하기도 했다. 하지만 우선 플라톤의 두 대화편에 등장하는 전투가 반드시 동일한 것이라는 보장이 없고, 또한 세 장면을 동일시하는 가정은 그로 인해서 설명하기 어려운 불일치와 난점들을 만들어 냈다. 플라노(Planeaux, 1999)는 포테이다이아 인근에서 벌어진 전투가 오직 한 번이 아니라 여러 번 있었다면, 『카르미데스』의 이 구절이 지칭하는 전투와 『향연』편에 언급된 전투를 동일시하지 않아도 된다는 가설을 입증하고자 시도했다. 그리하여 그는 『카르미데스』의 장면 설정이 여러 전거에 비추어 대단히 정확하며 소크라테스는 429년 5월 마지막 주에 아테네에 돌아왔다고 결론짓는다.

9 여기 사람들은 : 이 맥락에서 '여기 사람들'은 '아테네 사람들'을 가리킨다.

10 전투에는 직접 참여했었나? : 바로 이어서 소크라테스는 그 전투에서 일어났던 일들을 친구들에게 전달해 주고 있는데, 그러한 보고가 신뢰할 만한 것이 되려면 듣는 사람의 입장에서는 아무래도 소식을 전달해 주는 이가 전투에 직접 참여했었는가를 확인하는 것이 자연스러워 보인다. 만약 소크라테스가 직접 전투에 참여하지 않았다면, 이후의 대화는 전황(戰況)에 대한 언급이 없이 진행될 수도 있었을 것이다. 이 점은 사실 대단히 사소해 보이기는 하지만, 궁극적으로 저자인 플라톤이 소크라테스를 어떤 인물로 그리고자 했는가 하는 논점과 관련해서도 함축을 지닌다고 볼 수 있다.

11 직접 참여했었다네 : 153c4의 이 문장에는 '내가 말했다'와 같이 이 문장이 직접 인용문임을 표시해 주는 장치가 없다. 『카르미데스』뿐만 아니라 다른 대화편들의 영어 번역들을 보면, 영어 글쓰기의 관습을 따

라서, 비록 원문에서 "그가 말했다네" 또는 "내가 말했다네" 등의 표현과 함께 해당 문장이 등장하지 않은 경우에도, 따옴표를 사용하여 그것이 소크라테스의 보고를 통해 전달되는 액자 속의 것임을 표시하고 있다. 하지만 이것은 현대에 통용되는 영어 글쓰기의 일반적인 관습일 뿐이다. 플라톤이 원래 텍스트에서 어떤 곳에서는 직접 인용임을 드러내 주는 (인용부호에 상응하는) 표현을 쓰고, 어떤 곳에서는 그것들을 쓰지 않은 것이 그저 아무런 의도 없이 단순히 그렇게 된 것인지, 또 그것이 희랍어 글쓰기의 일반적인 관행이었는지, 아니면 저자인 플라톤이 의식적으로 구분하려고 노력한 결과인지는 아직 여전히 검토해 볼 여지가 있다고 생각한다. 물론 원저자와 (우리에게 전승된) 필사본 사이에는 시공간의 큰 간극이 있다는 점, 필사 당시에 맞춤법(orthography) 및 문장부호 사용에 관해서 어떤 규제력을 갖는 확립된 규정이 있었다고 보기 어렵다는 사정 등을 고려할 때, 원저자인 플라톤이 어떤 특별한 의미와 의도를 부여하고 있었는지를 가려내기는 쉽지 않아 보인다. 하지만 그와 동시에 역자는 위와 같은 차이가 청자에게 좀더 친밀하고 가깝게 들리게 하는 (소위 친밀한 관계를 형성하는, 영어로는 'building a rapport') 효과를 주는지 또는 의미와 강조점 등에 어떤 미묘한 차이를 가져오는가 하는 질문들을 독자의 관점에서 더 숙고해 볼 필요가 있다고 본다. 바로 지금 문장(153c4)을 한 예로 살펴보면, 단순하게 '참전했었다네'라고 이야기하는 것이 "'참전했었다네"라고 내가 말했다네' 하고 이야기하는 것보다 대화를 듣는 청자(또는 독자)에게 좀더 가까이 다가가서 더 친근감을 유발할 수도 있을 것이다. 그런 의미에서 이 문장에서처럼 '내가 말했다'와 같은 직접 인용문임을 표시하는 장치를 쓰지 않는 것은 소크라테스와 그 이야기를 듣는 청자 사이에 좀더 친밀한 상호작용과 의사소통의 신뢰감을 형성하는 데에 기여한다고 할 수 있을 것이다. 그렇게 보자면, 이 문장은 사실상 서로 다른 두 수준의 청자(recipient or addressee)를 동시에 겨냥하고 있다고 볼 수도 있다. 액자 속 대화에서 그 자리에 참석하여 대화를 하고 있는 카이레폰이 일차적으로 그 청자이고, 액자 밖에서 소크라테스가 전달해 주는 이야기를 듣고 있는 그의 이름 없는 동료가 (또 다른 맥락에서의) 두 번째 청자라고 볼 수 있다. 직접 인용문 표시에 상응하는 장치를 사용한 문장과 그렇지 않은 문장의 차이에 관한 이러한 관찰과 추정이 어느 정도까지 합당하게 일반화될 수 있는 것인지는 지금으로서는 일단 더 탐구해 볼 문제로 남겨 둔다.

12 그와 동시에 그는 나를 끌고 가서 칼라이스크로스의 아들인 크리티아스 곁에 앉혔다네 : 칼라이스크로스의 아들인 크리티아스(Kallaischrou Kritias)라는 표현에서 우리는 고대 희랍 사회에서 누군가를 소개할 때 '아무개 집안 누구'라고 표현하는 것이 일반적인 관행이었음을 관찰할 수 있다. 한편 카이레폰이 소크라테스를 데려다가 크리티아스 옆에 앉히는 이 대목은 일견 우연히 일어난 일로도 볼 수 있다. 하지만 이렇게 일견 우연적인 사건을 통해서 저자는 소크라테스와 크리티아스의 본격적인 대화와 대결을 준비하고 있다. 위의 주석 6번에서 언급했듯이 『소크라테스의 변론』편에 등장하는 카이레폰과 관련된 일화를 ─ 그가 델포이 신전에 물어서 어느 누구도 소크라테스보다 지혜롭지 않다는 답을 얻어 왔다는 사실을 ─ 기억하는 독자라면, 하필이면 카이레폰이 등장해서 소크라테스를 반겨서 맞이하고 인도하고 있는 대화편의 첫 장면이 함축하는 의미가 무엇일까를 궁금해하면서 대화를 읽어 나갈 수도 있겠다. 좀더 구체적으로는, 인간들 중에서 가장 지혜로우면서도 자기 자신이 지닌 인간적인 앎의 한계를 알고 있는 소크라테스와 그 대화 상대방의 차이가 무엇일까를 궁금해하면서 우리는 작품을 읽어 나갈 수 있을 것이다.

요컨대 이곳 『카르미데스』 153c에서 소크라테스를 데려다가 본격적인 대화의 장을 마련해 준 사람은 카이레폰이고, 소크라테스가 본격적으로 대면하게 되는 첫 번째 상대는 크리티아스이다. 물론 크리티아스의 소개로 카르미데스가 곧 등장하고, 절제에 대한 논의는 카르미데스와 함께 시작하지만, 결국에 가서 카르미데스는 어떤 의미에서 크리티아스의 행동대원(또는 배우)에 불과했다. 대화가 전개되어 가면서 소크라테스와 크리티아스의 (또 그들이 지닌 관점의) 차이는 점차적으로 누적되는 것으로 보이고, 그러한 대비가 대화편 전체의 플롯을 정점을 향해 이끌어 가는 일종의 추동력이 된다. 그럼에도 이 대화편의 제목이 '카르미데스'이지 '크리티아스'가 아닌 이유는 무엇인가? 이 점에 대해서는 「작품 안내」를 참고하라.

13 **이곳의 일들에 대해서 물었다** : 이 문맥에서 '이곳'은 아테네를 가리키며, 소크라테스는 자신이 원정을 다녀오는 동안 아테네의 사정이 어떠했는가에 대해서 묻고 있다.

14 **지혜를 사랑함과 관련해서(peri philosophias)** : 여기에서 소크라테스가 '지혜를 사랑함(philosophia)'이라는 단어를 사용하면서 뜻하는 바는 정확히 무엇일까? 일단 소크라테스가 늘 하던 일을 하러 레슬링 경기장에 와서 동료들을 만나 대화를 시작하면서 ─ 일단 동료들의 질문에 먼저 답하고 나서 ─ 가장 첫번째로 거론하는 관심사 및 주제를 소크라테스 자신이 바로 이 개념으로 포착하고 있다는 점을 주목해 보자. 물론 그 정확한 의미는 작품 전체를 관통하는 주제를 함께 고려해야 더 분명하게 드러날 것이다. 요컨대 여기에서의 지혜가 단지 인간의 지성(지적 활동)에만 관련된 것인지, 인간의 품성이나 삶의 방식 그리고 도덕 또는 윤리와는 어떤 관련을 맺고 있는가 하는 점을 함께 숙고해야 그 의미가 온전히 드러나게 될 것이다.

또한 이 단어가 오늘날 우리가 학문의 분야 및 교과목을 지칭할 때 사용하는 '철학'이라는 개념의 유래였으며, 그것에서부터 서양 철학 및 학문의 전통이 형성되어 왔다는 사실은 주지의 사실이다. 다만 지금 이 텍스트 내부의 맥락에서 이 개념이 뜻하는 바와 (그것은 특정한 교육제도 속의 교과 과목이 아니었다) 오늘날 우리가 '철학'이라는 개념으로 뜻하는 바가 정확하게 일치한다고 보기 어려운 점이 있기에 정확한 번역어 선택을 위해서 많은 숙고가 필요했다. 물론 오늘날 우리가 사용하는 '철학'이라는 단어가 'philosophia'라는 단어의 번역어로서 널리 쓰이게 된 것은 서양 철학이 우리에게 전래된 역사적인 과정과 관행에 따른 것이다. 그리고 이 '철학'이라는 번역어가 일정 정도 본래 단어의 핵심을 전달하는 데 성공하고 있기에, 바로 그 이유 때문에 소크라테스가 등장하는 플라톤의 작품을 우리는 철학이라는 학문 분야에서 다룬다는 점도 인정할 수 있다. 또 다른 한편 21세기에 대한민국에 살고 있는 우리도 '철학'이라는 개념을 교과목이나 학문 분야를 지칭하는 개념으로만 한정해 사용하지는 않는다. 이러한 맥락에서 우리가 오늘날 갖게 된 '철학'이라는 개념의 의미와 용례를 추적하는 것은 별도의 논의가 필요한 일일 것이다.

더불어 이 단어의 한 부분을 이루는 'sophia'라는 단어와 그 형용사 형태인 'sophos'를 '지혜' 또는 '지혜로운'이라는 말로 — 그 개념 번역의 역사를 존중해서 — 옮긴다고 하더라도, 그것이 그 단어의 본래적인 뜻을 온전히 대변하는 번역어인가 하는 논점에 대해서는 조금 더 숙고가 필요하다. 요컨대 우리말 단어 '지혜'가 사용되는 맥락과 의미가 'sophia'의 용례 및 의미와 정확히 일치한다고 보기는 어렵기 때문이다. 이를테면 『프로타고라스』 312c 이하에서도 볼 수 있듯이, 'sophos'라는 희랍어 단어는 숙련된 화가 또는 숙련된 의사와 같이 어떤 특정한 전문 분야의 기술과 앎을 지닌 자를 지칭하는 맥락에서 사용되곤 한다. 그렇다면 이런 경우에 형용사 'sophos'와 명사 'sophia'는 '숙련된 기술', '앎', '전문 분야 지식'이라는 의미와 좀더 가깝게 이해될 수 있을 것이다. 하지만 그렇다고 'philosophia'를 '앎(전문지식)을 사랑함'과 같이 옮기는 것도 선택하기는 쉽지 않다. 물론 이 경우에 플라톤이 추구하고 있는 '앎'이란 궁극적으로 '어떤 삶이 좋은 삶인가?' 하는 윤리학의 근본적인 질문에 답할 수 있게 해 주는 일종의 전문적인 앎(만약 그런 것이 있다면)을 지칭한다고 추가로 설명한다면, 플라톤이 등장인물 소크라테스를 통해서 보여주고자 지향하는 바가 무엇인지를 드러내 주는 데에 도움이 될 수 있다. 하지만 그러한 맥락에 대한 추가 설명이 없이 'philosophia'를 단적으로 '앎을 사랑함'이라고 옮기게 되면, 그 경우에는 위에 언급했듯이 'philosophia'라는 개념을 사용하면서 플라톤이 의도하고 있는 바가 정확히 전달되기 어려워지고 또한 이 개념이 번역되어 온 역사적이고 문화적인 맥락을 그 안에 담을 수 없게 되기 때문이다.

요컨대 플라톤은 여러 작품들에서 덕(인간으로서의 뛰어남)을 일종의 앎(지식)으로 이해하고자 하는 논의를 보여준다. 또 여러 대화편들에서 볼 수 있듯이, 그러한 논의는 어떤 삶이 좋은 삶인가라는 윤리학의 근본적인 질문과 관련해서도 (이를테면 건축술을 행하는 건축가가 집을 만들어 내는 것처럼, 그리고 의술을 행하는 의사가 환자를 치료하여 건강을 산출하는 것처럼, 각각의 전문 분야에는 전문가가 있고 그가 만들어 내는 유용한 결과물이 있듯이, 그러한 제작자 모델을 앎의 중요한 한 가지 패러다임으로 삼는다고 할 때) 그와 같은 전문가적인 앎이 가능한가를 탐구하는 질문으로 연결된다. 그리고 그가 찾고자 추구하는 그러한 앎이 있다면, 그것을 우리는 지혜라는 말로 지칭할 수도 있을 것이다. 결국 플라톤에게 지혜를 사랑하는 일(philosophia)은 인간의 윤리적인 삶과 그 가능 근거에 대한 앎에 도달하고자 탐구하면서 마주치게 되는 질문들에 답하려는 부단한 노력의 과정을 핵심으로 삼는다. 이러한 연관 관계를 종합적으로 고려할 때 비로소 소크라테스가 하고 있는 작업이 어떻게 '지혜 사랑(philosophia)'이라는 단어로 지칭되고 있는지를 좀더 분명하게 이해할 수 있게 될 것이다. 이러한 사정들을 종합하여, 역자는 '지혜(의) 사랑' 또는 '지혜를 사랑함'이라는 번역어를 선택하였다.

15 **이번에는 내가 … 뛰어난 자들로 성장했는지를 물었다네** : 소크라테스는 어떤 동기에서 레슬링 경기장을 드나들고 있었을까? 아마도 바로 이 구절이 소크라테스가 평소에 — 그리고 평생에 걸쳐서 — 지니고 있던 관심사를 평이하면서도 압축적으로 보여준다고 하겠다. 소크라테스가 지닌 관심사의 성격은 정치, 도덕, 교육 등 다양한 관점에서 규정할 수 있겠는데, 무엇보다도 『소크라테스의 변론』편에서 소크라테스가 스스로 밝히고 있듯이 신이 그에게 부여한 그 자신의 임무와 관련지어

서 — 즉 동료 시민들 중에서 실제로 지혜를 갖춘 자가 있기를 바라면서 그들이 실제로 무엇을 알고 무엇을 모르는지를 검토하면서 대화를 해 온 그의 이력과 관련지어서 — 좀더 폭넓게 이해하는 것이 좋겠다. 다시 말해, 소크라테스는 그 자신이 지혜로운 자기 아니라 지혜를 사랑하는 자임을 자처하는 인물이었고, 그렇게 '지혜 사랑'과 관련해서 사람들이 어떤 상태에 있는지가 궁금하여 동료 시민들을 만나서 대화를 이어가고 있었던 것이다. 바로 그 점이 그가 레슬링 경기장에 온 가장 근본적인 동기 중의 하나라고 할 것이다. 특히 그는 젊은이들의 영혼이 어떤 상태에 있는가에 관심을 보이고 있는데, 이는 그가 (그 자신이 속한) 정치 공동체의 시민들이 장차 어떤 사람됨을 지닌 이들이 될 것인가 하는 점에 관심을 두고 있는 것으로 볼 수 있다. 참고로 『에우튀프론』 2c~3a에서는 한 공동체의 젊은이들에게 관심을 두는 것이 어째서 중요한 일인가 하는 점에 대해서 소크라테스가 (자신을 고발한 멜레토스를 겨냥하여) 다소간 역설적인 어조로 이야기하는 대목이 나온다.

한편 일련의 역사적인 과정을 거쳐서 오늘날에 이르기까지 일부의 사람들이 소크라테스를 일종의 인류의 스승으로 간주하며 추앙하려고 하는 경우도 있었다. 하지만 이렇게 역사의 흐름과 함께 형성된 소크라테스에 대한 이미지와는 달리, 당시의 소크라테스와 같은 시대를 살았던 사람들 대다수가 그를 과연 존경하는 스승으로 간주했었는지는 여전히 검토해 볼 문제로 남는다. 『소크라테스의 변론』편만 보아도 당시 대중들이 소크라테스를 어떤 인물로 받아들였는가 하는 점이 드러난다고 볼 수 있고, 또한 소크라테스 그 자신은 누군가를 가르치려는 의도를 지니고 있지 않았다는, 따라서 선생으로 자처하지 않았다는 점도 함께 고려하는 것이 그의 본모습을 이해하기 위해서는 바람직하겠다.

또한 소크라테스가 추구하고 있는 '지혜 사랑'이 어떠한 성격의 것인가 하는 점에 관해서 우리는 (바로 위의 주석 내용에 덧붙여서) 다양한 전거를 함께 연관지어 논의할 수 있겠는데, 역자는 일단 『소크라테스의 변론』를 비롯하여, 『향연』편에 등장하는 사랑의 의미, 『고르기아스』편에 등장하는 연설술과 말(로고스, logos)의 올바른 사용에 관한 논의, 『테아이테토스』편에 등장하는 산파술을 행하는 소크라테스의 모습, 『프로타고라스』편에서 덕을 가르치는 전문가이자 선생을 자처하는 프로타고라스와 대비를 이루는 소크라테스의 모습과 연결지어서 이해해 보자고 제안한다.

16 제가 보기에는 … 분명하니까요 : 직역을 하자면, "제가 보기에는 그 사람 자신도 이쪽으로 다가오면서 근처 어딘가에 있는 것이 분명하니까요"라고 옮길 수 있겠다.

17 154a8~b2 : 이곳에 언급되고 있는 인물들이 일단 작품 속의 등장인물들이기는 하지만, 실제 역사 속 인물과의 연관을 저자인 플라톤이 염두에 두고 그들을 선택했을 것이라고 추정할 수 있고, 또한 이 작품을 읽었을 당시의 독자들도 실제 인물들과 그들의 행적을 연상하면서 작품을 접했으리라고 추정하는 것이 자연스럽다. 우리 독자들도 그러한 연관 관계를 고려하면서 작품을 읽는 것이 더 바람직할 것이다. 「작품 안내」와 등장인물들에 대한 해설을 참조하라. 그리고 플라톤의 대화편에 등장하는 인물들에 관한 상세한 역사적인 정보는 네일스(Nails, 2002)를 참조할 수 있다. 특히 바로 지금 해당 구절의 인물들에 대해서는 다음을 참고할 수 있다. 네일스(Nails, 2002), pp. 90~94, 243~250.

18 제우스에게 맹세컨대(nē Dia) : 감탄 및 맹세를 표현하는 어구를 어떻게 번역할 것인가 하는 논점에 관해서는 여러 다양한 의견이 있을 수 있다. 이 구절에서 감탄 및 맹세를 담은 표현에 화자가 제우스 신을 언급하고 있다는 점을 드러내는 것이 시공간을 달리하는 외래 문화에 대한 우리의 이해를 더 풍성하게 해 준다고 역자는 생각하기에 위와 같이 옮겼다.

19 친구여(ō hetaire) : 이 대목에서 소크라테스는 대화편의 액자 밖에서 그의 이야기를 듣는 것으로 상정되고 있는 친구에게 말을 건네고 있다. 이렇게 그가 대화편의 액자 밖에 있는 친구를 호격으로 부르는 일은 이곳 154b8과 함께 155c5, 155d3 구절을 포함하여 대화편 전체에서 세

곳에서만 등장한다. 160c3에서도 '친구여(ō phile)'라고 호격으로 부르
는 말이 등장하기는 하지만, 그것은 카르미데스를 부르는 말이다.

20 왜냐하면 아름다운 사람들에 대해서 나는 단지 흰 줄일 뿐이니까 : 여기에
서 흰 줄이란 석공들이 치수를 재거나 절단면을 표시하는 등의 작업을
하기 위해서 사용하는 흰 줄을 가리키는데, 그것은 흰 대리석 위에서는
알아보기 어렵다. 물론 작은 단서를 크게 과장하여 해석하는 일은 우리
가 경계해야 하겠지만, 이곳에서 아름다움을 판정하기 위한 (더 나아가
무엇인가를 재고 측정하여 판단하는) 기준이 언급되고 있고, 소크라테스가
자신은 그런 기준이 되지 못한다는 이야기를 하는 점은 가벼이 보아 넘
길 일은 아닐 수 있다. 좀더 부연하면, 우선 여기에서 소크라테스는 표
면상으로는 젊은이들의 외모와 그 아름다움에 관하여 자신은 판정할
수 있는 기준이 되지 못한다는 이야기를 하고 있다. 하지만 바로 앞의
153d~154a에서 이미 드러났듯이 소크라테스의 궁극적인 관심사는 지
혜의 사랑(철학)에 놓여 있고, 자신과 같은 공동체에 소속되어 있는 젊
은이들이 (지혜 또는 아름다움의 관점에서) 뛰어난가 하는 점을 대화의 주
제로 내놓고 있었다. 그렇다면 지금 이곳 154b에서 소크라테스가 자신
은 아름다운 젊은이들에 대해서 그들의 아름다움을 판정할 수 있는 기
준이 못 된다고 말하면서, 그와 동시에 그는 '외모의 아름다움'과 (우리
가 보기에) 동음이의어 관계에 있는 '영혼의 아름다움' 또는 '도덕적인
가치로서의 아름다움'과 관련해서 자신이 어떤 객관적인 (그런 표현을
덧붙이고 있지는 않지만) 기준 노릇을 할 수 없다고까지 — 다소간 중의적
인 함축을 지닌 표현을 구사하면서 — 너스레를 떨고 있는 것으로 읽을
수 있을 것이다.
게다가 소크라테스가 척도(기준)을 언급하면서 논의를 이끌어 가는 모
습은 『테아이테토스』 179a~b에도 유사하게 등장한다. 그곳의 맥락에
서 소크라테스는 소위 '인간이 모든 것의 척도다'라는 프로타고라스
(Prōtagoras) 식의 주장에 대해서 반론을 제기하고 있다. 그 핵심만 간단
히 말하면, 프로타고라스의 주장을 따라서 만약 각각의 개인이 자신이

지각하는 것과 관련해서 척도가 된다고 한다면, 누군가 더 지혜로운 자가 있어서 다른 사람들을—그것도 비싼 수업료를 받으면서—가르치는 일은 불가능하거나 별 의미가 없을 것이다. 바로 그 점에서 프로타고라스의 논제는 그것이 주장하는 내용과 그가 행하는 일종의 교육행위 사이에 불일치를 안고 있음을 소크라테스는 지적하고 있다. 하지만 소크라테스 자신은 어떤 특정한 전문 지식을 소유하고 있지 못하기에 결코 무엇인가를 판정하는 기준이 될 수 없다고 이야기하고 있다. 이러한 모습은 바로 지금의 해당 구절 154b~c에 등장하는 소크라테스의 모습과 일맥상통하는 것이다. 이러한 맥락을 함께 고려한다면, 우리는 저자인 플라톤이 여러 대화편들 곳곳에서 (소크라테스를 통해서 대변되는) 자신의 철학적인 이상(理想, ideal)이 (프로타고라스 및 여타의 소피스트들로 대변되는) 소위 상대주의적인 주장들과 어떻게 대비되며 어떤 차별성을 지니는가를 보여주려는 의도를 지니고 있었다고 추론할 수 있겠다.

21 **사실상 그만한 나이에 다다른 이들 거의 모두가** : 이 표현은 일종의 완곡어법(litotes)으로 '사실상 그만한 나이에 이른 젊은이들 모두가 일반적으로'를 의미하는 것으로 볼 수 있다.

22 이곳의 맞줄표는 원문에 있는 것이다.

23 이곳의 맞줄표도 원문에 있는 것이다.

24 **다 큰 어른들인** : '다 큰 어른들'이라고 옮긴 단어 'tōn andrōn'은 여기에서 성인 남성들을 의미한다.

25 **모두가 마치 조각상을 … 되었다네** : 여기에서의 조각상은 일반적으로 신들의 조각상을 지칭하는데, 이 구절에 등장하는 조각상의 의미도 우리의 관점에 따라서 다의적으로 볼 수 있다. 이를테면 『향연』 216d 이하에서 알키비아데스가 소크라테스를 칭송하는 연설을 하면서 소크라테스를 실레노스(Silēnos) 조각상에 비유하는 장면을 참고로 비교해 볼 수 있다. 알키비아데스의 고백에 따르면, 소크라테스가 하는 말(logoi)은 그 안에 덕의 조각상들을 품고 있다. 하지만 지금 『카르미데스』의 이

장면에서 레슬링 경기장에 있는 사람들이 카르미데스가 마치 조각상인 것처럼 바라볼 때 그들은 그의 외모에 홀려서 그를 추앙하고 있는 것으로 보인다. 이렇게 소위 텍스트 간의 상호 관계(intertextuality)를 고려하여 읽게 되면, 지금 이 구절에서 등장하는 '조각상'이라는 단어가 맥락에 따라서, 그리고 그것을 읽는 독자의 관점에 따라서, 다의성을 지닌 것으로 이해할 수 있는 여지가 생겨난다. 즉 저자인 플라톤은 독자들이 그와 같이 '조각상'이 언급되는 다른 작품의 장면을 떠올리면서, 이곳에서 소크라테스가 조각상에 견주고 있는 대상과 다른 작품에서 또 다른 등장인물이 조각상에 견주고 있는 바 사이의 대비와 차이를 읽으라고 제안하고 있는 것으로 볼 수 있다.

또 한편 위의 주석 11과 주석 19에서 언급했듯이 지금 장면이 펼쳐지고 있는 액자 밖에서 소크라테스는 자신의 친구에게 자신이 겪은 일을 이야기로 전달해 주고 있다. 지금 구절에서처럼 3인칭 시점으로 서술되고 있는 곳에서 다시금 독자들은 대화 전체의 틀을 이루는 액자 장치가 있었다는 사실을 상기해 볼 수 있게 된다.

26 하지만 정말이지 이 소년이 … 만약 벗으려고 들기라도 한다면 : 대화 참여자들은 지금 레슬링 경기장에 있으므로, 그리고 고대 그리스에서 레슬링 경기를 하던 방식을 연상해 보면, 카이레폰의 이야기는 대단히 자연스럽게 들린다. 더구나 그는 다소간 장난기 어린 어조로 이런 이야기를 하고 있는 것으로 보이는데, 소크라테스는 친구인 카이레폰의 이야기를 받아서 자신이 관심을 두고 있는 방향으로 논의를 이끌어 간다. 그 점은 곧 다음 문장에서부터 드러나는데, 일단 옷을 벗으면 드러나는 것은 신체이겠지만, 그렇게 옷을 벗기는 것과 유비적인 방식으로 영혼을 발가벗겨 보면, 그가 그 자신 안에 절제(sōphrosynē)를 지니고 있는지가 드러난다고 (등장인물) 소크라테스는 가정하고 있는 것으로 보인다. 즉 레슬링 경기장이 옷을 벗고 육체의 힘과 뛰어남을 겨루고 연마하는 곳이라면, 그와 비슷하지만 또 다른 수준에서 영혼의 껍질을 벗겨 내고 내면을 들여다보면서 카르미데스가 영혼의 아름다움과 뛰어남을 (여기

에서는 절제를) 지니고 있는지를 가늠해 보는 작업이 이하에서 진행되는 소크라테스와의 대화를 통해서 이루어진다고 볼 수 있다. 이 대목에서도 저자인 플라톤은 특정한 단어와 개념이 일상적으로 쓰이는 의미와 맥락을 (소크라테스라는 인물을 통해서) 자신이 궁극적으로 지향하는 바와 중첩시키면서 표현의 재미와 묘미를 살리고 있다.

27 그는 얼굴이 없다고 : 달리 말하면 "그의 얼굴은 없는 셈이라고", "그의 얼굴은 아무것도 아니라고" 또는 "얼굴은 저리 가라라고"라고 옮길 수도 있겠다.

28 그 외모가 … 아름답다네 : 여기에서 외모라고 옮긴 희랍어 단어는 'to eidos'이다. 이 단어는 맥락에 따라서, 모양, 꼴, 형상, 종(種) 등의 여러 의미로 쓰이는데, 이 맥락에서는 외모를 뜻한다고 보는 것이 자연스럽다.

29 헤라클레스(Hērakleis) : 여기에서 헤라클레스를 부르는 말은 감탄사로서 "어이구!" 또는 "맙소사"와 같은 놀라움을 표현하는 것이겠는데, 위의 154b에서 '제우스에게 맹세컨대'라고 옮겼던 것과 마찬가지로, 지금 이 경우에는 헤라클레스를 부르고 있다는 특수성과 그것에 담긴 문화적인 정보를 풍성하게 드러내기 위해서 위와 같이 고유명사 그대로를 써서 옮겼다.

30 당신들은 그가 얼마나 정복하기 불가능한 남자라고 말씀하시는 것인가요 : 여기에서 쓰인 '정복할 수 없는(amachon)'이라는 희랍어 단어는 "난공불락(難攻不落)" 또는 "누구도 그에게 맞서 싸울 수 없는"이라고 옮길 수도 있다. 또 이러한 표현은 고대 희랍 사회에서 동성애와 관련된 문화적인 요소를 반영하는 함축을 지니는 것으로 볼 여지도 있다. 하지만 소크라테스는 일종의 농담과 진지함이 섞여 있는 채로 어휘를 구사하고 있다는 점을 잘 눈여겨볼 필요가 있다.

한편 카르미데스가 아직 성년에 이르지 못했다는 사실은 이미 앞에서 언급된 바 있다. 그럼에도 여기에서 소크라테스는 그를 '성인 남자'를 뜻하는 'anēr'라는 단어를 써서 지칭하고 있다. 이를 두고 누군가는 작중 인물인 소크라테스가 단어를 일관되게 사용하지 못하고 있으며 모종의 불일치가 있다고 지적할 수도 있겠다. 하지만 지금 소크라테스가 정확히 무엇에 관심을 두고 있는지 그리고 그 함축이 무엇인가를 고려하면 그러한 의문은 해소될 것이며, 그렇게 할 때 소크라테스의 취지를 더 잘 이해할 수 있다. 우선 우리가 일상의 대화 맥락에서 경험하듯이, 대화 상대방을 좀더 완성된 그리고 대등한 인격체로 대우하는 것이 대화 상대방을 대화에 좀더 진지하고 깊이 있게 개입하여 참여하도록 유도하는 효과가 있다고 볼 수도 있겠다. 하지만 우리가 더 중요시해야 할 것은, 소크라테스가 이곳에서와 같은 일상적인 언사를 통해서 우리가 인간으로서의 삶을 통해서 보편적으로 지향하게 되는 어느 수준에서의 이상(ideal)에 관심을 보이고 있다는 점이다. 달리 말해, 우리는 그가 일종의 (그것이 비록 일상적인 수준의 것이라고 하더라도) 이상을 상정한 채로 그것을 누군가의 사람됨을 판단하는 준거로서 제시하고 있다는 점에 주목해 볼 필요가 있다.

요컨대 이 문장은 지금 발화 시점에 카르미데스가 이러저러한 사람이라고 하는 사실의 기술이기보다는 미래에 도달할 수 있는, 또는 그래야 마땅한 것으로 상정된, 이상을 언급하고 있다고 보는 것이 좋겠다. 바로 뒤이어 나올 내용을 함께 고려하자면, 소크라테스는 여기에서 누군가가 그 영혼이 좋은 본성을 타고나고 또한 덕을 체화해서 뛰어난 인격을 갖춘 사람이 되는 것이 '누구도 대적하지 못할 남자'가 되는 것과 동일하다고 이야기하고 있는 셈이다. 그렇게 보면, 아직 성년에 도달하지 않은 카르미데스를 '성인 남자'라는 단어로 지칭하는 상황을 이해할 수 있게 될 것이다. 그것은 궁극적으로 저자가 — 사실기술(事實記述)과 규범적 이상 중에서 — 무엇에 비중과 관심을 두고 있는가를 보여주는 작지만 중요한 한 가지 단서가 된다. 어쩌면 역자가 너무 사소한 논점을 건드리고 있는 것처럼 보일 수 있겠다. 하지만 이 논점에 주목하면, 플라톤이 (164a~c 그리고 165c 이하에서처럼) 의사, 건축가 등과 같이 직능을 나타내는 개념들을 범형으로 (즉 제작자 모델을) 활용하여 이끌어

110

가는 덕에 대한 논의에서 그가 무엇에 주된 관심을 두고 있는지를 이해하는 데 도움이 될 것이다. 또한 이 논점은 우리의 일상 언어가 작동하는 방식과 관련해서도 일정한 함축을 지닌다.

31 만약 게다가 그에게 어떤 작은 것 하나만 더불어 있게 된다면 말입니다 : 대화의 진행과 함께 곧 드러나게 되지만, 소크라테스는 자신이 지금까지의 이야기 진행에 덧붙이려고 하는 것을 '어떤 작은 것 하나'라고 표현하고 있다. 그러나 과연 '어떤 작은 것'이 정말로 사소하고 간과할 만한 것인지는 계속 검토해 보아야 할 것이다. 오히려 소크라테스는 자신이 진정으로 관심을 두고 있는 것을 짐짓 '어떤 작은 것'이라고 표현하면서 다소간 자신의 입장에서 거리를 취하며 일종의 놀이를 하고 있다고 볼 수도 있다. 다시 말해, 그는 일반인들의 관점에서 볼 때 사소해 보일 수도 있는 어떤 것을 그와 같이 지칭하고 있지만, 자신이 궁극적으로 지향하고 있는 목표점은 버리지 않은 채로 위와 같이 어휘를 구사하고 있다.

이 작품을 처음으로 읽는 독자들에게 미리 일종의 선입견을 제시하는 것 같아서 조심스럽지만, 결국 그가 말한 '어떤 작은 것'이란 곧바로 아래의 154e에서도 드러나듯이 '어떤 한 사람이, 그리고 그 사람의 영혼이, 좋고 훌륭한가' 하는 점을 지칭하는 것이고, 이는 사실 소크라테스가 가장 중요시하는 논점이었으며, 이 점은 대화의 시작에서부터 (153d, 주석 14, 15, 20 참조) 언급된 것이었다. 이러한 점들을 고려할 때, 그가 대화의 진행 과정에서 타인의 관점을 고려하면서 그 위에 올라서서 동원하는 어휘들과 그 어휘들을 통해서 그 자신 스스로가 실제로 지칭하려고 의도하고 있는 바 사이에는 어떤 방식의 거리가 있다고 볼 수 있을 것이다. 물론 혹자는 대화 참여자들이 그것을 인지하고 있는지를 명시적으로 증명해 보일 수 있는 방법이 있느냐고 질문할 법하다. 하지만 이 질문은 지나친 요구를 담고 있는 질문이다. 이 세상의 그 누가 과연 자신의 동료, 상대방, 제삼자가 무엇을 인지하고 있는가를 명시적으로 입증해 보일 수 있는가? 등장인물들이 서로 간에 그러한 간극을 인지하고 있는가 하는 점을 입증하는 일은 어쩌면 독자의 몫이 아닐 것이라고 역자는 생각한다. 다만 우리는 자신 이외의 누군가가 무엇을 인지하고 있는지를 간접적인 정보를 통해서 접근하고자 노력하고 추정해 볼 수는 있을 것이다. 또한 「작품 안내」에서 극적 장치로서의 일종의 아이러니에 대해서 언급했던 것을 다시 떠올려 보자. 요점만 다시 언급하자면, 대화편이 독자들과 상호작용하는 맥락에서는, 등장인물들 각각이 지닌 관점과 우리들 독자가 지닌 관점이 서로 교차하면서 발생하는 차이와 간극이 빚어내는 효과에 주목하면서, 우리가 독자의 관점에서 읽어낼 수 있는 점들에 주목하는 것으로 충분하다고 본다. 그리하여 역자는 저자인 플라톤이 어떤 특정한 단어(개념)를 두고 등장인물들이 그것에 대해서 서로 다른 이해 방식과 인지적인 태도를 지니고 있음을 극적 구성을 통해서 보여주고 있다는 사실을 읽어내는 것까지가 독자의 몫이라고 본다.

그리고 바로 이러한 관찰에 근거해서 어떤 단어(개념)들의 동음이의어(homonymy)적인 성격을 등장인물인 소크라테스가 ― 물론 저자인 플라톤이 작품 속에서 형상화하고 있는 바대로 ― 적극적으로 인지하고 활용하고 있다고 해석할 수도 있을 것이다. 더불어 저자인 플라톤은 여러 대화편의 다양한 장면에서 '아름다움', '훌륭함', '좋음', '이로움'과 같은 개념을 그것이 지닌 동음이의어적인 성격을 충분히 활용하여 ― 또한 작중 인물인 소크라테스의 기지 있는 태도와 언사를 활용하여 ― 대화를 진전시켜 가는 경향을 보여준다고 역자는 이해하고 있다. 그 좋은 사례 중의 하나는 164a~c에서 발견할 수 있으며, 이 논점은 그곳에서 좀더 언급하기로 한다.

사실 이러한 제안은 사실 논란을 불러일으킬 여지가 있다. 철학사의 전개 속에서 동음이의어의 적극적인 의의에 주목한 사람은 아리스토텔레스로 여겨져 왔고, 플라톤은 도리어 소위 본질주의적인 입장에 입각해서 한 개념이 단일한 의미로 사용되어야 마땅하다고 주장한 것으로 이해되고 있기 때문이다. 하지만 역자는 위와 같은 일반적인 이해가 합당한 측면이 있음을 인정함과 동시에, 좀더 세심한 구분을 도입하면, 플라톤이 어떤 개념의 본질에 해당하는 것이 요청된다고 주장한 것에 못지않게, 우리가 살아가는 일상 세계의 언어 현상에서는 사람들이 때때로 같은 개념을 동음이의어적으로 달리 사용하고 있는 현상을 간과하지 않고 있었으며, 그 점을 대화편이라는 형식을 적극적으로 활용해서 — 즉 등장인물들 간의 관점과 인물형의 차이를 드러냄을 통해서 — 담아내고자 했던 것으로 읽을 수 있다고 제안한다. 대화의 진행을 세심하게 따라가면 그러한 점을 대화편들에서 읽어낼 수 있다고 역자는 이해하고 있으며, 이 점에 주목하는 것이 작품의 이해를 좀더 풍성하게 해 줄것이라고 기대하고 있다.

한편 누군가의 사람됨과 정체성은 곧 그 사람의 영혼에서 찾을 수 있다고 — 또는 영혼이 바로 그 사람의 정체성이라고 — 주장하는 내용은 플라톤 작품의 도처에서 발견되는데, 그것이 가장 평이하면서도 명시적으로 드러나는 한 사례로서 『알키비아데스』 131c5~d8 구절을 참조해 볼 수 있다.

32 만약 그 영혼을 보건대 … 그가 좋은 본성을 타고났다면 말입니다 : 이곳의 희랍어 본문의 문장 구조는, 예를 들어 설명하자면, "그는 마음씨가 곱다"와 같은 우리말 문장의 구조와 유사하다고 볼 수 있다. 예로 든 우리말 문장에서 우리는 그 사람에 대해서 말하면서, 그리고 그의 마음씨에 관심을 두고 그것에 주목해서, 그가 이러저러하다고 이야기하고 있는 것과 마찬가지로, 이곳의 희랍어 문장도 "그는 영혼이 좋은 본성을 타고났다…" 또는 "그는 영혼의 관점에서 좋은 본성을 타고났다…"라는 구조를 지니고 있다. 여기에서 영혼이라는 단어에 상응하는 희랍어 단어가 관점을 나타내는 대격(accusative of respect)으로 쓰이고 있음을 드러내기 위해서 위와 같이 옮겼다.

33 아마도 그가 그런 사람인 것이 합당하겠지요. 크리티아스, 그는 당신네 집안 사람이니까요 : 가문의 훌륭함이 카르미데스의 사람됨을 판단하는 데에 중요한 요소의 하나로서 언급되고 있다. 이는 당시의 통념을 반영

하는 것으로 볼 수 있겠는데, 앞서 이미 언급되었듯이 한 사람의 외모의 아름다움, 젊은 나이, 고귀하고 부유한 집안이 그 사람의 뛰어남을 (그리고 그 사람의 행복을) 보증한다는 — 아직 검토되거나 증명되지 않은 따라서 필연적인 연관성을 주장할 수 없는 — 관념을 일견 외견상 당연시하는 것처럼 보인다. 이러한 통념은 플라톤의 작품 여러 곳에서도 (예를 들자면, 『고르기아스』 451e) 발견할 수 있다. 하지만 (바로 앞의 주석에서 설명한 것과 유사한 관점에서) 대화의 진행에서 상대편이 지닌 상식적인 통념에 맞추어서 논의를 전개하기 위해서 그러한 이야기를 하는 사람이 실제로 자기 자신은 그와 다른 신념을 지니고 있을 가능성은 열려 있으므로, 여기에서 소크라테스도 그러한 증명되지 않은 통념을 자기 것으로 인정하고 있다고 볼 만한 필연적인 이유는 없다. 사실상 바로 그 점에 대한(즉 소크라테스도 그러한 통념을 자신의 신념으로 지니고 있는가 하는 질문에 대한) 검토가 이후 대화를 이끌어 가는 중요한 추동력을 제공한다고 볼 수 있다. 그리고 가문의 훌륭함에 대한 언급은 157b7~c1 그리고 157e4에서도 반복적으로 드러나는데, 해당 구절의 구체적이고 개별적인 상황과 문맥에서 그러한 언급이 지니는 효과와 함의를 읽는 것이 바람직할 것이다.

한편 카르미데스와 크리티아스는 플라톤과 친척 관계에 있는 인물들이다. 일부 문헌에서 플라톤이 자기 집안 사람들을 옹호하는 태도를 내비치고 있다고 독해하는 경우도 있었는데, 역자는 그런 견해가 오도된 것이라고 본다. 상식적인 관점에서 보더라도, 누군가가 자기 친척들을 무비판적으로 자랑하거나 옹호할 것이라고 기대하기보다는, 누구에게나 자기 친척들 중에는 자랑스러운 이도 있고 그렇지 않은 이도 있을 것이라고 보는 것이 더 자연스럽다. 더 나아가 플라톤이 자신의 작품을 통해서 보여주는 핵심적인 관심사는 소크라테스라는 인물을 통해서 자신의 철학적 이상을 보여주는 것이었다고 역자는 이해하고 있다. 그러한 관점에서 보자면, (이 작품의 드라마 설정 시점을 기준으로 할 때 훗날에 가서) 30인 참주 중의 한 사람이 되는 크리티아스와 거기에 연루된 카르미데스를 플라톤이 자기 집안사람이라는 이유만으로 호의적으로 다루고 있다고 보는 주장들은 다수의 사람들이 지닌 (달리 말하자면, 팔이 안으로 굽는다는) 일종의 편견을 플라톤에게 투사하는 일을 범하게 된다.

34 아니 : 이곳 154e4에서 크리티아스는 바로 앞에서 소크라테스가 하는 말의 대의를 긍정하면서 이어받고 있다. 이 맥락에서 희랍어 단어 'alla' 는 소크라테스가 특정한 조건들을 — 즉, "영혼이 본성상 뛰어난가?", "어느 집안 출신인가?"와 같은 요건들을 — 거론하면서 혹시나 지니고 있을지도 모르는 의심이나 의문을 화자인 크리티아스가 부정하는 것이라고 보는 것이 좋겠다. 즉 크리티아스의 관점에서 "아니 당신이 그런 조건들을 언급하면서 지니고 있을지 모르는 그런 의문을 제기할 것 없이 당연히 그는 아름답고 훌륭합니다"를 의도하고 있는 것으로 볼 수 있다. 데니스톤(Denniston, 1959, p. 20)의 설명도 이러한 맥락에서 더 온전히 이해할 수 있다. 또한 155a8, 158e4, 162e6에서도 유사한 사례를 찾아볼 수 있다. 해당 구절의 주석을 참조하라.

35 이 점에서도 그는 아주 아름답고 훌륭합니다 : 대화의 시작 단계인 이 지점에서 아직 본격적인 이야기와 검토가 시작되기도 전에 크리티아스는 카르미데스가 뛰어나다고 주장하고 있다. 반면에 소크라테스는 그런 주장이 사실인지를 검토해 보자고 제안한다. 소크라테스가 검토의 필요성에 주목하고 있는 반면에 크리티아스는 검토와 논의가 합당하게 이루어지기도 전에 그것이 없이도 자신의 주장이 확실하다는 것을 당연시하고 있다. 이와 같이 대화의 초반에서부터 소크라테스와 크리티아스는 각각 카르미데스의 영혼의 상태를 놓고 그것을 대하는 접근 태도에서부터 상이한 모습과 양상을 보여준다. 이와 같은 대조는 뒤이어 등장하는 사안들에 대한 논의 및 검토 필요성에 대한 그 둘 각각의 일반적인 태도의 차이로 이어지며, 그것이 대화편 전체를 이끌어 가는 한 추동력과 긴장감을 제공한다고 볼 수 있다. 한편 크리티아스가 이곳에서 주장하는 바에도 불구하고, 카르미데스가 실제로 그 영혼이 뛰어난

가 하는 점은 이제 대화의 과정을 통해서 조금씩 드러나게 될 것이다. 그리고 크리티아스가 과연 한 사람의 뛰어남을 평가하면서 외모, 사회적인 통념상의 외적인 가치, 영혼과 같은 기준들 중에서 무엇에 더 큰 가치를 두고 있는지는 우리가 대화편의 끝까지 도달한 후에 이 지점에 다시 돌아와서 크리티아스의 태도를 평가해야 정확하게 드러날 것이다. 한편 아름답고 훌륭합니다(kalos kai agathos)라는 표현은 영어로는 'gentleman' 또는 'noble man'이라고 표현할 수 있는 일종의 이상(理想)을 지칭하는 표현이다. 이를 번역하면서 동양의 전통에서 어떤 도덕적인 이상과 모범을 지칭할 때 쓰던 용어들을 차용할 수도 있겠으나, 이 번역에서는 그러한 용어들을 선택하지 않고, 단어들의 가장 기본적인 뜻을 쫓아서 옮긴다. 한편 157e4에서는 같은 개념들의 형용사 비교급 형태가 쓰이고 있다.

36 외모(tou eidous) : 형상(또는 이데아)을 지칭할 때 쓰이는 단어 중의 하나인 'eidos'는 일상의 맥락에서 외모를 지칭하는 뜻으로 쓰인다. 달리 말하면, 일상에서 외모와 꼴을 지칭하는 단어가 철학 논의의 맥락에서 형상 또는 이데아를 지칭하는 용어로 쓰이게 되었음을 다시 한번 확인해 둔다.

37 그 외모에 앞서 주시하지 : '바라보고 있었다(etheōnto, 154c8)'와 '주시하지(etheasametha, 154e6)', 두 곳에서 같은 동사를 활용하고 있으나, 문맥에 맞게 우리말로는 다소 다른 단어를 선택했다.

38 감히 당신께 말씀드리건대 … 시재(詩才)가 대단히 뛰어나니까요 : 여기에서 시(詩)는 넓은 의미로 말과 글을 사용하는 문예 일반을 지칭한다고 보아도 좋겠다. 하지만 이후 (162c1 이하 참조) 대화의 진행을 고려할 때, 미리 말해서 독자들에게 미안하지만, 카르미데스는 실제로 지혜를 사랑하는 자라고 하기 어려운 모습을 보여준다. 따라서 이 구절에서 크리티아스가 언급하고 있는 바대로의, 카르미데스에 대한 다른 사람들의 평가와 카르미데스 자신의 평가 및 견해는 실제와 달리 과장된 것임이 곧 드러나게 된다. 어떤 의미에서는 크리티아스는 이 구절에서 카

르미데스의 능력에 대해서 일종의 보증을 서고 있다고 볼 수 있는데, 그러한 보증은 사실상 결실을 보지 못하고 결국 파탄에 이르게 된다고 볼 수 있고, 그러한 점을 고려하면 164d~165b에서 크리티아스가 델포이와 관련된 경구들을 — 특히 그중에서도 '보증, 파탄이 곁에 (있다)'(Eggyē para d'atē)라는 경구를 — 이야기하는 것은 대단한 역설이자 희극(코미디)이라고 볼 수 있다.

한편 희랍어 구문에 관심이 있는 독자는 『소크라테스의 변론』편 21c를 참조하여 비교해 보는 것도 흥미롭겠다. "다른 사람들이 보기에도 그렇고 특히 그 자신이 보기에도(hōs dokei allois te kai heautōi)"라는 표현과 거의 같은 구조를 가진 문장이 『소크라테스의 변론』편 21c에도 등장한다. "이 사람은 다른 많은 사람들에게도 그렇고 무엇보다도 그 자신에게 지혜롭다고 보이지만, 사실은 그렇지 않다고 제게 보였습니다(edoxe moi houtos ho anēr dokein men einai sophos allois te pollois anthrōpois kai malista heautōi, einai d' ou)." 해당 구절의 맥락을 잠시 언급하자면, 소크라테는 어느 누구도 자신보다 더 지혜롭지 않다는 델포이 신탁을 전해 듣고 그것이 무슨 뜻인지를 알기 위해서 자신보다 더 지혜롭다고 여겨지는 사람들을 찾아 나서서 탐구를 계속했는데, 그 과정에서 처음으로 만난 어떤 정치가가 보여준 행태의 특징을 소크라테스는 위와 같이 이야기하고 있다. 위 표현은 소크라테스와 대화를 나누는 상대방들 중 어떤 특정 부류의 인물형이 지닌 지적 태도 및 그 성격(character)을 엿볼 수 있게 해 준다.

39 솔론과 한 집안이 된 이래로 : 거의 같은 취지의 이야기가 아래 157e6에도 반복되어 등장한다. 한편 관련된 인물들에 대한 역사적인 정보는 네일스(Nails, 2002, pp. 243~250)를 참조할 수 있다.

40 부끄러운(aischron) : '수치스러운' 또는 '창피한'이라고 옮길 수도 있다.

41 비록 그가 … 결코 부끄러운 일은 아니었을 텐데요 : 조건문과 가정법이 쓰인 희랍어 문장의 어감을 온전히 살리는 것은 대단히 어려운 일이다. 이곳 155a에서는 반과거(또는 미완료 시제라고도 지칭하는 imperfect) 시제

를 활용한 조건문이 사용되고 있다. 그것은 현재 사실의 반대를 나타내는 조건문인데, 그 점을 단순하게 살려서 "비록 그가 훨씬 더 어리다고 해도, … 그에게 결코 부끄러운 일은 아닐 텐데요"라고 옮기는 것도 선택할 만하다. 물론 이 문장이 현재 사실의 반대를 뜻하는 것은 분명하며, 이때 '현재 사실의 반대를 뜻한다'는 것이 정확히 어떤 의미인지 그 내적인 함축은 다음과 같이 풀어서 쓸 수 있겠다. "그가 훨씬 더 어렸다고 해도"라는 가정은 사실은 그가 이미 어느 정도 성장한 상태에 있으니 현실과 다른 (반대되는) 사태를 가정하는 것이고, 그가 더 어린 나이에 처해 있다고 해도 당신 앞에서 대화를 나누는 것이 그에게 부끄러운 일은 아니었을 것이다. (그리고 이것이 현실과 반대되는 사태를 가정했을 때 따라 나온다고 주장하는 귀결이다.) 그런데 지금까지 그를 아직 불러오지 않았으니, 따라서 (그가 부끄러워하는 것과 같은) 그런 일은 아직 현실로 발생하지 않았으며, 또한 지금 그가 등장해도 부끄러워하지 않을 테니까, 지금이라도 어서 불러오라. 그러한 취지로 소크라테스는 크리티아스에게 그를 불러오라고 요청하고 있는 것이다. 이 문장을 반과거 (imperfect) 시제를 살려서 직역하여 옮기더라도 이러한 상황은 충분히 잘 전달될 수 있고, 그러한 사정과 어감을 독자들이 잘 이해해 줄 수 있다고 보고 본문과 같이 옮겼다.

42 아니 : 이곳 155a8에서는 접속사 'alla'가 쓰였다. 번역을 검토하는 과정에서 "예"라고 단순하게 옮기는 것이 문장의 의도를 명료하게 전달하기에 충분하다는 의견이 있었고, 이를 채택하는 것도 일리가 있다. 하지만 '아니'라고 옮겨도, 문장의 맥락상의 의미를 더 잘 살릴 수 있다고 본다. 바로 앞 문장의 화자가 "부끄러운 일은 아닐 텐데요"라고 말하는 의도에 동의하고 공감하면서, 혹시라도 상대방이 지녔을 수도 있는 의문이나 의심에 반대하면서 "아니, 그런 의문 갖지 않으셔도 되고, 부끄러운 일이 아니지요. 좋은 말씀하셨습니다. 그러면 이제 그를 부릅시다"라고 응답하면서 대화가 진행되는 것으로 읽고 이해할 수 있다. 154e4, 158e4, 162e6, 166e3에서도 유사한 사례를 찾아볼 수 있다. 헤

118

당 구절의 주석을 참조하라.

43 그 질병을 치료해 줄 의사에게 : 여기에서 크리티아스가 의술, 의사, 치료의 모티브를 끌어들이고 있다는 것도 눈여겨볼 만하다. 우리는 대화의 전개와 함께 한 사람의 영혼의 진정한 치료를 도모하는 자가 누구인지 의문을 갖고 추적하면서 작품을 읽을 수 있다. 또한 결국에 가서 그것이 소크라테스임이 밝혀진다고 한다면, 이와 같이 크리티아스가 도리어 그 모티브를 앞서서 제시하는 것은 일종의 역설적인 효과를 갖는다고 볼 수 있다.

44 그런데 무엇이 … 아는 척하며 나서지 못하게 막습니까? : 무슨 이유에서 크리티아스는 소크라테스가 카르미데스가 겪고 있는 두통을 치료해 줄 약을 아는 척해야 한다고 제안하고 있는가? 독자들이 각자 그 점을 생각해 보면서, 그리고 작중 인물인 크리티아스의 의도와 소크라테스의 의도가 서로 일치하지 않을 수도 있다는 점을 고려하면서 읽어 나가면, 대화편이 더욱 흥미롭게 다가올 것이다. 우선 '… 척하며 나서다'라고 번역한 단어 'prospoiēsasthai'는 '…하는 셈 치다'라고 옮길 수도 있겠는데, 그 행위자의 (이상적인) 정체성과 그의 행위 사이에 모종의 불일치와 간극이 있음을 뜻하는 것으로 보인다. 그 우리말 번역어 '… 척하다'의 용례를 고려하자면, 그 행위자가 다소간 진실을 가리거나 사태에 맞지 않게 과장하거나 허세를 떠는 것 같은 부정적인 어감을 줄 여지도 있어 보인다. 하지만 역자는 희랍어 'prospoiēsasthai'라는 개념을 더 적극적이고 긍정적인 방식으로 읽고 이해할 수 있는 여지도 있다고 본다. 이 구절에서 소크라테스는 자신이 의술을 행하는 전문가인 의사는 아니지만, 그래서 그 자신의 실제 모습(또는 자기 정체성)이 의사와는 차이가 있다는 것을 알고 있지만, 대화의 주어진 맥락 속에서 카르미데스와의 대화를 위해서 그렇게 일종의 의사 역할을 하고자 노력하면서 나서 볼 의향이 있음을 밝히고 있다. 소크라테스가 취하고 있는 그러한 태도와 그가 처한 상황은 우리가 도덕적인 이상에 도달하고자 노력하면서 처하게 되는 상황 그리고 그때 우리에게 요청되는 태도와 구조적

으로 유사한 점이 있다. 상술하자면 다음과 같다. 우리는 어느 누구도 인생을 살아가는 동안 자신이 이미 도덕적 이상인 덕을 완벽하게 실현한 상태에 도달했다고 스스로 판단하거나 자신에 차서 확언하기 어려울 것이다. 그 점을 인정하는 것이 우리의 건전한 상식에 부합한다. 이는 우리 자신이 덕을 실현하는 삶을 살았는지는 평생의 삶을 살아보고 나서 객관적으로 평가받아야 하는 일이기 때문일 것이다. 그렇다고 그러한 이상에 도달하는 일이 어려운 일이라고 해서, 누군가가 "나는 그러한 이상을 추구하는 일에 관심이 없어요"라고 말하는 것이 우리 인간에게 기대되는 태도가 될 수 있을까? 도리어 우리 자신이 아직은 이상에 도달하지 못했다는 점을 (그리고 자신이 현재 처한 상황과 도달해야 할 도덕적 이상 사이의 간극을) 있는 그대로 인식하고, 그럼에도 불구하고 자신이 그러한 이상에 도달할 수 있는 능력을 지니고 있음을 신뢰하며, 그러한 이상에 도달하고자 열망을 지니고 노력을 멈추지 않는 일이 우리 인간에게 요청되는 일이라고, 그것이 바로 인간 삶의 여정이라고, 보는 것이 건전한 상식에 비추어 볼 때 합당하다. 이와 같이 자신의 현재 상태에 대한 이해, 이상과의 간극(자신의 불완전함)을 이해하는 능력, 그럼에도 불구하고 이상적인 목표를 열망하면서 추구하는 일 사이의 관계를 종합적으로 고려할 때, 'prospoiēsasthai'라는 단어를 온전히 긍정적으로 이해할 수 있게 될 것이다. 그리고 이러한 논점은 『프로타고라스』 323a~b에서도 잘 드러나 있으며, 리어(Lear, 2006)도 잘 포착하여 보여주었다.

45 앉아 있던 우리들 각자는 … 자리를 만들면서 자기 옆 사람을 열성적으로 밀치고 있었고 : 이 구절에서 'synchōrōn'이라는 단어가 언뜻 보기에 형용사로서 '앉아 있던 우리들(hēmōn tōn kathēmenōn)'과 일치하는 것으로 보일 수도 있겠는데, 단어의 어순과 의미를 고려할 때 'synchōrōn'은 문장의 주어인 '각자(hekastos)'에 일치하는 현재분사로 보고 '우리들 각자가 카르미데스에게 자리를 내어 주려고' 옆 사람을 밀치는 상황을 묘사하는 것으로 보는 것이 적합하다고 판단하였다.

46 하지만 그는 들어와서, 나와 크리티아스 사이에 앉았다네 : 그 자리에 참석한 많은 사람들이 카르미데스를 자신의 곁에 앉히려고 하는 이런 장면은 대단히 우스꽝스럽고 희극적이다. 하지만 그들의 이런 노력에도 불구하고 결국 카르미데스가 크리티아스와 소크라테스 사이에 앉았다는 사실은 일견 우연적인 사건으로 볼 수도 있지만, 저자는 이를 통해서 곧이어 진행될 대화를 예비하고 있다고 할 수 있다. 이 장면을 통해서 저자인 플라톤은 결국 대화편의 마지막 장면에서 드러나게 될 것처럼 "카르미데스가 미래에 어떤 선택을 할 것인가?"라는 질문을 간접적으로 그러나 세심하게 준비하고 있다고 볼 수 있다.

47 친구여 : 이 친구는 대화의 액자 밖에서 소크라테스의 보고를 듣는 것으로 상정된 구체적으로 누구라고 특정하기 어려운 사람이다. 154b8와 155d3 구절의 주석을 참조하라. 그 친구는 어쩌면 우리들 독자를 지칭한다고 볼 수도 있다.

48 형언할 수 없게(amēchanon ti) : 이야기의 맥락 속에서 '방책이 없게'라는 표현은 '말로 표현할 방도가 없을 정도로'를 뜻하는 것으로 보고 위와 같이 옮겼다.

49 고귀한 친구여(ō gennada) : '태생이 고귀한'이라는 뜻이다. 이곳의 호격이 누구를 지칭하는지는 154b8와 155c5의 주석을 참조하라.

50 나는 … 더 이상 내 자신 안에 머물러 있지 못했다네 : 이곳에서 묘사되고 있는 소크라테스의 태도는 자못 흥미롭다. 물론 소크라테스는 사랑과 연애에 큰 관심을 지닌 것으로 (이를테면 『향연』이나 『파이드로스』에서처럼) 묘사되곤 하는데, 많은 사람들이 지적하듯이 플라톤의 전 작품 중에서 소크라테스가 이곳에서와 같이 묘사되는 곳은 비슷한 사례를 찾아보기 어렵다. 하지만 바로 이어지는 대화편의 진행을 볼 때, 그가 자신 안에 머물러 있지 못할 정도로 제정신이 아니었다고 하는 표현은 상당히 과장된 것으로 보인다.

51 퀴디아스(Kydias) : 그의 모습이 고대 그리스의 붉은색 도자기 접시(red-figured dish)나 포도주 냉장용 도자기(psykter)에 술취해 흥청거리는 인

물로 묘사되고 있다고 알려져 있다. 이를 근거로 하여 그가 당시에 대중적인 인기를 누렸으며, (지금 텍스트 본문 구절에서 언급되고 있듯이) 사랑에 관한 시를 쓴 인물로 추정된다. 그 이외에 알려진 정보가 별로 없다. Cf. Robbins, Weißenberger, Hoesch, and Nutton(2006), "Cydias", *Brill's New Pauly*. 자세한 서지 사항은 「참고문헌」을 보라.

52 충고하면서(hypotithemenos) : 바로 앞 장면에서부터 크리티아스가 소크라테스에게 의사인 척하라고 부추기면서 의사 및 의술의 모티브가 등장하기 시작했는데, 이 대목에서 퀴디아스가 누군가에게 해 주는 말도 일종의 위험에 맞선 예방책을 제시하는 것이므로, '충고의 처방을 주면서'라고 옮길 수도 있겠다. 하지만 소크라테스는 의사 역할을 하기에 앞서서 퀴디아스의 처방에 기대고 있으므로, 순간적으로 그에게 기대되는 역할과 그의 행동이 뒤집히는 현상도 목격하게 된다.

53 155d6~e1 : 여기에서 '새끼 사슴과 사자'의 유비가 등장하는 맥락을 고려해 볼 때, 즉 아름다운 소년을 맞닥뜨린 어떤 성인 남자에게 퀴디아스가 충고의 말을 처방으로 주었다고 이야기되고 있는 점을 고려해 볼 때, 그 유비 관계는 다음과 같이 이해할 수 있다.

사자 : 새끼 사슴 = 아름다운 어린 소년 : 그를 맞닥뜨린 성인 남자

그렇다면 이 유비 관계를 다시 소크라테스와 카르미데스에게 적용하면, 누가 새끼 사슴이고 누가 사자가 될까? 그 관계를 일관되게 밀고 나가자면, 그리고 소크라테스가 자신이 겪었던 당시의 상황을 상당히 극적으로 전달하고 있다는 점을 고려하면, 당연히 소크라테스가 새끼 사슴에 해당된다고 해야 할 것 같다. 하지만 과연 소크라테스는 이 어린 소년의 아름다움에 홀딱 반해서 사자에게 잡아 먹히게 되는, 달리 말해, 자기 자신을 잃게 될 만큼 자제력 없는 인물이었는가? 물론 소크라테스는 일순간 자신이 압도당한 느낌이었음을 고백하는 것으로 묘사되고 있는 것도 사실이지만, 도리어 이는 그가 짐짓 너스레를 떠는 것으로 보이기도 하며, 여기에서도 일종의 역설적이고 희극적인 상황을 발견하게 된다고 할 수 있다.

54 155b9~155e3 : 이 구절은 소크라테스가 자신의 보고를 듣는 친구에게, 혹은 독자들에게, 직접 보고하고 있는 내용이고, 이어서 직접 인용문을 활용하면서 액자 안으로 다시 들어간다.

55 그러면 그것이 무엇이죠?(ti oun … esti) : 흥미롭게도 그게 무엇이냐는 질문이 카르미데스가 입을 열고 첫 번째로 나온 발화 내용이다. 여러 대화편들에서 논의 및 탐구 대상을 정의하고자 하는 맥락에서 등장하는 이러한 유형의 질문은 소위 "ti esti"-질문(영어로는 what is x - question)이라고 지칭되어 왔다.

56 자네가 나를 설득하거든 … 그렇게 할까? : 이 구절에서 소크라테스는 도대체 왜 설득이 필요하다고 이야기하는 것일까? 일단 가능한 대답을 추정해 보자면, 무엇인가를 주고받음(give and take)은 다양한 인간 관계에서 공통적으로 발견되는 대단히 보편적인 상호작용의 양상이라고 볼 수 있다. 이를테면, 의사와 환자, 배우는 자와 가르치는 자 사이에서도 모종의 주고받음이 다양한 방식으로 이루어진다고 볼 수 있다. 여기에서도 "자, 내가 지금 여기에서 당신에게 약초와 주문을 준다면, 당신은 그 대가로 나에게 무엇을 주겠는가?" 이와 같은 일종의 주고받기(give and take)가 이루어지고 있다고 암묵적으로 상정하고 있기에 다소간 장난스러운 어조로 이런 이야기를 하고 있다고 추정해 볼 수 있겠다. 그렇다면 소크라테스가 여기에서 카르미데스에게 ─ 그가 특정한 조건을 만족시키면 ─ 기꺼이 주문을 알려주려고 하고 있는 지금 상황에서 카르미데스는 무엇을 그에 상응하는 것으로 제시해 보여주어야 하는 것일까? 둘은 일단 크리티아스가 제안한 것처럼 표면상 의사와 환자의 관계를 맺고 있는 것으로 볼 수도 있고, 또는 소크라테스가 퀴디아스의 시를 언급하면서 짐짓 암시한 것처럼 구애하고 있는 잠재적인 연인 관계에 놓인 것처럼 보일 여지도 있다. 여하튼 만약 카르미데스가 소크라테스에게 제시해 줄 것이 아무것도 없다면 소크라테스는 왜 그에게 주문을 알려 주어야 하는 것일까? 또 만약 카르미데스가 소크라테스에게 줄 것이 실제로 아무것도 없다고 한다면, 그는 적어도 소

크라테스가 그렇게 해야 하는 이유와 명분은 제시해 주어야 하지 않을까? 어쩌면 이와 같이 소크라테스가 그렇게 해야만 하는, 즉 카르미데스를 도와주어야 하는, 최소한의 이유와 명분은 그것을 받는 수혜자인 카르미데스가 제공해야 하는 것이라는 암묵적인 가정을 하고 있다고 볼 여지도 있다.

하지만 한 걸음 더 나아가서, 소크라테스가 내심 의도하고 있는 대화가 과연 주고받기라는 일종의 교환 모델에 바탕을 두고 있는지는 더 따져 볼 여지가 있다. 소크라테스가 표면상으로는 그런 함축을 지닌 듯한 언사를 하고 있지만, 그것은 보통 사람들의 기대를 반영하는 일종의 익살을 떠는 것으로 볼 수도 있으며, 그런 표면의 언사와는 달리 교환 모델이 아닌 다른 모델을 마음에 품고 있을 가능성이 있는지도 숙고해 볼 수 있겠다. 왜냐하면 당시에 소위 소피스트들로 불리는 사람들이 수업료를 받고 학생을 가르치는 행위를 해 왔다면, 소크라테스가 동료 시민들과 그리고 젊은이들과 대화를 나누면서 하고 있는 일은 그러한 소피스트들이 해 온 관행과는 구분되는 것으로 보이기 때문이다. 과연 소크라테스가 지향하고 있는 바가 무엇인지는 대화의 전개 과정을 추적하면서 따져 볼 수 있고, 이를 통해 소크라테스가 요구하고 있는 '설득'이 어떠한 것인지 추적해 볼 수 있겠다.

그렇다면 이제 여기에서 소크라테스는 무엇과 관련지어서, 또는 어떤 관점에서, 설득이 있어야 한다고 암묵적으로 상정하고 있는 것일까? 또 그 설득은 무엇을 도구로 사용하여, 무엇에 호소하여, 이루어지는 것인가? 카르미데스에게 요구되는, 그가 해야 할 것으로 상정되고 있는 설득은, 육체의 아름다움으로 이루어지는 것인가? 아니면 영혼의 뛰어남(여기에서는 특히 절제sōphrosynē)을 통해서 또는 논변과 대화를 통해서 이루어져야 하는 것인가? 물론 이곳에서의 '설득'이 무엇을 의미하는지 독자들이 스스로 궁리하고 추적해 보면서 읽는 것이 더 흥미로운 독해 방법일 것이다. 그러한 추적을 위한 한 가지 단서로서 역자는 소크라테스가 약초와 함께 필요하다고 이야기하고 있는 주문이 과연 무엇이고 어떤 성격의 것인지를 함께 고려해 볼 필요가 있다고 제안하고 싶다.

역자가 보기에, 소크라테스가 '설득'을 이야기할 때는 '영혼의 뛰어남'에 근거를 둔 설득을 의미하고 있는 것으로 보이지만, 똑같이 '설득하다'라는 표현을 사용하고 있으면서도 과연 카르미데스가 소크라테스와 같은 의견을 지니고 그 표현을 같은 의미로 사용하고 있는지는 분명해 보이지 않는다. 그리고 바로 앞의 156a1~2에서 카르미데스는 소크라테스의 허락이나 동의도 얻지 않은 채로 다짜고짜 주문을 받아 적겠다고 달려드는데, 소크라테스는 바로 그 점을 두고 카르미데스의 태도를 비판하고 있는 셈이라고 볼 수도 있다. 역자는 이 구절이 대화 상황과 자신에 대한 반성이 결여된 카르미데스의 태도를 부각시키는 효과를 지닌다고 본다.

지금 카르미데스가 보여주는 태도는 이 작품의 마지막 장면인 176a 이하에 등장하는 설득과 강제(폭력)를 대비시키는 모티브와 연결지어 고려해 볼 필요가 있다. 이곳 156a에서처럼 상대방의 동의나 허락이 없이도 자신이 원하는 것을 자신이 원하기만 하면 얻을 수 있다고 간주하는 카르미데스의 태도는 참주정의 폭압적인 행태로 이어져 자라날 수 있으며, 그 뿌리와 싹이 이렇게 아름다운 소년에게서 자라나고 있었다는 것을 간접적으로 암시한다고 볼 수 있겠다.

57 **내 이름까지도 … 알고 있나?** : 이 구절에서 카르미데스가 '소크라테스는 누구인가?'라는 질문과 관련해서 — 최소한 — 그의 이름을 안다는 사실이 드러난다. 대단히 일상적이고 평범한 장면이지만, 사실 누군가의 이름을 그 명성에 걸맞게 아는 것도 정의가 구현되는 한 사례라고 볼 수 있다. 그리고 그것에 주목할 때, 대화의 진행을 좀더 생생하게 이해할 수 있다.(바로 다음 문장과 그 주석을 보라.) 이와 같이 어떤 상식적인 수준에서 우리가 사용하는 정의 개념에 대한 이해를 뒷받침하는 유사한 구절은 『국가』 331d~332c에서 확인해 볼 수 있다. 그곳에서 폴레마르코스는 시모니데스를 인용하면서 각자에게 갚을 것을 되돌려 주는

것이 정의라고 말하자, 소크라테스는 그것을 받아서 (그것이 적합하지 않은 사례들에 대하여 일부 제한을 가하면서) 시모니데스가 각자에게 합당한 것을 되돌려 주는 것이 정의이고, 그 합당한 것이 갚을 것이라고 한 것이 아니겠냐고 풀어서 말한다.

58 **만약 그렇지 않으면, 제가 부당한 일을 저지르는 것이죠**(ei mē, adikō ge) : 이 문장에서 'mē'와 'adikō' 사이에 편집자 버넷은 아무런 구두점을 넣지 않고 네 단어가 모두 ei - 절을 구성하는 것으로 보았으나, 역자는 'mē'와 'adikō' 사이에 반점(,)을 보충하여 'ei mē'가 조건절(protasis)이고, 'adikō ge'가 귀결절(apodosis)인 것으로 읽었다. 텍스트의 구두점은 텍스트 편집자의 의견이 반영된 제안이고, 사실 원래의 사본에는 그러한 구두점이 없다. 플라톤 텍스트를 읽는 우리 독자도 반점을 추가하여 넣는 정도의 재량은 발휘할 수 있다. 다만 그것이 합리적인 근거에 기반한 것인지, 또 그렇게 읽는 것이 문맥 이해를 더 자연스럽고 풍성하게 해 주는지가 문제가 될 것이다. 이 구절에서 역자는 위 번역 본문과 같이 읽는 것이 일상적인 대화의 상황을 더욱 생생하게 전달해 준다고 본다. 좀더 부연하면, 'adikō'라는 단어는 단순하게 보면 '잘못을 저지르다' 또는 '해를 끼치다'라는 뜻이지만, 이 단어가 어원상 'dikē'라는 단어와 친연성을 갖고 있다는 점과 함께 법률적인 논의의 맥락에서 (즉 정의 혹은 부정의를 가리는 맥락에서) '부당하다' 또는 '정의롭지 못하다'를 뜻한다는 점도 함께 고려해 보는 것이 좋겠다. 그러면 이 문장이 함축하는 바는 "만약 제가 당신의 이름을 정확히 알고 있지 못하다면, 당신의 명성에 걸맞은 (그러한 사태에 부합하는) 합당하고 정의로운 대우를 해 드리는 것이 아니지요"라는 식으로 풀어서 표현할 수 있을 것이다.

또 한편 지금의 해당 구절에서와 마찬가지로 중간에 반점을 넣어서 읽는 것이 더 자연스러운 문장의 유사한 사례는 『국가』편 430d9에서도 발견할 수 있다. "alla mentoi, ēn d'egō, boulomai ge, ei mē, adikō" : "아니 물론," 내가 말했다네. "저도 원합니다. 제가 그렇게 하지 않으면, 제가 부당한 일을 하는 거죠."

하지만 소크라테스의 유명세에는 합당한 대우를 해 주겠다고 (또는 그렇게 할 수 있는 능력이 있다고) 스스로 자신하고 있는 카르미데스는 과연 자기 자신이 지닌 앎의 건전성 또는 견실함 여부를 사태에 합당하게 평가할 수 있는지 — 그리고 아마도 그렇게 하는 것이 자기 자신에 대해서도 사태에 합당한 정의로운 대우를 하는 일일 텐데 — 잘 지켜볼 필요가 있다.

59 **자네가 그렇다고 하니 잘됐네** : 직역하면 "자네가 그렇게 하면서 잘한 거야"라고 옮길 수도 있겠다. 달리 풀어서 말하면, "자네가 기억하고 있다고 하니 잘했네"라고 할 수도 있다.

60 **그 주문의 힘을** : 'tēn dynamin autēs'를 본문과 같이 옮겼다. 'dynamis'는 현대 언어의 개념으로 정확히 옮기기 쉽지 않은 개념 중 하나인데, 기본적으로는 '힘'을 의미하고, 영어로는 'efficacy' 또는 'potency'를 뜻한다. 이 맥락에서는 '효능'이라고 옮기는 것도 좋아 보인다.

61 **왜냐하면 그것은 … 머리만을 건강하게 만들어 줄 수 없는 그러한 것이니까 말이야** : (고대를 사는 사람이 아닌) 현대인으로서 역자도 '성격', '성질', '속성' 등의 개념을 써서 우리말로 옮기고 싶은 유혹이 드는 대목이다. 하지만 그렇게 하면 플라톤의 어휘 사용이 지니는 특징을 — 그가 어떤 의미에서 고정적으로 확립된 전문 용어를 사용하고 있지 않다는 사정을 — 온전히 드러내지 못하게 된다고 판단하여 원래의 표현에 근접하는 표현을 선택하려고 노력하였다.

62 **치료하려고(iasthai)** : 바로 이어서 등장하는 'therapeuein'과 구분하기 위해서 'iasthai'는 '치료하다'로 옮기고 'therapeuein'은 '돌보다'로 옮겼다. 하지만 156c5에서와 같이 두 단어가 짝을 이루면서 등장할 때에는 '둘을 통한 하나(hen dia dyoin)' — 두 단어를 짝으로 써서 실제로는 한 아이디어를 표현하는 방식 — 라고 볼 수도 있으며 그런 관점에서 실질적으로 큰 의미의 차이가 없어 보이기도 한다.

63 **만약 그 두 눈에 속하는 것들도 좋아지게 되려면** : 이 구절도 '상태'라는 단어를 써서 "… 그 두 눈의 상태도 …"라고 옮기고 싶은 유혹이 드는 구

절 중 하나이다. 플라톤의 일상 언어 사용이 지니는 특징을 드러내 옮기려는 원칙에 충실하고자 본문과 같이 옮긴다.

64 **돌보는**(therapeuein) : 바로 위에서 'iasthai'를 '치료하다'로 옮긴 것과 구분하기 위해서 'therapeuein'을 '돌보다'로 옮겼다. 하지만 '돌보다'와 유사한 뜻을 지닌 또 다른 희랍어 단어들과의 구분을 위해서, 그리고 156d 이하의 맥락에서는 의사의 돌봄에 한정하여 쓰이고 있음을 고려하여, 이 단어가 'iasthai'와 짝을 이루지 않고 독립적으로 등장할 때에는 그 해당 맥락에서의 우리말 표현이 자연스러워지도록 '치료하다'로 옮긴 곳(157b)도 있다. 이러한 사정은 해당 구절의 주석에서도 상술하였다.

65 **필연적이라고** : 이곳을 비롯해서 텍스트의 여러 곳에 필연적(anankaion) 또는 필연(anankē)이라는 개념이 등장하는데, 이 개념에 대해서는 별도의 설명과 논의가 필요할 것이다. 우선 한 가지만 언급하면, 의술의 사례는 도덕과 윤리 영역에서 요청되는 앎의 성격을 이해하는 데 핵심적인 모델로 쓰일 수 있다. 아래의 164a1~d3 그리고 168d6~e2에 등장하는 논의와 연관지어 그 함축을 이해하는 것이 좋겠다. 해당 구절에 상응하는 주석 및 해설을 참고하라.

66 **이 말에서 출발하여**(ek ⋯ toutou tou logou) : 또는 '이 말을 계속 밀고 나가서'라고 옮길 수도 있다. 여기에서 '말'은 'logos'를 옮긴 말이다. '원리' 또는 '논리'라고 옮길 수도 있겠는데, 이 단어의 가장 기본적인 뜻으로도 문맥에서의 뜻을 충분히 전달할 수 있다고 보고 위와 같이 옮긴다.

67 **156b~c** : 이 구절에서부터 부분보다는 전체를, 신체보다는 영혼을 우선 돌보아야 한다는 원리가 등장하고 있다. 우리의 상식에 비추어 보아도 낯설지 않은 생각이다. 여기에 등장하는 부분과 전체, 신체와 영혼을 대비시키는 개념 구분과 함께 전체를 우선 돌보아야 한다는 원리를 강조하는 것이 대화편의 논의 진행에 어떤 기여를 하는지 숙고해 보면서 읽는 것이 흥미로울 것이다. 한편 『파이드로스』 270a~c에서는 진정한 연설가가 갖추어야 할 앎을 논하는 맥락에서, 육체의 본성을 다루는

의술과 혼의 본성을 다루는 연설술이 모두 전체의 본성에 대한 이해를 바탕으로 해야 마땅하며 히포크라테스도 그러한 방법을 주장하고 실행했다는 이야기가 등장한다. 또한 아리스토텔레스 『니코마코스 윤리학』 I. 1102a16 이하에도 『카르미데스』의 바로 지금 이 구절을 연상하게 하는 예를 들면서 행복과 정치학(정치기술)에 대해서 논하고 있다.

68 감지하고 있지(eisthēsai) : 여기에서는 영어로 치면 'perceive'에 해당할 단어를 사용하고 있다. '감각 지각을 통해서 또는 경험을 통해서 알다'라는 의미라고 이해할 수 있겠는데, 언어의 경제성을 위해서 '감지하다'로 옮겼다.

69 그 말을(ton logon) : 이미 언급했듯이 'logos'라는 단어는 '논리' 또는 '원리'라고 옮길 수도 있다.

70 그럼 자네에게는 그것이 잘 이야기되었다고 보이고, 자네는 그 말을 받아들이나? : 이 문장에도 "내가 말했다"라거나 또는 따옴표에 상응하는 장치가 없다. 독자들에게도 이런 이야기를 받아들이겠냐고 좀더 가까이 다가와서 직접적으로 묻는 효과를 내는 것으로 볼 수도 있겠다.

71 무엇보다도 가장 그러합니다 : "무엇보다도 가장 잘 이야기되었고 그것을 받아들입니다"라고 풀어서 말할 수 있겠다.

72 이 주문에 속하는 것도 : 이 구절의 표현도 "이 주문의 효능"과 같은 어휘를 써서 옮기고 싶은 유혹이 드는 구절 중 하나이다. 플라톤의 일상 언어 사용이 지니는 특징을 드러내 옮기고자 하는 원칙에 따라서 본문과 같이 옮긴다.

73 그러니까 이제 … 그러하다네 : 바로 앞 구절에서 부분의 건강은 전체의 건강에 달려 있기에 의사는 특정 부분을 치료하기 위해서 전체를 치료해야 한다는 일반적인 원리를 소크라테스가 끌어들여서 이야기했고 카르미데스가 이에 동의했었다. 그러한 어떤 일반적인 원리를 이제 이야기하게 될 바로 그 주문에 대해서도 마찬가지로 적용할 수 있다는 것이 이 문장이 뜻하는 바이다. 이곳에 쓰인 소사(particle)인 'toinun'의 의미와 용법은 데니스톤(Denniston, 1959, pp. 576~577)을 참조하라.

74 거기로 원정 나가서 : 대화의 첫 장면 설정을 고려할 때, 지금 이야기하는 원정은 앞서서 언급되었던 포테이다이아(Poteidaia)로의 원정을 지칭한다고 보는 것이 자연스럽다. 하지만 그곳에서 실제로 소크라테스가 이런 만남을 가졌는지 여부는 우리가 역사적인 전거를 통해 확인할 수 있는 일이 아니다. 이런 이야기를 끌어들임으로 인해서 생기는 극 전개상의 효과가 무엇인지를 고려해 보면서 읽는 것이 흥미로울 것이다.

75 잘목시스(Zalmoxis) : 플라톤은 소크라테스가 일생에서 가장 먼 곳으로 원정 갔던 일을 언급한 뒤에 현재의 대화 장면을 배치함으로써, 부분보다는 전체를 그리고 궁극적으로 영혼을 우선적으로 돌보아야 한다는 견해를 트라케 사람이 소크라테스에게 전해 주었다는 이야기가 아주 그럴듯하게 들리도록 만들어 놓았다. 머피(Murphy, 2000)의 설명에 따르면, 고대 희랍인들은 트라케를 종교적인 신비와 황홀경의 요람으로, 그리고 오르페우스와 디오뉘소스의 고향으로 간주하였고, 트라케인들이 음악과 치유에 관한 특별한 능력을 지녔다고 믿었다고 한다. 머피(Murphy, 2000, p. 288)를 참고할 수 있다.

76 그 의사들은 심지어 사람들을 죽지 않게 만든다고까지 이야기되더군 : 여기에서 '죽지 않게 만든다'고 번역한 'apathanatizein'이라는 단어가 실제로 어떤 의미인지는 좀더 탐구해 볼 여지가 있다. 단지 '죽지 않게 만든다'를 의미할 수도 있고, 또는 '환생을 통해서 다시 태어나게 만든다'를 의미하는 것으로 보는 의견도 있다.

한편 대화의 전개 과정에 초점을 맞추어 보자면, 소크라테스는 카르미데스의 영혼이 어떠한지를 검토해 보려는 의도를 이미 밝혔고,(154e1) 카르미데스가 그러한 일에 관심을 보일 만한 이유를 제시하면서 카르미데스의 참여 동기를 끌어내려고 하고 있다. 머리가 아프다고 하는 카르미데스에게 질병 치료에는 전체를 고려하는 통합적인 접근법이 필요하며, 특히 영혼을 우선적으로 돌보는 것이 그러한 접근법의 출발점임을 이 구절에서 소크라테스는 역설하고 있다. 그런 그가 잘목시스의 의사를 끌어들여서 불사 또는 불멸을 언급하는 것도 이제부터 자신들이 다루게 될 대화의 논의 주제가 생사를 뛰어넘는 대단히 중요한 것임을 강조하는 동시에 카르미데스가 그러한 중요한 문제에 더 적극적으로 참여하도록 그의 관심을 촉발하기 위한 것이라고 볼 수 있다.

또한 잘목시스의 의사들이 불사를 지향하고 추구한다는 점은 플라톤의 『파이돈』과 같은 다른 작품들에서 발견되는 영혼불멸이라는 주제를 연상케 한다. 어쩌면 플라톤은 트라케 출신인 잘목시스의 의사들을 (소크라테스가 언급하도록) 동원해서 자신의 관심사를 피력하고 있다고 볼 여지도 있다. 또한 후반부에 다루게 될 자기 자신에 대한 앎과 관련해서, 소크라테스가 추구하는 자기 자신에 대한 앎의 중요한 한 측면은 자기 자신의 무지를 자각하자는 것이고, 그것은 인간이 자기 자신이 유한한 존재임을 — 그리하여 스스로 그 한계를 — 깨닫는 것과 밀접하게 연결되어 있다. 역자는 이 작품에서 소크라테스 또한 그러한 목표를 추구하는 과정 속에 있는 것으로 그려지고 있다고 본다.

77 **헬라스 의사들이** : 이 구절에서 역자는 B T 사본을 따라서 'iatroi hoi Hellēnes'로 읽었다. 만약 버넷이 채택한 코벳(Cobet)의 제안처럼 'iatroi'를 삭제하면, '헬라스 사람들'이라고 읽게 되고, 그렇게 하면 주어가 지칭하는 외연이 더 넓어지게 된다. 어쩌면 코벳과 버넷은 'Hellēnes'가 형용사가 아닌 명사이므로 'iatroi'와 'hoi Hellēnes' 두 명사가 병렬적으로 나열된 것이 어색하다고 보고 'iatroi'를 지운 것이라고 추정해 볼 수 있다. 하지만 'Hellēn(단수)' 또는 'Hellēnes(복수)'의 활용 형태들이 다른 명사를 수식하는 형용사로서 사용된 다수의 용례들이 있다(*LSJ*를 보라). 따라서 B T 사본을 따르는 것이 무리가 없으며 합리적이라고 본다. 물론 '헬라스 사람들'이라고 하여도 문맥상 '의술과 관련된 논의에 관심이 있는 사람들'로 그 외연은 한정될 수 있겠지만, 지금의 문맥에서는 '헬라스 의사들'로 한정하여 읽는 것이 더 자연스럽다고 본다.

그리고 '헬라스'라는 이름이 일부 독자들에게는 다소 낯설게 보일 수 있겠다. 물론 더 많은 독자들에게 익숙하게 들릴 '그리스'라는 번역어를 택하는 것도 고려해 보았지만, 그러한 선택은 이 텍스트의 맥락에서 대화 당사자들이 스스로 자신들의 나라를 무엇이라고 불렀는지를 드러내 주지 못하게 된다. 더불어 '그리스(Greece)'라는 이름은 로마인들이 헬라스 사람들 중에서 처음으로 마주쳤던 — '그라이쿠스(Graecus)'라고 불리던 — 헬라스의 한 부족 및 그들이 살던 지역의 명칭이 헬라스 전역 및 헬라스 사람들 전체를 지칭하는 이름으로 확장되어 쓰이게 되었다는 역사적이고 우연적인 사실도 고려할 필요가 있겠다.

역자는 우리 일상 언어의 영역에서는 '그리스'라는 이름을 쓰는 것이 편리함과 효용이 있다는 점을 인정하고 받아들인다. 이를테면 '고전그리스어'라는 이름을 학교 교과목 이름으로 사용하는 것은 나름의 효용이 있다고 본다. 하지만 고전 작품 안에서 그 안의 등장인물들이 스스로 자신들의 나라를 지칭하며 자신들의 정체성을 규정하면서 그 이름을 사용하는 맥락에서는 '헬라스'라는 이름을 드러내서 옮기는 것이 그 내용을 그리고 관련된 정보를 더 풍부하게 살리는 길이라고 본다.

78 우리가 머리를 … 해서도 안 된다네 : 직역하면 "우리가 머리 없이 눈을 치료하려고 시도해서는 안 되고, 신체 없이 머리를 치료하려고 시도해서도 안 되는 것처럼, 바로 그렇게 영혼 없이 신체를 치료하려고 해서는 안 된다"라고 옮길 수 있다. 그런데 "머리 없이", "신체 없이" 또는 "영혼 없이"라는 표현이 다소 어색하게 들리거나 문장의 본의를 전달하기에 충분하지 못한 점이 있다고 보고 "머리를 돌보지 않고", "신체를 돌보지 않고" 그리고 "영혼을 돌보지 않고"라고 풀어서 옮겼다.

79 왜냐하면 그들이 보살펴야 마땅한 그 전체에 관심을 두지 않기 때문인데 : 일단 버넷의 독해를 따라서 "tou holou ameloien"라고 읽으면 위와 같이 옮길 수 있다. 하지만 B T 사본을 따라 "to holon agnooien"를 채택해서 "그들이 보살펴야 마땅한 그 전체를 이해하지 못하기 때문인데"라고 읽는 것도 가능하다. 사실 버넷과 같이 읽어야만 할 필연성이 있는지는 의문의 여지가 남는다. "그들이 전체의 중요성을 이해하고 있지 못해서 소홀히 하고 있고 그래서 헬라스의 의사들이 많은 질병들을 치료하지 못하고 놓치고 있다"라고 읽는 것도 맥락에 잘 들어맞기

때문이다. 그렇기는 하지만 여기에서 '치료'와 '돌봄'이 전후의 맥락에서 중요한 개념상의 계기로 등장하고 있다는 점을 고려하여, 또 그것이 버넷이 선택한 독해의 취지라고 보고, 본문과 같이 옮겼다. 스프레이그(Sprague, 1997)도 같은 선택을 하였다. 다른 한편 웨스트와 웨스트(West & West, 1986)는 B T 사본을 따랐다.

80 전체가 좋지 않고서는 부분이 좋아지기가 불가능하기 때문이라네 : 이 구절은 "전체가 좋은 상태에 있지 못하고서는 부분이 좋은 상태를 유지하기는 불가능하기 때문이다"라고 옮길 수도 있다. 여기에서도 '상태'와 같은 개념이 본문에 등장하지 않는다는 사정을 반영하기 위해서 위와 같이 옮겼다.

81 전체로서의 인간에게도 : 'panti tōi anthrōpōi'라는 표현이 '몸과 영혼이 합쳐진 전체로서의 한 사람'을 지칭한다고 보고 위와 같이 옮겼다.

82 거기에서부터 : 즉, '영혼에서부터'.

83 머리에 속하는 것들과 또 다른 신체에 속하는 것들도 : 직역을 하는 것을 원칙으로 삼다 보니 본문과 같은 표현을 쓰게 되었다. 만약 이러한 표현이 다소간 오해를 불러올 소지가 있다면, 이때 "머리에 속하는 것들"이 현재의 우리가 일상적으로 사용하는 개념으로는 머리의 (건강하거나 아프거나) 상태(condition)를 지칭한다고 볼 수도 있겠다. 가독성을 위해서라면, 위의 주석에서 언급하였던 것과 마찬가지로 '머리의 상태와 다른 신체의 상태도'라고 옮길 수 있다.

84 축복받은 친구여(ō makarie) : 이 말은 소크라테스가 카르미데스에게 건네는 말이라고 보는 것이 합당할 것이다. 만약 그렇지 않다면, 소크라테스가 과거 시점에 트라케 의사에게서 이야기를 전해 들었던 상황에서 그 의사가 소크라테스에게 건넸던 말을 지금 이 순간에 모방하면서 반복하여 카르미데스에게 전달하고 있다고도 볼 수 있을까? 바로 위의 주석에서 언급했듯이 그런 가능성은 희박해 보인다.

85 그가 이야기했다네 : 여기에서 '그'는 트라케 의사를 지칭한다.

86 이 주문은 아름다운 말이라네 : 검토 과정에서 이 문장을 "이 주문은 아

름다운 말로 되어 있다"라고 옮기자는 제안도 있었다. 하지만 이 문장의 주안점은 "이 주문이 곧 아름다운 말이다"라는, 즉 그것의 정체성(identity)을 지칭하는 데에 있는 것으로 보고 위와 같이 옮겼다.

87 절제 : 이 대화편이 다루는 가장 중요한 핵심 개념 중의 하나인 'sōphrosynē'가 지금 이 자리(157a6)에서 처음 등장하고 있다. 이 번역본에서는 이를 '절제'라고 옮긴다. '절제'라는 번역어를 선택한 이유와 취지에 대해서는「작품 안내」의 해당 내용을 참고하라.

한편 소크라테스가 다른 사람에게서 배웠다고 하면서 이야기하고 있는 그 가르침의 내용 중에서 이 대화편의 핵심 개념이 처음 등장하는 것도 주목해 볼 만하다. 이는 소크라테스가 새로운 개념이나 논의거리를 대화로 이끌어 들일 때 종종 활용하는 특징적인 장치 중의 하나이다. 물론 그런 모습으로 소크라테스를 형상화하고 있는 것은 저자인 플라톤이다.

88 그것이 : 여기에서의 '그것'은 절제를 지칭한다.

89 157a~c : 대화의 진행을 쫓아가 보면, 우리가 일상적으로 주문이라는 말에서 연상하는 것과 같은, 어떤 종교적이거나 주술적인 의례와 관련된 특별한 힘을 지닌 주문을 소크라테스가 카르미데스에게 — 대화편이 끝나는 마지막 장면까지도 — 직접 전달해 주거나 그에게 적용하여 사용하지는 않는 것으로 보인다. 그렇다면 소크라테스가 여기에서 이야기하고 있는 그 주문의 정체는 과연 무엇일까? 그 점을 추적, 추론해 보며 읽는 것이 작품 독해의 흥미를 더해 줄 것이다. 역자의 의견은 별도의 자리에서 논한 바 있다.

90 어느 누구도 자네를 설득해서 이 약으로 그의 머리를 치료하게 … 자네에게 치료받지 않는다면 말일세 : 우리말로 옮기면서 구문의 구조로 인해서 두 문장인 것처럼 옮겼으나, 원문은 한 문장이다. 그리고 이 문장에서는 동사 'therapeuein'과 그것의 수동 형태인 'therapeuthēnai'가 쓰이고 있는데, 이것들을 각각 '치료하다'와 '치료받다'로 옮겼다. 위의 주석에서 언급했듯이 'therapeuein'과 'iasthai'가 거의 동등한 의미를 지

닌다고 볼 수 있고, 또 이 구절에서 만약 희랍어 단어와 우리말 단어의 일대일 대응을 위해서 '약으로 머리를 돌보게'라고 옮기게 되면, 그 표현이 다소 어색하게 들릴 소지가 있어서 '약으로 머리를 치료하게'라고 옮겼다.

91 **사람들 주위에 퍼져 있는 잘못** : 이 구절에서 'to hamartēma peri tous anthrōpous'가 '사람들을 둘러싼 잘못' 즉 '사람들 주위에 퍼진 잘못'을 뜻하는 것으로 보고 위와 같이 옮겼다. 다른 한편으로는 '사람들에 관한 잘못', 달리 말해 '사람들을 상대로 치료하려고 그들에게 관심을 두고 다루면서 (어떤 이들이) 저지르는 잘못'을 뜻하는 것으로 이해할 수 있는 여지도 있다.

92 이곳의 맞줄표는 원문에 있는 것이다.

93 **그 이방인의(tou xenou)** : 이 'xenos'라는 단어는 기본적으로 낯선 타 지역의, 특히 서로 손님으로서 상대방을 환대하고 접대해 주는 관계를 맺고 있는, 사람들이나 나라들 사이의 관계에서 쓰일 수 있는 말이다. 그런데 고대 그리스에서 자기가 속한 정치 공동체를 개념화하고 그것을 통해서 자신의 정체성을 이해했던 방식은 현대를 사는 우리가 자신이 속한 정치 공동체를 개념화하는 방식과는 많이 달랐던 것으로 보인다. 그리고 오늘날 대한민국에 사는 우리는 다른 나라에서 온 사람을 일반적으로 '외국인'이라는 말로 지칭한다. 그리고 이 개념을 사용할 때 우리는 어떤 점에서 근대 이후의 민족 국가(nation state) 개념을 암묵적으로 바탕에 두고서 그것을 내가 속한 나라와 그 외부를 가르는 경계의 기준으로 삼고 있는 것으로 보인다. 한편 작품 속에서 고대 그리스 사람들이 자신들을 둘러싼 영토 및 정치 공동체의 경계를 개념화하고 이해하던 방식에도 이미 그 나름대로 특정한 전제나 배경을 바탕에 두고 있는 것으로 보인다. 그러한 상황을 고려할 때, 'xenos'라는 단어를 '외국인'이라는 우리말 단어 하나로 온전히 담아내기에 부족함이 많다는 생각을 지우기 어려웠다. 즉 한 나라(정치 공동체)를 개념화하는 방식, 그 경계 너머의 다른 지역에서 온 사람을 개념화하여 지칭하는 방식이

현재의 대한민국에서와 달랐던 상황에서 쓰인 개념을 온전히 우리말 단어 하나에 담아내기는 어려운 일임을 인정하는 것이 합당할 것이다. 이런 이유로 'xenos'를 '외국인'이라는 단어로 옮기는 것이 적합할지 고민을 거듭할 수밖에 없었다. 물론 '外國人'이라는 단어나 '異邦人'이라는 단어가 그 한자어 각각의 본래적인 유래와 뜻이 어떻게 서로 유사하거나 다른지는 별도의 탐구나 전문가의 조언을 필요로 하는 일이겠다. 다만 여기에서 역자가 관심을 두고 논하고 있는 바는 오늘날 대한민국의 언중(言衆)이 그 단어들을 어떻게 사용하고 있는가 하는 점이다. 오늘날 대한민국의 언중은 '외국인'이라는 단어를, 또는 그와 연관된 단어들을 사용하면서, 그 한자의 본래 전통적인 뜻을 취하기보다는—역자가 보기에는—많은 경우에 '민족 국가'라는 개념에 입각해서 '國', '國家', '外國', '外國人'이라는 개념들을 사용하고 있는 것으로 보인다. 그에 반해서, '이방인'이라는 단어는 우리가 오늘날 일상에서 아주 빈번하게 쓰지는 않지만, 이 단어도 맥락에 따라서 다른 지역이나 다른 나라에서 온 사람을 폭넓게 지칭할 수 있다는 장점이 있고, 특히 '민족 국가(nation state)'라는 개념을 함축하지 않을 수 있다고 보고 본문과 같이 선택했다.

94 156d3∼157c6 : 이 구절에서 소크라테스가 카르미데스에게 자신의 과거 경험을 이야기하면서 벌어지고 있는 일의 전후 사정을 다시 정리하자면, 다음과 같다. 애초에 (3) 잘목시스가 트라케 의사에게 한 말을 (2) 트라케 의사가 다시 소크라테스에게 이야기해 주었고, 바로 그러한 사실과 내용을 다시 (1) 소크라테스가 카르미데스에게 이 장면에서 이야기해 주고 있다. 그리고 작품 전체의 액자 장치를 다시 상기하자면, 소크라테스는 자신의 동료에게 자신이 카르미데스와 나누었던 대화를 전달하고 있었다. 이렇게 이야기의 전달과 인용이 중첩된 구조를 활용하면서 저자가 어떤 특별한 의도를 지니고 있었는지, 또 그러한 구조에서 독자들은 무엇을 읽어낼 수 있는지는 더 탐구해 볼 문제로 남겨 둔다.

여하튼 그렇게 인용이 중첩된 구조를 살리고 각각의 화자를 구분하기 위해서 이 구절의 번역문에는 큰따옴표와 작은따옴표를 순차적으로 번갈아 사용하였다. 문단 전체가 길고, 중간에 "그가 말했다"와 같은 말들이 삽입되어 있어서 각각의 따옴표가 어디에서 시작되고 닫히는지 그 구조를 파악하기가 쉽지 않을 수도 있겠다. 이러한 상황에서 혼란을 피하기 위해서는 정확히 누가 무엇을 말했는지를 정리해서 이해할 필요가 있고, 독자들을 위해서 역자는 다음과 같이 정리했다.

우선 가장 외곽에 있는 (1) 소크라테스가 카르미데스를 상대로 직접 말하는 내용은 (그것을 액자 밖의 동료와 독자가 듣는다) 큰따옴표로 묶었다.("그러니까 이제, 카르미데스, 바로 이 주문에 속하는 것도 … 우리가 자네에게 해 줄 수 있는 것이 아무것도 없겠네. 친애하는 카르미데스." 156d3에서 열고, 157c6에서 닫는다.)

그리고 위의 구술 내용 중에 (2) 트라케 의사가 소크라테스에게 해 준 말을 소크라테스가 인용하는 내용은 (그것을 일차적으로 카르미데스가 듣고, 간접적으로 동료와 독자가 듣는다) 작은따옴표로 묶었다.('하지만 잘목시스는 … 사람들 주위에 퍼져 있는 잘못이니까.' 156d8에서 열고, 중간에 (3)을 포함하고 있고, 다시 156e6에서 이어지며, 157b7에서 닫는다.) 중간에 삽입된 표현들이 있지만, 이 부분 전체가 트라케 의사가 해 준 말이라는 점은 분명하며, 157b7에서 다시 소크라테스가 카르미데스에게 하는 말로 돌아온다. 한편 (3) 잘목시스가 트라케 의사에게 해 준 말을 트라케 의사가 인용하여 보고하는 내용은 (그것을 일차적으로 소크라테스가 듣고, 순차적으로 카르미데스, 동료, 독자가 듣는다) 다시 큰따옴표로 묶었다.("우리가 머리를 돌보지 않고 눈을 치료하려고 시도해서는 안 되고 … 전체가 좋지 않고서는 부분이 좋아지기가 불가능하기 때문이라네." 156e1에서 열고, 156e6에서 닫는다.)

이렇게 구획하여 정리한 이유는 다음과 같다. 우선 157a3~4에 나오는 "축복받은 친구여"라는 표현은 트라케 의사가 소크라테스에게 했던 말을 다시금 있는 그대로 인용하여 옮긴 것으로 보기 어렵고, 잘목시스가 트라케 의사를 부르며 한 말을 (그것을 소크라테스가 모방하여 반복하며) 이중으로 인용하고 있다고 보기는 더욱 어렵다. 호격(呼格, vocative)이 발화의 시점과 상황에서 듣는 사람에게 어떤 관심을 유도하고 친근함을 표현하는 기능을 한다는 점을 고려할 때, 지금의 발화 시점에서는 소크라테스가 카르미데스에게 건네는 말로 보는 것이 좋을 것이다. 그렇다면 바로 곁에 나오는 "그가 이야기했다네"라는 표현의 주어인 '그'는 (잘목시스를 지칭하는 것이 아니라) 트라케 의사를 지칭한다고 보는 것이 합당하다. 또한 문장의 구문 구조를 고려할 때 "그가 말했다네(ephē)"라는 동일한 표현이 이 단락에서 다섯 번(156d8, 156e6, 157a3, 157b2, 157b5) 등장하는데, 그 각각의 경우 모두 트라케 의사가 주어라고 보는 것이 일관적인 이해를 가능하게 해 준다. 반면에 잘목시스가 이야기한 내용은 156e1~6의 hoti−절에 있는 것으로 보는 것이 좋겠다. 그리고 156e1~6은 부분보다는 전체를, 신체보다는 영혼을, 우선 돌보아야 한다는 일반적인 원리를 담고 있는데, 바로 이어지는 156e6~157b7 구절은 그러한 원리를 적극적으로 긍정하고 수용하면서도 영혼을 돌보는 일에 주문을 사용하는 것이 필수적이라는 확장된 주장을 담고 있다.

95 헤르메스의 선물(Hermaion) : 고대 그리스 신화와 종교에서 헤르메스는 신들의 세계와 인간 세계를 자유롭게 오가며 두 세계를 연결하는 신들의 전령(메신저)이었으며, 영혼을 사후 세계로 인도하거나 경계나 길을 지키면서 여행자를 보호하는 역할을 하는 것으로 묘사되곤 한다. 그러한 맥락에서 헤르메스의 선물이란 길 가는 여행자에게 헤르메스 신이 보내 준 뜻밖의 행운의 선물을 뜻한다. '뜻밖의 행운' 또는 '횡재(橫財)'라는 말로 옮길 수도 있겠다.

96 사고능력마저도(kai tēn dianoian) : 또는 더 단순하게 '생각마저도'라고 옮길 수도 있겠다.

97 강제될 거라면(anankasthēsetai) : 또는 '다그쳐진다면'으로 옮길 수도 있겠다.

98 자기 또래의 젊은이들을 … 능가하는 : 이 문장에서는 'diapherein'이라는 동사가 속격(genitive)으로 쓰인 'tōn hēlikiōtōn'을 직접 목적어로 취하는 것으로 보고 '자기 또래의 젊은이들을 … 능가하는'이라고 옮긴다. 같은 단어가 등장하는 157d9에서는 그것을 일관되게 '능가하다'로 옮겼으나, 157e7에서는 맥락을 고려하여 '특출하다'로 옮겼다.

99 156d~157d : 앞서 156d에서부터 소크라테스는 자신이 트라케 출신 의사에게서 주문을 배웠다고 이야기했고, 지금 이 구절 157c~d에서는 소크라테스가 카르미데스의 영혼에 절제를 가져다줄 일종의 주문을 갖고 있다는 점을 크리티아스도 — 적어도 외견상으로는 — 인정한 채로 대화가 진행되고 있다. 그리고 이 점은 대화편 전체에서 의문시되거나 논박되지 않으며, 전체 논의 진행에서 일종의 의심되지 않는 출발점과 같은 역할을 하고 있다고 볼 수 있다. 결국에 그 주문은 바로 다름 아닌 대화의 진행을 통해서 이루어지는 논변과 동일시된다고 역자는 이해하고 있다. 소크라테스와 함께하는 대화와 논변을 통해서 카르미데스는 비록 적게나마 절제를 얻는 길로 인도되고 있다. 물론 작중 인물인 카르미데스가 그 점을 인지하거나 인정하는가 하는 점은 별개의 문제이다. 이 작품의 가장 마지막 장면이 함축하는 바를 함께 고려해 보면 좋겠다.

100 그렇군요 : 지금 이 말이 누구에게 건네는 말인가에 대해서 약간의 논란이 있을 수 있겠다. 바로 앞 구절인 157c7~d8에서 크리티아스는 카르미데스가 아주 뛰어나고 절제를 갖추고 있다고 간주하며 자신의 의견을 말했다. 그 의견을 들은 소크라테스가 일단 크리티아스에게 응대하며 뭔가 한마디 하는 것이 일상적 대화 상황의 상식에 부합한다. 그러므로 이 말은 일차적으로는 크리티아스를 향해 내놓는 발화라고 보는 것이 자연스럽다. 하지만 그와 동시에 소크라테스는 여기 이 지점에서부터 다시 관심을 카르미데스에게로 돌려서 그를 상대로 이야기를 이어가게 된다. 바로 뒤이어서 카르미데스를 호격으로 지칭하고 있다는 점이 그 점을 분명하게 보여준다. 그러므로 이 말은 바로

곁에 앉은 카르미데스가 듣고 있는 말이기도 하다.

101 그것이 정당하군 : 'dikaion'을 위와 같이 옮겼다. 이 단어는 맥락에 따라서 '관습에 부합하는', '적법한', '사태에 합당한', '사리에 맞는' 등으로 옮길 수 있다. 대화의 진행 과정에서 대화 참여자들 각각이 내놓는 발화 내용이 사태와 부합하는 것인가에 관해서 대화 참여자들 스스로 그것을 정당하다(dikaion)는 개념을 써서 평가하고 있다는 점도 눈여겨 추적해 볼 만하다.

102 다른 사람들을 능가한다는 : 이곳 157d9에서는 157d2 구절과의 일관성을 위해서 위와 같이 옮겼다. 157d2의 해당 주석을 참조하라.

103 여기 사람들 : 이 맥락에서 '여기 사람들'은 '아테네 사람들'을 가리킨다.

104 더 아름답고 더 훌륭한 : 154e4와 해당 구절의 주석 98을 참조하라.

105 드로피데스의 아들인 크리티아스 : 이 사람은 소크라테스의 대화 상대자로서 이 대화편에 등장하고 있는 크리티아스의 할아버지라고 한다. 웨스트와 웨스트(West & West, 1986, p. 21의 주석), 스프레이그(Sprague, 1997, p. 644) 등을 참조하라.

106 그 아름다움으로 보나 뛰어남으로 보나 그리고 행복이라고 불리는 그 밖의 것으로 보나 : 'aretē'는 '덕', '인간으로서의 탁월함', '뛰어남' 등으로 옮길 수 있겠는데, 이 번역에서는 '뛰어남'이라고 옮긴다. 한편 우리는 누군가가 행복하다는 것을 무엇을 근거로 삼아서 판단할 수 있을까? 플라톤 작품의 여러 곳에서 당시의 통념을 반영하여 외모의 아름다움, 건강, 재산, 명예 등이 행복의 조건으로 언급되곤 한다. 위의 154e 구절의 해당 주석 33을 보라. 그리고 『고르기아스』451e 등을 직접 참조해 보는 것도 좋겠다. 지금 이 구절에서는 뛰어남(덕)이 그중 하나로 명시적으로 언급되고 있다는 점이 흥미롭다.

107 특출하다고 : 앞서서 157d2 그리고 157d9에서 쓰인 것과 같은 동사 'diapherein'의 분사형태 'diapherousa'가 이곳 157e7에 등장하고 있다. 이 절에서는 비교 대상이 명시적으로 드러나 있지 않아서 앞의 157d2과 157d9에서처럼 '누구를 능가하다'와 같이 옮길 수 없었다.

우리말 번역어 선택에 기계적인 일관성을 기하기에는 한계가 있을 수밖에 없으며, 우리말의 가독성과 문맥에 맞는 선택을 할 수밖에 없다.

108 아나크레온도 솔론도 그리고 다른 많은 시인들도 … 칭송했음이 우리에게 전해졌으니까 : 원문의 관계절에서는 수동태 표현을 사용하고 있으나, 우리말 문장의 자연스러움을 위해서 그 문법적 구조가 달라지게 되었다.

109 퓌릴람페스(Pyrilampēs) : 카르미데스의 외삼촌이며, 플라톤의 양아버지이기도 하다.

110 그 대륙 : 아시아 쪽 대륙을 지칭한다.

111 그보다 : 여기에서 '그'는 '자네 아저씨인 퓌릴람페스'를 지칭한다.

112 더 아름답고 더 우람한 : 'kalliōn kai meizōn'을 위와 같이 옮겼다. '아름답다'는 단어의 본뜻을 생각할 때, 남성에게 아름답다는 말을 쓰지 못할 이유는 없다고 본다.

113 다른 쪽 집안보다도 : 여기에서 '다른 쪽 집안'은 '아버지 쪽 집안'을 뜻한다.

114 글라우콘 : 이 이름을 지닌 동명이인이 다수였던 것으로 보인다. 지금 카르미데스의 아버지로 지칭되고 있는 글라우콘은 『국가』편에 작중 인물로 등장하는 플라톤의 친형인 글라우콘과는 다른 인물이다. 네일스(Nails, 2002, p. 154, 244)를 참조하라.

115 여기 이 사람의 : '여기 이 사람'은 크리티아스를 가리킨다.

116 내가 말했다네 : 이곳 158b4에 쓰인 "내가 말했다네"라는 구절은 우리의 눈에는 군더더기로 보일 것 같다. 앞의 157d9에서 따옴표를 열면서 '내가 말했다'는 구절이 이미 있었기에, 인용되고 있는 내용을 중간에서 끊고 여기에서처럼 '내가 말했다'라는 표현을 다시 반복해서 집어넣는 것은 — 우리말 어법과 문장을 고려할 때 — 어색해 보일 수 있겠으나, 원문의 모습을 반영하기 위해서 있는 그대로 남겨 둔다.

117 휘페르보레오스 출신의 아바리스(Abaris tou Hyperboreou) : 일단 고유명사를 살려서 본문과 같이 옮겼는데, '북풍 보레아스가 불어오는 곳 너머

에서 온 아바리스'라고 의미를 살려 옮길 수도 있겠다. 아바리스는 아폴론 신을 숭배하는 문화에서 비롯된 신화적인 인물이며, 주술적이고 기적을 행하는 사제의 모습으로 형상화되곤 했다고 한다. 핀다로스 (Pindaros)에 따르면 크로이소스(Kroisos) 시대 인물로 기록되어 있으나 다른 작가는 더 이전 시대의 인물로 보기도 한다. 헤로도토스에 따르면, 아바리스(Abaris)는 북풍 보레아스(Boreas)가 불어오는 곳 너머의 가상의 세상 끝 경계 지역에서 왔다고 하며 아폴론의 창을 들고 아무런 음식도 먹지 않은 채로 그리스를 돌아다녔다고 한다. 그는 신 들린 상태에서 예언을 하고 주술적인 치유를 행한 것으로 전해진다. 한편 북풍 보레아스(Boreas)가 불어오는 곳 너머 가상의 극지에 사는 신화적인 종족의 사람들은— 또 다른 남쪽 극지인 에티오피아 사람들처럼— 신들과 좀더 가까운 곳에 사는 탓에 기후와 여러 면에서 낙원에 가까운 이상적인 특징들을 지닌 것으로 간주되었다. 아폴론 신과의 관계로 인해서 델포이와 델로스 같은 아폴론 숭배의 중심지와도 연결되어 있다고 한다. 한편 피타고라스가 활동했던 도시인 크로톤이 위치한 오늘날의 이탈리아 남부 지역에는 아바리스가 피타고라스의 제자로서 피타고라스를 아폴론의 현신(現身)으로 간주했다는 이야기가 전한다. 어쩌면 플라톤은 "휘페르보레오스 출신의 아바리스의 주문"이라는 말로 뒤에 등장할 델포이 신탁, 그와 관련된 아폴론 숭배, (다소 불확실하지만) 피타고라스와의 관련성 등을 넌지시 암시하고 있는 것 같기도 하다. *Der Neue Pauly*의 "Abaris"(Baudy, 2006)와 "Hyperboreioi"(Ambühl, 2006) 항목을 참고하였다. 상세한 서지 사항은 「참고문헌」을 보라.

118　잘목시스의 주문이든 … 아바리스의 주문이든 … 필요하지 않았을 것이고 : 이 구절에서는 조건절과 함께 사용되는 귀결절에서 현재 사실의 반대를 나타내는 구문이 사용되고 있다. 단순하게 "… 아무것도 자네에게는 더 필요하지 않을 것이고…"라고 옮길 수도 있겠다. 하지만 이 문장이 함축하는 바는 다음과 같이 좀더 상세하게 풀어서 쓸 수 있겠다.

"만약 카르미데스 자네가 절제를 충분히 갖추고 있다면, 이미 진작부터 어떠한 주문이든 아무것도 필요로 하지 않았을 것이다." 반과거(또는 미완료, imperfect) 시제를 살려서 번역하면 그런 함축을 어느 정도 잘 담아낼 수 있다고 보고 위와 같이 옮겼다.

119 그 약을 주어 복용하기에 앞서서 : 여기에서 '약을 주기'라는 표현은 영어 단어 'dose'에 해당하는 희랍어 단어 'dosis'를 옮긴 것이다. 이때 '약을 주기' 또는 '약을 투여하기'는 '약을 주어 복용하게 하기'까지를 포괄한다고 볼 수 있다.

120 여기 이 사람에게 : '여기 이 사람'은 크리티아스를 가리킨다.

121 자네가 … 절제를 충분히 나누어 갖고 있다고 : '나누어 갖고 있다'고 옮긴 단어는 'metechein'이다. 이 단어는 보편자인 형상(이를테면 좋음)과 개별자(좋은 것)의 관계를 논하는 맥락에서 '개별자인 좋은 것이 형상인 좋음을 나누어 갖는다'는 방식으로 사용되곤 한다. 지금 이 맥락에서는 사람과 덕(뛰어남)의 하나인 절제와의 관계를 서술하는 용어로서 쓰이고 있다는 점이 흥미롭다.

122 이곳의 맞줄표는 원문에 있는 것이다.

123 이상할(atopon) : 이 단어는 맥락에 따라서 '자리나 상황에 맞지 않는' 또는 '이치에 맞지 않는'을 뜻한다. 이후 대화편의 논의 전개 과정에서 이 단어를 소크라테스와 대화 상대자들이 각각 어떤 경우에 쓰는지를 눈여겨보는 것도 대화의 전개를 이해하는 데 흥미로운 시사점을 준다. 158d2에서는 카르미데스가, 167c4, 168a10, 172c5에서는 소크라테스가, 172e3에서는 크리티아스가, 그리고 172e5에서는 다시 소크라테스가 이 단어를 사용한다.

124 여기 이분 말대로 : '여기 이분'은 크리티아스를 가리킨다.

125 ─그들에게는 제가 여기 이분 말대로 절제 있다고 보이는데─ : 원문에서는 맞줄표를 활용하지 않고, 반점과 관계절로 표현되어 있다. 우리말 문장의 자연스러움을 위해서 맞줄표를 활용했다.

126 꼴불견이라고 : 희랍어 단어 'epachthes'를 위와 같이 옮겼다. 본문의

맥락에서 이 단어는 '남의 마음이나 기분을 건드려 시샘이나 미움을 받을 만한'이라는 내포를 지니는 것으로 보인다. 비슷한 말로 목불인견(目不忍見)이라고 옮길 수도 있겠다.

127 **만약에 제가 절제 있지 않다고 이야기한다면, … 저는 당신에게 뭐라고 대답해야 할지를 모르겠습니다**: 이곳 158d1~6 구절에 보이는 카르미데스의 대답은 우리가 일상적인 대화 상황에서 십 대 소년에게 기대할 만한 상식적인 답이라고 볼 수 있다. 하지만 여기에서도 우리는 조금 더 숙고하고 되새겨 볼 만한 함축을 발견할 수 있다. 우선 자기 스스로 자기 자신이 절제를 지니고 있지 않다고 이야기하는 것은 왜 이상한 일일까? 이에 대해서는 위의 155b 구절에 대한 주석 44에서 'prospoiēsasthai'의 의미에 관해서 논하면서 언급한 내용을 다시 참고할 수 있을 것이다. 그 요점을 다시 풀어 말하자면, 자신이 절제 있지 않다고 이야기하는 것은 자신이 건전하게 사리 분별할 수 있는 판단력을 지니고 있지 않다고 이야기하는 셈이 되기 때문에 이상한 일이 된다. 또 더 나아가 자신이 절제 있지 않다고 이야기하여 자신의 사리 분별 능력을 부정하게 되면 그것은 자신이 절제와 같은 덕(뛰어남)을 자신의 삶에서 체득, 체화하고 구현하여 절제를 갖춘 사람이 되는 일에 관심이 없다는 태도를 표명하는 것과 흡사한 일이 될 수 있으며, 이 또한 건전한 상식에 비추어 볼 때 이상한 일이 될 것이다. 그리고 이러한 논점은 위의 주석에서 언급했듯이 『프로타고라스』 323a~b의 내용을 다시 참고하여 비교해 볼 수 있겠다.

또 다른 한편 이 구절에서 카르미데스가 보여주는 태도는 어떤 기본적인 수준에서의 절제를 체화하고 있는 것이라고 볼 수도 있다. 우선 지금 대화가 이루어지고 있는 이 자리에 카르미데스는 단지 소크라테스와 크리티아스 두 사람과 함께 있는 것이 아니라, 다른 많은 사람들과 함께 있었음을 상기해 보자. 그런 상황에서 자기 자신의 행동과 태도가 타인에게 어떻게 보일 것인지를 고려하고 일종의 겸양을 (그러한 겸양은 절제가 표출되는 한 가지 모습이라고 볼 수 있다) 대화 상대방에게 보이는 것은 어쩌면 대단히 자연스러워 보인다. 물론 다소 비판적인 관점에서 보자면, 그러한 태도를 다소 기회주의적인 것으로 볼 수도 있겠다. 하지만 다른 사람들에 대한 고려는, 그리고 더 정확하게는 타인이 자신을 어떻게 평가할 것인가 하는 점에 대한 고려는, 아주 기본적인 수준에서 도덕적인 감수성을 형성하는 가장 긴요한 조건 중의 하나가 된다고 긍정적으로 볼 수도 있다. 이를테면 자기 자신의 행동과 태도가 타인에게 어떻게 보이고 어떻게 수용될 것인지를 전혀 고려하지 않는 인물이 있다고 가정해 보자. 그런 사람이 타인을 전혀 고려하지 않는 삶의 방식을 유지한 채로 사회적인 삶의 맥락에서 요구되고 요청되는 도덕적인 덕을 체화하고 실천하는 인물로 성장할 수 있으리라고 기대할 수 있을까? 아마도 그럴 가능성은 대단히 낮을 것이라고 추정해 볼 수 있다. 이러한 사정을 고려해 본다면, 지금 158c~d 구절에서 카르미데스는 도덕적인 품성과 덕을 갖춘 인물로 성장할 수 있는 아주 기본적인 최소한의 가능성과 잠재력은 갖춘 인물로 묘사되고 있는 것이다.

반면에 그가 지금 이 장면으로부터 25년 정도가 지난 시점에 이르러 실제 아테네의 정치적 격변 속에서 어떤 인물이 되었는가 하는 점을 자신들의 경험을 통해서 알고 있는 플라톤의 작품을 당대에 처음 접한 독자들은 이 장면을 대단히 흥미롭게 바라보았을 것이다. 우리들 현대의 독자들도 고대 그리스의 역사가 카르미데스를 어떤 인물로 기록하고 있는가 (그는 크리티아스를 위시한 30인 참주가 주도한 과두정의 행동대원이었다) 하는 점과 이 작품에서 그가 보여주는 모습을 비교하면서 작품을 읽어 나가는 것이 작품의 함축을 더욱 풍성하게 읽어내는 길이 될 것이다. 그리고 이러한 논점은 「작품 안내」에서 좀더 다루었다.

그리고 지금 이 장면에서 카르미데스는 절제가 정확히 무엇인지를 알고 있지 못하기에 그러한 앎에 근거해서 답변하고 있지도 못하고, 또한 자신이 무엇을 알고 또 무엇을 모르는지를 정확히 이해하고 있지는 못한 것으로 보인다. 그리하여 나중에 167a9~b4에 이르러 등장하게 되는 '자기 자신이 무엇을 알고 또 무엇을 모르는지를 앎'이라는 개념에 견주어 볼 때 큰 격차를 지닌 상태에 머물러 있다. 하지만 그럼에도 불구하고 그가 자신이 현재 처한 상황에 대해서 어떤 일정한 수준에서의 반성 능력을 발휘하고 있다고 볼 수는 있을 것이다. 여기서 역자는 카르미데스가 다음과 같이 대답했었다면 어땠을까 하고 생각해 본다. "저는 절제가 무엇인지 아직 정확히 모르겠습니다. 따라서 저는 아직 제가 충분히 절제 있다고도 명확히 답할 수 없겠습니다. 하지만 저는 절제가 무엇인지 정확히 알고 싶고, 또한 절제를 비롯한 여러 가지 덕을 갖춘 사람이 되고자 노력하고 있고, 앞으로도 계속 노력하겠습니다." 역자는 그러한 대답이 주어진 상황에서는 가장 기대할 만한 답변이었을 것이라고 추정해 본다.

128 158d7 : 이 문장의 희랍어 원문은 외견상 hoti-절을 사용한 간접화법의 구조를 지니고 있으나, 특이하게도 hoti-절 안에서는 카르미데스를 직접 호명하면서 2인칭 주어와 술어를 사용하고 있다. 우리말로 옮길 때, 2인칭 주어와 술어를 사용하면서 간접화법을 구사하는 것은 뭔가 앞뒤가 맞지 않은 것처럼 보이기도 한다. 왜냐하면 전달하고자 하는 내용을 2인칭 주어와 술어로 표현하게 되면, 그것은 사실상 직접화법을 구사하는 셈이기 때문이다.

129 치료법 : 일반적으로 '의술'을 뜻하는 희랍어 단어 'iatrikē'를 이 맥락에서는 앞에서 언급했던 소크라테스가 포테이다이아 원정에서 배워온 치료방법을 뜻하는 것으로 보고 위와 같이 옮겼다.

130 관심을 돌리지 : 'trepōmai'를 위와 같이 옮겼다. 이 맥락에서는 '그 치료법을 사용하려고 그쪽으로 몸을 돌리지' 또는 '그 치료법에 관심을 돌려서 그것을 당장 사용하지'라고 그 뜻을 풀어 쓸 수 있겠다.

131 그것이 : 여기에서 '그것'이 지칭하는 것은 '지금 이야기하고 있는 함께 탐구하자는 제안'이다.

132 아니 : 이곳 158e4에 등장하는 희랍어 단어 'alla'의 용법과 그 의미에

대해서는 154e4, 155a8, 162e6, 166e3 구절에 해당하는 주석을 참고하라.

133 그렇게 하기 위해서 : 지금 맥락에서 '그렇게 하기 위해서'라는 이 표현이 의도하고 있는 바는, 카르미데스로서는 '그가 스스로 원하지 않는 것을 억지로 이야기하도록 강요받지 않도록' 그리고 소크라테스로서는 '그가 주의 깊게 살펴보지 않은 채로 그 치료법(또는 의술)에 호소하지 않도록 하기 위해서'라고 풀어서 이해할 수 있겠다.

134 그것이 어떤 방식이든지 … 바로 그 방식으로 : 이 구절의 표현이 다소 복잡하게 보일 수 있겠다. 그 핵심만 취해서 '당신 스스로 더 낫다고 생각하시는 방식으로'라고 단순하게 표현할 수 있겠는데, 원문의 구조를 드러내는 방식으로 옮겼다.

135 그것에 대해 : 여기에서 그것은 '절제'를 가리킨다.

136 아마도 그것이 들어 있음이 … 필연적이니까 : 이 문장의 원문에는 맞줄표를 사용하고 있지 않지만, 그것이 담고 있는 핵심적인 질문이 잘 드러나도록 하기 위해서 맞줄표를 사용하여 옮겼다.

137 자네가 헬라스 말은 할 줄 아니까 : 지금까지 서로 같이 헬라스 말로 대화를 해 왔으면서도 이렇게 이야기하는 것이 의아해 보일 수 있겠다. 아마도 같은 언어를 사용한다는 사실은 원활하고 정확한 의사소통의 중요한 전제 조건 중 하나가 된다는 상식을 확인하는 일로 볼 수도 있겠고, 또는 카르미데스의 반응과 대답을 이끌어내기 위해 일종의 장난스러움을 곁들인(teasing) 표현이라고도 볼 수도 있겠다.

138 그렇다면 … 이야기할 수도 있을 텐데? : 전체 문장의 목적어가 정확히 무엇인지 그 호응 관계가 다소간 온전하지 못한 것으로 보일 수도 있겠는데, 희랍어 원문의 특징이 좀더 온전히 드러나도록 옮겼다. 잘 정독하면 '자네가 생각하고 있는 바로 이것'이란 곧 hoti-절의 내용인 '그것이 자네에게 무엇이라고 보이는지'를 지칭한다는 것이 어렵지 않게 분명히 드러난다.

139 함 : '함'은 'poiein'의 번역인데, 이 단어는 '만들기(make)'라고 번역할

수도 있다. 물론 '만들기(poiein, 영어로는 make에 해당)와 행함(prattein, 영어로는 do에 해당)이라는 두 단어가 물론 구분되는 별개의 단어들이고 그 쓰임새가 서로 다르기는 하지만, 그 둘은 일상 언어에서 아주 명확하게 구분되지 않으면서 맥락에 따라서 서로 바꾸어 쓸 수 있다고 보는 것이 자연스럽다. 그것을 인위적으로 또는 기술적으로 구분하고자 할 때 그리고 그것이 충분한 숙고와 근거 없이 현학적으로 시도될 때 어떤 결과가 빚어지는가 하는 점을 이후 크리티아스가 대화에 본격적으로 나서는 대목에서 추적해 볼 수 있다. 그리고 그 점을 드러내는 것이 작가인 플라톤이 대화의 구성을 통해서 보여주려고 의도한 것 중의 하나라고 역자는 이해하고 있다. 반면에 아리스토텔레스는 그것을 실천적 지혜와 특정한 전문 기술을 구분하는 출발점으로 삼는다.(『니코마코스 윤리학』 VI. 1140a1~b30) 또 163a 이하의 논의 진행과 해당 구절에 대한 주석 및 「작품 안내」의 '절제'라는 번역어 선택에 관한 설명을 참조하라.

140 모든 것을 한데 모아 보면(syllēbdēn) : 여기에서 '모든 것을 한데 모아 보면'이라는 말은 달리 말하자면 '해당되는 사례를 모두 수집해서 공통점을 뽑아 보자면'이라고 풀어서 이해할 수 있다. 일종의 넓은 의미에서의 귀납에 해당할 만한 아이디어가 들어 있다. 지금 대화에서 절제를 규정, 정의하려는 논의 가운데 카르미데스의 첫 번째 시도와 그 대답의 성격을 엿볼 수 있게 해 주는 구절이다. 물론 오늘날 수학, 과학, 또는 과학철학에서 논하는 귀납의 개념과 이곳에 (그리고 플라톤 작품 여러 곳에) 등장하는 아이디어가 어떻게 서로 유사하거나 다른지는 별도의 논의가 필요할 것이다.

141 어떤 종류의 조용함(hēsychiotēs tis) : 이 '조용함'은 곧 뒤이어 등장하는 대화의 맥락 속에서 '천천히 행함' 혹은 '느림'과도 동등한 것으로 취급된다.

142 그들이 뭔가 말이 되는 이야기를 하는 것인지를(ei ti legousin) : 이 구절에는 영어로 직역하자면 'if they say something (significant)'이라고 옮길

수 있는 대단히 특징적인 희랍어 표현이 사용되고 있다. 좀더 풀어보자면, '그들이 이치에 맞는 뭔가 언급할 만한 소리를 하고 있는지'라고 옮길 수도 있다.

143 아름다운 것들 : 이 구절에서 'tōn kalōn'을 '아름다운 것들'이라고 옮겼다. 이 번역에서는 'kalon'을 '뛰어남', '아름다움', '잘함'으로 옮겼고, 'agathos'는 '좋음', '훌륭함'으로 옮겼다. 두 단어가 정확히 어떻게 구분되는가에 대한 논의들이 있음에도 불구하고 그 둘을 가려내는 일은 여전히 쉬운 일이 아니어서 그 각각에 해당하는 어떤 번역어를 선택하는 것이 더 좋을지에 대해서는 좀더 숙고하고 논의할 여지가 남아 있다.

144 절제는 분명히 아름다운 것들에 속하지 않나? : 또는 '절제는 분명 아름다운 것들 중의 하나가 아닐까?'라고 옮길 수도 있다.

145 그러면 글 가르치는 선생님한테 … 글자들을 빠르게 쓰는 것과 조용히 쓰는 것 중에서 어느 쪽이 가장 아름다운가? : 현대의 한국어 독자들인 우리는 아마도 '빠르게(tachy)'와 '조용히(hēsychēi)'가 과연 정확하게 반대되는 짝이 될까 의문을 품을 수도 있겠다. 하지만 너그럽고 유연하게 보자면, 조용한 행동은 차분히 그리고 천천히, 따라서 느리게 이루어질 개연성이 크다고 볼 수 있으므로 그 연관 관계를 떠올리는 것이 불가능한 것은 아닐 것이다. 바로 이어지는 구절에서도 이러한 모종의 연상에 기대어서 이야기가 진행되고 있다고 볼 수 있다.

146 그럼 읽기는 어떨까? 빠르게 아니면 느리게?(159c6) : 방금 전까지 카르미데스가 첫 번째로 제안한 정의인 '어떤 종류의 조용함(hēsychiotēs tis)'과 어근을 같이하는 단어인 '조용하게(hēsychēi, quietly)'가 쓰여 왔는데, 이 대목에서는 그 의미상 다소 결이 다르고 어근도 무관한 단어인 '느리게(bradeōs, slowly)'가 그 자리에 대체되어 사용되고 있다. 국소적인 엄밀함을 추구하면서 읽자면, 우리는 이 두 단어가 과연 정확하게 같은 의미를 지닌다고 할 수 있을지 의문을 품을 수도 있을 것이다. 하지만 바로 위의 주석에서 언급한 것과 같이 특정한 모양새로 행

해지는 행위들 간의 모종의 연관 관계를 상식적으로 이해하고 인정할 수 있다면, 지금 텍스트에서 일어나고 있는 일을 좇아갈 수 있으리라고 본다.

147 그럼 또 마찬가지로 : 소사(particle)의 조합인 "kai men dē"를 위와 같이 옮겼다. 데니스톤(Denniston, 1959, pp. 395~397)을 참조하라.

148 권투 시합과 종합 격투기 경기 : 권투 시합(pykteuein)과 종합 격투기 경기(pankratiazein), 둘 모두 동사의 부정사 형태를 사용하고 있어서 동작의 의미를 살리려고 위와 같이 옮겼다. 권투는 별도의 설명이 필요 없을 것이다. 종합 격투기(pankration)는 권투와 레슬링을 합친 격투기로 알려져 있다. 여기에서는 동사의 부정사 형태(pankratiazein)가 사용되었고, 명사는 'pankration'이다. 오늘날 우리에게는 '이종 격투기'라는 이름으로 행해지는 경기가 많이 알려져 있다. 물론 그것과는 달랐을 것으로 추정되지만, 한 종류의 경기 규칙에 국한됨이 없이 권투와 레슬링 두 경기 모두의 기술과 규칙이 허용되었던 경기라고 알려져 있다.

149 멀리뛰기(hallesthai) : 오늘날에는 높이뛰기(high jump)와 멀리뛰기(long jump)가 분화되어 있으나, 지금 이 단어가 어느 한쪽을 지칭한다고 단정하기에는 정보가 부족해 보인다. 다만 영국박물관(British Museum)의 도자기 그림 등 다수의 시각 자료에 멀리뛰기가 묘사된 그림은 있으나 높이뛰기가 묘사된 그림은 찾아볼 수 없었다. 또한 *Brill's New Pauly*의 "Long jump"(Decker, 2006) 항목을 참고하여 멀리뛰기라고 옮겼다. 상세한 서지 사항은 「참고문헌」에서 확인해 볼 수 있다.

150 신체에 속하는 모든 일들 : 달리 직역하면 '신체의 모든 일들'이라고 하거나, 지금 맥락에서는 '몸을 사용하는 모든 운동 종목들'이라고 풀어서 옮길 수도 있겠다.

151 반면에 [느리게] 힘겹게 그리고 조용하게(ta de [bradea] mogis te kai hēsychēi) : 이곳에 있는 대괄호는 텍스트 편집자가 괄호 안의 단어 '느리게(bradea)'를 지우고 읽자고 제안한 것을 표시한다. 이것은 원래 하

인도르프(Heindorf)의 제안인데, 버넷이 받아들인 것이다. 우선 그러한 선택의 동기를 호의적으로 추정해 보자. 바로 앞 절에 사용된 소사(particle)인 'men'과 이 절에 쓰인 'de'의 대비를 살려서 독해하자면, 앞의 'men'절에서 부사 두 단어가 병렬적으로 등장했으니 'de'절에서도 부사 두 개가 등장한다고 보고 '힘겹게 그리고 조용하게(mogis te kai hēsychēi)'라는 두 부사에 주목하여 그 둘이 짝을 이룬다고 읽는 것이 더 자연스러워 보인다. 또 만약 'bradea'를 그대로 두고 읽으면, 부사 세 단어가 연이어 등장하게 되는데, 서로 병렬적으로 등장하는 'bradea'와 'mogis' 두 단어의 사이에 접속사나 소사와 같은 연결사가 없다는 것이 조금 부자연스러워 보일 수 있다. 하지만 그것이 대괄호 안의 단어를 지워야 할 필연적이고 합당한 이유를 제공한다고 보기에는 다소 무리가 있다. 또 다른 가능성을 한 가지 추정해 보자면, 해당 단어 'bradea' 또는 'bradeōs'가 지금까지 위에서 줄곧 사용되어 왔으므로, 지금 열거된 단어들 'mogis te kai hēsychēi'이 'bradea'와 같은 계열의 개념들이라고 어떤 독자가 사본의 여백에 메모해 두었던 것이 후대에 거듭되는 필사 과정에서 텍스트 원문으로 편입되어 들어갔을 가능성이 있어 보인다. 하인도르프와 버넷의 제안을 따라서 지우는 것도 좋겠고, 지우더라도 문맥의 대의에 별다른 영향을 주지는 않는다.

152 **분명히 그렇습니다(phainetai)** : 이 표현은 생략된 표현을 무엇으로 보느냐에 따라서 독해 방식이 달라질 수 있다. 만약 부정사(infinitive)가 생략되어 있다면 '그래 보입니다(So it seems)'를 의미하고, 반면에 만약 분사(participle)가 생략되었다면 '분명히 그렇습니다(Clearly)'를 의미한다. 바로 다음 문장에서 소크라테스가 카르미데스의 말을 받아서 지금까지 이야기된 내용을 재확인하면서 위의 동사를 분사와 함께 사용하고 있음을 고려할 때, 카르미데스의 지금 이 대답에도 분사가 생략된 것으로 보는 것이 자연스럽다. 따라서 '분명하다'로 옮기는 것이 좋다고 판단했다.

153 그런데 절제는 아름다운 어떤 것이었지? : 지금 이 문장의 (절제가 아름
다운 어떤 것이라는) 발화 내용이 이미 앞에서 실질적으로 언급되었음
을 확인하려는 취지에서 미완료(또는 과거진행, imperfect) 시제를 사
용하고 있다고 보는 것이 자연스럽다. 즉 소크라테스는 그것이(절제
가 아름다운 것임이) 바로 방금 전의 159c1에서 (절제가 아름다운 것들
에 속한다고) 동의되었던 것임을 재확인하고 있는 것이다. 그리고 물
론 절제가 아름다운 것이라는 점이 이후의 논의 전개에서도 부정되
지 않고 탐구 과정에서 일종의 대전제 역할을 하고 있다는 것은 분명
하다. 하지만 이 문장의 미완료 시제에 큰 무게를 실어서 그것을 소
위 "philosophical imperfect"로 읽고, 그것이 일종의 진리임을 표명
하는 것으로 보면서, 그것을 우리말 표현의 현재 시제로 옮기는 것은
과하다고 본다. "Philosophical imperfect"라는 아이디어에 가장 적합
한 사례는 아리스토텔레스에게서 발견할 수 있으며, 이곳에서는 문장
의 의미와 경중을 전후 맥락 속에서 그에 부합하게 읽는 것이 바람직
하다고 본다.

154 159e6~7 : 이 문장의 원문을 보면, "Didaskein de allon ou tacheōs
[kai] kallion kai sphodra mallon ē hēsychēi te kai bradeōs;"라고
되어 있다. 'tacheōs'와 'kallion'사이에 'kai'가 대괄호 안에 들어 있
다. 이 구절에서 역자는 대괄호 안의 단어를 지우고 읽자는 편집자
의 제안을 따른다. 사실 이 단어 하나를 삭제하고 읽어야 하는 필연
적인 이유를 찾기는 어렵지만, 아마도 편집자의 의도는 다음과 같은
것이었으리라고 추정해 볼 수 있다. 이 문장에서 'kallion'은 술어이
고 부사인 'tacheōs'와 'sphodra'가 병렬적으로 짝을 이룬다. 그런데
술어인 'kallion' 앞에 'kai'가 놓이게 되면, 그 자리에 있는 'kai'가 마
치 'tacheōs'와 'kallion'을 병렬적으로 연결하는 것 같은 인상을 줄 수
도 있을 것으로 보이는데, 이러한 오해의 가능성을 피하고자 'kai'를
삭제하자고 제안한 것으로 추정해 볼 수 있다. 그리고 바로 뒤이어
159e9~10에 등장하는 문장도 거의 유사한 문장 구조를 보여준다

는 점이 그러한 추정을 뒷받침하는 추가적인 간접적 근거가 될 수 있겠다.

155 예 : 부정의문문에 답하는 우리말의 관습과 서구 언어의 관습이 달라서 이 문장이 긍정을 뜻하는지 부정을 뜻하는지에 관하여 오해의 소지가 있을 것 같아서 긍정임을 밝힌다.

156 민첩함(oxytēs) : 또는 '뾰족함'이나 '날카로움'으로 옮길 수도 있다.

157 영혼의 탐구 활동(tais zētēsesin tēs psychēs) : 앞에서 신체 활동에 대해서 열거한 후에 지금은 글이나 악기 연주를 배우고 가르치거나 무엇인가를 기억하거나 특정 주제에 대해서 이해하는 일 등과 같이 영혼이 하는 일들을 거론하고 있으므로, 위와 같이 속격(Genitive)을 주어로 살려서 '영혼이 하는 탐구 활동'의 뜻으로 옮긴다. 한편 지금의 논의는 궁극적으로 "카르미데스의 영혼이 어떤 상태에 있는가?" 하는 점을 살펴보고 있으므로, 그리고 그런 경우에 영혼은 탐구 대상이 될 것이므로, 위의 표현은 간접적인 방식으로 '영혼이 어떤 상태에 있는가를 탐구하는 일'이라는 — 속격을 목적어로 이해하는 — 뜻까지도 포괄적으로 함축한다고 볼 여지가 있다. 한편 154e5에서는 '그의 바로 이 점을 (즉 영혼을) 벗겨서 ⋯ 주시하지 않은 것입니까'라는 언급이 등장하는데, 이러한 표현도 그러한 뜻을 읽어내는 독해를 지지한다고 볼 수 있다.

158 절제 있는 삶은 — 그것은 절제 있으므로 — 아름다워야 하니까 말이야 : 이곳의 맞줄표는 원문에 있는 것은 아니다. 원문에서는 절의 주어인 절제 있는 삶이 어떤 성격의 것인지를 분사(participle)를 활용해서 표현하고 있는데, 그 구조를 드러내기 위해서 맞줄표를 사용했다.

159 무엇보다도 : 'hoti malista'를 단순하게 직역하여 '무엇보다도'라고 옮긴다. 그런데 그 문맥을 고려해 보면, "(누군가 반대 입장에 서 있는 상대방이 내놓을 만한 반론을 상정하면서) 최대한 양보를 해서 다음과 같이 가정해 보면⋯"이라는 취지로 말하고 있음을 이해할 수 있다.

160 결코 더 적지 않은 조용한 행위들이 힘차고 빠른 행위들보다 더 아름답다

고 해도 : 일단 원문 구조에 가깝게 직역을 하였는데, 조금 다르게 풀어보면 "적어도 같은 수만큼의 조용한 행위들이 힘차고 빠른 행위들보다 더 아름답다고 해도"를 뜻하는 것으로 이해할 수 있다. 좀더 의역하자면, "조용한 행위들이 힘차고 빠른 행위들보다 더 아름다운 경우가 결코 더 적지 않다고 해도"라고 옮길 수도 있다. 물론 원문에 '경우'라는 우리말 단어에 해당하는 희랍어 단어가 있는 것은 아니지만, 지금 진행 중인 논의의 성격이 잘 전달되도록 그렇게 의역할 수도 있겠다.

161 또 조용한 삶이 조용하지 않은 삶보다 더 절제 있지는 않겠지 : 이 구절의 원문에는 "oude ho hēsychios bios [kosmios] tou mē hēsychiou sōphronesteros an eiē"라고 되어 있다. 대괄호 안에 있는 'kosmios'가 만약 'bios'를 수식하는 문장 성분이 되려면 'kai' 등을 활용해서 어순을 바꾸거나 또는 정관사를 한 번 더 쓰거나 해서 한정용법으로 쓰이는 위치(attributive position)에 있어야 하는데 그렇지 않다. 하지만 그렇다고 해서 'kosmios'가 술어 역할을 한다고 볼 수도 없다. 왜냐하면 문장의 구조와 맥락을 고려할 때 'sōphronesteros'가 술어임이 분명하기 때문이다. 이런 이유로 'kosmios'라는 단어는 그 위치로 미루어 볼 때 그것이 문장 내에서 하는 역할을 확정하기가 대단히 난해하다. 아마도 필사본의 전승 과정에서 누군가가 'hēsychios'와 'kosmios'가 앞의 159b3에서 그랬던 것처럼 일종의 친연 관계를 지니고 있음을 연상하면서 행간이나 여백에 메모했던 것이 본문으로 끼어 들어갔으리라고 추정해 본다. 편집자 버넷은 하인도르프의 추정을 받아들여서 'kosmios'를 지우자고 제안하고 있는데, 역자도 그 제안을 채택한다.

162 빠른 것들이 : 편집자 버넷의 제안을 따라서 'ta'를 추가하여 읽는 것이 자연스럽다고 본다.

163 160b7~d3 : 이 문단은 따옴표에 해당하는 '내가 말했다네'와 같은 표현이 쓰이지 않고, 그 내용만 전달되고 있는 문단 중의 하나이다. 그

것이 어떤 의미의 차이나 전달 과정에서 효과의 차이를 가져오는지는 더 탐구할 문제로 남겨 둔다. 한편 이곳에서는 특정한 주장이나 규정이 적용되는 사례의 수를 그것이 적용되지 않는 사례의 수와 비교하며 그 해당 주장이나 규정이 모든 사례에 적용되지 않음을 보이는 방식으로 논변이 진행되고 있다. 이러한 유형의 논변은 여러 곳에서 발견되는데 그 일례를 『국가』 340a~b에서도 찾아볼 수 있다.

164 사내답게 : 또는 '용기있게'라고 옮길 수도 있다.

165 160e2~5 : 이 대목에서 소크라테스는 일종의 전지적 작가 시점에서 상대방의 행동을 기술하고 있다. 이 작품의 액자구조에 대해서 다시 한번 상기하면서 읽어 나가면 좋겠다.

166 그렇다면 절제는 아름다운 것일 뿐만 아니라 훌륭한 것이기도 하지 : 직역하자면, "그렇다면 그것은 아름다운 것일 뿐만 아니라 훌륭한 것이기도 하군"으로 옮겨야 하겠으나, 본문에서는 '그것'이 가리키는 바를 드러내서 옮겼다.

167 염치는 곤궁한 사람이 곁에 두기에 훌륭하지 않다(aidōs d' ouk agathē kechrēmenōi andri pareinai) : 호메로스, 『오뒤세이아』 17.347. 그곳에서 오뒤세우스는 고향에 돌아와서 일단 자신의 정체가 드러나지 않게 불쌍한 거지 노인의 모습으로 자기 집에 들어간다. 그를 알아보지 못하는 아들인 텔레마코스는 돼지치기 에우마이오스를 불러 그 노인 나그네에게 음식을 갖다 주라고 하면서 위의 인용 구절을 말한다. 이 장면에서도 ― 「작품 안내」에서 아이러니에 대해서 논한 점들을 참고해 보자 ― 아들 텔레마코스가 자신의 아버지를 못 알아보고 (청자 또는 독자들은 다 알고 있지만) 거지 나그네 취급하고 있다는 점에서 등장인물의 상황 인식과 독자들의 상황 인식 사이에 인지적 불일치가 있으며 이를 바탕으로 아이러니가 발생하고 있다고 볼 수 있다.

168 저로서는 신뢰합니다 : 원문에서 카르미데스는 "저로서는"에 해당하는 단어만 발화하고 있다. 행간에 생략된 말을 채워 넣어 옮겼고, 더 정확하게는 "저로서는 그가 아름답게 이야기했다고 신뢰합니다"라고 할

수 있다.

169 **염치는 훌륭하지 않으면서 또 훌륭하기도 하군** : 맥락을 고려하지 않고
이 문장만 따로 떼어 놓고 보면, 그 내용이 마치 외견상 모순을 담고
있는 것으로 보일 수 있겠다. 하지만 과연 이것이 엄밀한 의미에서의
모순인지를 명확히 논할 필요가 있다. 일단 이 구절에서 등장인물 소
크라테스는 카르미데스가 내놓은 제안을 검토하고 있다. 따라서 이
구절에서 저자가 보여주는 것은, 카르미데스의 제안이 어떤 난점에
봉착하는가 하는 점이다. 그러므로 우리는 그러한 검토와 논의의 과
정에서 일차적으로 논의의 귀결과 그 타당성 및 건전성, 설득력에 주
목하여 그 논변을 평가하게 될 것이다. 그런데 그뿐만 아니라 논의 과
정 중에서 대화의 쌍방이 각 단계에서 등장하는 문장(명제)의 뜻과
함축을 어떻게 받아들이고 대처하는가 하는 점에도 우리는 주목해
볼 필요가 있다고 본다. 이 구절에서 카르미데스는 더 이상 이 문장
의 의미를 세심하고 정확하게 이해하려고 하지 않는다. 그리고 바로
그 점이 카르미데스가 지닌 이해의 한계를 반영하는 것이라고 역자는
본다.

하지만 독자의 관점에서 역자는 다음과 같이 이해하고 있다. 사실 해
당 문장("염치는 훌륭하지 않으면서 또 훌륭하기도 하군")에는 문맥에서
주어진 부가적인 조건과 상황이 명시적으로 서술되어 있지 않다. 위
문장은 이를테면 다음과 같이, "곤궁함에 처한 오뒤세우스에게 염치
는 훌륭하지 않고, 부유한 집안의 예쁜 어린 소년인 카르미데스에게
염치는 훌륭하다"라는 방식으로 생략되어 있는 관련된 조건과 상황
을 명시하여 바꾸어 쓸 수 있기 때문이다. 또 그렇게 이 문장이 지금
주어진 맥락에서 의미하는 바를 이해하면, 소크라테스가 말한 내용에
모순은 없다고 말할 수 있다. 다만 그렇게 세부적인 조건과 상황을 명
시하지 않은 것이 어떤 의도를 지니고 그렇게 한 것이 아니냐는 비판
이 제기될 수 있고, 그것에 답할 필요가 있을 것이다.

그 점에 대해서는 대화의 처음 출발점을 상기해 보자. 지금 여기에서

우리가 마주하고 있는 대목에서는 카르미데스가 내놓는 제안을 검토하고 있으며, 따라서 카르미데스의 관련 사태에 대한 이해 정도를 테스트하고 있는 것이므로, 소크라테스가 그 모든 것을 대신 이야기할 계제가 아니다. 대화 과정에서 의문과 특이 사항이 있으면 그것을 지적하는 일은 카르미데스가 스스로 했어야 하는 일이다. 이러한 방식으로 생각하면 소크라테스에게 상대를 호도하고자 하는 불순한 의도가 있다고 해석하지 않아도 될 것이다. 저자인 플라톤에게는 등장인물 소크라테스를 그런 식으로 그릴 이유가 없었을 것이라고 본다. 이점에 대해서는 「작품 안내」에서 언급한 플라톤의 저술 의도에 대한 역자의 의견을 참고하면 좋겠다.

170 물론이죠 : "alla mēn"을 위와 같이 옮겼다. 이 particle(소사)의 조합은 대화 상대방이 지니고 있을 것으로 추정되는 일종의 염려에 대해서 그런 염려를 하지 않아도 된다고 말하면서, 자신도 상대방의 질문 내용과 취지를 긍정하고 있음을 표명하며, 그러한 대답의 진실성을 보장하고자 하는 의도와 태도를 지니고 있음을 나타낸다.

171 염치는 나쁜 것이기도 한 경우보다 훌륭한 것인 경우가 결코 더 많지 않다고 한다면 말이야 : 이 절은 '염치는 좋은 것인 만큼 그에 못지않게 나쁜 것이기도 하다면 말이야'라고 의역할 수 있다. 본문에 우리말로 '경우'라고 번역한 단어에 일대일 대응하는 희랍어 개념이 있는 것은 아니지만 뜻이 정확히 전달되도록 하기 위해서 그런 선택이 불가피했다. 또한 161b1에서 텍스트 편집자는 아스트(Ast)의 제안을 받아들여 'mē'를 지우고 읽자고 제안하고 있는데, 적절한 판단이라고 본다.

172 이곳의 맞춤표는 원문에 있는 것이다.

173 아, 더러운 녀석(ō miare) : 이 표현은 사실상 욕이다. 소크라테스가 욕을 입에 담고 있다는 사실에 놀랄 독자들도 있을 법한데, 이 상황에서 카르미데스는 정말로 욕을 먹을 만한 일을 한 것으로 볼 수 있다. 지금 해당 구절보다 앞선 맥락에서 그는 자기 자신의 생각을 내놓고 그것을 함께 검토하기로 약속을 했고 그런 시도를 해 왔는데

(158e6~159a5, 160d5~e3), 지금에 와서는 그 약속을 저버린 채로 자기 자신의 의견을 이야기하지 않고 남에게서 들은 것을 절제의 정의로 거론하면서 그것을 검토 대상으로 삼자고 제안하고 있기 때문이다. 지금 소크라테스는 바로 그러한 카르미데스의 행동을 두고 나무라고 있고, 그것이 이 표현의 일차적인 의도일 것이라고 추정해 본다. 또한 소크라테스는 카르미데스가 그 새로운 제안의 내용을 크리티아스한테서 들었을 것이라고 눈치채고 있기에, 사실상 욕인 이 표현이 친근한 사이에서 사용될 수 있는 것으로 본다면, 다소간 농담조로 친근감을 표현하면서 그 출처를 채근하여 묻고 있다고 볼 수도 있다. 물론 크리티아스와 카르미데스 둘은 그 사실을 부정하고 있다. 하지만 이후의 극 전개를 보면 그 둘이 거짓말을 하고 있음이 드러난다 (162c1~d6). 또한 본래 'miaros'라는 단어는 '피로 더럽혀진'이라는 뜻으로 일종의 종교적 의례와 관련된 맥락에서 그리고 도덕적 판단과 관련된 맥락에서 쓰인 용례들이 있다. 한편 이 표현은 『카르미데스』편 전체에서 두 번 등장하는데, 그 두 경우에 각각 소크라테스가 의도하고 있는 바가 정확히 무엇인지도 탐구해 볼 문제로 남겨 둔다.

174 지혜로운 사람들 중의(tōn sophōn) : 여기에서 지혜로운 사람들이라는 말은 특정 분야에서 전문가의 앎을 지니고 그 분야에서 능숙하게 특정 결과물을 산출해 낼 줄 아는 사람들을 의미한다.

175 그런데 … 하는 점이? : 「작품 안내」에서 언급한 것처럼, 등장인물들이 지닌 정보 및 상황 인식과 독자들이 지닌 정보 및 상황 인식이 상이하여 발생하는 일종의 인지적 불일치로 인해서 모종의 아이러니가 드러나는 장면 중의 하나이다. 카르미데스의 발언 자체로는 옳다. 하지만 이 발언은 자신이 지금 제안하고 있는 내용을 이전에 크리티아스한테서 들었다는 사실을 숨기고, 그것이 드러나는 것을 회피하고 모면하기 위해서 하는 말이고, 그것을 등장인물들은 짐짓 모르는 척하지만, 독자들은 그러한 사태와 상황 진행을 눈치채고 간파할 수 있다.

176 이야기되는 것이 참인지 : '그것이 참되게 이야기되었는지'라고 옮길 수

도 있겠다.

177 그것과 관련된 사정이 어떠한지를 : 그 말이 발설된 의도 및 상황 전체를 지칭한다고 볼 수 있다. '그것이 어떤 이야기인지'라고 옮길 수도 있겠다.

178 그것은 : 지금 제안된 것을 뜻하며, '자신에게 속한 것을 행함(to ta heautou prattein)'이라고 옮길 수도 있겠다.

179 그가 … 그 뜻을 품고 있지는 : 또는 '그가 발설한 그 문구의 표현 그대로를 염두에 두고 있지는'이라고 옮길 수도 있겠다.

180 그에 못지않게 : 마찬가지 정도로.

181 161d11~e1 : 이곳의 맥락에서는 '남의 일에 참견하기'가 '자신에게 속하는 것을 행함'과 대비를 이루는 짝으로 등장하고 있다. '자신에게 속하는 것을 행함'이라는 개념의 다의성, 그것에 대한 등장인물들의 서로 다른 이해와 그에 따른 서로 다른 쓰임새에 대해서 역자는 별도의 자리에서 논한 바 있다. 유혁(Yu, 2010b)을 참조할 수 있다.

182 무엇인가를 행함(prattein ti) : "무엇인가를 행함"이라는 어구가 무엇을 의미하는가 하는 점을 온전히 이해하기 위해서 우리는 그것이 쓰이는 맥락을 고려해야 한다. 대단히 상식적인 차원에서 생각해 보자면, 도대체 인간의 행위 가운데에서 "무엇을 행함"이 아닌 것이 있을까? 본문의 맥락에서 소크라테스가 지적하여 보여주고 있듯이, 그것은 우리의 이해 방식에 따라서 글쓰는 것도 그 한 사례가 될 수 있고, 여러 가지 예를 들어 볼 수 있겠다.

대화의 논변 진행을 고려할 때, 여기에서는 결국 "자기 자신의 것을 행함"이라는 표현을 발설한 크리티아스가 어떤 견해를 지니고 있었는지를 살펴보는 방향으로 논의가 진행되고 있으므로, 그에 상응하는 방식으로 "무엇인가를 행함"이라는 어구도 "소위 1인 1업의 원리에 따라서 거기에 온전히 관심과 노력을 기울여 한 사람이 전문적인 직업으로 삼을 만한 일을 행함(달리 말하면, 사회 경제적인 맥락에서 자신에게 주어진 직분을 행함)"을 의미한다고 볼 수도 있겠다.

하지만 "행하다(prattein)"라는 말이 일상 언어에서 폭넓게 쓰인다는 점을 고려하면, 이 개념에 대한 극단적으로 좁은 해석이 어떠한 비상식적인, 그리고 직관적으로 납득하기 어려운, 결과를 가져오는가를 일종의 사고 실험을 통해서 보여주는 것이, 소크라테스와 카르미데스의 대화를 통해서 플라톤이 드러내려고 하는 점이라고 할 수 있다. 달리 말하면, 여기에서 소크라테스는 해당 어구가 우리의 관심과 맥락에 따라서 — 일상 언어 표현으로서 또는 특수한 맥락에 국한하여 사용되는 전문 술어 어휘로서 — 양 방향으로 중의적으로 쓰일 수 있음을 염두에 두고, 카르미데스가 그것을 어느 수준에서 이해하고 있는가를 테스트해 보고 있다고 보는 것이 좋겠다.

이후의 대화 진행에서 드러나게 되겠지만, 크리티아스는 "자신에게 속한 것을 행함"이라는 표현을 소위 일종의 어떤 전문적인 용어로 — 이를테면 (미리 그 의미를 한정하는 것은 바람직하지 않을 수 있지만) 정치철학의 맥락에서 쓰일 만한 용어로 — 쓰려고 한다. 하지만 이 대목에서 카르미데스는 그런 함축을 인지하지 못하고, 일상 언어 수준에서 "무엇을 행함(prattein ti)"이라는 어구를 이해하고 있는 것으로 보이고, 따라서 그것을 전문 용어로 (이를테면 '한 나라 안에서 개인들에게 할당된 전문적인 직능을 수행함'이라는 의미로) 규정하거나 이해하려는 태도를 보이지 않는다. 이 모든 것이 결국에는 소년인 카르미데스의 이해가 어느 수준에 머물고 있는지를, 그리고 크리티아스가 해당 표현을 사용하면서 내놓으려고 하는 관련된 주장들을 테스트하려고 의도된 것이라고 볼 수 있다. 이런 방식으로 읽을 때 대화의 진행과 그 함축이 더 풍부하게 잘 이해될 것이다.

183 그런데 정말로 … 무엇인가를 행함이라면 말이지 : 이 문장의 시작에는 'kai mēn'이라는 소사(小辭, particle)의 조합이 쓰이고 있는데, 논변의 진행 과정에서 고려해야 할 또 다른 소전제(minor premise)를 이끌어 들이는 경우에 사용된다. 데니스톤(Denniston, 1959, pp. 353~355)을 참조하라. 그 점을 고려하여, 이 문장을 통해서 소크라테스가 보

여주고자 의도하는 바는 다음과 같이 작은 규모의 논변으로 정리해 볼 수 있다. 바로 앞의 161d3~4에서 소크라테스가 제기한 질문에 대해서 카르미데스는 글쓰기와 읽기가 무엇인가를 행함이라고 인정했다(161d5). 그런데 이렇게 만약 '자기 자신에게 속하는 것을 행함'이라는 개념을 극단적으로 협소하게 해석하여, 글쓰기와 읽기와 같은 행위가—누군가가 자기 자신에게 속하는 것을 행하는가를 판단할 수 있게 해 주는—행위의 최소 단위(무엇인가를 행함)가 된다고 인정하게 되면(이것은 소크라테스가 자신의 견해로 받아들이는 바가 아니라—도출하려는 결론을 부정하여 모순을 이끌어 내는—간접 증명법의 가정에 해당한다), 그 누군가가 친구들이나 적들의 이름을 쓰거나 읽게 될 때 그는 더 이상 자기 자신에게 속하는 것을 행하지 못하고 남의 일에 참견하는 셈이 되며, 따라서 절제 있지 않게 될 것이다(161d6~e1). 하지만 우리의 상식에 비추어 보면, 그런 사람은 친구들이나 적들의 이름을 쓰면서도 남의 일에 참견하는 것이 아니며, 절제를 잃지 않는다. 카르미데스도 그러한 상식에 입각해서 답한다(161e2). 그러자 소크라테스는 지금 이 문장(161e3~4)에서 (추론의 중간 단계에서 일종의 소전제로서) 추가로 고려해야 할 점을 제시하고 있다. 즉 글쓰기와 읽기가—앞에서 카르미데스가 인정했듯이—정말로 무엇인가를 행함이라면, 위의 추론 과정에서 친구와 적들의 이름을 쓰고 읽었던 소년들이 자신들에게 속하는 것들을 행하지 않았다는 귀결을 이끌어 냈어야 마땅했을 것이지만, 실제로 카르미데스는 그렇게 하지 않았다는 점을 소크라테스는 지적하고 있다. 즉 (1) 카르미데스가 논변의 출발점에서 인정했던 전제(161d5) 및 그것에서 따라 나오는 귀결(161d6~e1)과 (2) 그의 상식에 입각한 대답(161e2) 사이에는 불일치가 생긴다. 지금 소크라테스는 카르미데스의 사안에 대한 이해 정도를 점검하느라고 (1)과 (2)를 동시에 보여주면서 그가 어떤 추론과 선택을 하는지를 지켜보고 있다. 역자는 이 구절의 논변이 간접 증명법과 유사한 논리적 구조를 지닌다고 본다. 그렇다면 소크라테스는, 비록 이곳에서 자신의 의견을 적극적으로 밝히고 있지는 않지만, (2)에 제시된 우리의 건전한 상식을 인정하고, (1)의 출발점에 놓았던 전제가 지극히 협소한 해석에 기반을 둔 것임을 인정하고 그것을 버리고 수정하는('무엇인가를 행함'이라는 행위의 최소 단위를 다르게 설정하고 자기 '자신에게 속하는 것을 행함'을 다른 방식으로 정의하는) 제안을 했을 것이다. 하지만 카르미데스는 그렇게 추론하지 않고, 바로 다음 문장에서 글쓰기와 읽기가 무엇인가를 행함이라고 말하면서 (1)의 출발점에서 인정했던 전제(161d5)를 그대로 유지한다. 하지만 그로서는 (2)에 포함된 건전한 상식을 포기할 수 없을 것이기에 불일치와 모순에서 벗어나지 못한다. 그러나 카르미데스는 그 점을 미처 인식하지 못하는 것으로 보이며, 소크라테스도 위와 같은 내적 추론의 과정을 다 드러내 보여주지는 않은 채로 다음 단계로 이행한다.

184 하지만 그것들은 물론 무엇인가를 행함이지요 : 또는 "하지만 그건 그렇죠"라고 옮길 수도 있다. 이 문장은 바로 앞 문장의 조건절이 담고 있는 내용을 긍정하는 것으로 읽는 것이 적합하다. 지금 이 문장의 바로 앞 문장에서 희랍어 원문의 어순과 문장 구조를 살리지 않고, 우리말 번역의 자연스러움을 살려서 문장의 조건절을 먼저 쓰고 귀결절을 나중에 쓰게 되면, "그것"이라는 지시어가 무엇을 지칭하는지 혼동을 줄 가능성이 있어 보여서 바로 앞 문장(161e3~4)을 ─ 우리말 어순이 다소 어색해 보이는 점을 무릅쓰고 ─ 위의 본문과 같이 옮겼다.

185 무엇인가를 행함(prattein ti) : 이 구절에 와서 "무엇인가를 행함"이라는 어구가 좀더 구체적인 의미를 지니게 되는 맥락이 드러나고 있다. 위의 주석과 「작품 안내」를 참고하라.

186 때밀이(stlengis) : 고대 그리스의 레슬링 경기에서 선수들은 알몸에 올리브 기름을 바르고 시합을 벌였다고 한다. 경기 후 몸에 기름, 땀, 흙먼지가 범벅이 되어 엉겨 붙었을 법한데, 여기에서의 때밀이는 그것을 긁어서 떼어내는 쇠로 된 도구이다. 그리스의 박물관 ─ 한 예로 올림피아의 박물관 ─ 에서 그 실물을 찾아볼 수 있다. 또한 지금

161e10~13에서 예로 등장하는 물품들은 대화장소인 레슬링 경기장에서 발견되는 것들이다. 당시의 생활상 및 대화 현장을 반영한 생생한 대화가 이루어지고 있음을 볼 수 있다.

187 자신에게 속하는 것을 그러한 방식으로 행하는 것이 : 여기에서 '그러한 방식으로'란 161e10~162a2에서 언급되고 묘사된 방식으로 다스려지는 나라에서 사람들이 자기 자신에게 속하는 것들을 — 즉 자신이 필요로 하는 것들이라는 의미에서 — 자신이 직접 생산하는 방식을 지칭한다.

188 전문가답게 : 희랍어 단어 'sophos'를 이와 같이 옮겼다. 앞서 153d에 등장하는 'philosophia'라는 개념의 번역에 대한 주석 14번을 참고하라.

189 162d2~6 : 이 장면에서 크리티아스는 카르미데스가 느낄 법한 무안함, 수치심 등에 대한 고려 없이 자기 자신이 만들어 낸 것(poiēma)과 자신의 명성과 체면을 우선시하며 지키려는 태도를 보인다. 물론 어찌 보자면 솔직한 태도일 수도 있으나, 앞서 대화가 시작되기도 전에 사촌인 카르미데스의 능력을 두고 허황되게 칭찬해 마지 않던 자신의 태도와는 다르게 이제 와서는 카르미데스의 무능력을 질타하고 있다. 이러한 장면도 크리티아스라는 인물의 형상화에 기여하며 그 한 측면을 보여준다.

190 노력을 기울여 온 관심의 정도로 보나 : 본문과 같이 옮긴 단어 'epimeleias'는 일차적으로 '보살핌', '관심'을 뜻하는데, 지금의 문맥에서는 "지금 다루고 있는 주제에 대해서 당신이 그간 열성적으로 기울여 온 관심의 깊이와 그렇게 도달한 전문가적인 식견과 숙련도로 보나"라고 풀어서 옮길 수도 있겠다.

191 여기 이 소년이 : 여기에서는 희랍어 단어 'houtosi'가 쓰였다. 이 단어는 '여기 이 사람'을 의미하며, 대화가 이루어지고 있는 바로 지금 이 자리에 가까이 참석해 있는 사람을 지칭한다. 그런 의미에서 이 단어는 카르미데스를 지칭한다고 볼 수 있다. 한편 '사람' 또는 '남자'에 해

당하는 희랍어 단어 'anēr'는 일반적으로 성인 남자를 지칭하지만 카르미데스는 아직 성인은 아니므로 그것과 구분하기 위해서, '여기 이 소년'이라고 옮기는 것이 적합할 것이다. 하지만 다른 한편으로 대화의 내적인 진행을 고려할 때, 카르미데스는 그것을 단지 '들었을' 뿐 스스로 그것을 '생각해 내서 말했다'고는 볼 수 없다. 따라서 '말했다'는 것이 단지 '발설했다'는 것을 의미하는 데에 그치지 않고 '자신의 생각을 표현하다'를 의미하는 것으로 이해한다면, 위의 표현은 '카르미데스가 그로부터 들었다고 했던 애초에 그것을 말한 바로 그 사람'을 지칭하는 것으로 이해할 수도 있을 것이다. 하지만 이런 논점들에도 불구하고, 어쨌든 이미 앞선 대화 과정에서 카르미데스가 — 비록 타인의 것을 빌어 왔을지라도 — '자신에게 속하는 것을 행함'을 새로운 정의로서 제안한 것은 사실이다. 이러한 점을 고려해서 본문에서는 '여기 이 소년이'라고 옮긴다.

192 아니 : 여기162e6에서 쓰인 단어 'alla'는 바로 앞에서 지금까지 가능성으로 제시된 것을, 즉 상대방이 앞 문장의 조건절에서 제안한 내용을 실제로 긍정하면서 받아들이는 맥락에 쓰이고 있음이 분명하다. 번역의 검토 과정에서 이것을 "예" 또는 "그럼요"와 같은 표현으로 단순하게 쉽게 읽히게 옮기자는 제안도 있었다. 하지만 바로 앞 문장에서 소크라테스가 "만약 … 당신이 동의한다면 그래서 논의를 넘겨받겠다면"이라는 조건을 걸고 이야기할 때, 그는 "혹시라도 상대방인 크리티아스가 반대할 수도 있을 텐데…"라는 암묵적 추정을 품고 있었기에 그러한 조건절을 끌어들이고 있다고 볼 수 있다. 그러한 조건절을 품은 문장에 대응하면서, 반대편에서 크리티아스는 그 제안의 취지와 내용을 긍정적으로 받아들이고 있다. 이때, 크리티아스는 상대방인 소크라테스가 지니고 있는 것으로 보이는 우려나 주저함을 불식시키고자 — 소크라테스가 언급한 조건절의 내용이 단지 가정에만 머물게 둘 것이 아니라 실제로 그것이 현실로 실현되도록 하겠다는 뜻으로 — '아니'라는 말을 의미 있고 효과적으로 사용할 이유가 충분

히 있다고 본다. 데니스톤(Denniston, 1959, p. 20)의 설명도 바로 그러한 맥락에서 온전히 이해할 수 있다. 희랍어 단어를 직역하면서도, 우리말 표현의 미묘한 어감을 함께 살릴 수 있는 경우를 종종 목격하게 되는데, 이를 살려볼 수도 있겠다는 생각에서 위와 같이 옮겼다. 위에서 이미 언급했던 154e4, 155a8, 158e4, 166e3의 사례도 다시 비교해서 참고할 수 있다.

193 제작자들은 모두 무엇인가를 만든다는 점에 : 앞에서 카르미데스와의 대화에서는 '행함(doing; prattein)'이 쓰였는데, 이곳 162e9에 와서는 그것이 '만들기(making; poiein)'로 대치되고 있다. 이와 같은 단어 선택의 차이가 어떤 귀결을 가져오는지, 소크라테스는 과연 두 단어를 명확하게 구분해서 사용하고 있는지, 크리티아스는 과연 어떤 의도를 지니고 이 논의에 임하고 있는지를 추적해 볼 필요가 있다. 이후 논의 진행과 주석을 보라.

194 163a10~12 : 이 문장은 크리티아스가 상당히 반어적으로 되묻고 있는 것으로 이해하는 것이 합당해 보인다. 162e7 이하에서 소크라테스는 "제작자들은 모두 무엇인가를 만든다" 점에 크리티아스가 동의하는지 물으면서 논의를 시작했고, 163a4까지 '만들다' 동사를 활용해서 질문을 했고, 그 점에 대해서 크리티아스는 동의하는 답변을 했다. 그런데 소크라테스는 이제 163a6~9에서 '만들다'와 '행하다'를 동일시하는 모습을 보이면서 질문을 이어간다. 그러자 크리티아스는 이제 163a10~12에서 자신은 '만들다' 동사를 활용한 표현과 질문에 동의했지만, '행하다' 동사를 활용한 표현과 질문에는 아직 답한 적이 없다는 취지에서 지금 이 문장을 발화하고 있는 것으로 보인다. 즉 이 문장이 뜻하는 바는 다음과 같이 풀어 쓸 수 있겠다. "만약 다른 사람들에게 속하는 것들을 만드는 사람들이 절제 있다고 동의했다는 것이 다른 사람들에게 속하는 것들을 행하는 사람들이 절제 있다고 하는 점에 동의하는 것과 같다면 (또는 그러한 귀결을 함축한다면) 당신의 논의를 따라가겠다." 크리티아스는 그러한 취지와 의도를 있는 그대로

드러내지 않고, 사실상 자신이 동의하지 않았던 바를 "내가 그것도 동의했던 것이군요"라고 반어적으로 말하고 있는 셈이다. 그러자 바로 다음 문장에서 소크라테스는 크리티아스가 '만들기'와 '행하기'를 동등한 것으로 다루지 않고 구분하느냐고 질문하고 있고, 이어서 크리티아스는 둘이 같지 않다고 답하고 있는데, 바로 이러한 대화 전개가 위와 같은 독해를 지지해 준다. 이에 더해서, 어쩌면 지금 소크라테스가 제기하는 질문에 정확하게 답하는 것이 어려워 보여서 그것을 회피하고자 개념 구분을 시도하고 있는 것으로 볼 수도 있다. 이후의 논의 전개와 주석을 더 참고하라.

195 당신은 만들기와 행하기가 같다고 말하지 않나요? : 소크라테스는 두 개념이 서로 교환 가능하게 쓸 수 있다고 간주하는 것으로 보이며 이는 일상 언어의 용법을 어느 정도 충실히 반영하는 것이라고 볼 수 있다. 하지만 크리티아스는 그것을 자의적으로 구분하려고 하고 있다. 그것이 정말로 성공할지는 계속 검토해 볼 일이다.

196 게다가 일하기와 만들기도 같지 않습니다 : 일반적으로 'prattein'은 무엇인가를 함 또는 행위를 지칭하고, 'poiein'은 행위와 만들기 둘 모두를 지칭하는 것으로 쓰인다. 한편 'erga'는 (행위함의 목표 또는 대상이 될 수 있는) 행위나 일, 건축가나 조각가가 그 행위의 결과물로 산출한 업적(이 경우 만들기의 목표이자 결과물이 된다고 볼 수도 있다), 또는 인간의 경작지를 지칭하는 의미로 쓰이기도 한다. 따라서 'prattein'과 'poiein'을 완벽하게 분리된 것으로 구분하기는 대단히 어려워 보인다. 거드리(Guthrie, 1962), p. 159. n.2. 등을 보라.

197 그는 일이란 결코 수치스러운 것이 아니라고 말했으니까요 : "일은 결코 수치스러운 것이 아니고, 오히려 일하지 않는 것이 수치스러운 것이다(ergon d' ouden oneidos, aergiē de t' oneidos),"(헤시오도스, 『일들과 날들』 311)라는 구절의 일부를 크리티아스는 언급하고 있는데, 그가 과연 원문의 취지를 그대로 살리고 있는지 왜곡하고 있는지는 아래에서 더 검토해 볼 필요가 있다.

198 **만약 그가 당신이 방금 전에 이야기하셨던 그러한 일들을 '일하기'라고도 또 '행하기'라고도 불렀다면** : 그런데 이 구절에서 과연 크리티아스는 무엇을 구분하는 데에 관심이 있는가? (1) 만듦(poiein, making)과 행함(prattein, doing)을 구분하려고 하는가? 아니면 (2) 일하기(ergazesthai, working)와 만듦을 구분하려고 하는가? 아니면 (1)과 (2)의 구분 모두가 그에게 중요한 것인가? 아마도 크리티아스는 (1)과 (2) 둘 중의 하나에만 관심을 두기보다는, '만들기/만듦'이 다른 두 가지와 다르다는 점을 구분하여 확보하는 데에 주안점을 두고 있는 것 같아 보인다. 이 점은 그가 163b8~c2에서 '만들기'를 다소간 중립적인 것으로 부각시켜 구분하고 있는 데에서 드러난다. 다시 말해, 그는 소크라테스가 제기한 — 만듦과 행함이 같으냐는 — 질문보다는, 그 둘의 다름은 당연한 것으로 놓고 나서, 만들기가 행함과도 다르지만 일하기와도 다르다는 점을 구분하는 데에 집중하고 있는 것으로 보인다.

199 **신발 만드는 사람에게, 절인 생선을 파는 사람에게, 그리고 집에 앉아 있는 사람에게도 결코 수치스러움이 없다고** : 이 구절에서 각각의 행위자에 주목하고 있음을 살려서 직역을 했다. 만약 각각의 경우 사람들이 행하는 직능에 주목하여 옮기자면, "신발 만들기, 절인 생선 팔기, 또는 집에 앉아 있기 같은 것들이 결코 수치스러운 것이 아니라고"라고 옮길 수도 있겠다. 한편 '집에 앉아 있기'는 '유곽에 앉아 몸 팔기'를 의미하는 은어였다고 한다. '신발 만들기'는 옛 우리말을 쓰자면, '갖바치 일'이라고 옮길 수도 있겠다.

200 **또한 … 그는 믿었습니다** : 크리티아스는 헤시오도스의 주장에는 — 그것조차도 자기 멋대로 이해한 헤시오도스의 주장이지만 — 도전하거나 이의를 달지 않지만, 여러 직업군의 예를 추가로 더 들고서 그것들을 헤시오도스가 수치스러운 것이라고 생각하지 않았을 리가 없다고 자의적으로 해석을 내린 후에, 자신이 든 예들은 다른 범주에 포함시켜야 한다고 주장하고 있다. 즉 만들기(poiein 또는 poiēsis)는 행함(prattein 또는 praxis)이나 일하기(ergasia)와 다르다고 자신의 주장을 펴

고 있는 것이다.

201 163b3~c4 : 만들기와 행하기를 구분하고자 하는 크리티아스의 시도
는 일견 대단히 정밀한 논의를 요구하는 것으로 보인다. 그리고 실제
로 이후 철학사의 맥락에서, 아리스토텔레스는 『니코마코스 윤리학』
VI. 4~5(1140a1~b30)에서 함(prattein 또는 praxis)과 만듦(poiein 또는
poiēsis)을 구분하면서, 그것을 실천적 지혜(phronēsis)와 기술(technē)
를 구분하는 기본 출발점으로 삼아서, 자신의 논지를 편다. 그러한 연
관 속에서 보자면, 『카르미데스』의 이 맥락에 등장하는 대단히 기본적
인 개념들과 그것들의 구분을 아리스토텔레스가 이어받아서 자신이
제시하고자 하는 논변에 맞게 자신의 방식으로 변모시켜서 발전시켰
다고 보는 것이 합당할 것이다. 하지만 아리스토텔레스가 자신의 방
식으로 체계화한 개념 구분과 이론으로 구성한 내용을 끌어들여 이
구절에서 크리티아스가 주장하고 있는 것으로 묘사된 개념 구분을 이
해하려고 시도하는 일은 정당화되기 어려울 것이다. 그 두 텍스트 각
각의 논의 맥락 내에서 그 내용을 독자적으로 재구성하여 이해한 이
후에 둘을 비교하는 것이 합당한 순서가 될 것이다.

『카르미데스』의 이 구절 맥락에서 '함'과 '만들기', 두 개념이 정확히
어떻게 구분되며, 그러한 구분이 어떻게 대화편의 논의 진행에서 무
엇에 기여하는지를 정확히 이해하기 위해서는 일단 이 대화편 자체의
논의 전개 맥락 전체를 고려할 필요가 있다. 또한 플라톤의 대화편들
은 일반적으로 등장인물들 각각의 사람됨과 그들이 취하는 이론적 입
장을 서로 무관한 것으로 분리시켜 놓지 않는다고 역자는 이해하고
있다. 그러한 연관 관계 속에서 특정한 문제에 대한 등장인물 각자의
입장이 (그리고 그와 관련된 기본 개념과 논변에 대한 각자의 이해 방식이)
각자의 사람됨과 연결되어 있음을 (그리고 그것을 통해서 서로 다른 의
견, 관점, 가치관과 지향점이 어떻게 대결을 벌이고 있는가를 드러내는 것이
플라톤의 저술 의도 중 하나였음을) 플라톤 작품을 읽고 이해하는 작업의
출발점으로 인정한다면, 이곳 『카르미데스』편의 맥락 내에서도 등장

인물들 각각이 위의 개념들을 어떻게 바라보고 이해하고 있는지 (소크라테스와 그 상대방의 차이를 구분하여 고려하고) 그들 각각의 이해 정도와 이해 방식, 각자가 취하는 관점을 함께 고려할 필요가 있을 것이다.

그리하여 역자는 다음과 같이 이해한다. 우선 카르미데스는 개념의 정밀한 구분을 쫓아갈 만한 충분한 능력을 보여주지 못한다. 이를 통해서 카르미데스는 실상 크리티아스를 추종하는 일종의 배우에 불과하다는 것이 (앞에서 잠시 암시되고 예견되었듯이) 곧 드러나게 된다. 그 다음으로 크리티아스는 외견상 소피스트처럼 정교한 구분을 시도하고 있는 것처럼 보이지만, 그의 주장을 근거로 삼아서 일관된 입장을 재구성해 내는 것은 거의 불가능해 보인다. (이것을 여기에 충분히 다루기에는 지면이 부족하다. 역자는 그것을 별도의 논문에서 다룬 바 있다.) 만약 크리티아스의 주장을 일관된 입장으로 재구성해 내는 것이 가능하다면, 그래서 누군가가 그것을 논문으로 정리해서 보여준다면 대단히 반가운 일일 것이다. 또한 그의 주장에는 한 나라의 정치, 사회, 경제 체제와 그것을 구성하는 시민들의 직능상 구분과 관련된 일종의 계급적 편견이 담겨 있기도 하다.

반면에 플라톤이 등장인물 소크라테스에게 부여하고 있는 입장을 추론하여 보자면, 소크라테스에게 두 개념은 애초에 일상 언어에서 서로 교환 가능한 것으로 쓰이는 것들이다. 여러 나라 말에서 '하다' 또는 '만들다'는 일종의 대동사로 쓰이는 것을 종종 발견할 수 있고, 희랍어 문장에서도, 예를 들어 "ti poieis?"의 쓰임새를 고려해 보면 ─ 문자 그대로는 'what do you make?'를 뜻하지만, 'what are you doing?'을 뜻하는 것으로 쓰인다 ─ 그러한 사정은 크게 다르지 않은 것으로 보인다. 그의 관점에서 두 개념을 특정한 방식으로 의미를 한정하여 소위 전문적인 용어(technical terms)로 쓰거나 또 그렇게 할 때 어떤 결과가 나오는지를 따져 보는 것이 무의미한 것은 아니지만, 그러한 구분에 크고 심각하고 중요한 의미를 부여하는 것이 무엇에 기여하는지를 명확히 하라고 크리티아스에게 요구하고 있는 것으로 보인다. 소크라테스가 자신의 관점을 더 적극적으로 표명하고 있지는 않지만, 그 자신의 관점에서는 그것이 그리 큰 관심거리는 아닌 것으로 간주하고 있는 것 같다. 두 개념의 구분보다 더 중요한 것은 그러한 개념들이 실제로 지칭하고자 하는 바가 무엇인가 하는 것이다. 그리하여 결국 이 구절은 사실상 크리티아스가 보여주는 현학적인 태도에 대한 비판을 담고 있으며, 플라톤이 크리티아스라는 인물을 형상화하는 과정의 일부라고 볼 수 있다.

202 그러한 것들만을 자신에게 고유한 것이라고 그는 생각했으며 반대로 해로운 것들은 모두 다른 사람들에게 속하는 것이라고 : 아름답고 이롭게 만들어진 것들은 자기 자신에게 속하는 고유한 것이고, 만들어진 결과로 해로움을 가져오는 것은 다른 사람들에게 속하는 것이라고 주장하는 사람은 과연 어떤 인격과 성품을 가진 사람일까? 아마도 호메로스의 서사시에서 우리가 볼 수 있는 것처럼 적과 전쟁을 벌이고 있는 상황에서라면 (『국가』 332e에서 볼 수 있듯이) 친구를 이롭게 하고 외부의 적을 해롭게 하는 것이 정의라고 누군가는 주장할 것이다. 하지만 그런 구시대적인 협소한 정의관 또는 윤리관을 넘어서서 최소한 폴리스라는 하나의 공동체 내에서 동등한 자격을 지닌 시민들이 서로 간의 우의를 바탕으로 정의로운 공동체를 지향해 나갈 수 있다는 입장을 누군가가 받아들인다면, 그리하여 자기 자신과 동등한 자격을 지닌 동료 시민도 자신에게 고유하고 자신에게 속하는 좋은 것을 행하는 사람이라는 점을 인정한다면, 그러한 사람이 지금 크리티아스가 말하고 있는 바와 같이 해로운 것을 타인에게 돌리는 행위를 하거나 그러한 주장을 하지는 않을 것이다. 또한 자신이 자신에게 좋은 것을 행하는 일과 그 과정이 다른 동료 시민들이 좋은 것을 행하는 일과 조화를 이루도록 하는 일이 온전한 의미에서의 시민에게 또는 정치가에게 요청되는 일일 것이다. 이러한 점에 비추어 볼 때, 이 대목에서 그가 말하고 있는 바는 그가 얼마나 자기중심적이고 이기적이며 타인을 고려하지 않고 자신의 이득 추구에만 골똘하여 관심이 있는가를 분명히

보여준다. 즉 크리티아스가 훗날 30인 참주의 우두머리가 되는 것이 결코 우연이 아님을 플라톤은 보여주고자 하는 것으로 보인다. 물론 이 구절의 더 정확한 해석은 크리티아스가 '자기 자신에게 속한 고유한 것(oikeia)', '해로운 것(ta … blabera)', '다른 사람에게 속한 낯선 것(alllotria)'이라는 말로 무엇을 의미하고 있는가 하는 점을 명확히 하는 일에 달려 있다. 앞뒤의 맥락으로 보아서 그는 헤시오도스의 구절을 아전인수격으로 끌어다가 왜곡하고 있으며 지금 이 문장도 앞의 문장에서부터 도출되는 것이 아니다.

203 그래서 결국 헤시오도스도 또 다른 누구도 지각 있는 사람이라면 자신에게 속하는 것을 행하는 바로 이 사람을 절제 있다고 부른다고 우리는 생각해야 합니다 : 이 문장도 또한 타당하게 정당화 될 수 있는 주장이기 보다는 추론상의 오류를 담고 있다. 다시 말해, (특정한 가정 위에서 어떤 결과가 나오는가 하는 점을 추론하고, 그런 일이 실제와 부합하는지 또는 실제로 일어날 가능성이 있는지는 충분히 고려하지 않고서) 그 논리적 귀결에 호소하는 오류(라틴어로는 *argumentum ad consequentiam*라고 하고 영어로는 argument resorting to a consequence라고도 한다)와 현재 문제가 되고 있는 논변의 외부에 있는 특정한 인물과 권위에 호소하는 오류(*argumentum ad verecundiam* 또는 argument appealing to an authority who is out of one's argument)를 범하고 있다고 볼 수 있다.

204 좋은 것들(ta agatha) : 훌륭한 것들, 혹은 좋음(훌륭함)이라고 옮길 수 있다.

205 프로디코스(Prodikos) : 소피스트(Sophist) 중의 한 사람으로 이름을 (혹은 단어를) 정확히 구분하고 활용하는 방법을 특히 강조한 사람으로 알려져 있다. 오늘날의 학문 분류로 치자면, 문법(Grammar)이나 문헌학(Philology)이 다룰 만한 주제에 관심을 두었던 것으로 보인다. 그리하여 그의 가르침은 논변술을 연마하려고 할 때, 처음 단계에서 배워야 할 것으로 대개 등장한다. 『프로타고라스』 337a1~c4에서는 (프로타고라스와 논의의 진행 방식에 대해서 합의를 이루지 못하고 떠나가려는 소

크라테스를 참석자들이 만류하려는 장면에서) 프로디코스도 등장해서 한 마디 거드는데, 그 이야기에 개념들을 세밀하게 구분하려고 하는 모습이 특징적으로 묘사되어 있다. 물론 그것 또한 저자인 플라톤의 작품 구성상의 의도가 반영되어 있는 것이라고 본다. 또한 프로디코스는 『에우튀프론』 4c, 『에우튀데모스』 277e4와 『소크라테스의 변론』 19e에서도 언급되고 있다.

206 저는 프로디코스에게서도 … 들어 보았으니까요 : 소크라테스는 이미 프로디코스의 개념 구분에 대해서 익히 잘 알고 있기 때문에 앞서 크리티아스가 했던 이야기를 잘 이해했다고 이야기하고 있다. 이는 대화편이 외견상 도달한 길 없음(아포리아)과 부정적인 결론이 소크라테스가 (그리고 저자인 플라톤이) 지적으로 미숙하기에 생겨난 것이라고 보는, 그리하여 논의의 부정적인 결과를 소크라테스의 탓으로 귀속시키려는, 해석의 방향에 대한 반대 논거 중의 하나로 쓰일 수 있다.

207 그 이름을 무엇에다가 가져다 붙이는지 그 대상만큼은 분명히 해 두시지요 : 이 문장에 '대상'에 상응하는 희랍어 단어가 별도로 있는 것은 아니지만 정확한 의미 전달을 위해서 대상이라는 단어를 사용했다.

208 절제는 바로 이것이라고 당신은 이야기하는 것이지요? : 카르미데스와의 앞선 대화에서 절제는 좋은 것이며, 그 점에 위배되는 제안이나 귀결이 논의 과정에서 나오더라도 그것은 받아들일 수 없음을 분명히 확인했었다. 그리고 지금 이 대목에 와서는 절제는 좋은 것들을 행하는 것이라는 정의로 이어지고 있다.

209 163e6~7 : 소크라테스는 지금의 논의가 일차적으로 크리티아스가 내놓는 의견을 검토하기 위한 것이지 자기 자신의 의견을 개진하기 위한 것은 아니라는 점을 명확히 밝히고 있다. 이 점을 확인해 두는 것이 이후 논의가 도달하는 귀결을 누구의 것으로 귀속시킬 것인가 하는 문제와 관련해서 중요하다. 물론 독자의 관점에서 크리티아스의 제안과 의견을 검토하는 과정을 통해서 소크라테스가 어떤 입장과 의견을 가졌던 것으로 볼 수 있는지를 재구성하는 일은 가능할 것이다.

210 저는 좋은 것들을 행함이 절제라고 분명하게 당신에게 그 정의로서 제안하니까요 : 크리티아스는 앞에서 행하기와 만들기를 구분하겠다고 나섰으나, 이 대목에 와서는 둘을 다시 동일시하고 있다. 물론 소크라테스는 그 구분을 적실(適實)하게 중요한 것으로 받아들이지 않았지만, 만약 그 구분이 어떤 결정적인 차이를 가져오는 중요한 것이었다면 크리티아스는 자신의 주장을 끝가지 관철시켜야 마땅했을 것이다.

211 어떠한 것도 … 이야기하지 못하게 막지 않을 것입니다 : '… 하지 못하게 막다(kōlyei)'라는 단어가 이곳을 포함하여 이 대화편에 여러 번 반복해서 등장한다. 그 함축을 찾을 수 있을까? 163a5, 163a6에서도. 크리티아스는 자신이 원하는 것을 막을 것은 없다고 생각하는 인물인 것으로 보이는데, 그 점과도 일종의 언어적인 연상관계가 있는 것처럼 보인다.

212 저는 놀라워하고 있습니다. 만약 절제 있는 사람들이 그들 자신이 절제 있다는 사실을 모른다고 당신이 생각한다면 말입니다 : 이 문장은 절제 있는 사람이 자신이 절제 있음을 스스로 알 것이며, 그런 의미에서 일종의 자기 자신에 대한 앎을 지니게 된다는 것을 함축한다. 그렇다면 과연 어떤 의미에서 그러한가를 좀더 상세히 논의해야 할 것이다. 이 구절에서 플라톤은 소크라테스의 질문과 그에 대한 크리티아스의 대응을 통해서 (1) '자기 자신에게 속하는 것을 행함', (2) '좋은 것을 행함', 그리고 (3) '자기 자신이 어떤 좋은 것을 만들어 낼 수 있는지 그렇지 못한지를 아는, 그리하여 그런 의미에서 자기 자신을 앎'이라는 개념들이 서로 어떻게 긴밀하게 연결되어 있는가를 보여주려고 하고 있는 것으로 보인다. 플라톤이 형상화하고 있는 바에 따르면, 소크라테스는 그러한 개념들의 연관 관계를 계속 탐구하려는 의도를 표명하고 있는 것으로 보인다(164a). 그에 반해서 플라톤이 묘사하고 있는 크리티아스는 앞에서 자신이 제안했던 '자기 자신에게 속하는 것을 행함'이라는 제안을 온전히 더 자세히 설명하거나 옹호하면서 논변을 이끌고 나가지 못하고, '행함'과 '만듦'을 구분하는 데에 치중하면서 헤

시오도스를 자기 방식으로 곡해하는 모습을 보이다가는, 그것을 '좋은 것들을 행함'이라는 그다음 제안으로 대치하였다. 그러더니 이제 164a 이하에서 소크라테스가 제안하는 바와 그에 따르는 논변을 듣고는 다시 바로 아래의 164c 이하에서부터는 또 한 번 자신의 이전 제안을 철회하고 '자기 자신을 앎'이라는 또 다른 제안을 내놓는다. 그렇게 계속 자신의 제안을 바꾸어가는 크리티아스의 모습은 그가 위의 세 개념 간의 관계를 온전히 이해하고 있지 못한 등장인물이라는 점을 보여주며, 그렇게 인물을 만들어 가는 것도 저자인 플라톤의 의도 중 하나라고 본다.

그에 반해서 소크라테스는 크리티아스의 제안을 검토하고 있기에 자신의 의견을 분명하게 제시할 기회를 얻고 있지 못하지만, 위의 세 개념이 궁극적으로 어떻게 서로 연결되어 있는지를 내심 염두에 두고 그것들의 상호 관계가 드러나는 방향으로 논의를 이끌어 가고자 하는 것으로 보인다. 그 바탕에 깔린 통찰은 다음과 같이 요약할 수 있겠다. "무엇이 좋은 것인지를 알고, 그 앎에 바탕을 두고 자신이 행하는 것이 좋은 것인지 그렇지 않은지를 아는 채로, 좋은 것을 행함이 절제의—그리고 네 가지 덕의 공통된—핵심이다." 이와 같은 소크라테스의 입장 또는 지향점은 "너 자신을 알라"는 말의 전통적인 이해 방식(자신이 무엇을 할 수 있고 또 무엇을 할 수 없는지를 아는, 그리하여 자신의 한계와 위치를 알라고 하는 의미)의 연장선 위에 서 있다고 볼 수도 있다. 그러나 크리티아스는 자신의 제안을 철회하고 반복적으로 새로운 제안을 내놓고 그것으로 옮겨 타면서 그 논의 과정에서 주도권을 확보하고 종국에는 이기고자 하는 태도를 보인다. 이러한 태도는 소크라테스가 논의를 통해서 추구하고자 하는 바와는 괴리가 있어 보인다.

213 하지만 … 어떠한 것도 결코 제작자들이 심지어 다른 사람들에게 속하는 것들을 만들면서도 절제 있지 못하게 막지는 않는다고 … 이야기하지 않았었나요? : 이 내용은 앞의 163a1~9 구절을 지칭한다. 그곳에서 이미 제

작자들이 자신의 기술(앎)을 활용하여 무엇인가를 만들 때, '자기 자신에게 속하는 것'은 정확히 무엇을 뜻하는지 그리고 '자신에게 속하는 것을 행함'과 '다른 사람들에게 속하는 것을 행함'이 어떤 관계에 있는지를 논의할 수도 있었을 텐데, 그때는 크리티아스가 '만들기'와 '행함'을 구분하겠다고 나서는 바람에 논의가 살짝 옆으로 흘러갔었다. 소크라테스는 이제 다시 그 논점을 가져와서 '좋은 것을 행함' 그리고 '제작자가 자신의 행위가 언제 좋은 결과를 산출하는가를 앎'과 연관지어 논의하려고 하는 것으로 보인다.

214 164a9~164b10 : 이 구절의 문장들에는 '내가 말했다' 또는 '그가 말했다'와 같이 직접화법으로 내용을 전달하는 장치가 없다. 대화의 내용이 단적으로 노출되어 서술되어 있다. 이것이 단지 우연히 그렇게 된 것인지, 아니면 내용 전달의 단순함을 위한 것인지, 또 다른 의도가 있는 것인지 숙고해 볼 만하다. 어찌 되었건 그러한 장치가 없음으로 인해서 이 구절에 좀더 주목하게 되는 것은 사실이다.

그리고 소크라테스에 따르면, 의사는 그 자신에게도 또 그가 치료하는 그 사람에게도 이로운 것들을 만든다. 과연 어떤 의미에서 '자기 자신에게' 그리고 또 '그가 치료하는 그 사람에게도' 이로운 것들을 의사는 행하는가? 어쩌면 누군가는 '자기 자신에게'가 먼저 강조되고 있다는 점에 주목하여, 우리가 현실에서 만나는 것과 같이 생계를 위한 직업으로서 의술을 택한 사람을 떠올릴 법도 하다. 하지만 소크라테스가 의사를 말할 때, 그는 우리가 일상 생활에서 만나는 개별 인간으로서의 — 그리고 제도 속에서 인정되고 있는 — 그런 의미의 의사를 말하는 것이 아니라, 엄밀한 의미에서 어떤 이상(理想)으로서의 '의사'라는 기능을 염두에 두고 있는 것으로 보인다.

이러한 용어 사용법은 플라톤 작품의 곳곳에서 발견된다. 가장 유명한 예는 『국가』 1권 338c 이하에서 소크라테스가 트라쉬마코스의 주장을 반박하는 맥락에서 등장한다. 그곳에서 트라쉬마코스는 자신이 주장하는 바대로의, 강자의 이익을 관철하는 통치자는 실수를 저지르지 않는다고 하면서 자기 방식으로 엄밀한 의미에서의 통치자를 이야기한다. 하지만 소크라테스는 의술, 조타술 등을 예로 들면서, 각 분야에서 엄밀한 의미에서의 전문가들은 그 본성상 그들이 다루는 대상에게 이익이 되는 것을 결과물로 산출하는 행위를 한다는 점을 강조하면서, 궁극적으로는 엄밀한 의미에서의 통치자가 그 본성상 염두에 두고 추구해야 할 바가 무엇인지를 (즉 공동체를 구성하는 동료 시민들에게 이익이 되는 것을 추구해야 마땅함을) 논한다. 이러한 맥락에서 소크라테스의 관점을 따라가자면, 엄밀하고 정확한 의미에서의 진짜 의사는 치료를 하는 한에서 그리고 그것이 건강이라는 결과를 성공적으로 성취하는 한에서만 의사이며, 그러한 의사는 자신이 다루는 환자에게 이로운 결과인 건강을 산출할 때 비로소 그 본성에 (본질적 규정에) 부합하는 의사이게 된다.

그렇다면 그러한 의사는 그 본성에 부합하게 환자를 성공적으로 치료하는 한에서, 다시 『카르미데스』의 지금 맥락으로 돌아오면, 자신에게 속한 것을 행하는 자이고, 그 활동을 통해서 자신의 정체성이 드러나며, 그 일의 목적을 완수하는 한에서 좋은 것을 행하는 자이다. 그리고 바로 이러한 점에서 그는 자기 자신에게 좋은 것을 행하는 자이며, 그의 치료 행위가 환자가 필요로 하는 의료기술을 제공한다는 점에서 ―그리고 그 치료행위가 환자에게 궁극적으로는 좋은 결과인 건강을 가져온다는 점에서― 그는 그가 치료하는 그 사람에게도 이로운 것을 행하게 된다고 이야기할 수 있다.

달리 말해서, 엄밀한 의미에서의 의사는 자신의 일을 수행함에 있어서 치료할 수 있는 것과 그렇지 않은 것을 명확히 구분해 낼 수 있는―즉 자신이 지닌 기술의 한계를 명확히 아는―자일 수밖에 없다는 점에서, 사실상 '자신이 지닌 기술(앎)의 한계를 앎'이 의사 자신의 본질적 규정 및 정체성과 긴밀하게 연관되어 있음을 지적하고자 하는 것이 지금 논의되고 있는 논점의 핵심 중 하나라고 하겠다. 하지만 크리티아스는, 곧 아래의 164b10에서 보게 될 것처럼, 다른 견해를 지니고 있음이 드러난다.

또 한편 이 구절의 논의는 좀더 넓은 맥락에서 보자면, 일종의 제작자 모델이 궁극적으로 덕을 설명하는 적합한 모델이 될 수 있는가 하는 논점을 함축하고 있다. 그런데 여러 기술들 가운데에서도 특히 의술은 좋음과 나쁨에 대한 앎으로서의 덕을 설명하는 맥락에서 좀더 적합한 모델로 사용될 수 있을 것으로 보인다.

215 해야 하는 것들(ta deonta) : 지금 맥락에서 이 개념은 어떤 특정한 앎을 지닌 기술자가, 이를테면 의사가, 자신의 앎을 구현하여 목표로 하는 좋은 결과를 만들어 내기 위해서 요청되는 것들을 지칭하며, 그런 의미에서 일종의 목적론적인 좋음을 내포한다고 볼 수 있겠다.

216 그 의사는 … 아는 것도 필연적이지요? : 또는 "그 의사는 … 반드시 알아야만 하겠지요?"라고 옮길 수 있다.

217 아마도 그렇지 않을 것입니다(164b10) : 크리티아스와 소크라테스가 서로 다른 의견을 지니고 있음이 극적이면서도 분명하게 드러나는 곳 중의 하나이다. 바로 위의 164b7~9에서 소크라테스가 제기하는 질문(의사가 어떤 경우에 그의 치료가 이롭게 되고 또 어떤 경우에 그렇지 못한지를 아는 것도 필연적인가? 또 각각의 제작자들도 어떤 경우에 그가 행하게 될 일로부터 이로움을 얻게 되고, 또 어떤 경우에 그렇지 못하게 되는가를 아는 것이 필연적인가?)에 크리티아스는 지금 부정의 답을 내놓고 있지만, 바로 몇 줄 아래의164c7에서 이르러서는 그가 내놓은 의견들 사이에 불일치가 있음이 드러나게 된다. 또 그런 불일치에 직면해서 그는 자신의 무지를 인정하기보다는 자신이 내놓은 제안 중 일부를 되물리고 새로운 제안을 함으로써 자신이 논의에서 이길 수 있다고 여기는 듯한 태도를 보인다. 이 구절에서 우리는 그가 논의 과정에서 보여주는 태도와 행태도 눈여겨볼 필요가 있고, 어째서 164b10에서 의사가 자신의 치료가 어떤 경우에 이롭게 되고 어떤 경우에 그렇지 못한지를 아는 것이 필연적이지 않다고 부정하게 되었는지, 그 밑에 깔린 숨은 전제가 무엇이었는지도 생각해 볼 필요가 있겠다. 그것은 아마도 그

가 각각의 기술이 그 본성상 추구해야 마땅한 이로움과 좋음에 관심을 두기보다는 그 기술을 직업으로 가진 자가 어떤 이득을 얻게 되는가에 일차적인 관심을 두고 있기에 생기는 일이라고 추정해 볼 수 있다.(위의 주석 214번을 다시 보라.) 이러한 점을 면밀하게 고려해 볼 때, 플라톤은 '이로움'과 '좋음'이라는 개념을 등장인물들 각자가 동음이의어적으로 사용하고 있는 것으로 형상화하고 있다고 볼 수 있다. 「작품안내」의 설명을 보라.

218 그렇다면 때때로 의사는 … 그 자신이 어떻게 그 일을 행하였는지 스스로를 알지 못하는군요 : 이 문장은 우선 바로 앞의 164b10에서 크리티아스가 답한 내용을 받아들일 때 그것으로부터 따라 나오는 귀결을 소크라테스가 지적하고 있는 것이지 소크라테스 자신이 주장하는 바는 아니다. 또 이 문장의 뜻과 구조를 정확하게 이해하기 위해서는 종속절 내부의 문장 성분 중 하나를 종속절 앞에 미리 가져다가 선취하여 사용하는 'prolēpsis'라고 불리는 구문 구조를 이해할 필요가 있다. 여러 다양한 문법책 중에서 최근 출간된 것을 언급하자면, *CGCG* 60.37∼60.38을 보라. 좀더 일반적으로 설명하자면, 문장 내에서 구문론적으로 한 단위를 이루는 문장 성분들 가운데에서 특정 문장 성분 하나를 그것이 일반적으로 그리고 논리적으로 등장할 것으로 예상되는 그 단위 내의 자리보다 미리 앞에 가져다 취하는 구문이라고 표현할 수 있다. 현재 이 문장의 원문("[문장 일부 생략] ho iatros ou gigōskei heauton hōs epraxen")을 영어 문장으로 직역하면, "The doctor does not know himself how he did it"이 된다. 영어 문장에서는 많은 이들이 일반적으로 'himself'를 쓰지 않고 "The doctor does not know how he did it"이라고 쓸 것이다. 또는 'himself'를 사용하더라도 전체 문장의 주어를 강조하는 방식으로 활용되는 경향이 있다. 그런데 희랍어 문장에서는 'hōs' 절의 주어인 그(의사)를 그것이 속해 있는 'hōs'절보다도 앞으로 가져와서 동사 'gigōskei'의 직접 목적어(재귀대명사의 대격accusative)로 활용해 쓰고 있다. 즉 이 문장은

어순 그대로를 살려서 직역하면, "의사가 자기 자신을, 어떻게 그가 그 일을 행하였는지를, 알지 못하는군요"(부정어를 포함하고 있으므로)라고 옮길 수 있다. 그렇게 되면 '그 의사가 그가 그것을 어떻게 행하였는지를 안다(또는 모른다)'는 뜻과 함께 그 의사가 '자기 자신을 안다'는 뜻도 문장의 어순으로 인해서 도드라져 보이게 된다. 이렇게 되면 크리티아스가 바로 앞에서 자신이 했던 제안을 제쳐 두고, '자기 자신을 앎(to gigōskein heautou)'을 새로운 정의(definition)로서 제안하는 일이 조금은 더 그럴듯하게 보이게 되는 효과를 낳는다. 어찌 보면, 이 문장의 특수한 구문 구조가 함축하는 것으로 볼 수 있는 한 가지 단서를 크리티아스는 다시 한번 낚아채서 소크라테스보다 자기가 먼저 선점하고 논의를 주도하고 싶어하는 것으로 보인다.

하지만 이 문장과 그 구조는 사실 소크라테스가 의도하고 있는 '자신을 앎'의 기본 구조를 담고 있다. 플라톤이 소크라테스에게 부여하고 있는 관점에서 보자면, 자기 자신에 대한 앎은 단순히 자기 자신의 내면을 보고 일종의 내적 성찰(introspection)을 통하여 얻는 앎이 아니다. 희랍어 문장 구조가 분명히 보여주듯이, 그것은 일차적으로 누군가가 수행하는 특정한 기술 또는 직능과 관련되어 있으며, 그 직능이 요구하는 바를 수행하는 과정에서 그것이 목표로 하는 좋은 결과물을 어떻게 무엇을 행하여 산출할 수 있는지를 아는 것을 그 기본적인 내용으로 한다. 즉 그는 언제 어떤 방식으로 그 기술을 행하여 좋은 결과물을 산출하게 되는지를 알고 그 행위를 할 것이며, 그런 의미에서 그는 (앞에서의 정의로 언급되었던) 좋은 것을 행하는 자이면서 자기 자신에 대하여 알게 된다고 할 수 있다. 이러한 논점들은 작품 후반부에서 크리티아스가 제안하는 앎에 대한 앎의 가능성과 유용성 여부를 논하면서 다시 다루게 될 것이다.

219 그렇다면 아마도 때때로 ⋯ 그는 그 자신이 절제 있다는 사실을 모르나요? : 이 질문을 통해서 소크라테스는 크리티아스의 제안과 의견에 불일치가 있음을 지적하고 있다.

220 물려 거두렵니다 : 또는 "철회하겠습니다"라고 옮길 수 있다.

221 164c7~d3 : 이곳에서 크리티아스가 보여주는 태도와 그의 선택이 함축하는 바에 대해서는 「작품 안내」의 해설을 참고하라.

222 그 : 즉 '그 명문을 바친 사람'을 가리킨다.

223 왜냐하면 '너 자신을 알라'라는 말과 '절제하라'라는 말은 … 같은 것이니까요 : 이 구절에서 크리티아스는 예부터 전래되어온 격언들에 자기 방식으로 의미를 부여하고 있다. 그러한 시도를 하다 보니 이곳을 중심으로 164d7~165a5 구절에서, '너 자신을 알라', '어떤 것도 지나치지 말라', '보증, 파탄이 곁에 (있다)' 등과 같은 표현들을 ─ 그것들을 화자가 전달하고자 하는 발화의 직접적인 내용으로 삼는 것이 아니라 ─ 논의의 대상으로 삼고 있다. 현대 논리학에서는 사용(use)과 언급(mention)을 구분하는데, 그 구분을 가져오자면, 이 구절에서는 위의 표현들이 언급되고 있다고 할 수 있다. 논리학에서는 작은따옴표(' ')를 써서 해당 개념이나 표현이 언급되고 있음을 나타내는데, 이러한 것을 희랍어에서는 해당 개념이나 언어 표현의 바로 앞에 정관사를 써서 표현한다. 번역 본문에서는 '너 자신을 알라'라는 말과 같이 옮겼다. 164d7~165a5에 상응하는 우리말 번역의 구절에서 작은따옴표를 활용해서 옮긴 표현들은 같은 특징을 갖는다. 단, 164e2의 'sōphronein'과 164e6의 'Sōphronei'에서는 해당 단어 바로 앞에 정관사가 없지만 전후 맥락을 잘 관찰하면 해당 단어가 언급되고 있음을 알 수 있고, 그 점을 살려서 옮겼다.

한편 크리티아스의 주장 내용을 검토해 보자면, 어떤 의미에서 두 표현이 같다고 크리티아스가 주장하는지를 이해하기가 쉽지 않아 보인다. 하지만 두 단어 각각의 의미를 좀더 상세히 살펴보면, 아예 불가능한 일은 아닌 것처럼 보인다. 우선 '절제'라는 번역어가 모든 맥락에서 잘 들어맞는 완벽하게 적합한 단어라고는 역자도 생각하지 않지만, 그것을 선택하는 것이 좀더 유용하고 합당해 보이는 이유에 대해서는 「작품 안내」의 번역어 선택에 관한 설명에서 밝혔다. 지금 이 구절에서도 번역어의 일관성을 위해서 위와 같은 선택을 했지만, 사실이 맥락에서는 크리티아스의 주장이 그나마 조금이라도 더 말이 되는 것으로 이해해 주려면, 이 개념의 다양한 뜻 중에서 '건전한 판단력을 지니는 상태', '건전한 판단 능력을 발휘함'에 주목해서 이해하는 것이 좋을 것이다. 즉 'sōphronei'를 '건전하고 현명하게 생각하라' 또는 '심사숙고하여 잘 생각하라'라는 뜻으로 새길 수도 있을 것이다. 그렇게 이해하면, 그것이 '너 자신을 알라'는 말과 나름의 내적 연관성을 지니는 것으로 볼 수 있는 여지가 있다. 하지만 크리티아스는 어떻게 그런 주장을 할 수 있는가 하는 점에 대해서 근거를 제시하고 있지는 않다.

224 '어떤 것도 지나치지 말라'(Mēden agan) : 또는 "어떤 것도 도를 넘지 말라"라고 옮길 수도 있다. 이 문구는 테오그니스의 시에 등장한다.("어떤 것도 지나치게 (서둘러) 추구하지 마라(Mēden agan speudein)", Theognis of Megara, Elegeiōn 335) 그 원래 맥락을 보면 중용의 덕을 추구하라는 권고로 쓰이고 있다. 이 문구는 격언으로 널리 사용되어 왔으며, 절제에 대한 대중들의 일반적인 이해 방식을 대변하는 것이라고 볼 수 있다. 하지만 크리티아스는 그것을 바친 사람들이 잘못 이해했다고 하면서 그 취지를 부정하고 있다. 또한 여기에 등장하는 격언들은 ('너 자신을 알라'와 '어떤 것도 지나치지 말라') 전통적으로 7현인들의 것들로서 그들이 아폴론 신에게 델포이 신전에 새겨서 바쳤다고 전해져 온다. 또 그것을 보고하는 가장 오래된 전거는 바로 『프로타고라스』 343a~b이다.

225 '보증, 파탄이 곁에 (있다)'(Engyē para d'atē) : 이 격언의 의미와 문장 구조를 정확히 이해하기 위해서 다음의 논점들을 차례로 고찰해 보자. 첫째, 소사(小辭, particle) 'de'의 위치(연결사로서 절의 시작에서 맨처음에 오지 않고 두 번째 자리에 놓는다. 이러한 특성은 '후치사postpositive'라는 용어로 지칭한다)를 고려할 때, 첫 단어 '보증(Engyē)' 한 단어가 하나의 절을 이루고, 그 이하가 다음 절을 이룬다고 보는 것이 합당하다. 둘째, '보증(Engyē)'이라는 단어는 명사로 보는 것이 자연스럽다. 이 단

어가 동사의 명령법 형태일 가능성이 있기는 하지만, 지금 화자인 크리티아스나 저자인 플라톤은 아티카 방언(Attic dialect)을 사용하고 있으며, 후반부 절의 주어인 명사 '파탄(atē)'과 명사 '보증(Engyē)'이 대구를 이룬다고 보는 것이 자연스럽다. 셋째, 한편 'para'의 용례를 보면, 전치사 'para'가 도치되어 후치사로서 쓰이는 경우들이 있고, 이 경우에 단어 'para'의 뒤에서 두 번째 음절(penult)에 acute accent가 오는 사례들이 있기는 하다. 하지만 지금 문장에서는 그것이 후치사로서 앞 단어인 '보증'을 지배한다고 볼 수는 없다. 바로 앞에 언급한 근거('de'의 위치)와 더불어 '보증(Engyē)'이 주격 형태이므로, 그것이 전치사의 목적어가 될 수는 없다. 같은 이유로 마지막 단어인 '파탄(atē)'도 주격 형태이기에 'para'가 그것을 (더구나 소사 'de'를 사이에 두고) 지배할 수도 없다. 그리하여 'para'는 'paresti'를 단순화해서 접두어 부분만 부사로 던져 놓은 것으로 보는 것이 합당하다. '곁에 있다' 또는 '참석해 있다'를 뜻하는 'pareimi'는 'para'+'eimi'로 이루어지는데, 그 3인칭 단수 현재 직설법 형태가 'paresti'이다. 그리고 이 복합 동사를 이루는 형태소인 'esti'가 생략된 채로 그것의 접두어(prefix) 부분인 'para'가 단어 전체를 간략하고 단순하게 대변하고 있다고 보는 것이 합리적이다. 이런 용례는 호메로스『일리아스』 1.174행과 헤시오도스『일과 나날들』 454행 등에서도 찾아볼 수 있다(LSJ를 참조하라). 위의 논점들을 종합하자면, 앞 절은 명사 하나만 덩그러니 던져 놓았는데, 오히려 그 간결함이 독자들에게 주는 효과는 강렬해 보인다. 그리고 후반부 절(의미상 귀결절)의 주어는 '파탄(atē)'이고, 술어인 'paresti'가 등장할 자리에서 접두어만 부사로 던져 놓고 동사 부분(esti)을 생략하였다. 그 결과로 후반부 절의 주어가 앞 절에서 명사만 던져 놓은 것과 대구를 이루면서 일정한 효과를 만들어 낸다. 그리하여 지금 이 문장 전체는 그것이 전달하는 메시지의 의미에 주목할 때, 전건인 조건절과 후건인 귀결절의 구조를 갖는 문장으로 풀어 쓸 수 있다. "만약 보증을 서면, 파탄이 곁에 있다." 그런데 전체 문장의 어순과 단순한 구조를 있는 그대로 살리자면, "보증, 곁에 (있다) 파탄이"라고 옮길 수 있고 이것이 간결하면서도 전달력이 커 보인다. 본문에서는 귀결절의 주어를 분명히 드러내고자 "보증, 파탄이 곁에 (있다)"로 옮겼다. 한편 이 격언의 의미와 함축은 우리의 일상 경험이나 흔히 회자되는 ("친구 사이에도 돈 거래나 보증서는 일은 주의하라"라든가 하는) 말들을 통해서도 어렵지 않게 이해할 수 있으리라고 본다.

226 신전에 들어오는 사람들을 위해서 신의 편에서 건네는 인사말 : 이곳에서 편집자 버넷은 '위해서'에 해당하는 단어 'heneken'을 대괄호 안에 넣어서 지우고 읽자고 제안하고 있다. 그것을 지지할 만한 근거를 굳이 찾아보자면, 164d6~7의 "신이 신전에 들어오는 사람들에게 건네는 인사말로서"라는 구절에서 '신'과 '들어오는 사람들'이라는 두 개념 모두가 속격(Genitive) 형태로 활용되고 있으면서도(그 의미상 '신'은 인사를 건네는 행위자로 보이고 '들어오는 사람들'은 그 행위의 목적어로 보인다) 전치사는 사용되지 않았기에, 그 사례를 병렬적인 준거로 삼았으리라고 추정해 볼 수 있다. 하지만 지금 165a5에서 화자는 그 쌍방의 관계를 좀더 분명히 표현하고자 'heneken'과 'hypo'라는 두 전치사를 사용한 것으로 보인다. 그런데 과연 그중에서 'heneken' 하나만을 굳이 지워야 할 합리적이고 필연적인 이유가 있다고 보기는 어렵다. 역자는 B T W 사본을 따라서 지우지 않고 읽는다.

227 이곳의 맞줄표는 원문에 있는 것이다. 한편 크리티아스는 앞서 이야기했던 어떤 것도 결코 분명하지 않았다고 이야기하면서, 자신과 대화 상대방이 기울여 온 노력을 온전히 평가하고 있지 않다. 또 다른 제안을 내세우면서 자신이 상대방에게 설명을 하고 설득하려는 태도는 일견 (특히 현대인의 관점에서는) 나무랄 데가 없는 것으로 보일 수도 있다. 그러나 그의 이러한 언변과 태도는 크리티아스가 논변을 넘겨받으면서 지속적으로 보여준 바와 같이 과시욕과 승리욕에서 비롯된 것으로 보인다.

228 165c4~6 : 이곳의 문장 "만약 절제가 정말로 무엇인가를 (1) 앎이라

고 한다면, 분명히 그것은 어떤 하나의 그리고 무엇에 대한 (2) 앎이겠 지요"에서 (1)에는 'gignōskein'이라는 단어가 쓰이고 있고, (2)에서는 'epistēmē'라는 단어가 쓰이고 있다. 사실 바로 이전까지 '자기 자신을 앎'이라고 할 때에는 (1)을 사용해 왔고, 지금 165c에서부터 (1)을 (2) 의 개념을 동원해서 해석하고자 시도하고 있으므로, 누군가는 (1)과 (2)를 우리말로도 구분되는 번역어를 채택하는 것이 어떻겠느냐는 제 안을 할 수도 있겠다. 역자 스스로도 그러한 생각을 수없이 반복해서 해 본 것이 사실이다. 하지만 그 둘을 구분하여 번역하는 것이 너무도 난삽하게 보일 뿐만 아니라 뒤에 등장하는 여러 구절에서, 특히 169e 에서, 등장인물들이 둘을 동일시하여 사용하고 있는 구절이 있는 것 을 근거로 삼아서 둘을 구분하지 않고 '앎' 또는 '알다'라는 단어를 활 용하여 옮겼다. 이 논점은 169e 구절에서도 불가피하게 다시 등장할 것이다. 또한 'epistēmē'라는 단어는 관련된 사태에 대한 이해, 능숙 한 기술, 전문가적인 앎, 학문 과학의 각 분야 및 그 지식을 포괄적으 로 지칭하는 등 용례가 다양하다. 그러한 용례를 포괄할 수 있는 우리 말 번역어로서 일단 '앎'으로 옮긴다.

229 그러면 의술도 … 건강함에 대한 앎이군요? : 이 문장이 묻는 바가 바 로 앞에서의 질문("절제가 어떤 하나의 앎이고 또한 무엇에 대한 앎이겠 지요?")과 구조적으로 상응하는 것임을 드러내기 위해서 165c8행의 'estin'과 'tou' 사이에 이를테면 반점과 접속사(', kai')를 넣어서 "그 러면 의술도 … 앎이며, 그것은 건강함에 대한 앎이군요?"라고 읽는 것도 가능해 보인다(2007년 크리스토퍼 로우(Christopher Rowe)의 제안 이었다).

230 결과물 : 또는 '업적'으로 옮길 수 있다.

231 자신을 앎 : 'heautou epistēmē'라는 표현에서 'heautou(자신)'가 앎의 목적어가 된다는 점을 살려서 이렇게 옮긴다.

232 이름에 걸맞은 : 또는 '이름값 하는'으로 옮길 수 있다.

233 내가 말했다네 : 지금까지 많은 경우에 '내가 말했다' 또는 '그가 말했

다'라는 말과 함께 직접화법으로 과거의 대화 내용이 독자들에게 전달되어 왔다. 그런데 이 문장에서는 화자가 전달하고자 하는 과거의 발화 내용이 hoti-절을 활용해서 표현되고 있다. 영어로 치면 "I said that you were right"와 같이 전달 내용이 that-절 안에 있는 간접화법 문장과 유사하다고 볼 수 있다. 하지만 지금 이 희랍어 문장의 hoti-절 안의 내용은 직접화법으로 전달될 때와 사실상 크게 다르지 않다. 이 문장에서 따옴표를 지우고 hoti-절을 살리는 방안도 고심해 보았으나, 독자들에게 도리어 혼란을 줄 것 같고, 그 실질적 기능이 지금까지의 직접화법을 활용한 내용 전달과 다르지 않다고 보고 본문과 같이 처리했다.

234 산술은 … 다룹니다 : 이 구절에서 '관계'에 상응하는 단어가 있는 것은 아니지만, 이 개념을 사용하지 않고 우리말을 구사하는 것이 오해를 불러올 수도 있을 것 같아서 불가피하게 선택하여 사용했다. 또 이 구절에서 산술이 구체적으로 어떤 방식으로 수들의 관계를 다룬다고 하는 것인지, 그것이 정확히 무엇을 지칭하는지를 고대의 문헌 전거를 찾아서 확인하지는 못했다. 몇 가지 가능성이 있을 법하다. 우선 산술이 짝수와 홀수를 다룬다는 점에 주목해 보자. 홀수를 서로 더하면 짝수가 되므로 홀수 집합은 덧셈에 대하여 닫혀 있지 않고, 짝수는 서로 더하면 짝수가 되므로 짝수 집합은 덧셈에 대하여 닫혀 있다. 이와 같이 홀수와 짝수가 각각의 연산에 대하여 닫혀 있는가를 다루는 것도 수들의 상호 관계를 논하는 한 가지 방식이리라고 역자는 추정해 본다. 그리고 아래와 같이 2014년 강독 세미나에 참여했던 학생들의 제안도 기록해 둔다. 우선 예를 들면, "2+3=5"와 같이 등호로 표현되는 식에서 등호의 좌우에 있는 항들의 관계는 동일성 명제 또는 자신과의 관계를 나타낸다고 볼 수 있고, "2+3<6"와 같이 부등호로 표현된 식에서 부등호의 좌우에 있는 항들의 관계는 서로 다른 것들 간의 관계를 나타낸다고 볼 수 있겠다는 제안이 있었다(서동교). 또는 수의 비율 또는 비례와 관련된 상호 간의 관계를 지칭하는 것 같다는 제안도

있었다(구교선).

235 166a9~b6 : 여기에 등장하는 문장들에는 "내가 말했다" 또는 "그가 말했다"와 같이 대화 내용이 직접화법으로 전달되고 있음을 지시하는 표현이 쓰이지 않고, 그 발화 내용이 직접 등장하고 있다.

236 이게 그것입니다 : 좀더 상술하면, "이것이 바로 제가 앞서서 지적했던 그것입니다"라고 옮길 수도 있다. 바로 앞의 165e3 이하에서 크리티아스는 앎으로서의 절제가 지닌 특이성을 주장했었는데, 크리티아스는 그 자신이 지적했던 논점에 이제 다시 소크라테스가 도달하게 되었다고 주장한다. 사실 소크라테스가 어떤 의도를 지니고 앎 일반의 성격에 대한 고찰을 하고 있는지는 논의의 맥락 전체를 고려하면서 추적해 보는 것이 좋겠는데, 크리티아스는 논의 전체가 어떤 방향으로 진행되는가에 관심을 두기보다는 자신의 주장을 내세우고 관철시키고 싶어하는 욕구를 보여주는 것으로 보인다.

그리고 역자는 여기에서 '크리티아스의 생각과 견해' 그리고 '소크라테스의 생각과 견해'를 언급하게 되는데, 이때 크리티아스와 소크라테스는 역사적인 인물로서가 아니라 대화편의 등장인물을 지칭하는 것이므로, 이는 결국 저자인 플라톤이 그 두 인물 각각에게 부여한 인물형과 그에 상응하는 관점과 견해를 지칭하는 것임을 다시금 확인해 둔다.

237 당신은 … 절제가 그 점에서 모든 앎들과 구분되는 바로 그것에 이르렀습니다 : 이 구절의 '그 점에서'에 상응하는 원문 단어의 선택에 대해서 서로 다른 독해가 있다. 버넷은 리처드(H. Richards)의 추정을 따라서 'to hōi'라고 읽었는데, 굳이 그렇게 읽을 필연적인 이유가 있는지는 의문이 남는다. 하지만 그렇게 사본을 고치지 않고서, B 사본에 있는 그대로 'hotōi'라고 읽어도 대의에는 차이가 생기지 않는다. 이 경우에는 166b7의 '바로 그것(auto)'이 관계대명사 'hotōi'의 선행사라고 보면 문장은 자연스럽게 이해된다. 번역의 본문에서는 B 사본을 따른다.

238 그것 : 절제를 가리킨다.

239 오히려 다른 모든 앎들은 … 그것 자체로 그 자체에 대한 앎이지요 : 이 구절에서 희랍어의 속격(Genitive)이 각각의 앎의 목적어를 지칭함을 분명히 드러내는 번역어를 선택하고자 여러 대안을 생각해 보았으나, 결국 '다른 것에 대한 앎' 또는 '그 자체에 대한 앎'으로 옮겼다. 또한 해당 문장에서는 'autē heautēs'라고 쓰여 있는데, 일단 직역을 하여 '그것 자체로 그 자체에 대한 앎'이라고 옮겼다. 그런데 문장의 구조상 'autē(바로 그것 자체)'는 'epistēmē'를 지칭하므로, 이 표현은 '앎이 그것 자체로 그 자체를 대상으로 삼는다'를 뜻하므로, 결국 '앎(그 자체)에 대한 앎(epistēmē heautēs)'과 동등하다.

240 이것들이 당신 몰래 달아났을 리는 없습니다 : 약간 의역하면, "이것들을 당신께서 모르셨을 리는 없습니다"라고 옮길 수 있다.

241 거의 모든 인간들에게 : 이 표현은 '사실상 모든 인간들에게'를 의미하는 완곡표현(litotes, 곡언법)이라고 볼 수 있다.

242 논박당하는 사람이 크리티아스인지 소크라테스인지는 안녕하고 내버려 두시지요 : 누가 논박당하는가(또는 그렇게 보이는가) 하는 점은 소크라테스의 관심사가 아니다. 하지만 크리티아스는 자신이 논박당하는 것으로 보이는 것을 참지 않으려고 하는 태도를 보여준다. 아마도 그가 논변에서 이기는 데 관심이 있기 때문이라고 보는 것이 좋을 것 같다. 그의 태도를 계속 주목해 보자.

243 아니 : 이곳 166e3에 등장하는 희랍어 단어 'alla'의 용법과 그 의미에 대해서는 155a8, 162e6 구절에 해당하는 주석에서 상세히 설명하였으니 그곳을 참고하라. 154e4, 158e4 구절에도 용례가 있다.

244 다른 앎들 가운데에서 오직 이것만이 그 자체에 대한 앎이고 또 다른 앎들에 대한 앎이라고 : 사실상 166c2~3에 등장한 표현과 같다고 볼 수 있다.

245 166e7~8 : 소크라테스는 이 장면에서 크리티아스가 165c7에서부터 제안한 개념이 어떤 함축을 지니는가를 검토하고 있다. 즉 크리티아스가 일단 바로 앞에서(166c2~3 그리고 166e5~6) 자신의 의견을 제안

했는데, 바로 그 개념이 (소크라테스가 166c7~d6에서 밝힌 것처럼 자신이 늘 관심을 두고 있는) 무지의 자각이라는 의미에서의 자기 자신에 대한 앎을 함축하는 것인가를 검토해 보자고 제안하는 것으로 읽는 것이 좋겠다.

246 이곳의 맞줄표는 문장 내의 종속절의 구조를 명확하게 드러내기 위해서 역자가 사용한 것이다.

247 누군가가 무엇을 알고 무엇을 모르는지를 앎(to eidenai ha te oiden kai ha mē oiden) : 영어로 표현하자면, 'knowing what one knows and what one does not know'라고 할 수 있다.

248 절제하기, 절제 : 사실 어찌 보면 같은 개념이 중복되어 등장하는 것처럼 보이기도 한다. 그럼에도 '절제하기(to sōphronein)'는 동사의 원형으로 표현되어 있고, '절제(sōphrosynē)'는 명사 형태로 표현되어 있다는 점이 차이이다. 동사로 표현된 것과 명사가 정말로 어떻게 다른가 하는 점은 더 숙고해 볼 과제로 남겨 둔다.

249 167a1~7 : 이 문단에도 "내가 말했다"와 같이 문장들이 직접화법으로 전달되고 있음을 지시하는 표현이 쓰이지 않고, 발화 내용이 직접 등장하고 있다. 이런 구절들이 몇 곳(이를테면 164a9~b10) 있었으며, 이것이 저자의 단순한 부주의에 의한 것인지 어떤 의도가 있는 것인지는 더 탐구해 볼 문제로 열어 둔다.

한편 이 문단에서 제시된 절제 있는 사람이 할 수 있는 것은 사실상 플라톤의 여러 대화편에서 볼 수 있듯이 소크라테스가 자신의 대화 상대자들과 늘상 해온 일들을 지칭한다고 볼 수 있다. 그리하여 이 구절에서 소크라테스는 이렇게 (1) 자신이 늘 염두에 두고 있는 무지에 대한 자각을 핵심으로 삼는 자기 자신에 대한 앎으로서의 절제라는 개념이 (2) 크리티아스가 제안하고 있는 개념과 동등하거나 그것으로 포괄될 수 있는 것인지를 검토하고 있다. 그러나 크리티아스는 그 두 개념의 일치 여부 또는 함축 관계에 대해서 아직 숙고해 보지 않은 채로, 혹은 질문의 취지를 아직은 정확히 이해하고 있지 못한 채로, 둘이 일치한다고 이야기하고 있는 것으로 보인다.

또한 지금까지 크리티아스의 제안은 '앎(전문 분야의 학문)'을 강조하고 그것에 관심을 두는 것으로 보이는 데 반해서, 소크라테스의 언어 구사는 절제 있는 사람 자신이 할 수 있는 내용에 초점을 두고 있다는 점이 일단 눈에 띄는 차이점이다.

250 세 번째 잔을 구원자께 바치고 : 여기에서 구원자는 제우스 신을 수식하는 별칭 중의 하나였다고 한다. 페이라이에우스와 같은 항구에는 항해에 나선 사람들이 그에게 희생제물을 바치곤 했던 구원자 제우스의 신전이 있었다고 한다. 또한 제의나 잔치에서 세 번째 잔은 구원자 제우스에게 바쳐졌으며, 그리하여 세 번째는 행운과 순조로움의 상징이 되었다고 한다.

251 〈그것을 안다고 알고〉 : 이곳에서의 꺾쇠는 편집자 버넷이 보충해 넣어서 읽자고 제안한 것인데, 그것이 이 문장과 맥락의 이해에 적합하다고 보고 채택하였다. 왜냐하면 꺾쇠 안에 삽입된 부분 없이 "자신이 알고 있는 것과 자신이 모르는 것을 그것을 모른다고 앎"이라고 옮기게 되면, 어떤 의미에서 "자신이 알고 있는 것을 그것을 모른다고 알게" 되는지를 우리가 합리적으로 이해하거나 설명할 방법이 있을지 의문을 갖게 되기 때문이다. 앞뒤의 맥락을 고려할 때, "자신이 알고 있는 것은 그것을 안다고 (그 사실을) 알고, 자신이 모르는 것은 그것을 모른다고 (그 사실을) 안다"라고 하는 것이 (긍정과 부정의) 균형이 맞고 더 합리적인 것으로 보인다.

252 이곳의 맞줄표는 원문에 있는 것이다.

253 167b1~3 : 이 구절의 맞줄표 안에 있는 표현은 "누군가가 자신이 알고 있는 것은 그것을 안다는 사실을 알고, 또 자신이 모르는 것은 그것을 모른다는 사실을 앎"이라고 옮길 수도 있다. 이 문장은 사실 어찌 보면 꽤 복잡한 구조를 지닌 문장 중의 하나이다. 이 구조를 명확히 이해하려면 다시 한번 'prolēpsis' 구문에 대한 이해가 필요하다. 그것은 문장 내에서 구문론적으로 한 단위를 이루는 문장 성분들 가

운데에서 특정 문장 성분을 그것이 일반적으로 등장할 것으로 예상되는 그 단위 내의 자리보다 미리 앞에 가져다 일종의 주제어로서 취하는 구문이다. 앞의 164b11~c1, 164c6의 문장들에서도 이미 등장했었으며, 해당 주석에서 한 차례 이미 설명하였다.

다시 반복해서 설명하자면, 가장 유명한 사례 중 하나는 "oida se tis ei"(『마르코의 복음서』, 1:24)이다. 이 문장을 영어로 어순 그대로 직역한 것이 "I know thee who thou art"이다. 일단 영어 문장 구조를 빌려서 설명해 보자. 영어 문장에서는 일반적으로 "I know who you are"라고 단순하게 표현할 것이다. 하지만 위의 희랍어 예문을 직역한 고어체 영어 문장에서는 동사 'know'의 직접 목적어로 'thee'를 취했는데 그것은 사실상 종속절의 주어인 'thou'와 같은 사람을 지칭한다. 달리 말하면, 종속절의 주어인 'thou'를 종속절 앞으로 미리 가져다가 선취해서 본동사 'know'의 직접 목적어로 활용하여 쓴 것이다. 이러한 구조는 희랍어 문장의 구조를 그대로 본뜬 것이다. 희랍어 문장에서 'se'는 지금 'oida'의 직접 목적어로 쓰이고 있는데, 사실 그것은 종속절 'tis ei'에서 동사 'ei'의 주어이다.

지금 본문에 등장한 문장의 구조를 다음과 같이 단계적으로 설명해 보자. 우선 다음과 같은 희랍어 문장을 살펴보자. "oida ha oida hoti [sc. auta] oida." 이 문장의 문장 성분의 어순을 그대로 살려서 영어와 우리말로 옮기면, "I know *what I know* that I know[sc. those things, i.e. what I know](나는 내가 알고 있는 것들을, 그것들을 안다는 사실을, 안다)"가 된다. 이 문장에서 '*what I know*'는 종속절인 that-절에서 목적어인데, 그것을 that-절 앞으로 미리 가져와서 주절의 동사 'know'의 직접 목적어로 쓴 것이다. 그러면 이 문장은 실질적으로는 "I know that I know *what I know*(나는 내가 알고 있는 것들을 안다는 사실을 안다)"와 같은 뜻이라고 볼 수 있다.

그러면 이제 본문 167b2~3의 표현 "to *ha oiden* kai *ha mē oiden* eidenai hoti oide kai hoti ouk oiden"도 마찬가지로 prolēpsis 구

문 구조를 지니고 있다. 영어와 우리말로 옮기면, "knowing *what one knows* and *what one does not know* that one knows it and that one does not know it(누군가가 자신이 알고 있는 것을, 그것을 안다는 사실을 알고, 또 자신이 모르는 것을, 그것을 모른다는 사실을 앎)"으로 옮길 수 있다. 이 문장에서 '*ha oiden*'은 실질적으로는 hoti-절의 동사 'oide'의 직접 목적어로서 그것이 구문론적으로 속하는 절보다도 앞에 등장하여 동사 'eidenai'의 목적어로 쓰이고 있으며, 또한 '*ha mē oiden*'도 두 번째 hoti-절의 동사 'ouk oiden'의 직접 목적어인데 그것이 구문론상 일차적으로 속하는 hoti-절보다 앞에 놓여 동사 'eidenai'의 목적어로 쓰이고 있다. 그리하여 결국 'eidenai'는 '*ha oiden*'과 '*ha mē oiden*'를 목적어로 취하면서 동시에 뒤에 등장하는 hoti-절 두 개 모두를 목적어로 취한다. 이러한 구조를 갖는 문장임을 고려하여, 본문에서와 같이 옮겼다.

254 그것을 아는 우리에게 : "우리가 그것을 앎으로 인해서"라고 옮길 수도 있겠다.

255 물론 : 'alla'의 의미와 용례에 대해서는 주석에서 여러 번 반복하여 설명하였다. 이곳에서도 상대방이 지니고 있을지도 모르는 일말의 염려에 대해서 그것을 불식시키고자 발화하고 있음을 고려하여 '아니'라고 옮기는 것도 가능하다고 본다. 그리고 '勿論'이라는 한자어의 원래 뜻도 (그것을 일상의 언어생활에서 우리가 항상 의식하지는 않는 것 같지만) 실은 이 맥락에 잘 맞는다고 볼 수 있다.

256 더 길을 잘 찾아낼 수 있는 : 'euporōteros'라는 단어를 위와 같이 옮겼다. 이 단어는 '길을 더 잘 아는', '길을 더 잘 찾을 줄 아는', 혹은 '재료나 자원이 풍부한'이라는 의미를 지닌다. 여기에서는 탐구의 과정을 길찾기 과정에 비유하고 있는데, '길을 더 잘 찾을 줄 아는'이라는 단어는 바로 이어 등장하는 'aporō(길을 찾지 못해 헤맨다)'라는 단어와 대비를 이룬다.

257 다름이 아니라 … 바로 다음과 같은 것이라는 것이죠? : "Allo ti oun(또

는 allo ti ē)"로 시작하는 문장은 (일단 설명의 편의를 위해서) 영어로 옮기면, "Is it anything else, then, than that?" 또는 "Is it that…?"이라고 할 수 있다. 즉 이 구문은 "다음과 같은 것 말고 다른 것일까요?", "바로 다음과 같은 것이 아닐까요?", 또는 "다름 아닌 바로 이런 것이 아닐까요?"로 옮길 수 있다. 이 맥락에서 그 행간을 읽으면, "이 모든 것들이 — 자기 자신을 앎을 '자기 자신이 알고 있는 것과 모르고 있는 것을 앎'이라고도 표현했고, 또 위에서 다른 여러 논의가 있었지만, 이 모두가 — 결국은 바로 오직 어떤 하나의 앎이…"라는 뜻을 지니는 것으로 이해할 수 있겠다.

258 오직 어떤 하나의 앎으로서 그것은 바로 그것 자체와 다른 앎들 이외에는 다른 어떤 것에 대한 앎도 아니고 : 이 구절은 다음과 같이 "그것은 다른 어떤 것에 대한 앎은 결코 아니고, 단지 바로 그 자체에 대한 그리고 다른 앎들에 대한 앎이며"라고 옮기거나 또는 속격(Genitive)이 목적어임을 두드러지게 살려서 "그것은 그 자체를 알며, 다른 앎들도 알지만, 그 이외의 다른 어떤 것을 알지는 못하며"라고 옮길 수도 있겠다.

259 더 나아가 특히 : 'kai dē kai'를 위와 같이 옮겼다. 영어로는 많은 경우에 'and in particular'라고 옮긴다.

260 167b10~c2 : 위의 166e~167b에 걸쳐서 확인했던 것처럼, 이 문장은 다시 한번 크리티아스가 제안한 것과 소크라테스가 의중에 담고 있는 절제에 대한 이해가 교차하는 지점이라고 본다. 소크라테스는 크리티아스가 제안하는 유일무이한 특수한 성격의 앎이 있다면 (그렇게 상대방의 제안을 다시 정리해 보여주고 거기에서 한 걸음 더 나아가서) 그것이 소크라테스 자신이 내심 관심을 두고 있는 무지에 대한 앎(무지에 대한 자각)과 동일하거나 또는 무지에 대한 앎을 함축하는지를 확인하려고 하고 있다. 이렇게 다시 한번 상대방의 주장 내용을 확인하는 과정은 이제부터 진행되는 검토의 귀결이 크리티아스의 것에서부터 따라 나오는 것임을 확인해 두는 효과가 있다고 본다.

261 167c3~169d1 : 지금 이 문장 167c3에서부터 169d1에 이르기까지 텍

스트의 상당한 지면에 걸쳐서 "내가 말했다" 또는 "그가 말했다"와 같이 직접화법임을 표시하는 장치가 단지 세 번만(167e9, 168a2, 168c3) 활용되고, 나머지 대부분의 문단에서는 질문과 대답의 내용이 직접적으로 노출되어 있다. 그 점을 번역에 살리고자 이 구절에서는 '그가 말했다'라는 표현이 있는 곳에만 따옴표를 사용하고, 나머지 경우에는 텍스트에 있는 그대로를 따랐다. 169d2에 이르러서 다시 '내가 말했다'를 활용하는 직접화법 형식으로 되돌아간다.

262 이상한 것을(atopon) : 이 단어는 '본래 있어야 할 자리에 있지 않아서 잘 안 맞는 이상한 것'을 지칭하는 것으로서 '자리에 맞지 않는', '경우에 맞지 않는'이라고 옮겨도 괜찮을 듯하다. 이 단어를 각각의 등장인물들이 어떻게 사용하고 있는지를 지켜보는 것도 한 가지 관전 포인트라고 하겠다. 그것이 소크라테스에게는 어떤 새로운 탐구의 계기를 제공하고 있다면, 크리티아스에게는 상대방의 논박에 의해 자신이 내놓은 제안이 한계에 도달했을 때 그것을 인정하지 않고 감정적인 반응을 하는 경우에 쓰고 있다고 할 수 있겠다. 개별 사례를 들자면, 158d2에서는 카르미데스가, 167c4, 168a10, 172c5에서는 소크라테스가 이 단어를 사용하고 있다. 한편 172e3에서 크리티아스가 그리고 172e5에서 소크라테스가 동일한 단어을 사용하면서 보여주는 반응을 비교해 보라.

263 봄 : 여기에서의 '봄'은 '시각(sight)' 또는 '보기(seeing)'를 뜻한다. 본문의 맥락에서 '보다'라는 동사의 활용을 살리기 위해서 위와 같이 옮겼다.

264 167c8~169c2 : 지금부터 등장하는 이상한 것들은 우리의 건전한 상식에 비추어서 우리가 일상에서는 사용하지 않는 개념들 및 그와 관련된 가설적인 사태에 대한 기술이다. (영혼의 능력 중에서) 어떤 것이 자기 자신과 관계를 맺는 것이 가능한가를 일종의 사고 실험을 통해서 검토해 나가는 중이라는 점을 유념하고 읽어 나가는 것이 좋겠다.

265 정말로 이상하네요? : 위의 주석 262번을 보라.

266 168b2~3 : 이 문장에서 '힘'은 'dynamis'를 옮긴 말이다. 여기에서는 우리가 '이항관계'라고 부를 만한 관계를 이루는 두 항 사이에서 성립하는 어떤 작용이나 능력의 발휘를 '힘'이라는 말로 포착하여 부르고 있다. 또한 이 문장은 영어로 치면, 'so (such) … that' 구문과 상응하는 구조를 지니는 일종의 결과절이다. 즉 '무엇에 대한 것이 될 만한'이라는 말은 '그것의 본성상 무엇에 대한 것이 되는 것이 자연스럽고 당연하다'는 함축을 지닌다. 어순을 조금 달리 표현하면, "… 바로 이 앎은 무엇에 대한 앎이고, 또한 그러한 어떤 힘을 지니고 있어서 바로 그 무엇에 대한 것이 되는 것이 자연스럽지요"라는 함축을 지니는 것으로 이해할 수 있다.

267 어떤 것에 대하여 더 크게 될 만한 : 물론 희랍어의 속격(Genitive)은 '~보다'라는 비교의 대상을(비교의 기준이 되는 것을) 의미하기도 하므로, "어떤 것보다 더 크다…"라고 옮기는 것이 우리말로 더 자연스럽다. 그러나 이 문맥에서는 '관계 맺음' 및 '대상'이 있음을 지적하고 있다는 점에 주목해서 그것을 드러내 주는 방식으로 번역하려고 한다. '비교의 기준', '동작의 대상' 등 속격의 여러 의미 모두를 공통되게 포괄하면서, 그것이 관계를 구성하는 한 항목이라는 점을 표현해 줄 수 있는 우리말을 찾으려고 고심하였다. 그러나 결국은 '~를 대상으로 놓고', '~에 견주어서' 또는 '~와 관련을 지어서(관계를 맺는)'이라는 표현들 이외에, 다른 적당한 말을 찾기가 어려워 보인다. 하지만 역자는 '대상'이라는 용어를 번역어로 채택하여 사용하는 일은 피하고자 한다.

그리고 우리는 "a가 b보다 더 크다"라고 말하면서 b가 비교의 대상이라고 이해할 때와 "a가 b에 대한 앎이다"라고 말하면서 b가 앎의 대상이 된다고 이해할 경우, 두 경우에 b가 같은 방식으로 대상이 된다고 간주하지 않는다. 그러한 선이해를 갖고 이 구절을 읽으면, 대화 참여자들은 그러한 의미의 차이를 간과한 채로, 소크라테스의 부정직한 의도에 이끌려 논의를 다른 방향으로 이끌고 가서 서로 다른 것을 하나로 간주하면서 논리적인 오류를 저지르고 있는 것으로 보일 수 있겠다.

그러나 그렇게 누군가 어떤 독자가 지닐 수도 있는 의문이나 의심이 정당화되기는 어려워 보인다. 이 구절의 논의는 우리가 서로 다르다고 간주할 만한 두 사례들에서 희랍어 문장에 활용되는 속격이 공통되게 관계 맺음에서의 대상을 지칭한다는 점에 주목하여 진행되고 있기 때문에 '부정직한 이행'이 없는 채로 일관성을 지닌다고 보는 것이 텍스트를 '자비의 원칙'에 입각해서 읽는 길이 될 것이다. 즉 희랍어 문장으로 보면 그 논의 진행에 분명한 일관성이 있다는 점을 인정하고, 영어나 우리말로 사태를 이해하거나 번역을 할 때 공평함을 기하는 태도가 필요해 보인다.

268 즉 더 큰 것들에 대해서 그리고 그 자체에 대해서 더 크지만, 다른 것들이 그것들에 대해서 더 크게 되는 그러한 것들 중의 어떤 것에 대해서도 더 크지는 않은 것을 찾아내려고 한다면 : 맥락을 고려해서 좀더 자연스러운 우리말로 풀어서 말하자면, "다른 더 큰 것들보다 그리고 그 자체보다는 더 크지만, 다른 더 큰 것들이 그것들과 견주어서 더 크게 되는 그러한 것들 중의 어떤 것보다도 더 크지는 않은 것을 찾아내려고 한다면"이라고 옮길 수도 있다.

269 분명히 아마 다음과 같은 … 사태가 그것에 속하겠지요 : 이 구절에서도 절의 구조를 드러내어 옮기기 위해서 맞줄표를 사용하였다.

270 168b10~c2 : 지금 168b10~c2에서 논의되고 있는 내용은 양과 크기에 대한 우리의 상식적인 이해 및 직관과 잘 부합하지 않는 것 같아 보인다. 그렇다고 하더라도 그것을 최대한 이해 가능한 한도 내에서 구성해 보자면 다음과 같이 생각해 볼 수 있다. 우선 a_1과 a_2가 같은 것인데 사례로서만 구분되는 것이라고 가정하고, 그 둘 사이의 관계를 양의 관점에서 비교하는 맥락에서, a_1과 a_2가 그 사례(instance)로서 다음과 같은 부등식의 앞뒤에 등장한다고 상정해 보자. 그렇다면 어떤 것(a_1)이 자기 자신(a_2)과 견주어서 더 크게 되는—이상한 그리고 반사실적인—사태는 다음과 같이 표현될 수 있다.

$$a_1 > a_2$$

하지만 a_1과 a_2가 애초에 서로 같은 것의 서로 다른 두 개의 예화 사례라고 했으므로, 만약 "$a_1 > a_2$"가 성립한다면, 마찬가지로 a_1의 자리에 a_2를 대입하고 a_2 자리에 a_1을 대입하면 (a_2도 자기 자신보다 클 것이므로) "$a_2 > a_1$"도 성립한다. 그렇다면,

$$a_1 > a_2 \longleftrightarrow a_2 > a_1$$

바로 이것이 168c1~2에 등장한 귀결의 내용("만약 그것이 그 자신에 대하여 더 크다면, 동시에 그것은 그 자신에 대하여 더 작기도 하다")이다.

271 그 자신에 대하여 : 위에서 설명한 것과 마찬가지로, 이 구절은 우리말로는 "그 자신보다" 또는 "그 자신을 비교 대상으로 하여"라고 옮기는 것이 더 자연스럽게 들리기는 한다. 하지만 번역어 선택의 일관성과 구문의 반복적인 사용을 드러내기 위해서 본문과 같이 옮겼다.

272 그러면 또 만약 다른 두 배인 것들과 그 자신에 대하여 두 배인 어떤 것이 있다면, 분명히 그것은 절반이기도 하므로 : 우선 이 구절의 논의는 만약 그 어떤 것이 자기 자신의 두 배가 된다는 가정을 우리가 받아들일 때, 우리가 일상적으로 받아들이기 어려운 어떤 귀결이 따라 나오는가를 검토해 보는 일종의 사고 실험으로서의 성격을 갖는다고 보는 것이 좋겠다. 물론 이 구절의 논의는 우리가 어떤 관점을 취하느냐에 따라서, 직관적으로 이해하고 용납하기 어려울 수도 있고, 어쩌면 특수한 방식으로 이해할 수도 있다. 일단 다음과 같이 설명해 보자. 편의상 a_1과 a_2가 같은 것이면서 사례로서만 구별되는 것이라고 가정하고, 그 둘 사이의 관계를 양의 관점에서 비교하는 맥락에서, a_1과 a_2가 그 사례(instance)로서 다음과 같은 등식의 앞뒤에 등장한다고 해 보자. 그렇다면 어떤 것 a_1이 a_2의 두 배가 되는 사태는 다음과 같이 표현할 수 있다.

$$a_1 = 2 \times a_2$$

만약 위 등식이 성립할 수 있다면, a_1는 a_2의 두 배이고(어떤 것은 자기 자신의 두 배이고), a_2는 a_1의 절반(바로 그것은—그 둘이 실은 같은 것이

라고 가정했으므로—자기 자신의 절반)이라고 볼 수 있게 될 것이다. 물론 이러한 사태는 우리가 알고 있는 수학의 기본적인 가정 위에서, 이를테면 자연수 내지 실수의 집합에서 a_1과 a_2가 0이 되는 경우 이외에는, 성립하지 않는다.

그러나 이 구절에서는 우리가 익히 알고 있는 수학적인 연산을 하는 것이 아니며, 바로 위의 설명과 같이 수학에서와는 다른 방식의 가정을("a_1과 a_2가 같은 것이다"라는 가정과 "$a_1 = 2 \times a_2$"라는 가정을 동시에) 받아들일 때, 어떤 논리적인 귀결이 따라 나오는가를—반사실적 가정 위에서—탐구하고 있는 것이라고 보는 것이 좋겠다. 따라서 그와 같은 가정 위에서라면, "만약 그 어떤 것이 자기 자신의 두 배이면, 그것은 그 자신의 절반이 될 수도 있다는 점"이 조건부로 납득될 수도 있을 것이다. 이 구절은 결국 위와 같은 가정 위에서 자기 자신에 대한 일종의 관계가 의미 있게 성립할 수 있는지를 일종의 사고 실험을 통해서 검토하고 있는데, 바로 그러한 논의의 과정 자체가 사실 대단히 이상하고 직관에 반대되는 것으로 보이며, 바로 그러한 이상함을 독자들이 직접 경험하도록 하려는 것이, 그리고 더 나아가 지금 등장하는 다소 복잡한 구조가 '자기 자신을 앎'과 관련해서는 어떤 함축을 지닐 수 있는가를 숙고해 보도록 독자들을 유도하려는 것이, 저자가 의도한 효과들 중의 하나라고 보는 것이 좋겠다.

273 자신에 대하여 더 많음은 : 우리말 표현이 좀더 자연스러우려면, "자신과 비교하여 더 많음은"이라고 옮기는 것이 좋겠는데, 번역어 선택의 일관성을 위해서 위와 같이 옮겼다.

274 그러면 자신에 대하여 … 마찬가지가 되지 않겠습니까? : 이 문장의 맥락을 고려할 때, '더 무거움'과 '더 늙음' 앞에는 바로 앞의 '더 많음'의 경우와 마찬가지로 '자신에 대하여'라는 표현이 생략되어 있는 것으로 보는 것이 자연스럽다. 즉 "그리고 자신에 대하여 더 무거움도 동시에 더 가벼움이 되고, 자신에 대하여 더 늙음도 동시에 더 젊음이 되고, 다른 모든 것들도 이와 마찬가지가 되지 않겠습니까?"라고 읽는 것이

자연스럽다.

275 **자신을 향해서** : 사실상 "자신에 대하여", "자신과 관련지어", "자신을 대상으로 삼아서"와 같은 의미인데, 이 구절에서는 'pros'라는 전치사를 쓰고 있다는 점에서 바로 이전까지의 표현과 다른 점이 있음을 드러내기 위해서 본문과 같이 옮겼다.

276 **168d1~3** : 이 구절에서 '저것'으로 지칭되는 바는 주어인 그것이 본래 관계 맺고 있던 대상이다. 그러한 대상이 대명사로 지칭되고 있다 보니 주어인 그것과 혼동을 불러일으킬 여지가 있어 보여서, 문장의 주어는 '그것'으로 그것의 대상은 '저것'으로 구분하여 옮겼다. 그리고 여기에서 '저것임'은 'ekeinēn … tēn ousian'을 옮긴 것인데, '저것이 무엇임' 또는 '저것의 본래적인 규정'이라고 풀어서 표현할 수도 있겠다. 'ousia'는 아리스토텔레스에게서는 '실체' 또는 '본질'을 뜻하는 전문용어로 사용되는데, 그것을 지금 여기에 함께 논하기는 어렵겠다. 지금 논의되고 있는 대화편의 맥락에서는 그 어떤 것의 "그것이 그것이다/그러하다"라는 규정이라고 이해하면 적합할 것이라고 본다.

그런데 역자는 이 대목에서도 상당히 고심을 거듭할 수밖에 없는데, 저자인 플라톤이 — 그리고 등장인물인 소크라테스가 — 이러한 개념들을 어느 정도까지 확정된 일종의 전문용어로 사용하고 있는지를 가늠하기가 쉽지 않아 보이기 때문이다. 주지하다시피 실체와 속성을 명확히 나누게 되는 것은 아리스토텔레스에 이르러서이고, 플라톤의 작품은 그와 달리 일상 언어를 개념화하여 전문적인 용어로 이행해 가는 과정을 보여준다는 점이 그 중요한 특징이라는 것이 널리 인정되고 있다. 그래서 한편으로는 그러한 사정을 번역에도 반영하여 원문에 등장하는 다소간 투박해 보이는 일상 언어 표현을 있는 그대로 드러내 주는 것이 좋겠다고 판단하였다. 하지만 그렇게 번역을 해 놓고 나면 그 본래의 의미가 (그리고 그런 번역어 선택의 취지가) 도리어 독자들에게 전달되기 어려워 보일 수도 있어서, 이런 선택을 마냥 고집하기 어렵다는 점이 역자의 고충 중 하나였음을 밝혀 둔다.

또한 그와 같은 취지에서, 역자는 이 문장에서 '대상' 또는 '속성'과 같은 용어를 사용하지 않고 원문을 옮기려고 노력하였는데, 현대의 독자가 좀더 이해하기 쉬운 표현을 사용하자면, 다음과 같이 옮기는 것도 가능할 것이다. "그것이 무엇이건 간에 그 자신의 힘을 자신을 대상으로 하여 지니게 된다면, 그것은 또한 그것의 힘이 이전에 저것을 대상으로 삼았던 바로 저것의 그것임(또는 본질적 규정)을 지니게 되지 않을까요?"

277 168d9~e1 : 우선 168d10에서 편집자 버넷은 슈탈바움(Stallbaum)을 따라서 'an'을 지우고 읽었다. 문장의 해당 절은 종속절이 아닌 독립적인 주절(main clause)이고 'mē + subjunctive'를 활용해서 의심스러움을 표명하는(doubtful assertion) 주장으로 보고 위와 같은 선택을 한 것으로 보인다. 또한 'an'은 주절에서 'optative + an'으로 활용되어 가능성을 표현하는 문장(절)에 쓰이는데, 지금은 subjunctive가 등장한다는 점을 함께 고려한 것으로 보인다. 표준적인 문법을 고려할 때 합리적으로 설명할 수 있는 선택이고 역자도 이것을 따른다. 하지만 구어적인 일상의 대화 상황을 고려하면 'an'이 등장한 것이 있을 수 있는 일이라고 본다. 아무튼 단어 'an'의 유무가 별다른 의미의 차이를 가져온다고 보기 어렵고, 특히 우리말로 옮길 때에는 더욱 그러하다. 그리고 168d6~e2 구절의 함축에 대해서는 「작품 안내」에서 좀더 상세히 설명하였다. 또한 이 구절에서 제기된 논점은 아리스토텔레스가 『영혼론(De Anima)』 III.2, 425b12~25에서 이어받아서 발전시키고 있다. 그리고 코스만(Kosman 1975), 오스본(Osborne 1983), 카스톤(Caston 2002, 2004), 요한센(Johansen 2005), 맥케이브(McCabe 2007c) 등의 논문들도 참조할 수 있다.

278 168e9~169a1 : 편집자 버넷은 하인도르프의 제안을 받아들여 169a1 행에서 'an'을 추가하여 읽고 있다. 두 사람 모두 위의 주석에 언급했던 'optative + an'을 활용한 구문으로 이해한 것으로 보이고, 그렇게 읽는 것이 자연스럽고 이를 역자도 받아들인다. 다만 이 단어의 유무

를 우리말에 반영하여 옮기는 일은 대단히 어려운 일이다.

279 169a4 : 이 구절의 대괄호 안에 있는 [plēn epistēmēs(앎을 제외하고서는)]라는 표현은 이 문맥에서 불필요해 보이며, 슐라이어마허(Schleiermacher) 그리고 버넷의 제안을 받아들여 지우고 읽는다.

280 이곳의 맞줄표는 해당 구절이 관계대명사를 사용한 절임을 드러내기 위해서 사용한 것이다.

281 왜냐하면 절제가 정말로 이로운 것이며 좋은 것임을 저는 신탁을 전달하는 것처럼 점쳐 보는 것이니까요 : 논의의 현재 단계에서 "절제가 이로우며 좋은 것이다"라는 점은 아직까지 분명히 입증되지 못했다. 그러나 "절제가 아름다운 것이다", "절제가 좋은 것이다"라는 점은 앞서서 카르미데스와의 대화 과정에서 등장했던 논변들에서도 이미 일종의 전제로 사용했던 것들이었다. 그러므로 소크라테스는 이 대목에서 "절제가 이로우며 좋은 것이다"라는 점을 어떤 것이 절제와 동일시될 수 있는가를 판단할 수 있는 준거기준으로 삼겠다고 다시 한번 확인하고 있는 셈이다. 그런데 이 구절에서 눈에 띄는 점은 그 점이 인간의 의견 수준에만 머무르는 것이 아니라 신의 전언과도 같이 확실하고 거짓되지 않은 어떤 것이라고 소크라테스가 간주하고 있다는 점이다. 많은 현대인들이 신 또는 신탁에 대해서 비판적인 또는 회의적인 태도를 취할 가능성이 크지만, 고대인들은 일반적으로 신탁을 신뢰하는 태도를 지녔던 것으로 보인다. 소크라테스는 신탁을 거론함으로써 절제에 대한 탐구 과정에서 판단의 준거기준으로 받아들여야 마땅한 일종의 대전제를 다시 한번 강조하여 제시하고 있다.

282 이곳의 맞줄표는 원문에 있는 것이다. 그리고 지금 언급하고 있는 것과 같은 내용을 전제로 놓았던 일은 166e5~9에 있었고, 167b10~c3에서도 다시 한번 더 확인했었다. 앞서 (그리고 작품 안내에서도) 밝혔듯이, 소크라테스는 "또 더 나아가 알지 못함에 대한 앎이기도 하다"에 좀더 강조점을 두고 있는 것으로 보인다. 물론 크리티아스는 자기 자신의 것이 소크라테스의 관심사까지 포괄하는 것이라고 ─ 미처 그

함축을 온전히 이해하지 못한 채로 — 주장했고, 그 전제를 출발점으로 삼고 앎에 대한 앎의 가능성을 논하기 시작했었다. 해당 구절들을 다시 보라.

283 우선 제가 방금 전에 말했던 것이 가능하다는 이 점을 보여주시고 : 버넷은 하인도르프의 제안을 따라서 169b8행의 대괄호 안에 있는 내용 [apodeixai se(당신이 증명해 보여주기)]을 지우고 읽자고 제안하고 있다. 문맥의 내용을 고려할 때 이것은 합리적인 것으로 보인다. 논의의 진행에서 소크라테스는 (1) "지금의 논의 대상이 되고 있는 것이 있을 수 있는지, 그것의 가능성 여부를 보여달라"고 요구하는 것으로 자신의 논지를 충분히 전달하게 된다. 반면에 해당 구절이 (2) "그것이 가능한지를 당신이 증명해 보여줄(apodeixai se) 수 있는지를 보여달라"를 뜻하는 것으로 텍스트를 읽는 것은 불필요하고 부자연스러워 보인다. 물론 어떤 관점에서 보자면, 문장 (2)가 당신이 그것을 보여줄 능력이 있는지에 초점을 두고 있는 것으로 보이고, 문장 (1)은 그것의 가능성 여부에 관심을 두고 있다는 점에서 의미가 달라보이기도 한다. 그러나 만약 누군가가 (1)을 할 수 있다면 그리고 만약 성공적으로 해 낸다면, 바로 그 사람은 (2)를 할 수 있는 능력이 있음을 (1)을 수행함과 동시에 보여줄 수 있으므로 (2)를 화자의 일차적인 요구사항이라고 보는 것은 부자연스러울 것이다. 따라서 하인도르프의 제안이 합리적이라고 보고, 버넷의 채택을 따라서 대괄호 안의 것을 지우고 읽는다.

284 169c3~d8 : 이 구절에서는 등장인물들 각각이 길 없음(aporia)에 직면하여 서로 다른 방식으로 대응하고 있음이 드러난다. 그 함축에 대하여 간단히 살펴보자. 우선 지금 크리티아스가 보여주는 태도를 카르미데스가 158c5~d6에서 보여준 태도와 비교해 보자. 카르미데스는 적어도 자신이 일종의 어려움과 길 없음에 봉착했음을 그리고 그것이 내포하는 자신의 무지를 어느 정도 인정하는 태도를 보여주었시만, 크리티아스는 자신이 길 없음(난관)에 봉착했음을 인정하려고 하지 않는다. 이는 그가 지닌 일종의 승부욕을 반영하는 것이다. 자신

이 한계에 봉착했으며, 무엇을 모르는지를 정확히 이해할 때 우리는 더 진전된 탐구를 할 수 있다. 하지만 크리티아스와 같이 자신이 난관에 봉착했음을 인정하려고 하지 않으면 진정한 의미에서는 탐구와 새로운 배움은 불가능할 것이다. 그러나 바로 다음 문장에서 소크라테스는 논의의 진전을 위해서 앎에 대한 앎이 가능하다고 가정하고 논의를 계속하자고 제안하고 있다. 이러한 소크라테스의 행동에서 우리는 길 없음(아포리아)에 대응하는 일종의 실천적 함축을 읽을 수 있다. 흔히 길 없음이라는 개념은 소위 초기 대화편들이 탐구하는 문제에 대하여 긍정적이고 적극적인 답에 도달하지 못한 채로 끝나는 것처럼 보이는 것을 지칭하면서 사용되어 왔다. 하지만 역자는 그러한 해석 방식을 일부 교정할 필요가 있다고 본다. 지금 이 구절에서 드러나듯이 대화 참여자들이 길 없음에 이르렀다고 하더라도 그것이 곧 논의의 끝으로 직결되는 것은 아니라는 점과 그러한 난관이 새로운 시도를 북돋우고 제안하는 장치로 사용되고 있다는 점에 우리는 주목할 필요가 있다.(이러한 특징은 『메논』편에서도 발견할 수 있다. 길 없음의 역할에 대해서는 많은 연구들이 있어 왔으며, 폴리티스(Politis, 2008) 등의 논문을 참고할 수 있다.) 또한 누군가가 자신이 길 없음에 처했음을 솔직히 인정하는 것이 논변 과정에 참여하고 있는 사람이 보여줄 수 있는 일종의 실천적 덕목의 하나로 간주되고 있다고 볼 수도 있다. 크리티아스는 그런 솔직함을 갖추지 못했고 그 결과 자기 스스로를 속이게 되고 그래서 — 자신에 대해서 모르게 되는 — 무지상태에 빠지게 된다고 볼 수 있다.

한편 앞의 167c3 구절의 주석에서 이미 밝혔듯이, 그곳에서 지금 169d1에 이르기까지 "내가 말했다" 또는 "그가 말했다"와 같이 직접 화법임을 표시하는 장치가 단지 세 번만(167e9, 168a2, 168c3) 등장하고, 대부분의 문단에는 이러한 장치가 없이 질문과 대답의 내용이 직접적으로 노출되어 있음을 다시 확인해 둔다.

285 무엇을 알고 무엇을 모르는지를 : 또는 "알고 있는 것이 무엇이고 모르

고 있는 것이 무엇인지를"으로 읽을 수 있다.

286 이것이 : '누군가가 무엇을 알고 무엇을 모르는지를 아는 일'을 지칭한다.

287 이것이 분명히 자기 자신을 앎이고 또 절제하기라고 우리가 이야기했으니까요 : 167a1~7에서 이야기한 바를 가리킨다.

288 아마도 그런 귀결이 따라 나오는 겁니다 : 이 문장에 쓰인 소사(particle)들의 조합('ge pou')과 그 용법을 고려할 때, 화자는 외견상 자신의 주장을 확신이 없는 듯 삼가며 내놓고 있는 듯 보이지만, 실은 자신의 주장과 근거에 대해 주관적 확신을 지니고 있다고 볼 수 있다. 데니스 톤(Denniston, 1959, pp. 490~494, 특히 p. 491)을 참조하라. 이렇게 읽는 것이 문맥의 흐름을 더 잘 이해할 수 있게 해 준다. 소크라테스는 166e와 167c에서부터 줄곧 크리티아스의 확신에 찬 주장에 대해서 계속해서 의문을 제기하고 있고, 크리티아스는 아직 충분한 논변을 제시하지 못한 채로 자신이 내놓은 '앎에 대한 앎'이 소크라테스가 관심을 두고 있는 '누군가가 무엇을 알고 무엇을 모르는지를 앎'과 같다고 주장하고 있기 때문이다. 이러한 불일치와 간극은 이후의 논의에서도 계속 누적되어 드러난다.

289 만약에 누군가가 그것이 스스로 그것 자체를 아는 그런 앎을 지니고 있다면, 바로 그 사람 자신도 그가 지니고 있는 것이 그러한 바대로 바로 그러하게 될 테니까요 : 이 구절도 위의 주석 276에서 설명한 바와 같은 번역의 고충을 피하기 어려운 대목 중 하나이다. 여기에서 플라톤은 우리가 이미 상식적으로 쉽게 받아들이고 있는 실체와 속성의 구분에 해당하는 일종의 전문용어를 사용하고 있지 않다. 그와 같은 특징이 드러나도록 번역하려는 취지에서 본문과 같이 옮겼는데, 우리가 좀더 쉽게 이해하도록 하자면 "바로 그 사람 자신도 그가 지니고 있는 것의 속성(성격)과 마찬가지로 바로 그러한 어떤 속성(성격)을 지닌 것이 될 테니까요"라고 옮길 수 있겠다. 다시 반복해서 이야기할 수밖에 없는데, 역자로서는 플라톤 자신이 사용하고 있지 않은 개념과 일종의 형

이상학적인 가정을 번역에 동원하는 것이 플라톤 작품이 담고 있는 생생함을 담지 못하는 결과를 초래한다고 본다. 또한 실체와 속성을 명확히 나누게 되는 것은 아리스토텔레스에 이르러서라는 점, 그리고 플라톤의 작품은 그와 달리 일상 언어를 개념화해 가는 과정을 보여 준다는 점이 그 철학의 중요한 특징 중의 하나라는 점이 널리 인정되고 있다. 그러한 사정을 독자들이 바로 지금의 구절에서 스스로 발견하고 경험할 수 있게 하기 위해서 원문에 등장하는 다소간 투박하고 중언부언하는 듯 보일 수 있는 일상 언어 표현을 있는 그대로 드러내 주는 시도를 해 본다.

290 169d9~e5 : 이 문단의 시작 부분인 "그것이 스스로 그것 자체를 (1) 아는 그런 (2) 앎을" (169e1~2)에서 (1)에는 'gignōskō' 동사가 (2)에는 'epistēmē'라는 명사가 쓰였고, 바로 이어서 등장하는 "누군가가 (3) 앎을 지니게 될 때면 언제든 그는 (4) 아는 자가 될 테고, 또 누군가가 그것 스스로 그것 자체를 아는 바로 그런 (3') 앎을 지니게 될 때마다 바로 그때에 분명히 그는 자신이 자신을 (4') 아는 자가 될 것입니다"(169e3~5)에서 (3)과 (3')에는 'gnōsis'라는 명사가 (4)와 (4')에는 'gignōskō' 동사의 분사 형태인 'gignōskōn'이 등장한다. 어찌 보면 (2) 이외에는 서로 어근이 같은 동족의 명사와 동사가 사용되고 있으므로, (2)와 나머지 것들을 서로 구분되는 번역어를 선택해서 옮기는 것이 어떻겠느냐고 누군가가 제안해 볼 수도 있겠다. 그러나 (2)에 사용된 앎(epistēmē)이라는 단어가 (1)에 등장하는 'gignōskō' 동사가 사용된 관계절로 한정되고 있다는 점은 사실상 화자가 (2)를 나머지 사례들인 (1), (3), (4), (3'), (4')와 구분하지 않고 동일시하여 사용하고 있음을 시사한다고 볼 수 있다. 이를 근거로 삼아서 번역의 본문에도 'epistēmē'와 'gnōsis', 'gignōskō'를 별개의 개념으로 구분하여 옮기지 않았는데, 이는 전체 논의의 진행을 통해서도 다시 확인될 수 있다. 다시 조금 앞의 논의로 거슬러 올라가자면, 이미 165c에서부터 'gignōskō'라는 단어로 표현된 앎을 'epistēmē'라는 개념을 동원해서

(즉, 앎의 제작자 모델을 적용해서) 해석하고자 시도하여 왔다.(해당 부분의 주석도 참조하라) 물론 이러한 동일시가 얼마나 타당한 것인가 하는 점은 별도의 탐구와 논쟁이 필요한 문제이다. 그리고 이렇게 위의 두 개념을 일치시키려는 플라톤의 어휘 구사 방식에 대해서는— 희랍어에서 앎을 지칭하는 단어들의 용법과 관련된— 기존의 논문들을 참고할 수 있는데, 대개는 그러한 동일시에 일정한 합리성 내지 불가피함이 있음을 지적하고 있다. 라이온스(Lyons, 1963), 버니엣(Burnyeat, 1981) 등을 참고하라.

291 **이것에 대해서 … 제가 이의를 제기하는 것은 아닙니다** : 바로 앞 문장에서 크리티아스가 이야기한 바는 사실상 플라톤 작품의 또 다른 여러 곳에서 소위 이데아(형상)와 개별자의 관계를 이야기하는 대목에서 등장했던 설명들을 독자들이 연상하게 한다. 물론 이곳에서는 '이데아'라든가 '같음 자체'와 같은 표현을 사용하고 있지는 않지만, 우리가 어떤 속성이라고 부르는 것과 그것을 지닌 어떤 것과의 관계를 명시적으로 이야기하고 있기 때문이다. 또한 소크라테스가 크리티아스의 이야기에 대해서 이론(異論)이 없다고 이야기하는 점은— 지금껏 줄곧 둘 사이의 이견과 그 차이가 좁혀지고 있지 않았으므로— 조금 뜻밖이라고 볼 수도 있는데, 이는 사실상 크리티아스가 이전에 소크라테스와 교제해 오면서 나누었던 대화 내용을 기억해 내서 자신이 오히려 자기의 견해인 것처럼 활용하고 있기 때문이라고 추정해 보는 것도 가능하다. 한편 이 구절은 플라톤이 갖고 있던 존재론적인 입장을 재구성하는 데에 단서로 삼을 수도 있을 것이다. 이를테면, "누군가가 아름다움을 지니게 되는 경우에는 언제든 그는 아름답게 될 테고"라든가 "누군가가 앎을 지니게 될 때면 언제든 그는 아는 자가 될 테고"와 같은 구절들을 보면 '아름다움'이나 '앎'이 그것을 지니게 되는 '누군가'와는 독립적으로 별도로 있다는— 또는 어떤 의미에서 선행한다는— 점을 전제로 삼고 있는 것으로 볼 수도 있다. 그렇다면 그의 세계에서는 우리가 어떤 속성이나 기능이라고 부를 만한 것들이 이 세

계를 이루고 있다고 볼 수 있을 법하다. 이러한 특징을 조금 다른 맥락에서 확인해 보자면, 『국가』편 369b 이하에 등장하는 도시(정치 공동체)의 성립 과정에 대한 논의에서도, 그 공동체를 이루는 개인들이 우선적으로 등장하는 것이 아니라, 직업과 직능들이 그 일차적인 구성원들로서 등장한다. 이 점은 좀더 탐구해 볼 과제로 남겨 둔다.

292 **오히려 이것을 지니고 있는 사람이 … 어떤 필연성이 있는 것인가요?** : 조금 다르게 직역을 해 보자면, "오히려 이것을 지니고 있는 사람에게 그가 무엇을 알고 무엇을 모르는지를 아는 어떤 필연성이 있는 것인가요?" 또는 "오히려 이것을 지니고 있는 사람에게 어떤 필연성이 있어서 그가 무엇을 알고 있고 무엇을 모르는지를 알게 되는 것인가요?"라고 옮길 수도 있다.

293 **왜냐하면, 소크라테스, 이것은 저것과 같기 때문입니다** : 우선 이 문장에도 '그가 말했다'와 같이 직접화법임을 표시하는 장치가 없다. 그리고 이 문장에서 이것은 (가까이에 있는 것인) (1) '누군가가 무엇을 알고 무엇을 모르는지를 앎'을 지칭하고, 저것은 (조금 멀리 있는 것인) (2) '그것(앎)이 스스로 그것 자체를 아는 그런 앎'을 지칭한다고 보는 것이 자연스럽다. 한편 (2)는 크리티아스가 줄곧 주장해 온 '앎에 대한 앎'의 또 다른 표현인 것으로 보이며, 그것이 누군가가 자신을 (또는 무엇인가가 그것 자체를) 알게 되는 일을 가능하게 해 준다고 크리티아스는 주장하고 있는 것이다. 이미 앞에서의 논의(166e7~8, 167a1~b3, 167b10~c2)에서부터 소크라테스는 '앎에 대한 앎'이 '누군가가 자신이 무엇을 알고 무엇을 모르는지를 앎'과 어째서 — 크리티아스의 주장처럼 — 일치하는지, 또는 전자가 후자를 함축하는지를 알아내려고 질문과 탐구해 왔고, 크리티아스는 그에 대한 충분한 검토 없이 둘의 일치를 계속 주장해 왔다. 이 점은 이렇게 몇 페이지에서 걸쳐서 반복해서 확인했던 논점이기도 하며, 이는 둘 사이의 의견이 (그리고 탐구 대상이 되고 있는 개념에 대한 각자의 이해방식이) 상이하며 그 간극이 좁혀지고 있지 않음을 드러내 주는 것이라고 역자는 이해한다.

294 저는 감히 말하건대 여전히 같은 채로 있습니다 : 달리 표현하자면, "저
는 여전히 똑같은 채로 남는 위험을 감수해야겠습니다" 또는 "저는 말
하기 주저되지만 아마도 여전히 같은 의견을 고수하겠습니다"라고 옮
길 수 있겠다. 즉 소크라테스는 아직 크리티아스의 말에 설득이 되지
않았기에 "나는 당신의 말에 설득되지 않았다. 내 질문을 계속해서 되
물을 수밖에 없다"는 취지의 대응을 하고 있는 것으로 읽는 것이 문맥
과 장면의 생동감을 살려준다. 이는 소크라테스와 크리티아스 그리고
그들 각각이 지닌 의견의 간극이 좁혀지지 않고 있음을 다시금 반복
해서 분명히 보여주는 사례의 하나로 볼 수 있다.

295 왜냐하면 다시 저는 어떻게 바로 그것이 … 이해할 수 없으니까요 : 이 문
장에서 '그것'은 바로 앞에서 크리티아스가 '저것'으로 지칭했던 것과
일치하며, 이는 곧 위에서 등장했던 '그것(앎)이 스스로 그것 자체를
아는 그런 앎'을 지칭한다고 보는 것이 합리적이다. 또 한편 이 구절
의 텍스트 170a3~4에 대하여 서로 다른 독해와 이견이 있다. 우선 후
네벡 히싱크(Hoenebeek Hissink)는 해당 구절(ha oiden eidenai kai ha
tis mē oiden eidenai)을 지우자고 제안하였는데, 그렇게 되면 전체 문
장의 의미가 불충분해지는 것으로 보인다. 한편 버넷은 "to auto, ha
…"라고 중간에 반점을 넣었는데, 이렇게 되면 반점 뒷부분의 것이 문
장에서 하는 역할이 정확히 무엇인지 이해하기 어렵게 된다. 만약 반
점 뒤의 구절이 반점 앞의 'to auto'와 동격(apposition)이라면, 'hōs'
절의 주동사 'estin'의 주어가(아마도 앞에 등장한 '저것' 즉 '앎에 대한 앎'
일 텐데) 생략되어 있다고 보아야 할 것이다. 그러면 "앎에 대한 앎이
바로 그것인지를, 즉 무엇을 알고 무엇을 모르는지를 앎인지를…"이
라고 읽는 것이 가능해 보이기는 하지만 문장이 다소 부자연스럽다.
또 한편 만약 반점 뒤의 구절을 절의 보어로 보려면, 반점이 없는 것
이 더 자연스러워 보인다. 이러한 관점에서 추론해 보면, 반점이 없이
"to auto to ha oiden eidenai kai ha tis mē oiden eidenai"라고 읽자
고 제안한 하인도르프(Heindorf)의 추정이 조금 더 자연스러워 보인

다. 중간에 (버넷이 반점을 넣은 자리에) 정관사 'to'를 넣으면 바로 뒤의 구절을 한 개념으로 삼아서 지칭하는 효과를―그리고 우리가 오늘날 따옴표를 써서 지칭하는 것과 유사한 의미를―지닐 수 있게 되기 때문이다. 그리고 앞의 167b2~3 구절에서도 같은 방식으로 해당 표현을 정관사 'to'를 부정사 'eidenai'와 함께 사용하여 하나의 개념으로 사용한 사례가 등장했었다는 점도 이러한 추정에 힘을 실어 준다. 두 번째 독해를 선택하면, 결국 '바로 그것(to auto)'을 동사 'estin'의 주어로 보고, 또 바로 그것은 위에 등장한 '앎에 대한 앎'을 지칭한다고 보고, "바로 그것이 누군가가 무엇을 아는지를 알고 무엇을 모르는지를 앎인지를…"이라고 읽을 수 있게 된다. 결국 버넷의 선택과 하인도르프의 추정은 문장의 대의에는 큰 차이를 가져온다고 보기는 어렵고, 동사 'estin'의 주어를 무엇으로 볼 것인가 하는 점에서 의견이 달라지게 되는 셈이다. 역자는 하인도르프의 추정이 좀더 자연스럽고 합리적이라고 보고 그것을 선택하여 따랐다.

296 이런 것이죠 : 원문을 직역하자면, 바로 앞의 문장은 "어떤 방식으로 말씀하시는 거죠?"라고 옮길 수 있고, 그 질문에 대해서 지금 문장은 "이런 식으로 이야기하는 거죠"라고 옮길 수도 있겠다. 그러한 어휘 구사가 함축하는 바도 숙고해 볼 수는 있겠는데, 여기에서는 우리말의 자연스러움을 택해서 본문과 같이 옮긴다.

297 이것들 중에서 : '앎이라고 간주될 만한 후보들'을 지칭한다고 보는 것이 자연스럽다.

298 하나는 앎이고 또 다른 것은 … 그것이 구분해 낼 수 있게 될까요? : 이 문장에서 소크라테스는 지금부터 본격적으로 진행될―앎에 대한 앎이 할 수 있는 것에 대한―검토의 시작점에서 그것이 도달하게 될 귀결의 핵심 내용을 이미 제시하고 있다.

299 그것 : 이 문장의 주어인 '그것'은 소크라테스의 바로 앞 문장에서 주어였던 '앎에 대한 앎'이라고 보는 것이 옳다. 사실 이 문장이 묻고자 하는 질문의 내용은 너무도 자명해서 왜 이런 질문을 하는지 이 구절

을 읽는 독자들이 도리어 의아함을 지닐 수 있는데, 바로 그런 이유로 해서 크리티아스도 170b2에서 그럴 리가 없다는 답을 하고 있다고 볼 수 있다. 소크라테스가 종종 대화 상대자가 이상하게 여길 법한 질문을 던지는데, 이는 종종 논의의 귀결로 나올 것을 미리 제시하고 있어서 생기는 일이기도 하고, 그러한 질문의 본래 취지는 논의를 더 진전시켜 나가면서 차츰 드러나는 경우들이 많이 있다는 점을 상기해 보면서 이 구절을 읽을 필요가 있다.

300 또 다른 하나는 : 이곳에서의 '또 다른 하나'는 '앎에 대한 앎'을 지칭한다.

301 170b6~10 : 이 문장에 사용한 맞줄표는 희랍어 원문의 문법적인 구조를 드러내기 위해서 역자가 사용한 것이다. 또한 맞줄표 안의 내용이 귀결절의 "그가 그 자신에 대해서 그리고 다른 사람들에 대해서도 알게 되는" 것의 내용이기도 하다는 사실은 문맥에서 분명하게 드러난다.

302 그런데 누군가가 아는 것을 바로 이 앎으로 그가 어떻게 알게 될까요? : 바로 앞의 170b6~10에서 앎에 대한 앎을 지닌 어떤 사람은 그 자신에 대해서나 다른 사람들에 대해서나 마찬가지로 누군가가 무엇인가를 안다는 점과 누군가가 어떤 앎을 지니고 있다는 점만을 안다고 했으므로, 여기에서도 검토의 대상이 되는 앎을 지닌 것으로 상정된 자(앎을 지닌 주체)를 자신을 포함하는 일반인을 지칭하는 것으로 보고 'hoti-'절의 동사 'gignōskei'의 주어를 '누군가'로 옮겼다. 또 이 문장에서 '바로 이 앎으로'라는 표현은 '크리티아스가 제안하는 앎에 대한 앎을 사용해서'를 뜻한다고 보는 것이 자연스럽다.

또 한편 이 문장의 'hoti-'절을 옮기면서, "누군가가 아는 것을"이라고 다소간 이중적인 의미로 읽힐 수 있는 번역을 택하였다. 원문이 담고 있는 해석 가능성을 일단 있는 그대로 드러내고, 그중 하나를 선택하는 것이 왜 더 합당한지 그 추론 과정을 보이려는 취지에서 그렇게 하였다. 이 구절은 어쩌면 다음과 같은 두 가지 방식으로 읽을 수 있을 것으로 보인다. 우선 (1) "누군가가 안다는 사실을 이 앎으로 그가 어떻게 알게 될까요?"라고 읽으면, "앎에 대한 앎을 지닌 사람이 어떻게 해서 그러한 사실을 알게되느냐?"는 그 구체적인 과정이나 방법에 대한 질문을 제기하는 것으로 이해할 수도 있다. 하지만 만약 '앎에 대한 앎'을 지닌 자가 있다면, 그가 누군가가 어떤 앎을 지니고 있다는 점을 안다는 사실은 바로 앞의 구절에서 이미 분명한 것으로 대화의 쌍방이 확인한 것이었다. 그렇다면 그것을 또다시 질문하는 취지가 무엇인지를 추가로 설명해야 할 것이다. 반면에 (2) "누군가가 알고 있는 것이 무엇이든지간에 바로 그것을 이 앎으로 그가 어떻게 알게 될까요?"라고 읽게 되면, 소크라테스가 바로 다음에 등장하는 논의의 전개를 염두에 두고 크리티아스가 제안하는 앎에 대한 앎으로는 사실상 누군가가 알고 있는 것의 내용을 알 수 없을 것임을 지적하는 방향으로 대화를 이끌어 가는 첫 걸음을 이 질문을 통해서 내딛고 있다고 볼 수 있다. 논의의 전개를 고려할 때, (1)과 같이 앎이 성립하는 구체적인 과정에 대한 질문이 등장하는 것은, 플라톤 작품에서 앎에 대한 논의가 등장하는 다른 맥락들을 고려할 때, 자연스럽지 않아 보이고, (2)와 같이 실제로는 몇 단계 논변을 거친 후에 ─ 170c6 이하에서 드러나게 될 처럼 ─ 도달하게 될 내용을 (그것이 불가능할 것이라는 점을) 지금 이 자리에서 예상하면서 소크라테스가 넌지시 질문으로 던지고 있다고 보는 것이 자연스럽다. 달리 말하면, "어떻게 알게 될까요?"라는 질문은 사실상 독자들로 하여금 그럴 수 없을 것이라는 점을 미리 예견하게 하는데, 그러한 취지에서 소크라테스가 크리티아스에게 질문을 제기하고 있는 것으로 읽는 것이 문맥에 비추어 자연스러워 보인다. 또한 170c1~4의 내용도 이러한 독해의 방향을 지지해 준다.

303 음악에 의해서이지 : 여기에서는 예술 또는 학문 분야로서의 음악을 지칭한다는 것이 문맥상 분명하다.

304 이것을 : 여기에서 '이것'은 바로 위에서 예로 등장한 '건강함'이나 '집 짓기'와 같이 개별 기술이 다루는 그것의 고유한 영역 및 대상을 지칭

한다.

305 누군가가 무엇을 알고 있는지를 : 또는 '누군가가 알고 있는 것이 무엇인지를'이라고 옮길 수도 있다.

306 절제하기라는 것과 절제는 : '절제하기'는 동사의 원형(infinitive)인 'sōphronein'을 옮긴 것이고, '절제'는 명사 'sōphrosynē'를 옮긴 것이다. 그 둘이 정확히 어떤 차이가 있는지를 가려내기는 쉽지 않아 보이는데, 일단 각각의 개념들이 문법적인 형태와 성분이 다르기는 하지만, 이 문장은 사실상 둘을 동등한 것으로 묶어서 하나로 취급하고 있는 것으로 보인다.

307 누군가가 무엇을 알고 또 무엇을 모르는지를 앎이 : 또는 '누군가가 알고 있는 것과 모르고 있는 것을 앎'이라고 옮길 수도 있다.

308 그렇다면 절제하기라는 것과 절제는 … 도리어 누군가가 안다는 점과 누군가가 모른다는 점만을 앎이겠군요 : 이 문장은 '앎에 대한 앎'이라는 개념을 크리티아스의 제안하고 있는 바대로 이해할 때 어떤 논리적인 귀결이 따라 나오는가를 검토하는 과정에서 등장한 것으로 이해하는 것이 합당하다. 그 점은 우선 본문에서 '그렇다면'이라고 옮긴('그 경우에' 또는 '당신의 주장을 따른다면'이라고 옮길 수도 있다) 'ara'라는 소사(particle)의 — 일종의 논리적인 추론(inference)을 표현하는 — 용법을 통해서도 간접적으로 지지할 수 있다. 또한 소크라테스는 167a1~7에서 그리고 169d~170a에 걸쳐서도 이미 절제가 "누군가가 무엇을 알고 또 무엇을 모르는지를 앎"이라고 이야기해 왔고, 크리티아스가 제안하는 개념이 자신이 이해하고 있는 바를 함축하는지를 검토해 왔다는 맥락을 다시 상기하면서 이 구절을 읽을 필요가 있다. 이러한 맥락을 무시하고, 만약 이곳 170d에서 소크라테스가 자신이 지닌 절제에 대한 이해 방식을 피력하고 있는 것으로 보게 된다면, 소크라테스가 일관성 없이 자신의 입장을 바꾸고 있는 것으로 보게 될 것이다. 실제로 일부 해석들은 소크라테스가 크리티아스와 함께 공동의 탐구를 진행하면서, 그 과정에서 길을 제대로 못 찾고 표류하고 있는 것처럼 이

해하는 경우도 있어 왔다. 하지만 바로 앞의 논의 맥락에서 소크라테스와 크리티아스가 서로 양보 없이 의견의 일치를 보지 못하고 있었음을 인정할 수 있다면, 그리고 크리티아스의 제안이 함축하는 한계가 어떤 것인가 하는 점은 사실상 소크라테스가 170b12에서 제기한 질문에서부터 예상된 것이었음을 상기한다면, 그러한 논변의 과정을 통해서 크리티아스의 주장이 소크라테스가 이끌어 가는 검토와 테스트를 견디지 못하고 어떻게 좌초하게 되는가 하는 점을 저자인 플라톤이 보여주려고 하는 것이라고 읽는 것이 합당하다.

309 그것 : '어떤 사람이 지니고 있다고 주장하는 그 앎.'

310 알아듣지 : 여기에서 알아듣는다는 말은 '귀기울여 듣고 관련된 사태를 정확히 이해함'을 지칭한다.

311 ─ 왜냐하면 우리가 이야기했듯이 의사는 … 알아듣지 못하니까요 ─ : 이곳의 맞춤표는 원문에 있는 것이다. 한편 우리는 일반적으로 의사라는 개념으로 개별적인 인간으로서 현실의 제도 속에서 자격을 인정받고 의료행위를 하는 직업을 지닌 사람들을 지칭한다. 그러한 일상인으로서의 의사는 우리와 같이 일상적인 농담도 하고 시사문제에 대해서도 토론도 할 수 있을 것이다. 하지만 위의 문장에서 소크라테스는 의사가 행하는 기능에 주목하면서 ─『국가』 1권의 논의에서 (특히 338c 이하에서) 엄밀한 의미의 통치자를 규정했던 것과 같이 그 전문기술이 다루는 대상의 본성에 대한 이해를 바탕으로 그 직능이 요청하는 바를 (즉 해야 마땅한 것을) 온전히 수행하는 한에서의 ─ 엄밀한 의미에서의 의사, 즉 일종의 이상(理想)적인 모델(범형)로서의 의사에 대해서 이야기하고 있는 것으로 이해하는 것이 좋겠다. 이미 앞에서 164a~c 구절과 관련해서 (주석에서 그리고 「작품 안내」에서도) 의사가 추구하는 이로움 또는 좋음이 어떠한 성격의 것인지를 설명했던 것을 다시 참고해 보라.

한편 이곳에서도 플라톤이 기능(또는 힘) 존재론이라고 부를 만하게 어떤 직능(기능과 역할)과 그것의 대상인 건강, 질병 등이 일차적으로 있는 것들로 등장한다는 점도 다시 한번 주목할 만하다. 우리는 일반적으로 개별자로서의 사람과 같은 존재자들이 이 세계를 구성하는 일차적인 존재라는 (아리스토텔레스의 실체 개념과 유사한 방식으로) 직관을 갖고 있는 경우가 많다. 하지만 플라톤의 세계관에서는 어쩌면 그러한 개별자로서의 인간보다는 어떤 이상으로서의 기능, 직능, 범형, 본과 같은 것이 우선적으로 있는 것들이라고 표현하는 것이 합당해 보이는 경우들이 많이 있다. 그리고 그러한 관점과 입장이 보편자와 개별자의 관계, 윤리적 주제와 관련해서도 일정한 함축을 지닌다.

312 **그렇다면 의술에 대해서도 … 앎이니 말입니다** : 이 구절에서 다시 한번 우리의 일상적인 직관과는 다른 이야기가 등장하고 있다. 다시 한번 강조하지만, 지금의 논의 맥락에서 소크라테스는 크리티아스의 제안과 그의 개념 이해 방식에서 어떤 귀결이 따라 나오는가를 검토하고 있기에, 지금의 문장은 소크라테스 자신이 스스로 지녔을 법한 의견과는 구분해서 읽을 필요가 있다. 어쨌건 지금은 문장은 — 의사가 건강과 질병은 알고 치료할 줄은 알지만, 자신이 앎을 지니고 있다는 사실 자체는 모르고, 그 사실은 '앎에 대한 앎'으로서의 절제를 지닌 사람만이 가려낼 수 있다는 — 우리의 상식적인 직관에 (물론 그것이 항상 옳은 것은 아니다) 어긋나는 내용을 담고 있기에 그것이 주는 충격적인 효과 또한 대단히 커 보인다. 어쩌면 권력을 잡은 자가 여러 전문 분야와 관련된 사안들에 대해서 전문가의 의견을 귀담아 듣지 않고, 그 분야의 앎을 누가 지니고 있는지를 자신이 알고 판단할 수 있다고 허황되게 그리고 자의적으로 주장하는 경우를 상정해 보면, 크리티아스가 의도하고 있는 개념의 의미와 함축을 좀더 이해하기가 용이할 것이다.

313 **171a3~6** : 이 문단에서 묻고 확인하고자 하는 핵심 아이디어는 각각의 개별 분야의 앎이 무엇인지 그 정의 또는 정체성(identity)을 규명하려면, 즉 단지 앎이라고만이 아니라 어떤 특정한 앎으로 규정되는 사태를 규명하려면, 그것이 무엇에 대한 것인가, 즉 무엇을 대상으로 삼

는가를 정확히 규정해야 한다는 것이다. 그런데 편집자 버넷은 텍스트의 '그것이 무엇들에 대한 것인가 하는 점에서(tōi tinōn einai)'라고 역자가 옮긴 부분에서 'tinōn'을 부정대명사(indefinite pronoun)로 보고 마지막 음절에 circumflex accent(τινῶν)를 표시한 것으로 보인다. 만약 그와 같이 'tinōn'을 부정대명사로 보게 되면, '그것이 (무엇이라고 특정되지는 않지만) 어떤 것들에 대한 것이라는 점에서' 또는 '(특정되지 않은) 어떤 대상들을 지닌다는 점에서'라는 뜻이 될 것이다. 만약 누군가가 혹시라도 버넷의 입장을 최대한 호의적으로 읽어주려는 의도에서, '(특정되지 않은) 어떤 것들'이라는 표현이 각각의 개별 분야의 앎이 지니는 대상을 일반적으로 대변하여 지칭하는 보편적 개념으로 이해할 수 있는 가능성도 있지 않겠느냐고 질문할지도 모르겠다. 하지만 그렇게 되면, 부정대명사가 그런 방식으로 사용된 사례가 있는지 전거를 찾아서 충분히 재검토해야 할 것이고, 플라톤이 개별자나 보편자에 대해서 어떤 이해를 지니고 있었는지도 함께 재고해 보아야 할 것이다.

하지만 이러한 방식으로는 문맥의 의미가 명확하고도 충분하게 전달되기가 어렵다. 위에 언급한 핵심 아이디어가 일관되게 드러나는 방식으로 읽으려면, 위의 'tinōn'을 의문대명사(interrogative pronoun)로 보고 첫 번째 음절에 acute accent(τίνων)를 표시하는 것이 더 단순하고도 합당하다고 본다. 또한 171a4행의 'hētis'와 171a5행의 'hontinōn'은 부정관계대명사(indefinite relative pronoun)인데 해당 문장에서는 간접의문문의 의문사로서 쓰이고 있으며, 그것에 대한 일종의 응답으로서 171a6행의 'tinōn'도 의문대명사로 보는 것이 더 자연스럽다고 본다. 합리적인 이유가 있다면, 독자(역자)가 편집자와 다른 의견을 제시하고 선택하는 일도 충분히 가능한 일이다. 2010년 검토 과정에서 등장한 아이디어를 재정리한 것임을 기록해 둔다.

314 171c1~2 : 이 문장의 마지막 구절에는 화자가 명시적으로 발화하지 않은 숨은 가정이 있다. 즉 "왜냐하면 그는 절제에 덧붙여서 의사이

기도 할 테니까요"는 그러한 가정 위에서 따라 나오는 귀결만을 이야기한 것으로 보이는데, 그 숨은 가정은 전후 맥락을 통해서 추론해 볼 수 있다. 우선 바로 앞에서 누군가가 의술을 지니지 않고서는 의술에 대해서 올바르게 이해하거나 검토할 수 없게 될 것이라고 했다. 그렇다면 지금 문장에 드러나 있지 않은 숨은 가정을 포함시키자면, 이 문장은 다음과 같이 다시 쓸 수 있다. "만약 절제 있는 누군가가 의술과 관련해서 이야기된 것들과 실행된 것들이 참되고 올바른지를 살펴보고 이해하고 판정할 수 있다면 (그런 일은 의술을 지닌 사람만이 할 수 있다고 했으므로) 그는 절제 있는 사람인 것에 더해서 의사이기도 할 것이다." 이 문장은 일차적으로는 크리티아스의 주장이 함축하는 난점을 보여주는 논증의 일부로서 그 역할을 한다. 즉 앞에서 크리티아스는 누군가가 어떤 앎을 지니고 있다는 사실은 (앎에 대한 앎으로서의) 절제를 지닌 사람이 가려낼 수 있다고 했다. 그러나 크리티아스가 제안한 앎에 대한 앎은 실질적인 내용에 대한 앎이 결여된 것이기에, (바로 아래 구절에 등장하는 것처럼) 그것을 지니고서는 그가 검토의 대상으로 삼는 누군가가 진짜 앎을 지녔는지를, 이를테면 건강함에 대한 앎을 지닌 의사인지 의사가 아닌지를, 구분해 낼 수 없다는 것이 지금 이 구절에서의 논증이 보여주려고 하는 핵심이다.

하지만 동시에 이 문장은 지금 논의되고 있는 문제에 대하여 소크라테스가 염두에 두고 있는 바를 재구성하는 단서로 쓰일 수도 있다. 각각의 개별 분야의 앎을 지닌 사람이 (이를테면 의사가) 자신이 지닌 앎을 바탕으로 또 다른 누군가가 그 분야의 앎을 지니고 있는지를 판정해 낼 수 있다는 점은 부정되지 않는다. 이 점은 164a1~d3 그리고 168d6~e2 구절의 함축과 연관지어 고려해 보는 것이 좋겠다. 해당 구절의 주석과 해설을 참고하라.

315 그것은 : 희랍어 원문에서는 이 문단 전체가 한 문장이다. 전후 맥락과 문법을 고려할 때, 우리말로 '그것은'이라고 지칭한 이 절의 주어는 바로 앞의 조건절(ei-절)의 주어인 '절제'이다. 하지만 우리는 일반적

인 상식에 기대어, 가려내는 행위의 주어는 사람이 되는 것이 합당하다고 여길 가능성이 크다. 하지만 한 걸음 더 나아가서, 플라톤이 구사하는 어휘들이 어떤 함축을 지니는지도 생각해 볼 수 있겠다. 우선 바로 앞의 171b5에서 드러나듯이 플라톤이 일차적으로 관심두고 있는 것은 특정한 직능과 기술을 수행하고 있는 한에서의 기술자(앎을 지닌 자)라는 점을 상기해 보자. 그리고 절제도 인간의 덕(뛰어남)으로서—그리고 덕은 앎의 하나로서 간주되고 있으므로—사람의 행위와 기능을 통해서 발현되는 것이라고 한다면, 여기에서 플라톤이 절제라는 개념을 주어로 사용하면서 그것을 지칭할 때, 그는 절제 있는 사람이 절제를 행하는 사람인 한에서 보여주는 기능과 행위를 지칭하고 있는 것이라고 이해할 수 있겠다. 그렇게 되면 '절제'라는 개념이 한편으로는 사물처럼 지칭되고 다른 한편으로는 사람과의 연관 속에서 이야기되는 일을 좀더 이해할 수 있게 될 것이다. 더 나아가 이러한 구절에서 우리는 우리가 상식적으로 지닌 존재론적인 출발점과 플라톤이 지녔을 법한 출발점의 차이도 발견할 수 있을 것이다. 앞에서 언급했듯이, 우리는 일반적으로 아리스토텔레스의 방식을 더 친숙하게 받아들이면서 개별자로서의 사람이 이 세상에 있는 일차적인 존재자이며 실체라고 간주한다. 하지만 플라톤의 어휘 구사에서 드러나는 그의 관심은 특정한 기능, 역할, 직능, 덕의 수행에 놓여 있으며, 그는 그러한 역할, 기능들이 개별자보다 더 우선적인 것들이라고 간주하고 있는 것으로 보인다. 이에 대해서는 더 상세한 논의가 필요할 것이다.

316 170a9~171c10 : 이 구절의 문단들에서는 다시 한번 '그가 말했다'와 같이 직접화법임을 표시하는 장치가 없이 대화 내용이 직접적으로 전달되고 있다.

317 171d1~2 : 이 문장 내의 맞줄표는 원문에 있는 것은 아니고, 분사를 활용한 문장의 구조를 드러내기 위해서 역자가 활용한 것이다. 한편 바로 이전까지의 논의에서 소크라테스는 크리티아스가 제안하고 있

는 바대로의 절제가 이로움을 제공하지 않는다는 점을 보인 셈이다. 지금 이 문장은 사실상 바로 그 점을 확인하고자 하는 취지의 질문을 담고 있다. 또 바로 뒤이어 등장하는 문장들도 그 점을 지지하기 위한 근거로 제시되고 있다고 보는 것이 합당하다. 즉 이하에 등장하는 내용들은 절제가 가져다줄 것이라고 크리티아스가 진작부터 주장하려고 했을 법한 대단히 이상적인 전망들을 보여준다. 그러한 전망과 (크리티아스의 제안이 논변과 검토의 과정을 거쳐서) 실제로 도달한 결과가 어떻게 큰 차이가 나는지를 극적으로 보여주고자 소크라테스는 첫발을 내딛고 있다.

318 우리가 처음 시작에서 전제로 놓았던 것처럼 : 이곳에서 말하는 시작이란 167a1~8 구절을 지칭한다.

319 171d2~e7 : 이 구절에 등장하는 내용은 그 구문이 ─ 반과거(또는 미완료, imperfect) 시제와 소사(particle) 'an'의 조합 ─ 드러내 주듯이 반사실적인 가정(contrary to fact) 위에서 이야기되고 있다. 이러한 반사실적인 가정(그리고 그것으로부터 따라 나오는 귀결들)은 지금까지의 논의 과정에서 크리티아스가 내심으로 지니고 있었을 것이라고 추정되는 기대와 의도가 어떠한 것이었을지를 확인하고자 하는 취지에서 등장한 것이라고 역자는 본다. 이미 바로 이전까지의 논변에서는 크리티아스가 제안한 '앎에 대한 앎'으로서의 절제가 (소크라테스가 검토해 온 바에 따르면, 이를테면 의술이 없이 누군가가 의사인지를 가려내는 것은 불가능하므로) 크리티아스의 애초 주장과는 다르게 누군가가 앎을 지니고 있는지를 가려낼 수 없다는 귀결에 도달했다. 그런 결과와 다르게, 지금 제시되고 있는 바와 같이 절제에 의해서 완벽하게 다스려지는 사회가 실현 가능할 것인지, 또 그렇게 간주해도 좋은지를 소크라테스는 크리티아스에게 묻고 확인하려고 하는 것이다. 플라톤은 이러한 과정을 보여주면서 사실상 지금까지의 논변과 크리티아스가 내심 지녀온 태도 및 의도하고 있던 바에 대한 평가를 시작하고 있는 것으로 볼 수 있다. 물론 이를 통해서 우리들 독자들도 지금까지의 논의

과정을 다시 검토해 보게 된다. 그리고 지금 제시되고 있는 것과 같은 일종의 완벽한 사회의 모습이 소크라테스 자신이 기대하는 바와는 거리가 있다는 사실은 172d 이하에 등장하는 소크라테스 자신의 지적과 비판을 통해서도 입증될 수 있다.

320 171d7 : 이 행에서 편집자 버넷은 하인도르프의 제안을 따라서 'kai'를 지우고 읽었다. 문장의 구조를 고려할 때 자연스럽고 합리적인 선택이라고 보고 역자도 그 제안을 따른다.

321 이곳의 맞줄표는 원문에 있는 것이다.

322 그렇게 놓여진 사람들은 : 우리말 표현의 자연스러움을 취하자면, 이 표현도 "그러한 상태에 놓인 사람들은" 또는 "그렇게 질서를 갖춘 사람들은"이라고 옮길 수도 있겠다. 앞에서도 몇 차례 언급했듯이, '상태', '질서'와 같이 원문에 등장하지 않는 개념을 사용하는 일을 자제하려는 의도에서 다소간 투박해 보이지만 원문에 근접하는 표현을 선택하였다.

323 누군가가 … 좋은 것이겠느냐고 : 앞에서는 이로움이라는 개념을 (169c1에서는 ōphelimon, 171d1에서는 ōphelia) 사용해 왔는데, 이곳 이하에서는 좋음이라는 개념을 (172a4에서는 agathon, 172b1에서는 to agathon) 사용하고 있다. 소크라테스가 논의 과정에서 이로움과 좋음을 등치시키는 것으로 보이는 구절은 플라톤 작품의 곳곳에 많이 있다. 하지만 두 개념이 정확히 어느 지점까지 같고, 또 어떻게 구분되는지, 그 두 개념의 관계에 대해서는 『국가』, 『고르기아스』 등에 등장하는 논변의 맥락들을 종합적으로 고찰하여 좀더 정밀하게 논하는 것이 좋겠다.

324 하지만 이제 … 보고 계시지요 : '하지만 이제'라는 표현은 'nun de'를 옮긴 것이다. 이 표현은 논의가 특정한 가정 위에서 진행되다가 다시 현실의 사태로 돌아오는 맥락에서 특징적으로 사용된다. 지금의 맥락에서도 바로 앞 문단에서는 반사실적 가정 위에서 이야기를 전개했었고, 이제 다시 소크라테스는 (반사실적 가정을 도입하기 이전의) 방금 전까지의 검토 결과로 드러난 사실들을 다시 주목해 보라고 크리티아스

에게 권고하고 있는 것이다.

325 이것을 : 여기에서 '이것'은 앎과 알지 못함을 가려내는 앎을 지칭한다.

326 172b1~8 : 이 구절의 원문은 한 문장이고 의문문이다. 우리말의 가독
성을 위해서 몇 개의 문장으로 나누어서 옮겼다. 그리고 지금 이 문단
(172b1~c2)은 소크라테스가 (절제가 바로 앞에서 제시된 과장된 전망을 이
루게 해 주지 않을 것임을 확인한 후에 그렇다고 하더라도) 절제가 다음과
같은 정도의 것들은 가능하게 해 주지 않겠느냐는 취지로 크리티아스
의 의견을 확인하려고 하는 것으로 읽는 것이 좋겠다.

한편 앞의 문단(171d1~172a5)에 사용된 조건문 구문(반사실적 가정)은
그 실현 가능성의 정도가 낮은 것을 표현하는 것이었다. 하지만 지금
이 문단(172b1~c2)에 사용된 조건문(가정법 현재present subjunctive와
직설법 미래future indicative의 조합)은 그 실현 가능성의 정도가 높은 것
을 표현한다. 이 각각의 문단에서 제시된 아이디어에 대하여 크리티
아스가 어떻게 반응하고 있는지를 (그리고 소크라테스와의 차이점에) 주
목해 보면 흥미롭다. 크리티아스는 앞의 문단(171d1~172a5)에 제기
된 질문에 대해서는 전적으로 그렇다고(172a6) 하면서, 과장된 전망
을 — 그것이 실현가능성이 낮은 것임에도 불구하고 — 반기고 승인하
는 태도를 보였다. 하지만 지금 172b1~c2에서 제시되는 질문에 대해
서는 — 이번에는 그것이 실현될 가능성이 상대적으로 높은 것으로 보
이지만 온건한 정도의 전망만을 담고 있다 — 어쩌면 그럴 수도 있겠
다고(172c3) 말하면서, 바로 앞에서와는 대조되는 태도를 보인다. 이
와 같은 크리티아스의 태도가 함축하는 바는 특히 173b 이하의 논의
전개 과정에서 좀더 분명하게 드러나게 될 것이다.

한편 소크라테스는 앞의 문단(171d1~172a5)에서 제시했던 과장된 전
망에 대해서, 어떠한 앎도 그러하다고 드러난 적이 없다고 말했고
(172a7~8), 지금 이 문단에서 제시되고 있는 정도의 전망은 실현 가능
성이 있다고 간주했을 것이라고 추론해 볼 수 있다.

327 그러한 어떤 것들이 … 그것이 어떤 더 큰 것이기를 구(求)하고 있는 것인가

요? : 크리티아스의 의견에 대한 소크라테스의 비판은 171d1에서부터 이미 시작된 셈인데, 이곳 172c에서부터 그 비판이 좀더 명시적으로 그리고 본격적으로 진행된다고 하겠다.

328 **아마도 그럴 것입니다 … 유용하지 않은 것을 쫓아왔던 것입니다** : 이 대목에서 소크라테스는 '아마도(isōs)'라는 말을 반복해서 말하면서 발화를 시작하고 있다. 절제가 가져다 줄 이로운 결과가 어떠한 것인지에 대한 지금까지의 논의는 크리티아스의 과장된 전망과 기대에는 못 미치는 결과에 도달하였다. 그리하여 소크라테스는 실제로 가능할 법한 것은 이런 정도의 것이지만, 자신들이 절제가 (또한 그것이 가져올 결과가) 실제로 그러한 것보다 더 큰 것이기를 추구해 온 것이냐고 방금 전에(172b1~c2) 질문했던 것이다. 하지만 크리티아스는 소크라테스의 그러한 질문에 "어쩌면 그럴 수도 있겠네요(tacha d' an … houtōs echoi)"(172c3)라고 답하면서, 자신의 거창한 기대에 못 미치는 결과에 대하여 다소간의 실망감을 내비치고 있는 것으로 보인다. 바로 그러한 태도에 대응하면서 소크라테스는 크리티아스의 태도를 일부 수긍하는 듯 그 문장(172c3)의 구문 구조를 그대로 받아서 취하면서도, 크리티아스가 사용한 '어쩌면(tacha)' 대신 '아마도(isōs)'라는 단어를 사용하면서 (나머지 문장 성분은 생략한 것으로 보는 것이 자연스럽다) 소크라테스는 자신이 크리티아스와는 다르게 사태를 평가하고 있음을 보여주고 있다(물론 다시 강조하자면, 이 또한 플라톤의 인물 형상화 방식의 일부이다). 행간의 의미를 추가해서 172c4~5의 문장을 다음과 같이 풀어서 쓸 수 있겠다. "당신처럼 '어쩌면 그럴 수도 있겠다'고 말할 것이 아니라, 저는 아마도 그럴 것이라고 말하겠습니다. 아마도 우리는 전혀 유용하지 않은 것을 찾으려고 쫓아 왔던 것입니다. 당신이 애초에 내세웠던 절제는 실질적으로 유용한 결과를 산출하지 못한다는 것이 앞에서 드러났으니까요." 'ge'의 역할에 대해서는 데니스톤(Denniston, 1959, p. 154)과 *CGCG* 59.53(p. 692)를 참고하라.

329 **제가 이렇게 말하는 증거는 … 어떤 이상한 것들이 절제에 관하여 분명히**

드러나 보이기 때문이지요 : 소크라테스는 이제 172c5 이하에서 크리티아스가 이해하고 제안한 바대로의 절제 개념에 바탕을 두고 전개된 검토 및 논변 전체가 어떤 귀결에 도달했는가를 정리하고 평가하는 작업을 시작하고 있다. 또한 '이상한 것들(atop' atta)'에 대응하는 소크라테스의 태도를 크리티아스가 이상한 것이 있다고 하면서 보여주는 태도와 비교해 보는 것도 흥미롭겠다. 172e3 이하를 보라.

330 당신이 원하신다면, 앎을 가려내 알기가 가능하다고 : 편집자 버넷의 제안을 따라서 대괄호 안의 'eidenai'를 지우고 읽는 것이 문맥상 자연스럽다고 본다.

331 왜냐하면 우리가 방금 이야기했던 것들을 … 우리가 아름답게 동의했었던 것으로 보이지가 않는군요 : 이 문장에서 소크라테스가 앞에서 아름답게 동의하지 않았다고 말하며 지칭하는 구절은 171d1~172a6이다. 이미 크리티아스가 제안한 절제 개념에 대한 검토의 귀결이 어떠한 것인지를 이미 쌍방이 함께 확인했음에도 불구하고, 크리티아스는 (실제 논변의 귀결에 비추어 볼 때) 과장된 전망과 기대를 품고 171d1~172a5의 내용을 반기며 받아들이고 있는 것으로 보이며, 그로 인해서 내적인 불일치가 발생하게 된다. 이제 소크라테스는 그 점을 지적하며 크리티아스와는 분명한 거리를 취하는 것으로 보인다. 그리하여 이 문장은 소크라테스가 ─ 172a7~8 구절에 이어서 ─ 크리티아스에게 던지는 (비유적으로 표현하자면) 또 한 번의 결정타라고 볼 수 있다. 또한 이 문장에서 소크라테스가 "우리가 아름답게 동의했던 것으로 보이지가 않는다"는 표현을 사용하고 있다는 점에 (특히 밑줄 친 부분에) 주목해 보자. 즉 이 문장의 표현은 행위자에 관심을 둔 표현인데, 그러한 언사를 통해서 소크라테스가 자기 자신이 지금까지 수행해 온 일에 대한 평가를 하고 있음이 드러난다. 또한 자신이 수행해 온 탐구의 적실성 여부를 검토하고 있다는 점에서 자신의 의견과 인지적 상태에 대한 일종의 반성적 앎이 드러나고 있다고 볼 수도 있을 것이다.

한편 157a에서 소크라테스는 자신이 잘목시스의 의사에게 배워 왔
다고 하는 치료법을 이야기하면서 카르미데스의 영혼을 치료하기 위
해서는 주문을 사용해야 하며, 그 주문은 아름다운 말이라고 이야기
한 바 있다. 그 주문이 정확히 어떠한 것인지 대화 진행 과정에서 다
시 명확히 밝힌 바는 없지만, 역자는 그 아름다운 말이 사실상 대화를
통한 논의의 과정(dialectic)과 동일한 것이라고 본다. 지금 소크라테스
가 대화의 쌍방이 논의 과정에서 아름답게 동의하지 않았었다고 말하
고 있다는 사실 자체가 대화를 통한 논의 과정이 아름답다는 — 또는
그렇지 않다는 — 술어로 평가될 수 있는 것이라는 점을 보여준다. 즉
논변과 논의의 과정은 말로 이루어지는 것이고 그것은 — 물론 모든
말이 아름답다고 할 수는 없을 것이므로, 그것이 일정한 결과를 성공
적으로 산출한다면 — 아름다운 말이라고 불릴 수 있다.

332 그 개한테 맹세코 : 이 말은 플라톤 작품의 여러 곳에서 소크라테스
가 맹세를 하면서 즐겨 사용하는 특유의 표현이다. 일례로 그는 『고
르기아스』 482b에서 '이집트인들의 신인 그 개에 맹세코'라고 말하
면서 서약을 한다. 개는 아마도 지상과 지하세계의 중개자인 아누비
스(Anubis)일 것으로 추정된다고 한다. 고대 그리스에서 그에 상응하
는 역할을 담당하는 존재는 헤르메스(Hermēs)이다. 웨스트와 웨스트
(West & West, 1986, p. 50)를 참조하라.

333 172e3~172a1 : 크리티아스와 소크라테스가 각각 172e3와 172e5에서
'이상한(atopa)'이라는 표현을 사용하고 있지만 어떤 이유에서 각자가
그렇게 이야기하고 있는지를 주목해서 보면, 두 인물의 관심사, 현 상
황에 대한 이해, 지향점이 어떻게 서로 다른지가 드러난다. 「작품 안
내」를 보라.

334 그것이 뿔을 통과해서 나온 것인지, 아니면 상아(象牙)를 통과해서 나온 것
인지를 말입니다 : 이곳에서 소크라테스는 호메로스(『오뒤세이아』 19.
564~569)를 언급하고 있다. 톱질 된 상아 문을 통과해 나온 꿈은 실현
되지 않을 말을 전해주어 사람을 속이지만, 윤이 나게 닦인 뿔로 된

문을 통과해 나온 꿈은, 누구든 그것을 본 인간에게, 실제로 일어날 일을 전달해 준다고 하는 이 내용은 그곳에서 페넬로페가 나그네에게 ― 그가 자기 남편 오뒷세우스인지를 아직 모르는 채로 ― 건네는 대사의 일부이다.

335 이곳의 맞줄표는 원문에 있는 것은 아니고 문장의 구조를 분명히 드러내기 위해서 역자가 사용한 것이다.

336 173a8~c2 : 이 구절은 희랍어 문장으로는 사실상 한 문장이다. 처음 시작의 조건절에 이어서 등장하는 주절이 'allo ti'로 시작되고 있고, 173b4에서 콜론으로 일단락된다. 뒤이어 등장하는 절은 바로 앞의 내용으로부터 따라 나오는 귀결들을 거의 동일한 구문 구조 속에서 제시하면서 173c2에서 의문문으로 마무리되고 있다. 따라서 그 전체가 의문문을 이루고 있는 것으로 볼 수 있다. 희랍어 문장처럼 전체 문장을 우리말 한 문장으로 옮길 수는 없기에 의미의 단위를 구분지어 옮겼고, 그것들이 질문의 내용이 된다는 점을 드러내 주기 위한 선택을 하다보니 의문문이 여러 개 등장하는 모양이 되었다.

337 이곳의 맞줄표는 원문에 있는 것은 아니고 문장의 구조를 분명히 드러내기 위해서 역자가 사용한 것이다.

338 진짜 예언자들을 앞으로 일어나게 될 일들의 예언관으로 우리에게 임명해 준다고 : 'manteis'와 'prophētas' 둘 모두 예언자를 지칭하는 단어들인데, 이곳의 문맥을 고려할 때 'mantis'는 점술이나 예언을 행하는 자 일반을 지칭하는 것으로 보이고, 'prophētes'라는 단어가 '임명하다(kathistanai)'라는 표현과 함께 쓰인 것을 고려하면, 'prophētes'는 '신의 뜻을 대변하여 그것을 해석하여 전달해주는 자'라는 기본적인 뜻에 더해서 '한 나라에서 권력을 지닌 자가 국가 운영의 필요로 인해서 임명하게 되는 일종의 관직'이라는 뜻을 내포하는 것으로 볼 수 있다. 이와 같은 맥락을 고려해서, 'mantis'를 '예언자'로 옮기고 'prophētes'를 '예언관'으로 옮겼다. 이 구절의 의미와 함축에 대해서는 「작품 안내」를 보라.

339 이곳의 맞줄표는 원문에 있는 것이다.

340 잘 행하게 될 것이고 또 행복하게 되리라는 점 : 'eu prattein(잘 행하다)'과 'eudaimonein(행복하다)'은 '행복'이라는 개념을 지칭할 때 함께 쓰이는 표현들로서 사실상 거의 같은 의미를 내포한다고 볼 수 있다.

341 하지만 덧붙이자면 : 바로 앞에서 소크라테스는 우리가 앎에 의거해서 행한다고 해서 잘 행하게 되고 행복하게 되리라는 점을 이해할 수 없다고 했다. 지금 이곳에서 크리티아스는 바로 그 논점을 받아들이고, '상대방이 말한 그 사안에 대해서' 자신의 의견을 덧붙이고 있다. 이러한 맥락을 고려하여 'alla mentoi'를 본문과 같이 옮겼다.

342 만약 당신이 '앎에 의거해서'라는 것을 업신여기신다면 : 이곳에서 '앎에 의거해서'라는 말은 사용되고 있기보다는 언급되고 있다고 볼 수 있다. 164d7~165a5 구절에 유사한 사례가 다수 있고, 그곳의 해당 구절의 주석 223번에서 좀더 상세하게 설명하였다.

343 '잘 행함'의 또 다른 완성들(allo ti telos tou eu prattein) : '잘 행위함이라는 인생의 목표를 완전하게 성취하여 실현할 또 다른 방도'를 의미한다고 읽었다. 'eu prattein'이라는 표현을 대화 참여자 모두가 행복과 거의 동의어로 취급하며 대화를 이어가고 있다고 할 수 있고, 그 점에서 이 표현은 당시의 희랍 사람들이 일반적으로 지니고 있었던 것으로 보이는 통념을 반영한 인생에서의 가장 궁극적인 목적, 목표를 지칭한다고 읽는 것이 합당해 보인다. 이 문장에서 크리티아스는 자신이 염두에 두고 있는 '앎에 의거해서'라는 요건을 — 그것이 정확히 무엇을 의미하든지 — 하찮게 여기면, 그러한 인생의 궁극적인 목적, 목표에 도달할 방법을 달리 찾아낼 길이 없을 것이라는 취지의 이야기를 하고 있는 것이다.

344 신발용 가죽 재단하기 : 또는 '갖바치 일', '무두질'이라고 옮길 수 있겠다.

345 제우스에게 맹세코 : 감탄을 표현하는 관용어구에 제우스가 등장하는 일은 여러 곳에서(154b, 161c, 162b, 167d, 173e, 176a) 반복되고 있다.

154b 해당 구절의 주석도 참고하라.

346 173e1~5 : 여기에서도 '내가 말했다' 또는 '그가 말했다'는 표현들이 생략된 채로 화자들의 발화 내용만 그대로 노출되어 있다. 있는 그대로를 살려서 옮겼다.

347 앎에 의거해서 살아가는 사람이 행복하다는 말을 : 플라톤 작품을 읽다 보면 'logos'라는 단어를 상당히 자주 만나게 된다. 이 단어는 맥락에 따라서 '말', '이야기', '주장', '명제' 등으로 다양하게 옮길 수 있는데, 우리말에서 '말'이라는 단어가 그것이 활용되는 맥락에 따라서 '주장'이나 '논지'를 지칭할 수도 있다는 점을 고려해서, 이곳의 본문에 등장한 'logos'라는 단어를 ― '주장', '논점', '명제'와 같은 단어를 선택하지 않고 ― '말'이라고 옮겼다.

348 당신은 행복한 사람을 무엇인가에 대한 앎에 의거해서 살아가는 사람이라고 한정하고 있는 것으로 저에게는 보이니까요 : 역자는 슐라이어마허의 추정(zōnta, 단수로 '살아가는 사람'으로 읽음)과 베커의 제안(su, 문장의 주어를 '당신'으로 봄)을 채택한 편집자 버넷의 제안을 받아들여서 본문과 같이 옮겼다. 아펠트(Apelt, 1922)도 그렇게 읽고 있다. 한편 B와 T 사본을 따르는 또 다른 독해를 따르자면, 이견이 있는 부분은 "… zōntōn eu dokei …"(173e9)로 되어 있고, 웨스트와 웨스트(West & West, 1986)도 이런 독해를 따르고 있다. 하지만 이런 식으로 읽으면, 동사 'dokei'의 주어가 무엇인지를 알기 어렵다. 물론 "행복한 사람은 무엇인가에 대한 앎에 의거해서 살아가는 사람들에 속한다고 잘 한정(정의)되는 것으로 저에게는 보이니까요"라고 옮길 수 있겠는데, 이렇게 읽을 경우에도 희랍어 문장에서 대격(accusative)인 '행복한 사람'이 동사 'dokei'의 주어라고 볼 수는 없다. 보는 관점에 따라서, 두 독해 방식 중의 어느 것을 채택하거나 문맥의 대의를 이해하는 데에 큰 차이를 가져오지는 않는다고 볼 수도 있겠으나, 지금의 맥락에서 소크라테스는 크리티아스가 어떤 의견을 지니고 있는지를 확인하고자 하는 취지에서 논의를 이끌어 가고 있으므로 버넷의 제안처럼 (당신이 …

한정하고 있는 것으로 보인다고) 읽는 것이 좀더 합리적이라고 판단했다.

349 바로 이 사람을 … 또한 다른 사람도 말하는 것입니다 : 크리티아스가 '앎에 대한 앎'을 지닌 사람이 할 수 있는 일들의 범위를 과장되게 설정하고 있음이 드러나는 구절 중의 하나이다. 우리는 과연, 인간들이 지닌 상식적이고 평균적인 능력을 전제로 놓을 때, 예언자보다도 더 전지전능한 자를 상정할 수 있을까? 크리티아스는 그런 능력을 지닌 누군가가 있다고 상정하는 것으로 보인다.

350 174a9~11 : 여기에서도 '내가 말했다' 또는 '그가 말했다'는 표현들이 생략된 채로 화자들의 발화 내용만 그대로 전달되고 있다. 있는 그대로를 살려서 옮긴다.

351 174b1~3과 174b5~7 : 여기에서도 '내가 말했다' 또는 '그가 말했다'는 표현들이 생략된 채로 화자들의 발화 내용만 그대로 전달되고 있다. 있는 그대로를 살려서 옮긴다.

352 웬 장기 두기? : 어쩌면 이 구절의 번역이 지나친 예사말로 들려서 어찌 된 일인가 염려하는 독자가 있을 법하다. 사실 이 대목의 전후 맥락에서 소크라테스와 크리티아스가 서로 말로 주거니 받거니 하는 모습을 잘 관찰하면 꽤나 흥미롭다. 소크라테스는 지금 크리티아스의 의견을 확인하고 그의 태도를 떠보기 위해서 질문을 이어가는 중이다. 바로 앞에서 소크라테스는 크리티아스가 다른 누구보다도 완전한 앎에 의거해서 살아가는 사람이라고 인정할 만한 사람을 설정해 놓고, 어떤 앎이 그를 행복하게 만들어 주느냐고 물었다. 그러면서 모든 앎들이 비슷한 방식으로 그를 행복하게 만들어 주지는 않는다는 것을 확인했고, 과거, 현재, 미래의 것들을 알게 해 주는 예언술이 그를 행복하게 해 주는지 — 일단 크리티아스가 좀더 긍정할 만한 것을 제시하면서 — 물었다. 그런데 거기에 덧붙여 난데없이 누군가가 그걸로 장기 두기를 아는 그런 앎에 의해서 위에 언급한 사람이 행복하게 되느냐고 — 크리티아스가 별로 관심도 두지 않을 만한 것을 제시하면서 — 묻고 있다. 우리의 상식에 비추어 보아도, 장기를 둘 줄 알게 해

주는 그런 앎이 우리의 행복과 직결되는 것이라고 보기는 어렵다. 소크라테스는 일부러 질문이 겨냥하고 있는 핵심에 도달하게 될 선택지를 자신이 직접 제안하지 않고, 크리티아스가 자기 자신의 입으로 말하게 만들려는 의도를 갖고 있는 것으로 보인다. 그렇게 하기 위해서 지금은 인간의 궁극적 지향점인 행복에 이르게 해 주는 앎과는 거리가 있어 보이는 주변적인 것들에서 시작해서 변죽을 울리다가 차츰 핵심에 접근해 가는 방식으로 문답을 이끌어 가고 있다. 소크라테스의 질문에 대응하는 크리티아스는 지금 장기 두기와 같은 하찮은 것을 언급할 상황이냐고 반문하면서 감정적으로 대응하는 것으로 보인다. 즉 크리티아스의 이 대사는 소크라테스의 자극과 도발을 견디지 못하고, 거의 혼잣말 하듯이 터져 나온 말이라고 보는 것이 자연스럽다. 이러한 상황을 고려하지 않고, 완곡하고 예의에 맞는 어법을 선택하게 되면, 그것이 도리어 두 인물 사이의 긴장감이 감도는 생생한 상호작용을 잘 드러내지 못하는 결과를 낳는다고 판단하고, 위와 같이 옮겼다. 플라톤은 대화 속 등장인물들 간의 상호작용을 현장감 넘치게 생생하게 묘사하고 있다. 소크라테스의 입에서 욕이 터져 나오는 구절(161b8, 174b11)도 있음을 언급해 둔다.

353 그건 더 낫네요 : 그것으로 그가 건강함을 아는 바로 그 앎(즉 의술)이 그 사람을 행복하게 만들어 줄 것이라고 한다면, 그런 이야기가 조금은 더 그럴듯해 보인다는 취지의 말이다. 문맥을 고려할 때 "비록 그것이 진짜로 우리가 찾는 앎은 아니지만"이라는 말이 행간에서 생략되어 있다고 볼 수 있겠다.

354 가장 그렇게 한다고 제가 말하고자 하는 그 앎은 : 이 표현의 함의를 문맥을 고려하여 풀어 쓰자면 '무엇보다도 가장 그를 행복하게 만들어 준다고 제가 말하고자 하는 그 앎은'이라고 할 수 있다.

355 아, 더러운 녀석(ō miare) : 이 표현은 크리티아스와의 논의가 돌고 돌아서 논의가 시작되었던 출발점에서 등장했던 논점에 다시 돌아왔음을 발견하고 터져 나온 욕이라고 하겠다. 이 표현은 161b8에서 소크라테

스가 카르미데스를—카르미데스가 자기 의견을 이야기하지 않고 누 군가에게서 들은 것을 살펴보자고 제안하자 그것을—나무라면서 사 용한 것이기도 하다. 이곳에서 등장한 것과 같은 감탄사를 정확하게 옮기는 일은 대단히 어려운 일인데, 일단은 그 단어의 원래 뜻(피가 묻 어 더럽고 오염된)이 드러나는 번역어를 선택했다.

356 **오래전부터 당신은 나를 원으로 빙 둘러 끌고 오셨군요** : 정확히 어디에 서부터 원으로 끌고 오는 일이 시작되었을까? 164a 이하에서 소크 라테스가 제기한 질문들에 답하면서 크리티아스는 자신이 바로 앞에 서 제안했던 것을 물리고 '자기 자신을 앎'이라는 개념을 절제의 정의 로 제안하기 시작하는데, 바로 그 지점에서부터 지금 말하는 원이 시 작된 것으로 볼 수 있다. 그곳 163c~e에서 이미 '좋은 것을 행함'이라 는 개념이 등장했었고, 만약 우리가 '어떻게 하면 좋은 것을 행할 수 있는가?'를 묻기 시작했다면 '좋음에 대한 앎'이 필요하다는 대답은 어렵지 않게 대단히 자연스럽게 등장할 수 있었을 것이기 때문이다. 163a 이하, 164a 이하에 대한 주석과 「작품 안내」의 설명을 참조하라.

357 **다른 앎들 모두에 의거해서도 아니며** : 이 구절의 원문은 다소간 중의 적인 의미를 지니는 것으로 볼 수 있다. 우선 바로 앞에서 '앎에 의거 해서'라는 표현이 있었는데, (1) 바로 그 앎이 무엇에 대한 것인지, 즉 그 앎의 목적어가 제시된 것으로 보자면, '다른 앎들 모두에 대한 앎 에 의거해서'라는 뜻으로 읽을 수 있는 가능성이 있다. 지금까지 진행 되어온 탐구의 과정에서 크리티아스가 제안해온 앎에 대한 앎으로서 의 절제는 다른 앎들을 대상으로 삼는 것이었으므로, 이곳에서도 그 와 같이 크리티아스가 주장해온 앎에 대한 앎을 겨냥하고 비판을 제 기하는 것으로 보자면, 지금 구절을 "다른 앎들 모두에 대한 앎에 의 거해서 살아가는 것이 우리를 잘 행위하고 행복하게 만들어 주는 것 이 아니다"라고 읽는 것도 일정한 설명력을 지닐 수 있을 것으로 보인 다. 램(Lamb, 1955)도 그와 같은 방식으로 옮겼다. 하지만 (2) 지금 진 행 중인 논의의 맥락에서는 바로 앞에서 지금까지 다른 여러 종류의

앎들을 열거했고, 그러한 다른 모든 앎들과 좋음(그리고 나쁨)에 대한 앎을 대비시키고 있으므로, 단순하게 그 대비를 살리면서, '앎에 의거해서'라는 말을 구체적으로 풀어내는 말로서 '다른 앎들 모두에 의거해서'를 뜻하는 것으로 읽을 수도 있다. 즉 이 구절을 다시 풀어서 쓰면, "다른 앎들 모두에 의거해서 살아감이 우리를 잘 행위하게 그리고 행복하게 만들어 주는 것이 아니라 오직 좋음과 나쁨에 대한 앎이 우리를 잘 행위하고 행복하게 만들어 준다"는 뜻으로 이해할 수 있다. 번역 본문에서 역자는 (2)를 택했다. 웨스트와 웨스트(West & West, 1986), 슐라이어마허(Schleiermacher, 1818/1977)도 이와 같이 옮겼다. 또 한편 '다른 앎들 모두'가 '다른 앎들 모두에 대한 앎'을 (이것도 결국 하나의 앎이므로) 포함할 수 있는 가능성도 열려 있다고 볼 수 있다.

358 **그것은** : 여기에서의 그것은 잘 행위하게 그리고 행복하게 만들어 주는 것을 지칭한다.

359 **왜냐하면 말이죠** : 이 구절에서 화자인 소크라테스는 바로 앞 문장에서 자신이 말한 바에 대한 일종의 이유 또는 근거를 제시하려고 하고 있는데, "왜냐하면(epei)"이라는 말로 문장을 시작하고서는, 곧바로 특정한 가정을 담은 조건절을 제시하고, 그것으로부터 따라 나올 귀결절의 내용은 의문문으로 마무리하고 있다. 이러한 문장 구조가 꽤 낯설게 보일 것이고, 이것을 있는 그대로 살려서 옮기면 우리말 문장이 문법에 맞지 않는 비문으로 보이게 될 것이다. 하지만 이러한 일은 구어적 의사소통 상황에서 다분히 생길 수 있는 일이라고 너그러이 이해해 줄 수 있다. 또한, "왜냐하면"이라는 말로 시작된 소크라테스의 논거 제시 및 작은 규모의 논변은 이 문장(174c3~7) 내에서 완결되는 것이 아니라, 대화를 조금 더 주고받는 과정을 거쳐서 174d7에 이르러서 좀더 온전하게 완결되는 것으로 보는 것이 좋겠다. 이와 같은 전후 사정을 고려하면, 이 단어 'epei'의 의미는 "다음과 같은 논점들을 고려해 보면 당신도 이해할 수 있게 될 텐데요"라고 풀어서 쓸 수 있겠다. 하지만 단어 하나를 이렇게 풀어서 옮길 수는 없었고, 번역 본

문에서는 우리말 구어적 상황에서 쓰일 만한 표현을 선택했다.

360 만약 당신이 … 조금이라도 덜 방지하게 될까요? : 어떤 관점에서 보자면, 지금 예로 등장하는 것과 같은 개별 기술들도 그것이 온전히 기술일 수 있으려면 자연과 본성에 대한 이해를 필수적으로 그 바탕에 지니고 있어야 할 것이다. 그 점을 인정한다면, 개별 기술들의 성공적인 수행에도 어떤 의미에서 (그 개별 기술이 목표로서 지향하는 결과와 목적은 좋은 것이라는 점에서) 좋음에 대한 앎이 하나의 계기로 관여한다고 볼 수 있는 가능성이 있을 것이다. 그러나 지금의 논의 진행을 고려할 때, 즉 좋음과 나쁨에 대한 앎을 일종의 사고실험으로서 따로 떼어내더라도 각각의 개별적인 기술의 결과를 누리는 일이 덜하게 되지는 않는다는 점을 인정하고 있으므로, 이곳에서의 논점은 그러한 개별 기술들의 성공적인 수행과 더불어 그것들 각각이 잘 그리고 이롭게 이루어지려면 — 즉 그것을 통해서 우리가 잘 살고 행복해지기 위해서는 — 좋음에 대한 앎이 필수적으로 있어야 한다는 점을 강조하려는 것이라고 볼 수 있다.

361 이것들 각각이 잘 그리고 이롭게 이루어지는 것은 : 이 표현이 의미하는 바는 '개별적인 기술들이 소기의 결과물들을 산출해 내고 그것이 우리가 삶에서 궁극적으로 추구하는 행복을 이루는 데에도 기여하게 되는 일'이라고 풀어서 표현할 수 있다.

362 174c9~d7 : 이 구절에도 "내가 말했다" 또는 "그가 말했다"는 표현이 사용되지 않았다. 이곳에서도 텍스트에 있는 그대로 옮긴다.

174d7행에서 편집자 버넷(Burnet)은 마드비(Madvig, 덴마크 고전학자)의 제안을 채택하여 원래 사본 B에 있던 'hē ōphelimē'를 지우고 읽자고 제안하고 있다. 사본 B처럼 'hē ōphelimē'가 있거나 사본 T처럼 정관사가 없이 'ōphelimē'만 있거나, 두 경우 모두 그것이 문장 내에서 보어가 되기도 곤란하고 뜻이 잘 통하지 않는다. 문맥의 의미를 고려할 때, 역자도 그 제안을 받아들이는 것이 합리적이라고 보고 해당 어구를 지우고 읽는다.

한편 희랍어와 독일어 대역본에서는, 원문 텍스트는 뷔데(Budé)판을 따른 결과로 — 마드비와 버넷과 마찬가지로 — 'hē ōphelimē'를 지녔지만, 그에 상응하는 슐라이어마허의 독일어 번역에서는 해당 구절을 "절제는 우리에게 이로운 것 이외의 다른 것이어야겠군요"라고 옮겼다. 즉 그는 해당 어구인 'hē ōphelimē'의 관사 'hē'를 기식음 (rough breathing) 표기를 없애고 접속사 'ē'로 간주하여, 해당 어구를 'ē ōphelimē'라고 읽었다. 이러한 슐라이어마허의 선택은 OCT의 원전 비평을 위한 장치(apparatus criticus)에는 기록되어 있지만, 독일어 대역본의 원문인 뷔데판에는 기록되어 있지 않다. 어찌 보면, 바로 앞에 등장한 'allo ti'라는 어구 뒤에 'ē'가 따라 나오는 구문은 관용적으로 자주 쓰이는 것이어서 슐라이어마허의 추정이 나름의 설득력을 지니는 선택지라고 볼 수도 있겠다. 하지만 이 경우에도 문맥에서 그 의미가 다소 중첩되는 것 같아 보인다. 그와 같은 다른 독해 가능성을 열어 둘 수는 있으나, 지금 문맥에서는 단순하고 명료한 것을 선택하는 것이 좋다고 판단했다.

또 한편 소크라테스가 이 문단(174d3~7)의 첫 번째 문장에서 '이 앎'이라고 지칭하고 있는 것과 두번째 문장에서 '그 앎'이라고 지칭하고 있는 것, 그리고 다음 구절에서 다시 '이 앎'이라고 지칭하고 있는 것은 '좋음과 나쁨에 대한 앎'이다.

그리고 한 가지 덧붙이자면, 지금의 논변은 어떤 앎에는 그 대상이 하나만 할당된다는 것을 일종의 원칙 또는 전제로 삼고 있는 것으로 보인다. 이를 근거로 한 논변 전개의 건전성 또는 설득력에 대해서는 좀 더 추가적인 고찰이 필요해 보인다.

363 왜 … 바로 이 앎이 이로움을 가져다주지 못한다는 것입니까? : 크리티아스가 이 문장에서 '이 앎'으로 지칭하고 있는 것은 '앎들과 알지 못함들에 대한 앎으로서의 절제'이다.

364 왜냐하면 만약 절제가 … 우리를 이롭게 해 줄 텐데요 : 절제가 앎(또는 기술)을 관할하는 의장이 될 수 있다는 크리티아스의 주장은 173c5에서

도 이미 등장했다. 그곳에서 그는 예언술도 일종의 앎으로 간주하면서 절제가 예언술까지도 관할하는 의장이 되어서 진짜 예언자와 가짜 예언자를 구분해 내어 임명할 수 있다고 주장했다. 이 구절에 와서도 크리티아스는 자신의 생각을 계속 반복해서 주장하고 있다. 그런데 크리티아스가 지금 제안하고 있는 것과 같은 그러한 앎으로서의 절제가 결국은 사람이 행하는 것일 테니, 크리티아스는 그런 앎을 지니고 의장 노릇을 하는 자가 할 수 있는 역할과 권한을 제안하고 있는 셈이라고 볼 수 있다. 그런데 그렇게 다른 모든 기술자들이 — 그래서 결국 다른 시민들 모두가 — 하는 일들을 관할하고 통제하며 주재(主宰)하는 의장이란 결국 참주를 연상하게 한다.

365 또한 다른 기술들에 속하는 나머지 것들도 이 앎이 만들어 줄 것이고, 다른 기술들 각각은 그 자신에게 속하는 일을 하지 않게 될까요? : 우선 '다른 기술들에 속하는 나머지 것들'이란 각각의 다른 기술들이 전문적으로 수행하는 일을 지칭한다. 소크라테스는 지금 크리티아스의 주장으로부터 어떤 귀결이 따라 나오는지, 또 그것들 간에 불일치는 없는지를 검토하고 있다. 바로 앞에서 크리티아스는 절제가 다른 앎들을 관할하며 의장이 되는 방식으로 좋음에 대한 앎을 관할하면서 이로움을 산출할 수 있다고 주장하고 있지만, 그렇게 되면 다른 기술들이 본래 그 본성에 따라서 수행하게 마련인 일들까지도 절제가 참견하면서 — 이를테면 건강과 같은 — 결과물을 대신 만들어 줄 수 있느냐고 소크라테스는 되묻고 있는 것이다. 하지만 각각의 기술들이 전문적으로 산출하는 고유한 결과물들을 절제가 만들어 주고, 각각의 기술들이 그 자신에게 본래적으로 속하는 일을 하지 않게 된다는 것은 크리티아스로서도 인정할 수 없을 것이다.

366 아니면 오래전부터 우리는 … 증언해 오지 않았나요? 그렇지 않습니까? : 소크라테스가 이곳에서도 여전히 '우리가' 증언해 왔다고 말하고 있기는 하지만, 사실상 크리티아스가 그런 주장을 관철하고자 시도해 왔으며, 이제 다시 크리티아스의 의견에 내적인 불일치가 있음을 소크

라테스가 지적하고 있다고 본다. 논변이 진행되고 결론에 도달한 이후에도 계속 의견을 굽히지 않는 크리티아스의 태도의 밑바닥에는 어떤 의도와 욕구가 있었을까? 소크라테스와 크리티아스는 논의가 결말에 이른 후에도 여전히 각자 서로 다른 의견을 지니고 있고, 그 차이가 화해되지 않은 채로 계속 맞붙어 충돌하고 있다고 역자는 파악하고 있다. 크리티아스가 소크라테스에게 설복되어 완벽하게 수긍하는 모습을 보여주는 것이 플라톤의 목표이거나 의도는 아니었을 것이라고 본다. 플라톤의 저술 동기와 의도에 대한 설명을 다시 보라.

367 174e8~175d6 : 이 부분에는 다시 한번 "내가 말했다" 또는 "그가 말했다"는 말이 없이 대화의 내용만 전달되고 있다. 몇 차례 설명한 바와 같이 텍스트에 있는 그대로 두었다.

368 왜냐하면 건강은 다른 기술에 속했으니까요 : 역자는 이 문장에 사용된 반과거(imperfect) 시제를 우리말로 가능한 한 그대로 살리는 것이 어느 정도 가능하고, 그것이 나름의 의미가 있다고 본다. 그것을 우리말로 옮기면서 위와 같이 표현했다고 해서 그것이 "건강은 다른 기술(즉, 의술)에 속했고, 지금은 더 이상 그렇지 않다"를 뜻하는 것이 아님은 자명하다. 우리말로 "건강은 다른 기술에 속한다고 했으니까요"라고 하는 것이 조금은 더 자연스럽게 들릴 수도 있겠지만, 희랍어를 새로 배우는 학생들이 반과거 시제의 의미를 실제 사례를 통해서 좀더 생생하게 느끼고 체험하는 기회로 삼을 수 있기를 바라는 취지에서 본문과 같이 옮겼다. 조금 더 부연하면, 건강을 다루는 기술이 의술이라는 점은 상식에 속하고, 앎을 제작자 모델을 동원하여 개념화하고자 시도하면서 관련된 논의를 진행하는 과정에서 이미 여러 곳에서 기술(앎)의 대표 사례로서 의술이 수차례 등장했었다. 화자는 그와 같이 이미 등장했던 사례들을 지칭하면서 이곳에서 반과거 시제를 사용하고 있는 것이다. 그러한 사정을 고려할 때, 본문과 같이 옮기는 것이 나름의 전달력을 지닌다고 본다. 그와 같은 취지에서 175a2~3의 문장들도 같은 방식으로 옮겼다. 159d8 구절에 대한 주석 153번의 설

명을 보라.

369 왜냐하면 우리가 동의한 바로는 그가 그것들을 알지 못한다는 사실을 안다고 말했으니까요 : 이 문장에서 '그것들'은 '그가 전혀 알지 못하는 것들'을 지칭한다. 사실 이 대목에서 우리 독자들도 스스로 한번 생각해 볼 필요가 있다. 우리가 전혀 알지 못하는 어떤 것들이 있을 때, 우리는 과연 그러한 것들을 스스로 모른다고 쉽게 인정하고 알 수 있을까? 어쩌면 우리가 아직 알지 못하는 그러한 것들이 이 세상에 도대체 있는지조차 꿈에도 상상하지 못한 채로 모르고 있을 가능성도 있고, 그 점을 인정하는 것이 더 합리적일 수도 있을 것이다. 따라서 위 본문의 "그가 알지 못하는 것들은 그가 알지 못한다고 아는 절제 있는 사람"이라는 표현이 의미 있게 이해되려면, '그가 알지 못하는 것이 무엇인지 그 정체(identity)를 일단 파악할 수는 있고, 그것의 구체적인 내용 및 관련된 사태가 어떠한지를 정확히 모른다는 그 사실을 아는 사람'이라는 의미로 이해해야 할 것이다.

370 또한 … 어떠한 것보다도 이것이 가장 비합리적이라고 보일 것 같네요 : 이 문장은 부정어가 중첩되어 있어서 직역하기가 대단히 곤란한데, 무엇이 더 비합리적인지를 가린다고 할 때 이 문장의 주어인 것과 겨루어 비교할 만한 비교 대상이 없다는 뜻으로 이해하고 의역하였다.

371 하지만 자네를 위해서는 : 방금 전까지 소크라테스는 주로 크리티아스를 향해서 이야기하다가 이제 대화를 마무리하는 국면에 들어서서는 다시 — 처음 시작에서 그랬던 것처럼 — 카르미데스에게 다시 관심을 돌려서 이야기를 하고 있다. 그리고 방금 전 174e8~175d6에서는 "내가 말했다" 또는 "그가 말했다"는 말이 없이 대화의 내용만 전달되고 있었는데, 이제 다시 "내가 말했다"는 말과 함께 대화 내용이 직접화법으로 전달되고 있다.

372 175e~6 : 이 구절에서 소사(particle) 'oun'이 서로 가까이 이웃한 자리에 두 번 등장하는 것이 다소 낯설게 보인다. 빙켈만(Winckelmann)의 추정을 따른 버넷의 제안처럼 두 번째로 등장한 'oun'을 지우는 것이

자연스러워 보인다.

373　176a6~b4 : 이곳에서 카르미데스가 보여주는 태도의 함축에 대해서는 「작품 안내」를 보라. 앞서 156a에 등장했던 설득 모티브의 귀결이 이제 등장하는 셈이다. 주석 56번을 참조하라.

374　⟨만약⟩ : '⟨만약⟩'에 해당하는 '⟨ēn⟩'은 사본 B에는 원래 없는 것이다. ⟨ēn⟩을 보충하여 읽자는 골드바허(Goldbacher)의 제안을 편집자 버닛이 받아들인 것인데, 역자도 그것이 전후 맥락을 고려할 때 합리적이라고 판단하였다.

375　아니 정말로 : 소사(particle) 'alla mēn'의 용례와 의미에 대해서는 주석 170번을 보라.

376　재판에 앞선 심리의 기회도 주지 않겠군? : 이 구절을 이해하기 위해서는 당시 아테네의 소송절차에 대한 이해가 필요하다. *LSJ*와 *Der Neue Pauly* 등을 참고로 하면, 이곳에 언급된 재판에 앞선 심리란 어떤 사건의 소송이 제기될 때 그것이 적법한 것인지 등을 가리기 위해서 쌍방 당사자들이 사법행정관 앞에서 만나는 절차를 지칭한다. 거기에서 당사자들은 중재안을 받아들일 수도 있고, 아니면 재판부(dikastērion, 법원)에서 진행될 본 재판으로 이행할 경우 이를 준비하는 기회로 삼을 수도 있다. 이 구절에서 소크라테스가 카르미데스에게 지적하고 있듯이, 만약 카르미데스가 그와 같은 사전 심리의 기회도 주지 않으려고 한다는 것은 결국 그가 소크라테스에게 적법한 법률 절차를 따를 기회조차도 주지 않고 폭력을 행사하려고 한다는 것을 의미하는 것으로 보인다. Cf. Thür(2006), "Anakrisis", *Brill's New Pauly*. 자세한 서지 사항은 「참고문헌」을 보라.

377　176a6~d5 : 이미 앞서 논의를 평가하는 맥락(175a9~176a5)에서 크리티아스는 한마디도 거들지 못했다. 이와 같은 크리티아스의 침묵은 대화의 진행 과정에서 그리고 특히나 마지막 단계에 와서, 크리티아스의 입장이 비판의 대상이었다는 것을 지지하는 추가적인 근거가 된다. 『고르기아스』의 마지막 부분에서 칼리클레스가 대화를 거부한 결

과로서 더 이상 아무런 대답도 할 기회를 얻지 못한 채로 장면이 끝나는 것과도 비교해 볼 수 있겠다. 또한 지금 대화의 결말인 이 대목에 이르러서 크리티아스는 카르미데스에게 명령을 내리며 그에게만 단 두 번 입을 연다(176b5~8, 176c3). 하지만 소크라테스와는 더 이상 직접 말을 섞으며 대화를 주고받지 않는다. 이러한 사실도 소크라테스와 크리티아스가 각자 미래에 어떤 길을 가게 될 것인지를 예견하게 한다.

작품 안내

1.『카르미데스』작품 읽기에 앞서

우리는 저마다 자신의 방식으로 자신의 관점에서 플라톤의 이 작품을 읽게 될 것이다. 다양한 독해 방식이 있을 것이다. 다만 그러한 다양한 독해와 이해의 방향 및 지향점이 관련된 사태의 실상에 부합하면서도 흥미로운 것인지 또는 우리를 일깨우는 통찰을 담고 있는지를 명확하게 논할 수 있으려면, 독자인 우리는 우선 각자 자신이 어떤 출발점에서 무엇을 주어진 사실로 놓고 또 무엇을 기본적인 가정 또는 전제로 놓고 어떤 관점에서 플라톤의 작품을 읽고 있는지를 스스로 명확히 하고자 노력할 필요가 있다. 플라톤을 읽고 연구하는 일에서 ─ 물론 다른 분야의 연구에서도 마찬가지이지만 ─ 우리가 각자 자신이 어떤 해석(interpretation)상의 관점을 지니고 어떤 지점에서 출발하느냐에 따라서 그 중간 여정과 결과로 도착하는 귀착점이 상당히 달라지기 때문이다. 이러한 사정을 감안하여 아래에서는 플라톤의 작품을 더 재미있고 흥미롭게 읽어 나가는 데에 도움이 되는 준비 작업이라고 할 만한 논점들을 역자의 관점에서 간략히 서술하고 논하면서 일종의 안내를 시작하고자 한다.

어쩌면 누군가는 이 책은 플라톤 작품의 번역이므로 작품의 내용과 원저자의 생각이 잘 전달되면 그것으로 충분하며, 그렇게 하기 위해서 작품의 이해와 관련된 객관적인 정보만 간략히 제공해도 충분하지 않겠느냐고 생각할 수도 있겠다. 또한 원저자를 전면에 부각시키고 역자는 그 뒤에서 조용히 모습을 드러내지 않는 것이 번역의 미덕이라고 생각할 수도 있겠다. 그런 입장도 나름대로 일리가 있다. 하지만 플라톤의 작품을 다루면서―또 다른 많은 작가들의 작품을 다루는 일도 마찬가지이지만― 원저자의 생각과 작품의 내용에 접근하고자 하면서 정말로 객관적인 사정만을 전달한다는 것이 과연 애초에 가능한지 다시 돌이켜 성찰하고 검토해 볼 일이라고 본다. 물론 플라톤의 작품을 연구하는 맥락에서 객관적인 정보들이라고 널리 인정되는 것들이 있기는 하다. 하지만 때로는 그렇게 간주되는 것들 중 일부에 대해서는 합리적인 의문과 물음을 제기할 수 있다. 달리 말하면, 우리는 플라톤과 소크라테스에 대하여 전래되어온 정보들 중에서 많은 것들이 특정한 관점과 전제 위에서 산출된 것임을 명확히 할 필요가 있다.

적어도 우리는 플라톤을 읽고 논하는 일을 어떠한 전제 위에 도 서 있지 않은 소위 무전제의 출발점과 같은 것에서 시작할 수 있다고 상정하거나, 또는 모두가 필연적으로 인정할 수밖에 없 는 그 자체로 자명한 출발점과 같은 것이 있다고 상정하지는 않 는 것이 좀더 안전할 것임을 인정하는 것이 좋겠다. 그러한 출발 점을 확보하는 일은 철학적 탐구의 이상이 될 수는 있겠지만, 플 라톤 작품을 읽고 논하는 일에서 그러한 출발점은 선험적으로 주어지는 것이 아니다. 따라서 우리 각자가 지닌 전제와 출발점 이 그러한 것이라고 가정하거나 주장하는 일은 위험한 일이 될 수 있다. 또한 우리의 자아와 사태를 보는 관점이 역사적으로 형 성된 것이기에 우리가 플라톤을 읽는 관점도 마찬가지로 역사 적인 맥락 속에서 형성되는 것임을 스스로 자각하고 유념할 필 요가 있다. 또한 만약 객관적인 정보라는 것이 확인된 경우들에 서도 그러한 정보들만을 전달하는 것으로 작품의 온전한 이해에 기여하는 안내와 해설의 역할을 충분히 다할 수 있는지에 대해 서도 우리는 의문을 품고 숙고해 볼 수 있다.

도리어 역자는 작품 해석과 관련된 역자의 입장을 명확히 밝 히면서 안내와 해설 작업을 수행할 수밖에 없으며 그것이 자연 스러운 길이라고 본다. 특히 이 작품 『카르미데스』에는 대단히 난해한 구절들이 있다. 특히 소크라테스가 크리티아스와 대화를 시작한 이후로 여러 장면과 구절에서 크리티아스의 입장과 주장을 어떻게 이해할 것인지, 또 그 주장에 대해서 소크라테스는 어떤 태도와 입장을 취하고 있는 것인지, 그리고 자기 자신에 대한 앎은 가능한지, 도대체 어떤 것이 자기 자신과 관계를 맺는 일은 가능한지, 앎에 대한 앎은 가능한지 또 그것은 어떤 유용함을 지니는지와 같은 문제를 논하는 부분 등이 이해하기 어려운 구절들이다. 그 구절들은 우리들 각자가 지니는 해석상의 관점과 무관하게 의미를 읽어내는 것이 어려워 보인다. 또한 그 논의의 일부 구절들은 대단히 추상적이고 우리가 일상적으로 언어를 사용하면서는 상정하지 않는 반사실적이고 특이한 가정 위에서 논의를 전개하고 있어서 더욱 이해하기 어렵다. 만약 그러한 구절들을 어떤 설명이나 안내도 없이 텍스트 내용만을 전달하고, 독자들이 알아서 이해해 보라고 한다면, 아마도 많은 오해를 불러일으킬 가능성이 크다고 본다. 그리하여 여기에서 진행될 안내는 불가피하게 역자의 관점에서 이 작품을 어떻게 독해하였는가를 설명하고 때로는 논쟁적으로 논증하는 일이 될 것임을 미리 밝힌다. 또한 그러한 과정이, 이 작품을 독자들이 더 흥미롭게 읽어 나가는 데에 도움이 되기를 역자는 희망한다.

우선 역자는 이 작품을 핵심 문제에 대한 답이 없이 — 소위 아포리아(길 없음, aporia)로 — 끝나는 초기 대화편이라고 보는 관

240

점과는 거리를 취한다. 플라톤 작품들 간의 선후 관계 및 저술 시기(chronology)를 논하는 것이 불가능하다거나 무의미하다고 보지는 않지만, 이를테면 "이 작품은 초기 대화편이니 이러저러한 내용이 있을 리 없다"고 하거나 "핵심 개념인 절제와 자기 자신에 대한 앎에 대하여 충분히 발전된 입장을 읽어내는 것이 불가능하다"고 보는 해석의 입장들과는 분명한 거리를 취한다. 역자는 이 작품 『카르미데스』에서도 저자인 플라톤의 그리고 등장인물인 소크라테스의 일관된 입장을 읽어낼 수 있으며, 그것은 플라톤 작품 전반에 걸쳐서 등장하는 그 둘의 입장과 일관된 것임을 보일 수 있다고 본다. (하지만 그러한 작업을 이 글에서 충분히 완벽하게 다할 수는 없다는 점을 독자들이 양해해 주시기를 바란다.)

또한 역자는 종종 "소크라테스가 이러저러한 의견을 피력한다"라든가 "소크라테스가 이러저러하게 행동한다"와 같은 표현을 사용할 것이다. 하지만 역자는 '소크라테스'라는 이름으로 역사적인 인물로서의 소크라테스를 지칭하지는 않을 것이다. 따라서 위와 같은 표현들을 언어 표현의 경제성을 위해서 사용하기는 하겠지만, 그 문장들은 "극 중 인물인 소크라테스가 이러저러한 의견을 피력하도록 플라톤이 설정하고 묘사하고 있다"라든가 "극 중 인물인 소크라테스가 이러저러하게 행동하는 것으로 저자인 플라톤이 형상화하고 있다"라는 뜻으로 이해해 주시기를 부탁드린다. 물론 극 중 인물인 소크라테스와 역사적인 인물인 소크라테스가 모종의 연속성을 지니고 있었을 것이며, 역사적인 인물로서의 소크라테스와 그의 삶이 플라톤에게 큰 감화와 영감을 주었기에 플라톤이 그를 주인공으로 하는 여러 편의 작품을 저술하였다고 추정하는 것은 일리가 있고 합리적이다. 하지만 역사적인 인물로서의 소크라테스와 관련하여 시대를 거듭해서 반복되어 온 기나긴 연구의 역사와 다양한 논쟁점들을 여기에서 다루는 것은 적절하지 않아 보인다. 요컨대 역자는 「작품 안내」와 주석에서 '소크라테스'라는 이름으로 플라톤의 작품 안에 나오는 등장인물로서의 소크라테스를 지칭할 것이며, 그 역사적 실제성 여부는 다루지 않는다. 이러한 점들이 이 작품을 다루면서 역자가 지니고 있는 전제이자 출발점이다. 그 이외에도 더 많은 해석 상의 논쟁점들이 있겠는데, 그것들은 관련된 문제들이 등장할 때 그것과 연관된 구체적인 맥락 속에서 다루는 것이 좋겠고 일단은 큰 테두리만 서술하면서 본격적으로 이 글을 시작하고자 한다.

물론 우리는 각자 저마다의 관점에서 내놓는 자신의 독해가 관련된 사태를 정확히 반영하는 객관적인 것이 되기를 추구한다. 역자의 관점에서 수행되는 그 작업이 얼마나 그러한 지향점에 최대한 근접하는 것이 되었는지를 평가하는 일은 독자 제현의 몫이 될 것이다. 그러하기에 역자가 지닌 관점과 일종의 작업 가설에도 미흡한 제약과 한계가 있을 수 있다는 점을 겸허히 받아들이고 시작하겠다. 역자의 안내에 영향받지 않고 이 작품을 독자적이고 독립적으로 자기 자신의 관점에서 읽기를 추구하는 독자라면 이어지는 작품 안내를 먼저 읽기보다는 직접 텍스트 본문으로 들어가도 좋을 것이다. 그렇게 하고 나서 추후에 자신의 독해와 역자의 것을 비교해 보는 것도 좋은 접근 방법이 될 수 있을 것이다.

이제 아래에서는 『카르미데스』가 다루는 핵심 주제, 플라톤 작품이 대화 형식으로 저술되어 있기에 유념해야 하는 논점들(내용과 형식 모두를 통합적으로 이해해야 하는 필요성), 작품 속 장면의 역사적 배경과 플라톤의 저술 동기 및 의도, 극적 장치 중의 하나인 아이러니(irony)와 여러 층위에서(극 중 인물들, 저자, 독자) 성립하는 상이한 관점의 차이를 통해서 독자인 우리가 취할 수 있는 독해 방식, 작품의 전개에 따른 분절별 핵심 내용 요약 및 주요 논쟁점들, 『카르미데스』의 핵심 결론, 주요 개념의 번역어 선택 등에 관하여 논하고자 한다.

1) 『카르미데스』의 핵심 주제

플라톤의 작품 중 어느 하나라도 중요하지 않은 것이 있을까? 이렇게 한 작품 전체에 대한 일종의 안내에는 늘 해당 작품의 중요성을 강조하는 말이 등장하기 마련이다. 지금 여기에 독자들이 만나고 있는 플라톤의 대화편 『카르미데스』도 물론 예외일 수 없다. 이 작품에서 저자인 플라톤은 소크라테스와 늘 긴밀하게 연상되어 회자되는 "너 자신을 알라(gnōthi sauton)"는 델포이 신전에 새겨진 그 유명한 말이 정확히 어떤 뜻인지, 또 애초에 자기 자신을 안다는 것이 가능한지, 또 가능하다면 어떻게 가능하며, 그 개념을 우리는 어떻게 이해해야 하는가 하는 흥미롭고도 중요한 문제를 대화편이라는 극적 장치를 활용해서 다룬다. 또한 이 작품은 바로 그 '자기 자신을 앎'이라는 주제를 (고대 그리스 문화의 맥락에서 중요시되던) 네 가지 주요 덕(aretē, virtue) 중의 하나인 절제(sōphrosynē)와 연결지어서 다룬다. 달리 말하면, 이 작품은 폴리스라는 공동체가 가져다주는 삶의 맥락 속에서 덕을 추구하는 훌륭하고 좋은 삶이란 어떠한 것이며 어떻게 하면 우리가 그러한 삶을 살아갈 수 있는가 하는 좀더 포괄적이고 보편적인 윤리적 문제의 맥락 속에서 '자신을 안다'는 일과 그것을 삶에서 구현하고자 노력하는 일의 의미와 중요성을 — 그리고 그 개념이 함축하는 여러 논쟁점들을 함께 — 다룬다.

한편 플라톤의 작품을 직접 대면하며 읽기 이전에 우리는 많은 경우에 (아마도 이미 청소년기를 거치면서부터) 소크라테스가 "너 자신을 알라"는 말을 한 인물인 것처럼 들어 왔다. 이 점은 요즈음의 (아직 플라톤의 작품을 직접 대면해 보지 못한) 학생들에

244

게서도 발견할 수 있는데, 정확히 어디에서 그가 그러한 말을 했는지는 확인해 보지 않은 채로 많은 사람들이 그것을 사실인 것처럼 믿어 왔다는 것을 쉽게 알 수 있다. 하지만 정확한 정보와 전거에 입각해서 소크라테스라는 인물(character)을 좀더 정확히 이해하기 위해서는 여러 전거 중에서도 우선 플라톤의 작품을 일차적 자료로 삼아서 논의를 이어가는 것이 좋겠다. 물론 플라톤이 형상화하고 있는 바가 역사적인 인물로서의 소크라테스의 모습을 얼마만큼 정확히 반영하고 있는 것인가에 대해서는 여전히 논란이 계속 되고 있지만, 적어도 플라톤이 오늘날의 우리에게는 가장 중요한 자료와 전거를 제공하고 있다는 점은 분명하다. (이에 대해서는 수많은 연구들이 있는데, 도리옹(Dorion, 2004b/2006), 아벨-라페와 캄테카(Ahbel-Rappe and Kamtekar eds., 2006) 등을 출발점으로 삼을 만하다.) 그리고 역자는 플라톤이 그려 놓은 작중 인물로서의 소크라테스에 한정해서 논의를 이어갈 것이다. 그리고 플라톤이 여러 작품에서 형상화하고 있는 소크라테스라는 인물이 일관된 입장을 지니고 있었던 것으로 독자인 우리가 재구성해 볼 수 있다는 것을 논의의 출발점에서 전제로 삼는다.

여하튼 플라톤의 여러 작품들을 보면, "너 자신을 알라"는 그 말이 소크라테스가 평생을 두고 추구해 온 바를 압축하여 함축적으로 담고 있는 경구라는 사실은 물론 옳다. 또한 플라톤은 작중 인물인 소크라테스가 자기 자신을 아는 일의 중요성을 곳곳에서 강조하고 있는 것으로 극을 구성하고 있는 것도 사실이다. 예를 들면, 『필레보스』 48c, 『파이드로스』 229e~230a, 『알키비아데스 I』 124b, 『프로타고라스』 343a~b 등을 참고할 수 있다. 그 중에서 일례를 좀더 살펴보면, 『알키비아데스 I』 124b에서 (등장 인물인) 소크라테스는 자신의 대화 상대자인 알키비아데스에게 그 자신이 처한 상황과 처지를 올바로 이해하라고 권고하고 있는데, 그러한 권고의 내용과 주장이 델포이의 글귀와 같은 취지의 내용을 담고 있는 것으로 간주하면서 둘을 사실상 동일시하기도 한다.

하지만 "너 자신을 알라"는 말이 지니는 의미와 함축을 좀더 정확하게 이해하기 위해서는 플라톤의 작품들 가운데에서도 『소크라테스의 변론』편에서 저자인 플라톤이 형상화한 소크라테스의 모습을 살펴보면서 논의를 시작하는 것이 좋겠다. 『소크라테스의 변론』편에서 등장인물인 소크라테스는 자신에 대한 고발에 맞서서 법정에서 스스로를 변론하면서, 그 저변에 깔려 있는 자신에 대한 비방이 어떻게 생겨난 것인지를 우선 해명하고자 시도한다(19a 이하). 그 과정에서 자신이 어째서 지혜롭다는 명성을 얻게 되었는지를 이야기하면서 델포이의 신(아폴론)을 증인으로 내세운다(20e). 달리 말하면, 그는 자신의 친구인 카이레폰이 델포이에 가서 받아 온 신탁의 내용을 언급하면서 그것이 자신에 대한 시기와 비방이 생겨나게 된 일련의 계기를 제공하게 되었다고 말한다(21a~b). 그리고 이러한 맥락에서, 소크라테스의 친구인 카이레폰이 과거에 델포이 신전의 퓌티아(Pythia) 무녀에게서 받았다고 하는 신탁의 답변이 바로 "어느 누구도 소크라테스보다 더 지혜롭지 않다"는 것이었다(21a). 하지만 극 중 소크라테스 자신의 보고에 따르면, 그는 자신에 대한 그와 같은 신탁의 말을 즉각적으로 사실로 받아들일 수 없었고, 그것의 사실 여부를 스스로 의아해했다. 그것이 아마도 소크라테스를 그의 평생의 과업인 대화를 통해서 자신을 성찰하는—즉 자기 자신과 동료 시민들이 지니고 있는 의견과 그들의 품성과 사람됨을(그것을 소크라테스와 플라톤은 영혼이라는 개념으로 지칭하고 있다) 검토하고 성찰하는—삶으로 이끌었던 중요한 계기 중 하나였을 것이다. 즉 그는 위와 같은 신탁의 말이 사실이라고 받아들이기 어려웠기에, 하지만 다른 한편으로는 신탁의 말이 거짓일 리는 없을 것이라고 여겼기에 그 진의를 알고자 했고, 다른 동료 시민들 가운데에서 정말로 자신보다 더 지혜로운 자를 발견하게 되기를 기대하면서 사람들과—특히 정치가, 시인, 기술자들과—대화를 하고 다녔던 것이다(21b1~22e6).

　바로 이와 같이 플라톤이 소크라테스를 끊임 없는 자기 성찰과 탐구를 무엇보다도 중요시하는 인물형으로 형상화하고 있음을 고려할 때, 그러한 인물인 소크라테스가 누군가 타인에게 훈

계조로 위의 "너 자신을 알라"는 경구(警句)를 말했을 것이라고 (더 정확하게 말하자면, 플라톤이 소크라테스를 그렇게 형상화할 어떤 또 다른 동기가 있었으리라고) 보기는 어려울 것이다. 도리어 여러 작품들에서 소크라테스는 위의 경구를 일차적으로 바로 자기 자신에게 적용하여 자신의 영혼과 자신의 삶을 성찰하는 탐구에 주된 관심을 기울이고 있으며, 그를 바로 그러한 인물로서 플라톤은 형상화하고 있다. 그리고 이와 같은 전후 사정과 맥락을 종합적으로 고려할 때, 독자들은 이 작품에서 다소간 놀랍고 흥미로운 사실을 발견하게 될 것이다. 위의 저 유명한 경구를 그리고 그것이 중요하다는 점을 소크라테스가 아니라 그의 대화 상대자인 크리티아스가 강조하여 말하며 주장하고 있다는 사실이 바로 그것이다. 플라톤이 이와 같이 극을 구성해 놓았다는 사실은 적지 않은 생각 거리를 독자들에게 던져준다. 즉 우리는 자연스럽게 다음과 같은 질문들을 던지면서 대화편을 읽어 나가게 될 것이다. 도대체 플라톤은 왜 소크라테스가 아닌 크리티아스가 자기 자신을 아는 일의 중요성을 강조하는 것으로—게다가 크리티아스의 주장은 외견상 소크라테스의 입장과 비슷해 보이지만 잘 따져보면 핵심을 벗어나 오도된 것으로 보인다—대화편의 장면을 구성해 놓았을까? 그렇다면 도대체 자기 자신을 아는 일은 가능한가? 또 만약 가능하다면, 어떻게 가능한가? 우리는 그 개념을 어떻게 이해해야 하는가? 우리는 자연스럽게 이러한 질문들로 이끌려 가게 되며, 그리고 이러한 질문들이 바로 이 작품이 다루는 핵심 질문들이기도 하다.

2) 내용과 형식의 통합적 이해

21세기가 시작되고 20년째를 맞이한 이 시점에서 플라톤을 연구하는 학자들 가운데 대화편이 담고 있는 다양한 극적인 장치들과 같은 형식적인 요소들을 도외시하고 내용에만 주목해서 그 논변(argument)만을 재구성하는 것으로 작품을 온전하게 이해했다고 주장하는 사람들을 찾기는 비교적 어려워졌다. 대화편이 담고 있는 내용(논변)과 형식(드라마의 여러 장치)을 함께 고려하면서 하나의 전체로서 통합적으로(holistically) 작품에 접근할 때 비로소 그것을 온전하게 이해할 수 있게 될 것이라고 하는 가정을 많은 사람들이 대화편을 읽는 출발점으로 삼게 되었다.

한편 역자도 편의상 내용이니 형식이니 하는 단어를 사용하고는 있지만, 대화편 내에서 어떤 것이 내용에 해당하고 어떤 것이 순전히 형식에 해당하는 것인지는 다시 검토해 볼 여지가 있다고 본다. 아니, 어쩌면 형식과 내용을 구분하려는 바로 그 시도 자체가 특정한 가정에 — 이를테면, 철학적 논변이 그 내용에 해당하고, 문학적인 드라마적 요소는 형식에 해당하며, 이 두 가지는 서로 완전히 다른 범주에 속하는 것이라는 가정에 — 기초를 둔 것이라고 보는 것이 합당하다고 본다.(이와 관련하여 플라톤 작품에서 형식과 내용의 관계에 대한 논의로는 안나스와 로우(Annas and Rowe eds., 2002) 등을 참고할 수 있다.) 오히려 우리는 플라톤의 대화편을 읽으면서 논의의 외형적 틀과 그 안에 담긴 철학적 주장들이 상호작용하고 있음을 목격하게 되는데, 이러한 구조는 많은 경우에 이론적인 수준의 논의가 대화에 참여하고 있는 당사자들의 삶의 방식과 어떻게 긴밀하게 연결되어 있는가를—또는 연결되어야 마땅한가를—보여주는 데에 기여한다(예를 들면 『고르기아스』 505c에서 좋은 사례를 발견할 수 있다.) 이러한 구조를 대화편을 통해서 구현하면서 저자인 플라톤은 아마도 자신의 작품 내에서 그 내용과 형식을 엄밀하게 구분해 내기보다는 그 둘이 어떻게 서로를 긴밀하게 지지하는 관계에 있는가를 시사하고 있다고 보는 것이 합당할 것이다. 더 나아가 이 점은 또 다른 중요한 함축을 지니는데, 요즈음의 우리가 당연시하는 철학의 하위 분과 구분들이—이를테면, 윤리학과 형이상학, 인식론 등이—어째서 그 본래 태생상 분리되기 어려운가를 플라톤의 작품들이 함축적으로 보여주고 있다고 역자는 이해하고 있다. 그러므로 우리는 '내용(철학)'과 '형식(문학적 드라마)'이라는 개념 구분이 때로는—그 두 가지를 지나치게 격리시키는 경우에—우리의 작품 이해를 가로막는 요소가 될 가능성을 내포하고 있다는 점도 인정할 필요가 있겠다. 요컨대 우리가 대화편을 읽으면서 그것이 담고 있는 저자의 의도, 취지, 궁극적인 지향점을 재구성하여 온전히 이해하는 일은 대화편이 구현하고 있는 다양한 측면과 요소들을 통합적으로 고려할 때 비로소 온전하게 이루어질 수 있다는 점을 우리는 다시금 유념할 필요가 있다. 다만 대화편의 여러 구성 요소들의 관계를 이론적 수준에서 짧은 지면에 낱낱이 상술하기는 어렵다. 그것은 플라톤의 여러 작품들이 보여주는 구체적인 논의의 맥락 속에서 통합적으로 이해되고 논의되어야 마땅하기 때문이다. 추후에 이루어질 역자의 작업, 논문과 저술을 애정을 갖고 읽어 주시기를 부탁드린다.

3) 플라톤의 저술 동기와 의도

주지하다시피 그리고 위에서 이미 잠시 언급했듯이, 플라톤의 작품은 역사 속에 실재했던 인물들의 실제 대화 내용을 녹취하여 기록한 것이라고 볼 수 없다. 그의 대화편은 저자인 플라톤이 여러 극적인 요소를 동원하여 창작한 철학적 드라마라는 점을 우리는 시작에서부터 염두에 두고 작품을 읽어야 한다. 또 그와 동시에 플라톤이 작품 속의 등장인물들을 설정하면서, 실제 역사 속에서 그들의 행적을 무시하고, 등장인물의 성격과 역사적인 인물의 성격 사이에 아무런 연관이 없는 것으로 상정하고 작품을 집필했을 가능성을 상상하기는 어렵다. 작품 속의 등장인물의 성격이 역사 속 인물의 행적 및 그 성격과 어느 정도 상응하는 것으로 저자인 플라톤이 상정했을 것이라고 추정하는 것이 상식에 부합한다. 또한 이 작품을 처음 만나고 읽었을 플라톤 당시 아테네의 독자들도 실제 역사 속의 인물들을 연상하면서 작품을 접했으리라고 추정할 수 있다.

플라톤의 작품이 세상에 나오기까지의 과정과 독자들이 그 작품과 상호작용하는 방식을 좀더 입체적으로 이해하기 위해서, 그와 관련된 주요 연대를 한눈에 볼 수 있게 정리해 보자면 다음의 표와 같다.

우선 대화편 속 이야기가 벌어지고 있는 것으로 설정된 장면의 시기는 작품 첫 줄에서 드러난다. 그 이야기 속에서 소크라테스는 이제 막 포테이다이아의 전장(戰場)에서 돌아왔는데, 포테이다이아에서의 전투는 기원전 432~429년 사이에 있었던 것으로 알려져 있다. 한편『소크라테스의 변론』편에 묘사되고 있듯이 소크라테스가 멜레토스, 아뉘토스, 뤼콘의 고소와 일련의 재판과정을 통해서 삶을 마감한 해는 기원전 399년이다. 그리고 플라톤이 이 작품을 쓴 저술 시기를 (다른 작품의 저술 시기와 비교하여) 확정하는 것이 작품의 내용에 대한 이해에 결정적으로 중대한 역할을 한다고 보지는 않지만, 플라톤은 어찌 되었든 간에 펠로폰네소스 전쟁 이후 아테네가 전반적으로 그 힘이 쇠락해가던 시기에 민주정의 굴곡과 부침 그리고 30인 참주정의 전횡 등을 경험하고, 소크라테스가 기원전 399년에 이미 죽고 난 이후의 어느 시점에 작품을 썼을 것임은 분명하다.

그러한 일련의 과정을 목도하고 공통의 정치적이고 역사적인

연도 (기원전)	역사 속 사건	플라톤 작품 속 배경	정보의 누적과 독자의 시선
432~429년	포테이다이아 전투, 소크라테스도 참여함. 펠로폰네소스 전쟁의 발단.	『카르미데스』 액자 내부 장면의 시기.	정보의 누적.
404~403년	크리티아스를 위시한 30인 참주의 권력 장악 및 전횡.	그들은 소크라테스(그를 포함하여 5인)에게 살라미스 사람 레온을 잡아 오라고 명령하며 자신들의 전횡에 연루시키고자 하였으나, 소크라테스만이 거부하고 귀가하였다. 『소크라테스의 변론』 32c~d에 묘사되어 있다.	
399년	소크라테스의 죽음.	『에우튀프론』, 『소크라테스의 변론』, 『크리톤』 이야기 장면의 배경. 『파이돈』 액자 내부 이야기 장면의 배경. 『테아이테토스』 액자 내부.	
소크라테스의 죽음 이후~오늘날	플라톤의 저술 활동 시기. 독자들이 플라톤의 작품을 읽으면서 과거를 돌아보는 시점.		독자의 시선 및 정보 접근.

경험을 공유하는 아테네 시민들에게 이 작품이 출간되어 나온 상황을 상정해 보자. 독자들은 플라톤이 작품을 세상에 내놓은 시점 이후에, 그간의 누적된 역사적인 경험과 정보를 — 지금 우리의 논의 맥락에서 중요한 핵심적인 사건 중의 하나는 30인 참주의 권력 찬탈과 비이성적인 전횡이었다 — 배경에 둔 채로 그것을 참조하면서, 포테이다이아 전투(기원전 432~429년)에 참전했던 소크라테스가 돌아온 다음 날에 있었던 것으로 설정된 인물들 간의 만남과 대화 장면을 반추하며 마주하게 되는 것이다. 그 폭력성과 비이성적인 행태를 자신들이 이미 몸소 경험했던 당시의 아테네 시민 독자들의 관점에서 보자면, 30인 참주의 과두정을 주도한 자와 또 거기에 가담한 인물과 소크라테스가 과거의 시점에 서로 만나서 절제(sōphrosynē)에 대해서 대화를 나누고 있는 이 상황은 분명 대단히 의미심장한 장면으로 그리고 대단히 역설적인 상황으로도 받아들여졌을 것이다. (이 작품 『카르미데스』의 장면 설정과 관련해서 방금 언급한 아이디어에 역자가 처음 주목하게 된 것은 1996년 이태수 선생님의 수업에서였다. 물론 플라톤의 작품에서 등장인물들의 성격이 역사적 인물로서의 그들의 행적 및 성격을 일정 정도로 반영하고 있다는 점을 많은 이들이 작품 해석의 출발점으로 삼아 왔기에 이 점에 주목하는 것이 특별히 독창적이라고 할 만한 것은 아니다. 하지만 작품 속 대화의 전개 과정에서 소크라테스와 크리티아스가 어떻게 상호작용하고 있는가 하는 그 구체적인 양상을 지금과 같은 방식으로 — 두 인물 상호 간의 철저한 대립과 불일치로 — 정리한 것은 역자의 작업 결과이다.)

저자인 플라톤에게는 소크라테스와 관련하여 회자되던 — 크리티아스 같은 자가 소크라테스와 어울려 다니더니 결국은 30인 참주의 우두머리가 되어 정권을 잡고 극악무도한 못된 짓을 하고 다녔고(알키비아데스도 유사한 사례라고 볼 수 있겠다) 그런 결과에 소크라테스도 책임이 있다는 식의 — 항간의 오해와 그릇된 비난으로부터 소크라테스를 보호하려는, 그리고 『소크라테스의 변론』편에 언급되어 있듯이 그가 젊은이들을 타락시켰다는, 역자가 보기에는 무고(無故)한, 고소에 맞서서 그를 대신해서 옹호하려는(apologetic) 의도가 다분히 있었으리라고 역자는 이해하고 있다. 그런 관점에서 보자면, 『소크라테스의 변론』편에서 플라톤이 하고 있는 작업과 궤(軌)를 같이하는 작업이 이 작품에서도 이루어지고 있다고 볼 수 있다. 또한 플라톤은 자신과의 혈연적 친연성이나 개인적인 친소를 바탕으로 인물들을 평가하고 있지는 않은 것으로 보인다. 사실 카르미데스와 크리티아스는 그 자신의 어머니 쪽 친척이지만, 플라톤이 등장인물들에 대해서 취하고 있는 태도를 볼 때, 그는 카르미데스와 크리티아스를 비판적인 시각으로 바라보고 있는 것으로 보인다. 도리어 그에게는 소크라테스를 평생에 걸쳐서 자신의 무지에 대한 자각과 인간 지식의 오류 가능성에 대한 경각심을 바탕으로 끊임없이 자기 자신을(즉 자신의 앎, 믿음, 영혼을) 검토하고 성찰하면서 동료 시민들과 함께 정의로운 삶을 — 즉 덕을 실현하는 철학적인(지혜를 사랑하는) 삶을 — 살고자 노력해 온 이상적인 철학자로서 작품에 형상화하는 것이 지대한 관심사였으리라고 본다.

하지만 그것이 소크라테스를 무비판적으로 우상화하는 일을 뜻하지는 않는다. 플라톤은 자신의 관점에서 소크라테스의 입장을 재구성해 보여주면서도 그것이 품고 있거나 그것에서 파생될 수 있는 여러 문제점들에 대한 비판적인 검토를 자신의 대화편들 여러 곳에서 함께 보여주고 있기 때문이다. 또한 소크라테스의 입장을 모방한 듯한 아주 유사해 보이는 주장(크리티아스의 주장이 그러하다)이나 경쟁 관계에 있는 것으로 보이는 소피스테스들의 주장들이 어떤 점에서 소크라테스의 것과 다른지를 보여주는 경우에도, 때로는 모든 것을 낱낱이 설명하기보다는 독자들이 그들의 차이를 적극적으로 읽어낼 수 있도록 대화편 내의 여러 장치와 구성 요소들을 활용하여 암시와 단서를 제공하면서, 일정 부분은 독자의 몫으로 남겨 두고 있는 것으로 보이는 경우들이 많이 있다. 그 점에 대해서는 분절별 핵심 내용에서 다시 다룬다.

4) 극적 장치로서의 일종의 아이러니

플라톤이 소크라테스를 자신의 철학적 이상(理想)을 대변하는 인물로 형상화하면서 취하는 저술상의 중요한 전략들 중 하나는 소크라테스를 그와 대척점에 있는 인물형과 대비시키거나 또는 직접 대결하게 하는 것이다. 이는 우리가 글을 쓰면서 취하게 되는 대단히 자연스러운 보편적인 설정이자 전략이라고 본다. 또한 그러한 대비와 대조를 대단히 흥미롭고 함축적인 방식으로 산출해 내는 데에 기여하는 극 중 장치의 하나가 일종의 아이러니이다. 우리는 흔히 '아이러니'라는 개념을 누군가가 a를 뜻하고자 하면서 a의 반대를 말하는 경우와 같이 종종 역설이나 반어적으로 말하는 표현법과 연관지어 이해하곤 한다. 하지만 플라톤의 작품에서 발견할 수 있는 일종의 극적 구성의 장치(그리고 그것이 독자와의 상호작용 과정에서 만들어 내는 효과)로서의 아이러니는 소위 소크라테스식 아이러니(Socratic Irony) 또는 플라톤식 아이러니(Platonic Irony)라는 말로 지칭되어 왔으며, 그 기능 및 역할에 대해서는 좀더 정교한 논의가 필요하다. 그리고 이에 대하여 여러 학자들이 논의해 온 바 있는데, 거드리(Guthrie 1969), 블라스토스(Vlastos 1985, 1991), 네하마스(Nehamas 1998), 세들리(Sedley 2002), 레인(Lane 2006), 맥케이브(McCabe 2007a), 페라리(Ferrari 2008), 리어(Lear 2006) 등의 논의를 참고할 수 있다. 그런 여러 논의들은 여러 방향으로 진전되어 왔는데 최근 논의 방향의 핵심을 종합해 보자면, 극 전개 과정에서 발생하는 아이러니는 등장인물들이 상호작용하는 극 내부의 공간에서 그들이 각자의 관점에서 지니고 있는 것으로 보이는 정보(또는 그들의 관련 사태에 대한 이해)와 독자들이 작품을 읽으면서 독자의 관점에서 지니고 있는 정보(또는 관련 사태에 대한 이해) 사이의 불일치에 ― 이를 단순화하여 소위 인지적 불일치(영어로는 cognitive dissonance)라고 불러 왔다 ― 기인하여 발생한다고 볼 수 있다. 그리고 역자는 이러한 아이러니의 작동 방식에 대한 이해가 플라톤 작품에 대한 이해를 더욱 풍성하고 깊이 있게 해 줄 것이라고 본다.

그리고 이러한 현상은(또는 극적 장치는), 설명의 편의를 위해서 다소간 단순화해서 접근하자면, 사실 우리가 이미 희곡이나 그것을 무대에 올린 연극 또는 오늘날의 영화나 TV 드라마를 볼 때 종종 경험하는 것과 유사한 점이 많다. 가장 유명하고 대표적인 예를 들자면, 우리가 소포클레스의 작품 『오이디푸스 왕』을 읽거나 그것을 무대에 올린 연극을 본다고 가정해 보자. 독자들 혹은 관중들은 이미 오이디푸스의 출생, 성장, 왕위에 오르기까지 그가 어떤 일을 했으며 어떤 인물인지에 대한 정보를 지닌 채로 극을 보게 되기 마련이다. 하지만 우리가 극 중 이야기에 집중하여 플롯의 전개를 따라가는 과정에서 우리는 마치 극 중의 사건을 처음 대하는 것처럼 작품의 전개를 쫓아간다. 그러면서 그 주인공이 작품의 전개 과정에서 다른 등장인물들과 상호작용 하는 과정을 지켜보면서 우리는 많은 경우에 다음과 같이 반응 하게 된다. "오이디푸스는 자신이 찾아내고자 하는 선왕을 죽인 자가 바로 자기 자신이라는 사실은 꿈에도 모른 채로 저런 말을 하고 판단하고 행동하다니?" 관객 또는 독자들인 우리가 알고 있는 것을 극 중 인물은 모르고 있는 상황에서 우리는 안타까움 을 느끼면서 극의 전개에 몰입하게 된다. 즉 극의 전개 과정에서 오이디푸스는 나라를 위기에 처하게 한 자가 누구인지를 밝혀내 는 수사관 역할을 하고 있는데, 그 과정이 도리어 그 자신이 진 정으로 누구이며, 자신이 과거에 행한 일이 진정으로 어떤 일이 었는지를 스스로 발견해 가는 과정이 되는 것을 우리는 지켜보 게 된다. 그리하여 주인공이 자기 자신 스스로를 실존적으로 참 으로 난감하고 감내하기 어려운 한계 상황으로 몰고 가는 과정 이 극적인 긴장감과 놀라움을 — 아리스토텔레스의 언어로는 연 민과 두려움을 — 독자들에게 또는 관객들에게 불러일으키는 것 을 우리는 경험한다. 그리고 바로 이러한 과정에서 발생하는 것 과 같이, 독자들이 지닌 정보와 상황에 대한 이해 정도와 극 중 인물이 극 중 사건 진행 과정의 각 개별 순간에 보여주는 사태에 대한 이해 정도 사이에 놓여 있는 인지적인 간극과 불일치가 작 품의 전개를 더욱 긴장감 있게 만들어 준다.

이 작품 『카르미데스』에서도 (그리고 플라톤의 다른 작품에서도) 그와 유사한 기제(機制)가 작동하고 있다고 역자는 파악하고 있다. 소포클레스의 작품과 플라톤의 작품 각각이 담고 있는 인간 삶의 근원적 면모에 대한 다양하고 깊은 통찰들 및 그 양자의 공통점과 차이점을 논하는 것은 별도의 자리가 필요한 일일 것이다. 다만 여기에서 역자가 주목하려고 하는 양자 간의 공통점과 그 핵심은 다음과 같다. 즉 소포클레스의 작품 속 등장인물이나 플라톤 작품 속 등장인물이나 모두 자기 자신에 대한 앎을 결여하고 있다는 점이 공통점이라고 역자는 이해하고 있다. 다시 말해, 작품 속의 등장인물들은 각각 사건 전개의 특정한 순간들에서 자신들이 하고 있는 행위의 의미를 객관적으로 볼 수 있는 시각을 갖추지 못하고 있는 것으로 그려지고 있다. (하지만 물론 오이디푸스는 자신의 무지가 드러나는 것을 두려워하지 않고 그 파국마저도 자신이 스스로 떠안는 일종의 영웅적 면모를 보여준다. 그리고 바로 그 점에서 그는 플라톤 대화편에 등장하는 소크라테스의 대화 상대자들과는 다르다.) 이 작품 『카르미데스』에서는 특히 크리티아스가 바로 그런 인물의 전형적인 사례로 그려지고 있다. 그는 끝까지 자신의 무지를 인식하지 못하는 인물로 그려지고 있으며, 결국은 소크라테스와는 다른 길을 간다.

그리고 그것은 어쩌면 인간 삶의 보편적인 모습의 일부일 수도 있다. 그 누가 과연 자기 자신이 하고 있는 매 순간 일거수 일투족의 모습과 의미를 객관적으로 바라보고 이해할 수 있는가? 과연 누가 그렇게 하고 있다고 스스로 자신할 수 있는가? 오히려 그렇게 할 수 있다고 자신하는 순간부터 우리는 자신을 바라보는 객관적인 시각과 관점을 확보하기 어려워지는 것은 아닐까? 또 바로 그렇기 때문에 자기 자신이 지닌 앎의 한계를 자각하고 자신의 무지를 인정하는 일이 중요한 것이라고 할 수 있을 것이다. 그리고 바로 이러한 사정과 이유로 인해서 소크라테스라는 인물의 독특함이 더 주목받아야 마땅하며, 또한 그 인물의 특이성이 자연스럽게 부각될 수밖에 없다. 플라톤의 작품에서는 소크라테스만이 예외적으로 등장인물 중에서 유일하게 자기 자신이 지닌 앎의 한계와 자신의 무지를 자각하고 있는—또는 적어도 늘 그러한 태도를 견지하려고 노력하는—인물이기 때문이다. 그리고 그러한 태도와 사람됨이 논의의 진행 전반에 걸쳐서 지속적으로 지치지 않는 탐구의 추동력을 제공한다. 또 이러한 추구가 지혜를 사랑함이라는 철학의 본래적인 뜻을 실현하는 과정이 된다.

하지만 소크라테스가 그렇게 무지를 인정하는 태도를 두고(플라톤이 그러한 인물로 형상화한 것을 두고) 그 진정성 여부에 많은 논란이 있어 왔다. 소크라테스가 도리어 자신의 의도를 감춘 채로 정직하지 못하게 상대방을 논박하여 곤궁함에 빠뜨린다는 것이 그러한 논란과 비난의 주된 내용이다. 또한 플라톤의 대화편 내부에서도 이미 그러한 식의 반응과 소크라테스를 상대로 한 대화 상대자의 비난이 묘사되어 있다. 예를 들면, 소크라테스에게 특히 적대적인 대화 상대자들 중의 한 사람으로 가장 첫 번째로 손꼽히는 트라시마코스의 비난을 『국가』 337a 이하에서 확인할 수 있다. 그렇게 소크라테스를 비판하는 입장에 동조하면서 일부 연구자들이 소크라테스를 사실상 대단히 적대적으로 대하기도 했다.

게다가 종래에 많은 이들이 플라톤의 작품들 중에서 일부를 그것이 다루는 핵심 문제에 대한 명확한 답이 없이 아포리아로 끝난다고 간주해 왔는데, 그러한 이해 방식이 위의 비난과 결합하여 핵심 문제에 대한 명확한 답은 제시하지 못하면서 상대방을 논박하여 골탕 먹이는 것이 소크라테스가 하고 있는 일이라는 식으로 불만을 제기하곤 했다. 그리고 이러한 불만과 비난은 소크라테스나 플라톤을 일부 연구자들이 적대적으로 또는 경시하듯 바라보는 태도를 강화하는 데에 일조해 왔다고 볼 수 있다. 물론 우리가 어떤 텍스트를 다루든지 객관적이고 비판적인 시각을 유지하려고 노력하는 일은 건강하고도 바람직한 일이다. 하지만 그러한 노력이 곧 소크라테스나 플라톤을 적대적으로 대하는 일과 동일하다는 것을 뜻하지는 않을 것이다.

하지만 역자의 입장은 다음과 같다. 극의 외부에서 바라보고 있는 독자의 관점에서 우리는 각각의 등장인물이 저마다 어떤 상황에 처해 있는지, 저마다 지니고 있는 것으로 보이는 의견들 (일종의 앎이 될 수 있는 후보들)이 정말로 사태에 부합하는 것인지, 그것의 건전성 여부와 등장인물 각자가 자기 자신의 앎의 상태를 어떻게 간주하고 있는지를 (역사적 배경 및 플라톤의 저술 동기 및 의도를 논하면서 언급했던 것처럼) 역사적인 시간의 흐름과 함께 누적된 정보의 도움을 바탕으로 그리고 그 등장인물이 극 중에서 지니고 있는 것으로 드러나는 관점 및 정보와 우리가 지닌 관점 및 정보 사이에서 발생하는 불일치(인지적 불일치)를 통해서 읽어낼 수 있다. 저자인 플라톤은 그러한—등장인물들 각각의 관점 및 관련 사태에 대한 이해 정도와 독자의 관점 및 관련 사태에 대한 이해의 정도 사이에서 성립하는—상호작용 과정까지를 고려해서 저술을 했다고 본다.

그의 대화편들을 이와 같은 관점과 방법으로 읽으면, 외견상의 답 없음(aporia)은 진정 엄밀한 의미에서의 답 없음이 아닐 것이다. 그것은 우리의 해석을 통해서 재음미되고 재구성되어야 하는 독자에게 주어진 일종의 과제와 같은 것이고, 그러한 해석의 과정이 충분한 성찰을 바탕으로 밀도 있게 수행될 때 비로소 저자인 플라톤의 본래 취지가 온전히 드러나게 될 것이라고 본다. 이러한 관점에서 보자면, (등장인물인) 소크라테스 자신은 자신의 무지를 인정하는 인물로 형상화되고 있지만, (독자의 관점에서) 플라톤의 작품 내부의 극 중 인물 가운데에서 사실상 소크라테스가 가장 지혜로운 자라는 (더 정확하게 『소크라테스의 변론』 21a에 등장하는 표현을 그대로 쓰자면, 어느 누구도 소크라테스보다 더 지혜롭지 않다는) 점을 인정하는 것이 — 지금까지 상술한 독해 방식에 따르면 — 합리적이라고 본다. 그리하여 소크라테스를 윤리적 실천과 이론적 탐구를 아우르는 앎으로서의 덕을 끊임없이 추구하는 (그것이 위에서 한 차례 언급했듯이 지혜를 사랑함이라는 철학의 본래 뜻이다) 이상적인 인물로서 그려 내려는 저자인 플라톤의 취지와 의도를 우리는 읽어낼 수 있다.

또 플라톤의 그와 같은 취지와 의도는 우리가 그의 작품을 읽을 때 출발점으로 받아들일 만한 일종의 작업 가설과 같은 것이면서, 또한 독해와 해석의 과정을 통해서 도달하게 될 목표이자 귀결점이 될 것이다. 사실 엄밀히 말하자면, 그것이 우리가 출발점에서 놓은 전제와 가정에 해당하는지, 아니면 독해와 연구의 과정을 통해서 도달하게 된 이해의 결과물에 해당하는지, 둘 중 하나만을 택해서 답하기는 어려워 보인다. 이와 같은 해석학적인 방법론에 대한 논의는 별도의 지난(至難)한 작업이 필요할 것이기에 여기에서 상술하지는 않겠다. 또한 물론 다른 출발점에서 시작하는 사람들도 있을 것이다. 당연한 일이다. 하지만 어떠한 접근법이 더 성공적인지, 더 건전한 출발점에서 시작하는 것인지, 관련된 사태의 설명에 더 적합하고 적실(適實)하며 설명력이 높은 것인지를 판정하는 일은 독자 제현의 몫으로 남겨 둔다.

한편 위에서 플라톤의 저술 동기와 시기를 언급하면서 설명하였듯이, 아테네의 역사 속에서 크리티아스와 카르미데스가 어떤 인물들이었는지 이미 알고 있는 플라톤 당시의 아테네 독자들을 다시 한번 상정해 보자. 그들의 관점에서는 다음과 같은 점이 눈에 띄게 부각되었을 법하다. 우선 등장인물 중에서 카르미데스와 그의 무지는 차라리 애교로 보아 넘겨 줄 만했을 것이다. 하지만 등장인물인 크리티아스는 좀더 특별한 관심의 대상이 되었을 법하다. 크리티아스는 절제를 갖추고 있지도 못하면서, 또한 절제라는 개념을 정의하고 논하는 과정에서 후보로 등장한 '자기 자신에 대한 앎'을 지니고 있지도(실천적 맥락에서 체화하여 보여 주지도) 못하면서, 또 자기 자신이 그 개념을 (이론적 맥락에서) 정확히 이해하고 있지 못한 채로, 그것을 소크라테스에게 가르쳐 주겠다고 나서고 있는 상황이 대단히 특이하게 보였으리라고 추정해 볼 수 있다. 이와 같이 대단히 역설적이고 극적인 아이러니 효과를 자아내는 설정을 통해서, 저자인 플라톤은 크리티아스와 소크라테스를 대비시키면서 각각의 인물을 형상화하고 있으며, 우리도 바로 그 점에 주목해야 이 작품의 핵심에 접근할 수 있다고 역자는 이해하고 있다.

좀더 상술하자면, 우선 서로 다른 두 인물의 입장을 다루는 가장 단순한 방법은 그 둘을 직접적이고 일면적인 방식으로 충돌시키고 경합시키는 것일 수도 있다. 하지만 플라톤의 이 작품은 좀더 섬세하고 정교한 전략을 사용한다. 작품을 세심하게 읽어 나가다 보면, 크리티아스의 주장은 여러 가지 점에서 소크라테스의 것과 유사하게 닮은 것으로 보인다는 점을 독자들은 발견하게 될 것이다. 그리하여 우리는 소크라테스의 것과 외견상 닮았으나 동일하지 않은 크리티아스의 주장이 정확히 어떻게 어떤 점에서 소크라테스의 것과 다른가를 명확히 밝혀내야 하는 과제에 직면하게 된다. 비유적으로 말하자면 외견상 구분이 잘 안 되는 유사품이지만 진품은 아닌 것을 가려내는 과제라고도 표현할 수 있겠다. 그런데 역자는 이러한 과제 수행에 활용할 단서가 대화편 내에 있다고 본다. 작품의 액자 내부에서 진행되는 대화의 전개 과정의 기저에서 우리는 여러 주요 개념들을 각각의 등장인물들이 다소간 서로 다르게 일종의 동음이의어처럼 사용하는 모습을 관찰할 수 있는데, 저자인 플라톤은 기본적인 주요 개념과 언어 사용에서부터 등장인물들이 서로 일치를 이루고 있지 못하고 있는 것으로 — 이는 실제 역사적인 인물들이 보여주었던 행동에 내재되어 있던 근본적인 가치관 및 지향점에서의 차이를 반영한 것이다라고 하겠다 — 형상화하고 있으며, 이를 작품 전개에 적극적으로 활용하여, 그러한 불일치를 기본적인 뼈대로 삼아 이 작품이 보여주는 여러 논쟁점들을 다루고 있다고 역자는 이해하고 있다.

결국 등장인물인 크리티아스를 자기 자신이 지닌 의견의 한계를 정확히 인식하지 못하는 인물로 형상화함으로써 저자인 플라톤은 자신을 안다는 일이 어떻게 우리 삶에서 구현되어야 마땅한 것인지를 독자들이 스스로 성찰하고 탐구하도록 유도하고 있으며, 그 과정을 통해서 독자들이 그 개념을 정확히 이해하고 독해해 나가도록 유도하고 있다. 이와 같은 방식으로 소크라테스가 지니고 있는 입장과 크리티아스의 입장을 견주어 대결시키면서 소크라테스를 지지하고 옹호하는 것이 플라톤의 가장 기본적 저술 동기이자 의도 중의 하나였으리라고 역자는 이해하고 있다.

2. 『카르미데스』 분절별 핵심 내용 읽기

1) 대화의 액자와 장면 설정(153a1~155a1)

이 작품에는 액자 장치가 있음에 주목해 보자. 그 액자 장치가 제공하는 틀에서 전달자(내레이터) 소크라테스가 홀로 등장해서 누군가에게 1인칭 관점에서 과거 자신의 경험 내용을 구술하고 있다. 그가 전달하고자 하는 과거의 사건은 (앞에서 플라톤의 저술 의도에 대하여 논하면서 언급했듯이) 소크라테스 자신이 포테이다이아 전투(기원전 432~429년)에서 돌아온 직후 바로 그다음 날 있었던 것으로 설정되어 있다. 그는 평소에 드나들던 아테네의 한 레슬링 경기장에 찾아가서 친구 및 동료 시민들을 만나서 늘 그랬듯이 대화를 나누었다고 스스로 보고하고 있다.

우선 작품 내부 대화의 시대적 배경을 이루는 포테이다이아에서의 전투와 그 설정의 의미에 대해서는 앞에서 논한 플라톤의 저술 동기와 의도 및 해당 본문 구절에 대한 주석을 참조하면 좋겠다. 한편 소크라테스가 레슬링 경기장에 등장하자 그를 가장 열렬하게 환영해 준 이는 절친한 친구인 카이레폰이다. 그런데 그는 소크라테스와 반갑게 인사를 나누고는 소크라테스를 크리티아스 곁에 앉힌다. 이를 통해서 플라톤은 사실상 소크라테스와 크리티아스의 대결을 준비하고 있다고 볼 수 있다. 달리 말하면, 포테이다이아라는 전쟁터에서 돌아온 소크라테스는 미래의 전쟁에 대비하기 위한 교육과 일종의 사교가 이루어지는 장소인 레슬링 경기장에 간 것인데, 그곳은—그리고 아테네라는 폴리스가 제공하는 공론의 장은—사람들의 의견이 서로 다투고 경쟁하는 곳이라는 의미에서 또 하나의 전쟁터이기도 하다. 그러한 격전장은 그들이 지닌 윤리·정치적인 의견과 입장이 서로 대결하는 자리가 되며, 소크라테스와 크리티아스의 대화는 결국에 가서 그들의 차이가 얼마나 심대하게 큰 것인지를 확인하는 과정이 된다고 역자는 이해하고 있다.(플라톤의 저술 의도와 동기를 다시 참조하라.)

그렇게 그 이야기 안으로 진입하게 되면, 이제 막 전쟁터에서 돌아온 소크라테스는 일단 친구와 지인들이 그 전투에 관해서 궁금해하는 저간의 사정들에 대해서 답해 준다. 그렇게 시대적 상황을 이루는 전투에 관한 이야기를 언급한 이후에, 소크라테스는 자신이 원정을 다녀온 사이에 아테네의 사정이 어떠했는지를 묻는다. 그는 지혜를 사랑하는 일에(지혜를 사랑하는 일이 정확히 어떤 의미인지에 대해서는 해당 구절에 상응하는 주석 내용을 참고하라) 관하여 아테네의 사정이 어떠한지, 또 젊은이들 가운데에서 누군가가 지혜 또는 아름다움의 관점에서 뛰어난 자들로 성장했는지를 묻는다.

소크라테스의 이 질문은 일견 사소해 보이지만, 이를 통해서 플라톤은 소크라테스의 평소 관심사가 무엇이었가 하는 점을 보여주면서 그와 더불어 이제부터 진행될 대화가 어떤 주제를 두고 어떤 방향으로 나아가게 될지를 설정해 놓고 있는 셈이다. 달리 말하면, 소크라테스는 자신이 속한 폴리스라는 정치 공동체가 제공하는 삶의 맥락 속에서 동료 시민들이 인간으로서의 뛰어남을 발휘하는 (즉 덕을 실현하는) 삶을 살고자 노력하고 있는지, 그리고 덕을 함양하는 과정을 통해서 행복에 이르는 삶을 살아가고 있는지를 탐구하고자 하는 것이다. 또한 어떤 사람들이 다음 세대 구성원들이 되는가 하는 점이 그 정치 공동체의 존속, 유지, 발전을 위해서 중요한 일이기에 소크라테스가 미래에 시민들로 성장할 젊은이들이 제대로 교육받으며 지혜롭고 아름다운 이들로 자라나고 있는지를 묻고 있는 모습은 대단히 자연스러워 보이며, 이는 자신의 공동체를 건강하게 유지해 나가고자 하는 열정과 열망의 반영이라고 볼 수 있겠다. 이를 통해서 큰 틀에서 보자면 윤리적인 논의의 지평이 바탕에 마련되고 있으며, 일상적 대화에서 시작하여 대단히 자연스럽게 철학적 주제로의 이행을 서서히 준비하고 있다.

한편 크리티아스는 아름다운 자들에 관해서라면 소크라테스도 곧 알게 될 것이라고 말하면서, 그즈음 가장 아름다운 자로 간주되고 있는 카르미데스가 곧 등장할 것이라고 이야기한다. 하지만 그의 대답은 사실상 반쪽짜리라고 볼 수 있다. 소크라테스는 젊은이들 가운데에서 누군가가 지혜 또는 아름다움의 관점에서 뛰어난 자들로 성장했는지를 물었지만, 크리티아스는 지혜로움 여부에 관해서는 언급하지 않고 외모의 아름다움에 주목하고 있기 때문이다. 물론 그의 대답은 그 상황에서는 자연스럽고 그럴듯한 대답이기는 하다. 한 사람이 지혜의 관점에서 뛰어난지를 정확히 판단하는 일은 시간을 필요로 하는 일이기 때문이다. 어찌되었든지 크리티아스의 사촌이자 외모가 아름다운 카르미데스가 곧 등장한다.

카르미데스의 등장과 그의 외모에 대한 현장에 있던 대다수 사람들의 반응은 — 오늘날 아이돌 그룹 멤버의 인기에 견줄 수 있을 만큼—거의 호들갑에 가깝다. 소크라테스는 짐짓 맞장구치는 듯 하면서도, 누군가 한 사람의 뛰어남 여부를 판단하기 위해서는 그 사람의 영혼이 좋은 본성을 타고났는지 그 상태가 어떠한지를 검토해 보아야 한다면서 그것을 가장 중요한 기준으로 내놓는다. 또한 그는 크리티아스와 카르미데스의 집안을 치켜세우며 카르미데스가 영혼의 관점에서도 뛰어나지 않겠느냐고 하면서, 그 점을 외모에 앞서서 대화를 통해서 살펴보자고 제안한다. 아직 본격적인 대화가 시작되지 않았지만, 크리티아스는 자신의 사촌에 대해서 자신만만해한다. 카르미데스가 지혜를 사랑할 뿐만 아니라 시적(문학적) 소양과 교양을 갖추고 있다고 하면서, 그것이 세간의 평가이자 카르미데스 자신의 자신에 대한 의견이기도 하다고 말한다. 하지만 카르미데스에 대한 그러한 세간의 기대와 평가가 과연 사실에 입각한 것인지는 이제 소크라테스와의 대화를 통해서 드러나게 될 것이다.

2) 카르미데스와의 대화(155a2~162b11)

(1) 카르미데스와 소크라테스의 관계 설정, 의술과 치료의 원리, 영혼의 인과적인 우선성, 주문(155a2~158c4)

소크라테스는 다시 한번 크리티아스의 집안을 치켜세우면서 카르미데스가 후견인이자 사촌인 크리티아스 앞에서 함께 대화 나누는 일을 부끄러워하지는 않을 것 아니냐면서 카르미데스와 함께 대화를 나누게 해달라고 요청한다. 소크라테스의 요청에 크리티아스는 시종을 불러서 카르미데스를 데려오라고 한다. 그와 동시에 크리티아스는 시종에게 카르미데스한테 그가 근래에 겪고 있는 두통을 치료해 줄 의사를 소개시켜 주겠다고 전달하라고 한다. 그러면서 크리티아스는 소크라테스에게 카르미데스를 상대로 머리를 치료할 약을 쓸 줄 아는 척하며 나서 보라고 권유한다.('~하는 척하다' 또는 '~하는 셈 치다'라는 개념의 의미와 함축은 해당 구절에 대한 주석을 참조하라.) 소크라테스도 마다하지 않는다.

이윽고 카르미데스가 실제로 등장하자 그 자리에 있던 많은 사람들이 카르미데스를 자기 곁에 앉히려고 한바탕 소동을 벌인다. 화자(액자를 밖에서의 전달자)인 소크라테스는 이 장면을 대단히 희극적으로 묘사한다. 하지만 결국 카르미데스는 크리티아스와 소크라테스 사이에 앉는다. 카르미데스가 바로 자기 곁에 앉자 소크라테스는 이미 어찌해야 할 바를 몰랐다고(난관에 놓여 나아갈 길이 없는 상태를 뜻하는 명사 아포리아(aporia)의 동사 형태를 활용하고 있다) 하면서, 자신의 과거 경험을 짐짓 흥분되고 유쾌한 어투로 묘사하고 있는 것으로 그려진다. 그러면서 그는 연애문제에 관해서 퀴디아스(Kydias)가 가장 지혜롭다고 믿게 되었다고 말한다. 소크라테스는 그의 시를 인용하면서 사자 앞에서 잡아먹히지 않게 조심해야 하는 새끼 사슴에 자기 자신을 비유한다. 그러한 흥미롭고 다소 과장된 묘사가 있고 나서, 카르미데스가 소크라테스에게 머리를 낫게 할 약을 쓸 줄 아느냐고 묻자, 소크라테스는 — 크리티아스의 제안대로 — 어쨌든 자신이 치료 방법을 알고 있다고 카르미데스에게 답한다.

한편 크리티아스와 소크라테스의 언행을 쫓아가다 보면 우리는 다음과 같은 질문을 던지게 된다. 카르미데스와 소크라테스는 어떤 관계를 맺고 대화를 이어가게 되는가? 이 질문은 대화가 전면에서 주제적으로 다루는 질문은 아닌 것으로 보이지만, 대화 전개의 초반부에서 독자들은 자연스럽게 둘의 관계에 궁금함을 품게 된다. 그리고 결국에 가서 두 사람 사이의 관계가 어떠한 성격의 것인가에 대한 질문은 사실상 "소크라테스는 진정으로 누구인가?"를 묻고 답하는 과정과 동등한 것이 된다고 볼 수 있다. 앞에서 크리티아스는, 비록 가장(假裝)하는 것이지만, 소크라테스와 카르미데스의 관계를 의사와 환자의 관계로 설정하려는 듯한 모습을 보여준다. 그러자 소크라테스 자신은 자신과 카르미데스의 관계를 연인(또는 사랑받는 자)과 구애자의 관계로 바라보는 듯한 인상을 주었다. 하지만 두 인물 각자가 외견상 표명하는 관계와 실제로 이루어지는 행위 간의 일종의 교차, 엇갈림, 불일치가 있어 보인다. 역자의 관점에서 보자면, 소크라테스와 카르미데스의 관계를 사실상 잠재적인 연인 관계로 보는 자는 크리티아스이다. 왜냐하면 크리티아스는 소크라테스를 의사로 받아들이지는 않기 때문에, 소크라테스에게 의사인 척하라고 그렇게 해서 접근해 보라고 부추기고 있는 것으로 보인다. 반면에 짐짓 잠재적인 연인 관계인 것처럼 장난을 치지만 실제로 (논변과 대화를 통해서) 영혼의 치료를 지향하는 일련의 행위를 하는 자는 바로 소크라테스이다. 이와 같이 등장인물들 각자가 내놓는 — 소크라테스의 정체성(identity)에 관한 — 표면상의 언사와 그 실제적인 행동 및 역할 사이의 불일치 또는 역전 현상도 일종의 흥미로운 아이러니를 만들어 낸다.

그리하여 이제 논의는 애초에 크리티아스가 제안했던 것처럼 소크라테스가 의사 역할을 맡은 채로 진행되는 것으로 보인다. 하지만 소크라테스는 곧바로 일종의 주문을 약과 함께 써야 한다고 하면서, 주문이 없이는 약으로부터 아무런 이로움도 얻지 못하게 될 것이라고 이야기한다. 그리하여 그는 몸의 치료에 관심을 국한하기보다는 영혼과 정신의 치료에 주안점을 두는 방향으로 대화를 이끌어 가기 시작한다. 그러자 카르미데스는 그 주문을 받아적겠다고 하면서, 자신이 당연히 그렇게 해도 될 만한 충분한 자격을 갖고 있다는 듯한 태도를 보인다. 이에 대해서 소크라테스는 그렇게 해야 할 이유나 명분이 있는지 설득해 보라는 태도를 보이면서 장난스러운 실랑이를 벌인다. 그러자 카르미데스는 자신이 소크라테스를 설득하거든 주문을 불러 달라고 말하는데, 그 과정에서 그가 소크라테스의 이름을 이미 알고 있다는 사실이 드러난다. 소크라테스가 그 사실을 지적하자, 카르미데스는 자신이 소크라테스를 모른다면 그것이 부당한 일이라면서, 자기 또래의 젊은이들 사이에서 소크라테스에 대한 이야기가 오가고 있으며 소크라테스가 크리티아스와 함께 교류하던 것을 자신이 어린아이였을 때부터 보아서 기억하고 있다고 말한다.(한편 크리티아스와 오랫동안 알고 지냈다는 것이 소크라테스가 참주를 가르치고 지지했다는 오해를 불러일으킨 한 요소가 되었음도 기억해 둘 만하다.) 그러자 소크라테스는 누군가의 이름과 정체를 안다는 것이 그 사람에 대한 최소한의 합당하고 정의로운 대우임을 인정하는 듯한 태도로 카르미데스의 말을 반기면서, 카르미데스에게 그 주문에 대해서 그것이 어떠한 것인지를 솔직하게 이야기해 주겠다고 한다.

그런데 그 주문의 힘과 효용을 설명하기 시작하면서 소크라테스는 부분보다는 전체를 더 우선적으로 고려하는 일종의 전체론적인 치료 원리를 제시한다. 이를테면, 눈을 치료하려면 머리까지 동시에 돌보아야 하고, 머리를 치료하려면 신체 전체를 돌보아야 하며, 전체와 함께 그 부분을 돌보고 치료하려고 시도해야 한다고 말한다. 카르미데스가 그 말을 받아들이자, 소크라테스는 그러한 치료 원리를 자신이 원정 나가서 트라케 출신 의사들 중 한 사람에게서 배워 온 주문과 연결시켜서 이야기를 전개한다. 소크라테스의 전언에 따르면, 그 트라케 출신 의사들은 사람들을 죽지 않게 만든다고까지 하는데, 그들은 잘목시스를 자신들의 왕이자 신으로 추앙한다. 그리하여 그 트라케 출신 의사는 잘목시스의 말에 권위를 부여하면서 그의 말을 소크라테스에게 전해 주었는데, 방금 언급된 전체론적인 치료 원리에서 한 걸음 더 나아가서 (머리를 돌보지 않고 눈을 치료하려고 시도해서는 안 되고, 신체 전체를 돌보지 않고 머리를 치료하려고 시도해서도 안 되는 것처럼 바로 그렇게) 영혼을 돌보지 않고 신체를 치료하려고 해서는 안 된다는 이야기를 전해 주었다고 한다.

이러한 이야기의 귀결로 소크라테스는 신체에도 그렇고 전체로서의 인간에게도 그렇고 나쁜 것이든 좋은 것이든 모두 영혼에서 비롯된다는 말을 일종의 일반적인 치료 원리(그리고 인과적인 설명의 원리)로서 받아들이고 신체의 치료를 위해서도 영혼을 돌보는 일을 우선시해야 하며, 영혼을 치유하기 위해서는 주문이 필요하다는 점에 다시 도달한다. 그리고 그 주문은 아름다운 말(tous logous … tous kalous, 157a)이며, 그러한 말에서 영혼 안에 절제가 생겨나게 되고, 그렇게 될 때 머리와 신체에 건강함을 가져올 수 있게 된다고 한다. 또한 자신은 그러한 치료 방법을 어떤 상황이나 조건에서도 따르겠다고 그 트라케 출신 의사에게 약속하였기에 지금 상황에서도 그 치료 방법을 고수하겠다고 카르미데스에게 말한다.

잘목시스에게서 유래한 것으로 이야기되고 있는 영혼을 우선시하는 치료의 원리를 소크라테스가 트라케의 의사로부터 들었다고 하면서, 작중 인물인 소크라테스나 저자인 플라톤 둘 모두가 나름대로 출처를 대고 있는 셈이지만, 그것이 과연 역사적인 실증성을 가질 수 있는 것인가에 대해서는 의문의 여지가 있다. 오늘날 학문 세계에서 요구되는 참고문헌(reference) 달기 관행과는 다른 방식의 사실성에 대한 관념을 가졌던 것으로 보이기에 그 역사적 실증성 여부를 묻는 일은 답을 얻거나 검증하기 어려운 일이 될 것이다. 하지만 결국 영혼을 돌보는 일을 우선시하는 관점은 (독자의 관점에서 보기에) 사실상 소크라테스 그리고 플라톤의 것이기에, 비록 잘목시스라는 외래의 출처가 극적인 허구이거나 창작의 산물이라고 할지라도, 플라톤은 (그리고 소크라테스도) 자신의 핵심 관심사인 영혼을 돌보는 일의 중요성을 대단히 극적인 방식으로 대화의 주요 주제로 부각시키는 데에 성공하고 있는 것으로 보인다. 등장인물 소크라테스의 입장에서도 ― 외부의 어떤 신적인 권위를 지닌 자를 출처로 삼아서 ― 대화 상대자인 카르미데스가 뭔가 멋지고 심지어 불멸의 가능성까지 언급하는 이야기에 호기심을 갖고 동참하도록 하는 데에는 성공하고 있는 것으로 보인다.

그렇다면 과연 소크라테스가 사용하겠다고 하는 주문(epōidē, 呪文, incantation)의 정체는 무엇일까? 우선 현대인들에게는 꽤 낯설게 보이겠지만, 주문은 당시 의료 관행에서 중요한 치료 방법의 하나였다는 점도 주목해 두자.(예를 들면, 아스클레피오스 신의 도움으로 치유된 사례들이 많이 있다고 알려져 있는데 그러한 일종의 종교적 치유 관행에 주문이 사용되었던 것으로 볼 수 있다.) 하지만 그렇게 종교적 치유 관행에 사용되던 말들이나 또는 우리가 상식적으로 이해하고 있는 어떤 주술적인 의미와 효과를 지닌 주문은 대화편 내에서 등장하지 않는다.

하지만 소크라테스는 이미 157a에서 그것이 아름다운 말들(kalous logous)이라고 말한 바 있다. 그렇다면 대화편 내에서는 무엇이 아름다운 말들에 해당할까? 여러 가지 추정이 가능할 것이다. 역자는 소크라테스가 이끌어 가고 있는 대화를 통한 논의 과정(the dialectical disussion)이 그것 자체로 카르미데스와 크리티아스의 영혼을 치료하기 위해 고안된 일종의 아름다운 말이자 주문이라고 본다. 이렇게 보면, 또 한 번 소크라테스는 주문의 의미를 자신의 지향점을 향해 바꾸어 놓는 셈이 된다. 달리 표현하면, 대화를 통해 상대방의 영혼을 검토하는 과정과 그 영혼을 올바르게 인도하는 역할을 하는 말을 주문이라고 해석 또는 의미부여하고 있는 것으로 보인다. 그리고 이러한 해석 또는 의미 부여는 주문이라는 단어를 동음이의어적으로 사용하는 것이라고 볼 수 있다. 그리하여 결국 주문을 도입함으로써 애초에 크리티아스가 소크라테스에게 제안했던 의사 역할을 소크라테스는 자신의 방식으로 변형하고 재해석하여 수용한 셈이 된다. 달리 말하면, 일반적인 의미에서의 — 육체를 치료하는 — 의사 역할을 소크라테스는 영혼을 교정하려고 시도하는 일종의 (비록 그가 타인을 가르치는 선생을 자처하지는 않지만) 교육 프로젝트로 변모시켜 놓은 셈이다. 물론 그 작업의 성공 여부는 대화편을 끝까지 읽고 다시 판단해 볼 일일 것이다.

위와 같이 주문의 필요성을 역설하는 소크라테스의 이야기를 듣고서 크리티아스가 끼어든다(157c). 그는 카르미데스가 머리가 아픈 일로 인해서 더 훌륭하게 되는 일이 일어나면, 그 질병은 행운의 선물이 되는 셈일 것이라고 하면서, 다시 한번 카르미데스가 그 또래 중에서 누구에게도 뒤지지 않으며 가장 절제 있어 보인다며 그를 두둔한다. 소크라테스도 일단 그에게 맞장구치면서, 카르미데스의 부계와 모계 양쪽 모두를 칭송하면서 그 출생만큼이나 카르미데스가 모든 면에서 뛰어날 것 같다고 하면서 그에게 말한다. 크리티아스가 이야기하고 있듯이, 만약 카르미데스에게 절제가 있어서 그가 충분히 절제를 갖춘 사람이면, 더 이상 어떤 주문도 필요하지 않을 것이고 머리 치료약을 즉각 주어야 마땅할 것이지만, 카르미데스가 아직도 이것들을 결여하고 있는 걸로 보이면, 약을 처방하기에 앞서서 주문을 외워야 한다고 말한다. 그러면서 카르미데스에게 스스로 답하라고 요청한다. 카르미데스는 크리티아스에게 동의해서 자신이 절제를 충분히 나누어 갖고 있다고 말할 것인가, 아니면 부족하다고 말할 것인가? 이제 대화는 본격적으로 절제에 대한 논의로 이어지게 된다.

지금까지 저자는 등장인물들 간의 일상적인 대화와 상호작용 과정을 면밀하게 그리면서 이 작품이 다루는 핵심 주제가 무엇인지를 드러내고 그 논의의 방향과 틀을 자신의 지향점에 따라서 설정하였다. 이제 논의의 방향과 틀이 설정된 만큼 그 틀 내에서 진행되는 절제라는 개념의 규정에 대한 논의(conceptual issues)를 독자들이 포착하여 이해하기는 조금 더 수월하리라고 — 물론 만만하지는 않겠지만 — 기대해 본다.

(2) 카르미데스 얼굴이 붉어지다(타인을 염두에 둔 간접적인 자기 성찰)
   (158c5~d6)

소크라테스의 질문에 카르미데스는 우선 얼굴이 붉어진다. 일종의 수줍음과 부끄러움이 반영된 카르미데스의 그러한 반응은 그 나이의 소년에게 기대할 만한 것이기에 소크라테스는 그것을 긍정적으로 바라본다. 이어서 카르미데스는 그 질문에 동의하기도 부인하기도 쉽지 않다고 답한다. 만약 자신이 절제를 지니고 있지 않다고 부인하는 답을 하게 되면, 자기 자신에 대해서 그런 말을 하는 것이 이상할 뿐만 아니라 주변 사람들이 거짓말했음을 보여주는 셈이 되고, 반대로 만약 자신이 절제를 지니고 있다

고 긍정하는 답을 하여 자신을 칭찬한다면 그 또한 꼴불견일 것
이라고 자기 나름의 근거를 댄다.

카르미데스의 이러한 대답과 그 근거 제시는 다소간 기회주
의적인 요소가 있어 보이기도 하지만, 더 근본적인 차원에서는
좀더 긍정적으로 바라볼 수도 있다. 우선 카르미데스의 반응은
얼굴이 붉어지는 신체적인 변화를 동반하는 것이었다. 그 점에
서 카르미데스의 반응은 그가 자의적으로 가장해서 만들어 낸
것이라고 보기는 어렵다. 그것은 일종의 자연적으로 습득된 덕
(natural virtue)의 하나라고 볼 수 있는 면모도 있다. 그것은 자신
의 무지를 숨길 수 없어서 부끄러움이 드러나게 되는 대단히 자
연스러운 반응의 일부라고 볼 수 있을 것이다. 또한 그는 자신이
절제를 갖추고 있는지를 자기 스스로 평가하고자 시도하고 있지
만 그와 동시에 자신의 대답이 가져올 결과를 고려하고 있다. 즉
자신이 하게 될 대답으로 인해서 자신이 타인에게 어떻게 보이
게 될지 그리고 그 대답이 타인들의 평판에 어떤 영향을 주게 될
지를 고려하고 있다. 이로 인해서 그의 반응과 답은 소크라테스
의 질문이 의도하고 있는 핵심에 다가간 것이라고 보기에는 부
족함이 있다. 하지만 다음을 고려해 보자. 만약 자신에 대한 타
인의 시선과 그들의 평판을 전혀 고려하지 않는 사람이 있다고
한다면, 그러한 사람이 도덕적 감수성을 발달시키고 실천적인
판단력을 온전히 발휘하는 시민으로 성장할 수 있을까? 아마도

타인에 대한 고려와 타인에게 자신이 어떻게 보이는가에 대한 고려는 그러한 도덕성을 발달시켜 나가는 과정의 입구 또는 시작점과 같은 것이라고 볼 수 있을 것이다. 그러한 관점에서 카르미데스의 반응과 대답은 그가 훌륭한 시민으로 성장할 수 있는 최소한의 가능성은 지니고 있었음을 보여준다고 할 수 있다. 좀 더 상세한 설명은 해당 구절의 주석을 참고하면 좋겠다.

(3) 절제, 지각, 의견, 탐구의 방법(158d7~159a10)

카르미데스의 대답이 일견 긍정적인 면모를 담고 있으나, 아직 만족스러운 것은 아니다. 이제 소크라테스는 다음과 같이 제안한다. 카르미데스로서는 자신이 원하지 않는 것을 이야기하도록 강제 당하지 않도록 하고, 소크라테스로서는 카르미데스가 절제를 지니고 있는지를 검토해 보지 않은 채로 치료법으로 관심을 돌려 그것을 사용하지 않도록 함께 탐구를 계속해야 하겠다고 말하면서, 카르미데스가 검토와 탐구를 함께해 나갈 의향이 있는지 묻는다. 카르미데스도 그것이 어떤 방식의 것이든 소크라테스가 생각하기에 더 훌륭한 검토 방식을 택하면 그것을 따르겠다고 수용한다.

이제 소크라테스가 제시하는 탐구의 방법은 사실상 카르미데스가 온전히 자기 자신 스스로 답하기를 재차 요구하는 것이기에 아주 새로운 것이라고 보기는 어렵다. 이미 소크라테스는

158c에서 카르미데스에게 그가 절제를 충분히 나누어 갖고 있는지 결여하고 있는지 스스로 답하라고 요구한 바 있다. 하지만 카르미데스는 지적으로 그리고 심리적으로도 독립적인 태도를 보여주지 못하고, 크리티아스와 주위 사람들의 시선과 평판에 의존하는 면모를 보여주고 있었다. 그래서 소크라테스는 스스로 자기 자신을 성찰하고 답하라고 카르미데스에게 요청하고 있는 것이라고 볼 수 있다. 다만 지금 158e~159a에서 주목할 점은 카르미데스가 절제를 지니고 있는지 아니면 부족한지를 스스로 답할 수 있는 근거를 ─ 또는 일종의 일반적인 원리를 ─ 소크라테스가 제시하고 있다는 점과 그 근거와 원리에 입각해서 카르미데스가 답할 수 있도록 동기를 부여하고 있다는 점이라고 하겠다.

그 근거 또는 원리는 다음과 같다. 만약 절제가 누군가 어떤 사람 안에 들어 있으면 그것이 그에게 어떤 종류의 지각을 가져다줄 것이고, 그 지각으로부터 그것이 무엇이고 또 어떠한 종류의 것인가에 대해서 그 사람에게 어떤 의견이 있게 될 것이 필연적이라는 것이 그 내용이다. 우선 눈에 띄는 점은 이 구절이 원인과 결과 사이에 성립하는 일종의 인과적인 설명의 원리를 제시하고 있다는 점이다. 달리 말하면, 주요 덕의 하나인 절제가 한 사람의 지각과 의견 형성에 일종의 힘을 행사한다고 하는 점에서 일종의 원인으로서 지목되고 있다는 점이 특이하게 보일 수 있겠다. 더구나 마치 어떤 작용력을 지닌 물질이 어딘가에 들어가서 인과적인 영향력을 행사하는 (예를 들면 설탕이 물에 들어가면 단물이 되고, 빨간 물감이 물에 들어가면 빨간 물이 되는) 것과 같은 모델로 절제와 한 사람의 관계를 설명하고 있다는 점도 주목할 만하다.

인과에 대해서는 역사 속에서 여러 입장과 관점에서의 다양한 논의가 있어 왔다. 플라톤은 이를테면 『파이돈』 95e 이하에서 'aitia'라는 개념을 써서 생성과 소멸의 (그리고 있는 것들의) 원인에 대한 설명(방식)을 전반적으로 논하고 있는데, 적어도 플라톤에게 원인(또는 원인과 결과)이라는 개념은 설명이라는 계기와 무관하게 따로 분리되어 있는 것으로 보기는 어렵다고 역자는 이해하고 있다. 그리하여 이곳 159a의 맥락에서도 한 사람이 절제를 지니고 있는가 하는 점과 그것이 원인으로 작용하여 그 결과로 산출하는 의견의 관계에 대해서 설명하고 있으므로, 이를 인과라는 개념으로 포착하는 것이 가능하며 또한 적합하리라고 본다. 그리고 이 구절과 그것이 담고 있는 일종의 인과적 설명의 원리는 물질과 비물질을 대비시키는 우리의 상식적인 개념 구분을 재검토해 보도록 요청하는 함축도—현대 독자의 관점에서는—지닌다고 볼 수 있다.

한편 현재의 개별적 상황과 관련한 맥락의 범위 내에서, 소크라테스는 절제가 정말로 카르미데스 안에 들어 있으면 카르미데스가 절제가 무엇이고 어떠한 종류의 것인지에 대해서 제대로 된 의견을 제시할 수 있으리라고 말하고 있는데, 이는 카르미데스가 절제가 무엇인지에 대한 의견을 말할 수 있으려면, 일단 절제가 그 사람 안에 들어 있어야 한다는 것을 함축하며, 또한 그가 내놓는 대답의 건전성과 적확성 여부에 따라서 그가 절제를 지니고 있는지를 판정할 수 있게 될 것임을 함축한다.

하지만 동시에 이 원리는 일종의 일반적인 원리로서 제시되고 있으므로, 그 원리를 대화편 자체에 적용해 보는 것도 가능할 것이라고 본다. 즉, 절제를 다루는 대화편도 그 안에 절제를 담고 있으면 절제를 행하여 보여줄 수 있으리라고 추정해 보는 것도 가능하며, 그 경우의 귀결과 함축을 살펴보는 것도 흥미로울 것이다. 여러 다양한 관점의 논의가 가능할 터인데, 역자는 이 구절과 그것이 담고 있는 원리가 이 작품 전체를 이해하는 역자의 해석상의 관점을 지지하는 한 가지 단서가 될 수 있다고 본다. 좀 더 부연하면, 종래에 많은 이들이 흔히 이야기해 왔듯이 이 대화편이 절제에 대한 적극적인 답을 제시하지 못하고 길 없음(아포리아)으로 끝난다고 간주하는 의견들과는 달리, 역자는 이 대화편에서 플라톤의 절제에 대한 적극적인(positive) 입장을 읽어 낼 수 있다고 본다. 바로 그러한 해석의 방향을 지지해 주는 한 가지 단서를 바로 이 구절과 그것이 담고 있는 원리에서 발견할 수 있다고 본다. 왜냐하면 대화편에 등장하는 인물들 가운데에서 적어도 한 사람이 절제를 행동으로 보여주는 것이 확인된다면, 이 대화편은 절제를 그 안에 담고 있기에 이 작품을 읽는 독자들에게 그것에 대한 지각을 제공하고 있다고 말할 수 있을 것이기 때문이다. 그리고 소크라테스가 바로 그런 역할을 하는 인물이라고 역자는 이해하고 있다. 그렇게 이 작품 내에서 등장인물인 소크라테스가 실제 행동으로 구현하고 있는 바와 그 의미를 잘 읽어내어 온전히 잘 재구성해서 보여줄 수 있다면, 플라톤이 이 작품을 통해서 의도하고 있는 절제의 의미와 그것이 이 작품에서 하는 역할을 이해하고 적극적으로 규명하는 데에 도움이 될 것이라고 본다. 물론 이러한 설명과 논증은 어쩌면 필연적인 설명이 되기에는 부족함이 있을 수 있겠으나, 적어도 충분히 그럴듯하고 이치에 맞는 설명이 될 수는 있다고 본다.

소크라테스의 이러한 제안에 이제 카르미데스도 동의한다 (159a5). 그러자 소크라테스는 대화 상대방인 카르미데스가 헬라스 말을 할 줄 안다는 점을 언급하면서(그 의미와 함축은 주석을 참고하라), 절제가 카르미데스에게 들어 있는지 그렇지 않은지를 추정해 볼 수 있도록 카르미데스 자신의 의견에 따라서 그것이 무엇인지를 말해 보라고, 다시 한번 카르미데스에게 대답을 촉구한다.

(4) 카르미데스의 첫 번째 답변: 절제는 모든 일을 질서 있게 조용히
    행함이다(159b1~160d4)

소크라테스의 거듭된 질문에 카르미데스는 처음에는 머뭇거
리며 대답하려고 하지 않았으나, 이내 대답을 시도한다. 그는 절
제란 이를테면 길을 걷거나 대화를 나누거나 그 밖의 모든 것을
조화롭게 그리고 조용하게 행함이며, 어떤 종류의 조용함이라
고 답한다. 그의 이러한 대답은 우선 어린 소년인 카르미데스가
평소 교육받아 온 환경에서 요구받았을 것으로 추정되는 일종의
예의범절과도 연관이 있어 보인다. 그런 관점에서 소년인 카르
미데스의 수준에 맞게 그 자신의 경험의 한도 내에서 절제를 규
정하고자 시도하고 있다고 볼 수 있다. 또 한편 그러한 답에 도
달한 과정이 어떠한 것이었을까를 추론해 보자면, 절제 있는 것
으로 보이는 행동들의 사례를 모두 수집해서 모종의 공통점을 뽑
아서 절제를 규정하고자 시도하고 있으므로, 일종의 귀납적 일
반화와 유사해 보이는 접근을 시도하고 있다고 볼 수도 있겠다.

이제 소크라테스는 카르미데스의 대답을 듣고서 카르미데스가
평소에 들어 왔던 많은 사람들의 일반적인 견해에 기대어 그것
을 제시하고 있음을 간파한다. 그의 검토 및 논박도 카르미데스
가 제시한 대답의 성격에 맞추어서 진행된다. 소크라테스의 그
러한 검토는 우선 ─ 카르미데스도 받아들이는 바인 ─ "절제가
아름다운 것들에 속한다"라는 점을 일종의 대전제로 삼아서 시

작된다. 그리고 소크라테스는 글씨 쓰기, 읽기, 악기 연주, 체육 활동 등의 사례에서부터 시작해서 민첩하고 빠르게 행하는 것이 조용하고 느리게 행하는 것보다 더 아름답다는 점에 대하여 카르미데스의 동의를 얻어낸다. 그리고 그는 좀더 다양한 사례를 들어서 신체 활동에 대해서뿐만 아니라 영혼의 활동에 대해서도 빠르고 민첩한 것들이 느리고 조용한 것들보다 더 아름답다는 점이 드러났음을 보인다.

하지만 카르미데스가 제안했던 절제의 정의(definition)에 따르면 절제는 어떤 종류의 조용함이고 느리게 행하는 활동들이었다. 또 그와 함께 절제는 아름다운 것이라는 점도 논의의 시작에서 전제로서 받아들였던 것이기에 절제 있는 삶은 아름다워야 한다. 하지만 이제 다양한 사례를 검토한 결과로서 조용하고 느린 것들이 빠르고 민첩한 행위들보다 더 아름답다고 할 수 없는 사례들이 이미 많이 확인되었다. 그리하여 소크라테스는 최대한 양보해서 만약 조용한 행위들이 힘차고 빠른 행위들보다 더 아름답다고 할 수 있는 경우가 동등한 수만큼 있다고 하더라도 절제가 (힘차고 빠르게 행위함이기보다) 조금이라도 더 조용하게 행위함이라고 할 수는 없으며, 조용한 삶이 조용하지 않은 삶보다 더 절제 있지도 않다는 귀결을 이끌어내고 카르미데스도 인정하게 된다.

결국 이곳에서의 논변은 상대방이 제안하고 있는 규정이 적용되는 사례의 수를 그것이 적용되지 않는 사례의 수와 비교하며 그 규정이 모든 사례에 적용되지 않음을 보이는 방식으로 진행되었다. 즉 지금 진행되는 논의의 현 단계에서 소크라테스의 입장에서 보자면, 카르미데스의 제안이 어떤 한계를 지니고 있는가 하는 점만을—즉 조용하고 느린 행위가 모든 경우에 (빠르고 민첩한 행위보다) 반드시 더 아름답지는 않다는 점을—보여주는 것으로 충분하다고 할 수 있다. 이를 통해서 또한 우리는 소크라테스가 어떤 개념의 정의가 어떠한 것들을 조건으로 갖추어야 한다고 간주하고 있는지도 함께 읽어낼 수 있을 것이다.

(5) 카르미데스의 두 번째 답변: 절제는 부끄러움($aid\bar{o}s$, 수치심)이다(160d5~161b2)

절제를 정의하고자 하는 첫 번째 시도가 지닌 부족한 점이 드러나자 이제 소크라테스는 다시 한번 시도해 보라고 카르미데스에게 권유한다. 주의를 기울여 자기 자신 안을 들여다보고 절제가 어떠한 것이길래 그것이 들어 있음이 자신을 어떠한 사람으로 만드는지를 숙고해 보고, 그것이 무엇이라고 보이는지를 사내답게 이야기해 보라고 권한다. 이러한 제안의 취지는 다음과 같이 추정해 볼 수 있다. 우선 앞선 첫 번째 시도에서 카르미데스는 논의의 시작(158e~159a)에서 합의했던 탐구의 방법을 따르기보다는 다수 사람들의 일반적 견해에 기대어 첫 번째 정의를 제안했다. 지금의 제안은 바로 그 점을 비판하면서 앞서 합의된 탐구 방법을 따르라고 재차 상기시키려는 의도에서 비롯된 것이라고 볼 수 있다. 또한 소크라테스는 자기 자신을 들여다보고 절제가 자신을 어떠한 사람으로 만드는지를 숙고해 보는 일은 사내다움을―즉 희랍어로는 같은 단어인 용기를―필요로 하는 일이라고 간주하고 있다. 과연 자기 자신을 들여다보는 일이 어떠한 성격의 일이길래 그것이 용기를 요구하는 일이라고 간주하고 있는가 하는 점도 우리가 주목하여 탐구해 볼 논점 중의 하나라고 본다.

이어지는 대답에서 카르미데스는 일단 그러한 요구에 상응하는 시도를 하는 것으로 묘사된다. 그리하여 그는 절제라는 것은 사람이 부끄러워하고 수치심을 느끼게 하는 염치라고 답한다. 그러한 제안에 대한 소크라테스의 검토는 우선 일차적으로 카르미데스의 제안이 안고 있는 부족한 점을 드러내 보여준다. 그 과정은 앞에서 진행된 첫 번째 정의 시도에 대한 반론과 유사한 점이 있다. 첫 번째 검토 및 반론에서 소크라테스는 다음과 같이 지적했다. 절제는 아름다운 것인데, 절제의 정의로서 제안된 조용하고 느린 것들이 아니라 (그와 반대되는) 민첩하고 빠른 것들이 아름다운 경우가 적어도 동등한 수만큼 많이 있다. 따라서 조용함을 절제의 정의로 받아들일 수 없다. 그와 유사한 방식으로 지금 두 번째 검토 및 반론에서 소크라테스는 우선 절제가 아름다운 것일 뿐만 아니라 훌륭한 것이기도 하다는 점에 대해 카르미데스의 동의를 얻고 이를 논증의 전제로 삼는다. 그다음으로 소크라테스는 절제는 훌륭한(이 맥락에서 '훌륭한' 또는 '훌륭함'이라고 번역한 단어 'agathon'은 '좋은' 또는 '좋음'이라고 번역할 수도 있다) 것인데, 이제 새로운 정의(definition)의 후보로서 등장한 염치가 훌륭하지(좋지) 않은 경우들이 있음을─ 염치는 곤궁한 사람이 곁에 두기에 훌륭하지 않다는 『오뒤세이아』(17.347) 구절을 언급하면서 ─ 보이고 카르미데스의 동의를 이끌어낸다. 그렇다면 이제 염치는 어떤 경우에는 훌륭한 것이고 또 다른 경우에는 그렇지 않은 것임이 드러난다. 그것을 소크라테스는 "염치는 훌륭하지 않으면서 또 훌륭하기도 하군"(161a6)이라고 표현한다. 이 문장은 일견 모순을 담고 있는 것으로 보이기도 하지만, 사실상 이 문장에는 맥락상 생략된 표현이 있기에 정확한 의미에서의 모순은 아니며,(그 점에 대해서는 해당 구절의 주석을 참고하라) 그것이 일견 모순으로 보인다는 점이 지금 두 번째 제안을 논박하는 결정적인 근거가 되는 것도 아니다. 바로 뒤이어서 소크라테스는 절제는 훌륭한 것이어서, 그것이 사람들에게 들어 있게 되면 그 사람들을 훌륭하게 만들고, 그것이 들어 있지 않으면 사람들을 나쁘게 만든다는 점을 논의의 전제로서 재확인한다. 즉 이와 같이 소크라테스는 절제가 훌륭한 것이라는 점을 지금 진행되는 검토의 대전제로 삼고 있기에 누군가가 처한 상황과 관련 사태에 따라서 때로는 나쁜 것이기도 한 염치를— 더구나 그것이 나쁜 것이기도 한 경우보다 훌륭한 것인 경우가 결코 더 많지 않다고 한다면— 절제의 정의로서 받아들일 수 없다고 한다. 바로 그 점이 두 번째 제안에 대한 논박의 결정적인 근거가 된다.

이 대목에서 우리는 다음의 몇 가지 점에 대해서도 주목하여 논의해 볼 필요가 있다고 본다. 우선 염치(또는 수치심)가 항상 모든 경우에 훌륭한(좋은) 것은 아니라는 이유 때문에 절제의 정의가 되기에 부적합한 것으로 드러났다면, (등장인물) 소크라테스가 요구하고 있는 정의는 어떤 요소와 요건들로 이루어진 것인가 하는 점을 추론해 볼 수 있겠다. 어쩌면 현대의 많은 사람들은 정의(definition)가 지녀야 할 요소나 요건들을 고려할 때 일차적으로 형식적인 측면에 주목하려고 할 법하다. 하지만 플라톤은 정의가 지녀야 하는 형식적인 요건에만 관심을 두고 있지는 않은 것으로 보인다. 우선 그가 등장인물들 간의 대화를 통해서 추구하고 있는 정의는 일차적으로 절제가 아름답고 훌륭한 것이라는 대전제에 어긋나지 않는 것이어야 한다는 점을 지금의 검토 과정은 재확인해 보여주고 있다. 또한 첫 번째 검토에서와 마찬가지로 지금 새롭게 제안된 '절제는 염치이다'라는 규정은 만약 그것을 받아들이면— 염치가 훌륭하지 않은 경우들이 있으므로— 절제가 아름답고 훌륭한 것이라는 대전제를 훼손하게 된다. 하지만 그것을 받아들일 수 없다는 것이 소크라테스의 주장이므로, 그가 추구하는 정의는 바로 그 대전제의 참을 필연적으로 보장해 주는 그러한 어떠한 것이어야 함을 요구하고 있다고 볼 수 있다. 또 한편 현 시점의 대화 상대자인 카르미데스의 지적인 미성숙함이 드러나고 있다는 점도 주목해 보자. 카르미데스는 호메로스의 권위를 너무나 쉽게 받아들이고 그 내용에 동의하고 있다. 게다가 그는 일방적으로 끌려 다닌다. 어쩌면 그는 염치라는 새로운 정의가 절제를 설명하는 데에 기여하는 바가 무엇인지를 제한적으로나마 조금 더 적극적으로 논할 수도 있었을 테지만, 그런 노력을 하지는 않는 것으로 묘사되고 있다.

하지만 이 대목에서 염치(aidōs)라는 개념이 등장한 것은 나름대로 중요한 의미가 있다고 본다. 인간이 느끼는 기본적인 감정의 하나인 염치(또는 수치심)는 도덕적 감수성을 발달시켜 나가는 과정에서 일종의 입구나 문턱과 같은 기능을 한다고 볼 수 있다. 자기 자신을 객관화하는 계기와 함께 자신이 타인에게 어떻게 보이고 평가될지를 고려하는 기제가 발동될 수 있어야 수치심도 느끼고 염치를 지닐 수 있을 것이기에 그러하다. 달리 말하면, 누군가가 수치심을 느끼고 염치를 지닌다는 것은 그가 자신의 행동이 타인에게 어떻게 보이고 받아들여지고 평가되는지를 고려하는 능력을 지니고 있음을 함축한다고 할 수 있다. 그리하여 염치는 절제뿐만 아니라 절제를 비롯한 지혜, 용기, 정의를 포괄하는 단일한 것으로서의 덕을 함양하는 과정에서 자신의 (그리고 자신의 영혼의) 상태를 객관적인 시선으로 바라보고 평가할 수 있게 되는 일종의 출발점으로서의 계기를 제공해 준다는 점에서 의의가 있다고 볼 수 있다.

(6) 카르미데스의 세 번째 답변: 절제는 자기 자신에게 속하는 것을 행함이다(161b3~162b11)

다시 한번 카르미데스의 두 번째 시도가 지닌 난점이 드러나자 그는 곧바로 자신이 이전에 — 정확히 출처를 밝히지 않은 채로 — 누군가에게 들었던 것이 떠올랐다고 하면서, '자기 자신에게 속하는 것을 행함(to ta heautou prattein, doing what belongs to oneself)'을 새롭게 세 번째 정의로서 제안한다. 하지만 이번에도 그는 자신의 생각을 검토받기를 자처하기보다는 그 문구(슬로건)를 말한 사람이 올바르게 말한 것으로 보이는지를 소크라테스에게 검토해 보라고 하면서, 자신이 새롭게 끌어들이고 있는 그 제안으로부터 일정한 심리적 거리를 취한다. 소크라테스는 질책(사실상 욕)을 하면서 카르미데스가 그것을 크리티아스에게서 들었을 것이라는 점을 알아챈다. 하지만 크리티아스는 그 사실을 부정하면서 거짓말을 하고, 카르미데스도 그것을 누구한테 들었는가 하는 점이 어떤 차이를 가져오냐면서 그 원래 출처가 누구인가 하는 질문을 회피한다. 카르미데스가 난처한 질문을 회피하려는 의도를 지니고 있는 것과는 별도로 그 원래 발설자가 누구인지가 중요하지 않다는 그 말 자체는 옳다고 볼 수 있는데, 소크라테스는 일단 그 말을 받아서 긍정한다. 그는 그것을 누가 이야기했는가 하는 점을 살펴볼 것이 아니라, 새로운 그 제안이 사태에 부합하는 참인지 여부를 검토하는 것이 중요하다고 하면서 논의를 이어간다.

하지만 소크라테스는 그것과 관련된 사태가 어떠한지를 (또는 그것이 뜻하는 바가 무엇인지를) 정확하게 발견해 낸다면 대단히 놀라울 것이라고 하면서, 그것이 마치 수수께끼와도 같아서 그 표현의 원저자가 뜻했던 바를 정확히 알아내는 것이 대단히 어려울 것이라고 말한다. 그리고 곧이어 소크라테스는 '자기 자신에게 속하는 것을 행함'의 사례들이라고 볼 수 있는 예들을 들면서 카르미데스가 그것을 어떤 뜻으로 사용하고자 했는지를 검토하기 시작한다.

그런데 이 구절에서 진행되는 논의는 지금 탐구 대상이 되는 핵심 용어를 정의하기 위한 개념 규정상의 논쟁점(conceptual issue)을 다루고 있다고 볼 수 있는 측면이 있다. 그러나 이 구절을 너무 진지하게 읽으면 도리어 저자의 핵심 의도를 파악하기 어려울 것이라고 본다. 특히나 글씨 쓰기를 배우는 상황에서 자신의 것을 행하는 사람이 적의 이름은 쓰지 않고 자신의 이름만을 쓰냐거나, 혹은 자신들의 이름을 쓰는 것 못지않게 적들의 이름을 쓰면서 학생들이 오지랖 넓게 남의 일에 지나치게 참견하느라고 더 이상 절제를 유지하지 못하게 되느냐고 소크라테스가 묻는 대목은 그 진술들 각각의 참 또는 거짓을 미시적으로 따지기보다는 카르미데스가 그 개념의 쓰임새를 제대로 파악하고 있는지를 떠보려고 소크라테스가 장난을 치고 있는 것으로 이해하는 것이 더 적합해 보인다. 즉 '자기 자신에게 속하는 것을 행함'이라는 개념은 물론 여러 다양한 맥락에서 쓰일 수 있겠으나— 대화의 이후 논의 진행을 고려하자면— 정치적 (그리고 정치철학적) 맥락에서 좀더 의미 있고 적확하게 쓰일 개념이라고 하겠다. 이 구절은 그러한 정치(철학)적인 전문용어(political jargon)가 될 수도 있는 표현의 뜻을 정확히 이해하고 있지 못한 카르미데스의 한계를 드러내기 위해 고안된 일종의 희극적 기법(comic touch)을 가미한 구절이라고 역자는 본다.

곧이어 등장하는 논의에서 이러한 점이 점차 드러나게 된다. 우선 소크라테스는 의술, 건축술, 직조술과 같이 각각의 직업과 기술을 행하는 전문가들이 무엇인가를 행한다(prattein ti, doing something)는 사실을 확인하는 데에서 시작한다. 어쩌면 우리는 다음과 같이 반문해 볼 수 있다. 과연 인간의 행위들 중에서 '무엇인가를 행함'이라고 지칭되지 못할 것이 무엇이 있을까? 인간이 하는 모든 행위는 '무엇을 행함'이라고 할 수 있지 않을까? 실제로 이 개념은 『국가』 351c 이하에서 볼 수 있는 것처럼 그 의미를 명확하게 특정하지 않은 채로 폭넓게 모종의 어떤 목표나 결과를 성취함을 뜻하는 것으로 사용되기도 한다. 하지만 그러한 규정과 언사가 더 정확한 의미를 지닐 수 있으려면 결국 이 표현이 쓰이는 맥락을 명확하게 특정해야 할 것이다. 그러므로 '무엇인가를 행함'이라고 특정될 수 있는 최소 단위를 확정하는 일은 '자기 자신에게 속하는 것을 행함'의 뜻과 그것이 쓰이는 맥락을 특정하기 위한 출발점이 된다고 볼 수 있다. 이러한 점을 고려할 때, 각각의 기술을 행하는 전문가가 무엇인가를 행한다는 사실을 확인하는 과정은 각각의 전문가가 자신의 직능을 행하는 일이 폴리스라는 정치 공동체의 맥락 안에서 의미 있는 행위의 최소 단위가 된다는 것을 확인하는 과정이라고 볼 수 있다. 그리하여 이러한 과정은 '자기 자신에게 속하는 것을 행함'이라는 개념이 공동체 내의 맥락에서 그리고 정치철학적 맥락에서 비로소 적실(適實)한 의미를 지니며 사용될 것이고 그런 의도에서 고안된 것임을 보여주는 단서이자 힌트가 된다.

그러면 이제 각각의 직업과 전문 기술을 수행하는 일이 무엇인가를 행함의 최소 단위라면, 그다음 질문은 "각각의 직업과 기술에 종사하는 자는 어떤 경우에 자기 자신에 속하는 것을 행하는가?" 하는 것이 될 것이다. 그리하여 소크라테스는 시민들 각자가 '자기 자신에게 속하는 것을 행함'을 법률(원리)로 채택한 나라(폴리스)를 상정하고서 그러한 나라가 어떤 모습일지를 검토해 보도록 카르미데스를 이끌어 간다. 하지만 이번에도 소크라테스는 철저하게 카르미데스가 그 개념의 사용과 관련된 사태를 어느 정도까지 적실하고 적확하게 이해하고 있는지를 검토해 보려는 의도에서인지, '자기 자신에게 속하는 것을 행함'의 의미를 대단히 협소하게 해석한 사례부터 먼저 제시한다. 아마도 누군가가 일차적으로 생각해 볼 수 있을 법한, 각자가 자기 자신에게 속하는 것을 행하는 사회의 모습은 어쩌면 사회, 경제, 정치적인 분업(socio-economic and political specialisation)이 이루어지지 않은 상태에서 이를테면 옷감, 신발, 기름병, 때밀이 등 자신이 필요로 하는 물건들을 모두 자신이 생산하는 나라가 될 법하다고 상정해 볼 수 있겠다. 그렇다면 과연 그러한 나라는 잘 다스려진다고 할 수 있는지를 소크라테스는 카르미데스에게 묻고 확인하고자 한다. 카르미데스는 그러한 나라는 잘(eu, well) 다스려지는 나라가 아니며, (절제 있게 다스려지는 나라는 잘 다스려지는 나라임을 인정한 바탕 위에서) 따라서 절제를 구현하는 나라도 아니라고 답한다. 아마도 대화에 참여자 자신들이 이미 어느 수준에서 상당한 정도로 사회적인 분업이 이루어진 사회에 살고 있기에 카르미데스가 이런 답을 하고 있다고 추정해 볼 수 있다. 당시 아테네에는 이미 시장경제와 상업이 활발하게 이루어지고 있었고, 또한 폴리스의 범위를 넘어서 해상무역이 제국주의적인 착취로까지 이어지고 있었다고 알려져 있다. 아테네의 그러한 국제 도시로의 면모는 이를테면 『국가』편에도 반영되어 있다.(『국가』 1권의 장면 설정과 거기에 등장하는 인물들의 면면과 그 구성을 참고해 보라.)

그러면 이제 우리는 과연 '자신에게 속하는 것을 행함이 절제이다'라는 말의 뜻이 정확히 어떠한 것이며 그것을 말했던 그 사람은 어떤 취지에서 그 표현을 사용했던 것인지를 탐구해야 마땅할 것이다. 하지만 이 구절에서 카르미데스와 대화를 하는 동안 소크라테스는 일종의 워밍업만 하는 듯하다. 그는 그것이 수수께끼 같아 보인다는 사실만을 확인하는 데에 머물면서, 카르미데스의 대응을 기다리지만, 카르미데스는 더 이상 책임감 있게 논의를 계속해 나가려는 모습을 보이지 않고, 은근히 크리티아스에게 논의를 떠넘긴다. 그리하여 이제 사실상 카르미데스는 소크라테스와의 대화를 포기한다. 또한 앞서 154e~155a에서 카르미데스가 지혜를 사랑하며 시적인 재능도 갖추고 있다며 크리티아스가 호언했던 바가 사실에 부합하는 것이 아닌 공언(空言)이었음이 드러나게 된다. 이제 본격적인 대화와 대결은 크리티아스의 등장과 함께 이루어진다.

3) 크리티아스와의 대화(162c1~165b4)

(1) 크리티아스가 논의를 넘겨받다(162c1~162e6)

한편 작품 맨 처음 시작 부분에 대하여 설명하면서 언급했던 액자 장치를 상기해 보자. 액자 내부의 극 중 사건을 전달해 주는 화자인 소크라테스는 카르미데스와 본격적인 대화를 시작한 이래로 지금까지 대부분의 구절에서 일종의 직접화법을 활용하여 상호 간의 대화 내용을 전달해 왔다.(물론 앞에서 밝힌 것과 같이 플라톤이 등장인물인 소크라테스가 그렇게 행위하도록 창작했다는 뜻이다.) 그런데 이제 162c1~d3에 이르러서 소크라테스는 논의의 현 단계에서 벌어지고 있는 사태를 일종의 전지적 작가 시점에서 묘사하면서 그의 친구 및 독자들에게 전달하고 있다. 소크라테스는 크리티아스가 진작부터 경쟁심에 안달이 나서 사람들 앞에서 명성을 얻고 싶어하는 태도를 보이고 있는 것으로 묘사한다. 또한 소크라테스는 카르미데스가 절제에 대한 그 답을 크리티아스에게서 들었을 것이라고 의심하며 추정했던 것이 이제 참으로 보인다고 말한다. 그리하여 이제 카르미데스는 자신은 더 이상 논의를 떠맡기를 원하지 않고 크리티아스가 대신 그것을 떠맡아 주기를 바라면서, 자신은 논박당하였음을 선언하게 된다. 반면에 크리티아스는 이제 더 이상 참지 못하고, 마치 작가가 자신의 작품을 형편없이 낭송하는 배우에게 그렇게 하듯이, 화를 내는 것으로 소크라테스는 묘사한다. 크리티아스는 앞에서는 자신이 카르미데스에게 그런 이야기를 해 준 적이 없다고 거짓말을 했었으나, 이제 자신의 본심을 드러내게 된다. 카르미데스가 '절제가 자신에게 속하는 것을 행함'이라고 말한 원작자가 뜻한 바를 모른다고 해서, 그 원작자가 (즉 자기 자신이) 그 말의 뜻을 알지 못한다고 생각하냐면서 논의에 뛰어들 태세를 보인다. 소크라테스는 어린 소년이 그것을 모른다고 놀랄 일은 아니라면서, 크리티아스가 나이로 보나 평소에 관심을 두고 노력해온 숙련의 정도로 보나 분명히 알 것이라고 하면서, 앞서서 카르미데스가 말했던 바에 크리티아스가 동의하고 논의를 넘겨받겠느냐고 묻는다. 앞서 161c에서 크리티아스는 자신이 그런 이야기를 카르미데스에게 이전에 했었음을 부정하며 거짓말을 했었으나, 이제 162e에 이르러서는 그러한 사실과 자신이 했던 거짓말에 대해서는 짐짓 모른 체하면서 논의를 넘겨받겠다고 한다. 이제 선수 교체가 완료되고 워밍업을 하던 소크라테스도 크리티아스와 본격적인 대결에 나서게 된다.

이 구절에 대해서는 크게 두 가지 논점을 주목해 보면 좋겠다. 첫째, 우리는 소크라테스의 관찰, 기억, 보고 내용을 전해 듣고 있었다. 직접화법으로 대화 내용이 전달되는 동안 우리는 그 대화 내용에 주목하느라 액자장치가 있었음을 살짝 놓치게 되곤 한다. 그런데 이 구절 162c1~d3에서는 다시금 소크라테스의 관점에서 크리티아스의 성격(character)을 묘사하고 있다는 사실에 주목해 볼 필요가 있다. 특히 이 대목에서 타인의 심리 상태, 태도 또는 인지적 상태가 화자의 관점에서 직접적으로 접근 가능하고 상당히 정확하게 관찰 가능하며 또 다른 누군가에게 전달

될 수 있는 것으로 다루어지고 있음에 주목해 보자. 만약 누군가의 심리 상태 또는 인지적 상태가 그 사람 자기 자신에게는 투명하게 드러나지만 타인은 그것에 접근할 수 없다는 입장에서라면 이런 묘사는 할 수 없을 것이다. 그렇다면 등장인물인 소크라테스의 이러한 묘사를 통해서, 근대 이후 철학의 맥락에서 데카르트 이래로 많은 철학자들이 논쟁해 온 문제(소위 The Problem of Other Minds)가 플라톤에게서는 별다른 문제가 아니었음을 우리는 확인할 수도 있을 것이다. 물론 어떠한 장르의 글에서도 전지적 작가 시점을 취하며 누군가의 행동과 심리 상태를 묘사하는 경우에는 그러하겠지만, 이 장면의 묘사에서 발견되는 이러한 특징은 이후 자기 자신에 대한 앎 그리고 앎에 대한 앎의 의미와 성격을 논하는 맥락에서 함축을 지닐 수도 있기에 언급해 둔다.

둘째, 내레이터인 소크라테스는 크리티아스와 카르미데스의 관계를 작가(poiētēs)와 배우(hypokritēs)의 관계에 비유하고 있다. 이 점은 아테네의 실제 역사의 전개 과정에서 있었던 두 인물의 관계를 한편으로는 (이 작품은 결국 아테네 시민들이 30인 참주정을 겪은 이후에 쓰여졌으므로) 반영하고, 또 다른 한편으로는 (작품의 액자 내부 사건의 설정 시점은 아직 429년이라고 보면) 암시하며 예견하게 한다.(두 인물의 역사적 행적에 대해서는 위에서 논한 플라톤의 저술 동기와 의도 그리고 권두의 등장인물들에 대한 간단한 설명을 참고하라.) 특히 플라톤이 이 작품을 처음 세상에 내놓았을 당시의 — 즉 404~403년에 걸쳐서 30인 참주들의 과두정을 경험하고 소크라테스가 399년에 세상을 떠난 이후의 — 아테네 독자들의 관점에서 보자면(또한 그러한 정보를 공유하는 현대 독자들의 관점에서도), 카르미데스와 크리티아스의 관계를 이 장면에서와 같이 묘사한 것은 상당한 개연성과 설득력을 지니는 것으로 받아들여졌을 것이다.

(2) '만듦'과 '행함'을 구별하려고 하는 크리티아스(162e7~163e11)

이제 카르미데스 대신에 크리티아스가 본격적으로 소크라테스의 대화 상대자로 나선다. 방금 전까지 대화에서 소크라테스는 카르미데스가 '자기 자신에게 속하는 것을 행함'이라는 말의 뜻을 정확히 이해하고 있지 못함을 보여주었고, 크리티아스는 그 표현의 원저자로서 그 뜻을 명확히 밝혀 주겠다는 태도로 논의를 넘겨받았다. 소크라테스는 다시 한번 그 말의 뜻을 정확히 하기 위해서 가장 기본적인 지점에서, 제작자(製作者)들은 모두 무엇인가를 만든다는 점에 크리티아스가 동의하는지를 물으면서 논의를 시작한다. 소크라테스는 다시 한번 폴리스라는 정치, 사회, 경제적인 삶의 공동체 내에서 '자기 자신에게 속하는 것'으로 간주될 수 있는 사회적인 행위의 최소 단위가 무엇인가를 확정하는 데에서 논의를 시작하려는 것으로 보인다. 어쩌면 그는 정치, 경제, 사회적인 직능의 분화라는 맥락에서 일정한 조건을 충족하는 계층의 사람들이 — 일종의 제작자로서 1인 1업의 원리에 따라서 폴리스의 삶에 기여하는 한 — 시민으로서 대우 받을 만한 자격이 있으며, 이를 바탕으로 자기 자신의 것을 행하면서 절제 있는 삶을 살 수 있다는(구체적으로 어떤 방식으로 그럴 수 있는지는 이후의 논의를 기다려 보자) 입장을 지지할 수도 있었을 법하다.

하지만 이 구절에서 그런 방식으로 논의가 진행되지는 않고, 소크라테스는 일단 그러한 제작자들이 자신에게 속하는 것들뿐만 아니라 다른 사람들에게 속하는 것들도 만드는지를 크리티아스에게 묻는다. 크리티아스는 그들이 자신에게 속하는 것들뿐만 아니라 다른 사람들에게 속하는 것들도 만들며, 그들이 자신에게 속하는 것들만을 만들지는 않으면서도 절제 있다고 주장한다. 하지만 이렇게 되면, 절제를 굳이 자기 자신에게 속하는 것을 행함이라고 정의한 취지나 이유가 무엇인지가 불분명해질 수 있다. 물론 절제가 자신에게 속하는 것을 행함이라고 전제로 놓고, 그런 이후에 다른 사람들에게 속하는 것들을 행하는 사람들까지도 절제 있지 못하게 막을 것은 아무것도 없다고 하면서, 두 주장을 모순 없이 일관되게 만드는 길이 원천적으로 봉쇄되어 있는 것은 아니다. 다만 그런 주장을 하려면, '자기 자신에게 속하는 것'은 정확히 무엇을 뜻하는지, 그리고 자신에게 속하는 것을 행함'과 '다른 사람들에게 속하는 것을 행함'이 어떤 관계에 있는지를 더 정확하고 정교하게 구분하면서 논의를 이어나갔어야 했을 것이다.(이 논점은 164a 이하에서 다시 다룬다.)

그러나 163b에서부터 크리티아스는 만들기(poiein)와 행하기(prattein)를 구분하고자 시도하면서, 더 나아가서 일하기(ergazesthai)와 만들기도 같지 않다면서 지금 논의에 활용되는 개념을 세밀하게 구분하려고 시도하는 태도를 보인다. 물론 바로 위의 162e9~163b2에서 소크라테스는 만들기와 행하기를 혼용하면서 둘을 서로 교환 가능하게 사용할 수 있는 것으로 간주하는 모습을 보였고, 그것이 크리티아스가 이러한 시도를 하는 계기를 제공한 것으로 보일 수도 있겠다. 하지만 이 또한 플라톤의 창작의 일부이고, 우리는 그 취지와 의도가 무엇인지를 읽어내야 할 것이다. 그러한 플라톤의 의도는 다음과 같이 추정해 볼 수 있겠다. 플라톤은 이 작품을 비롯한 여러 논의 맥락에서 제작 기술자들의 앎이 어떻게 작동하는가를 설명하는 이론적 모델을 정립하고 ─ 그것을 앎의 제작자 모델(craftsman model of knowledge)이라고 부르자 ─ 그것을 일종의 패러다임으로 (또는 유비로) 삼아서 앎으로서의 덕(virtue as knowledge)이 어떠한 성격의 것인지를 논하고 있다. 플라톤은 어쩌면 이 구절에서도 그러한 방식으로 논의를 전개할 가능성을 염두에 두고 있었던 것으로 볼 수도 있을 것이다. 하지만 물론 그와 동시에 제작자 모델이 절제와 같은 덕을 설명하기에 완벽하게 적합한 모델이 되는지 그렇지 않은지, 그리고 플라톤이 그 논점에 대해서 정확히 어떤 의견을 지녔던 것으로 보아야 하는지에 대해서는 더 상세한 논의가 필요하다. 이후 텍스트 구절을 언급하자면, 164a~c, 165c 이하, 170d 이하 등의 구절을 종합적으로 고려할 필요가 있다. 그리고 바로 이와 같이 다소간 복합적이고 단순하지 않은 논쟁점들을 고려해야 하기 때문에, 제작자들의 기술(앎)이 성립하는 사태를 설명하기 위한 모델이 도덕적인 덕을 설명하기 위한 모델로서 쓰이기에 적합한가에 대해서 의견을 달리하는 입장이 있을 수 있다. 그러한 관점과 맥락에서 보자면, 크리티아스의 것과 유사한 시도가 완전히 허황된 것은 아닌 방식으로 전개될 수 있는 가능성은 열려 있다고 본다. 그리고 그러한 사례를 우리는 후대의 아리스토텔레스에게서 발견할 수 있다. 그가 이 구절에 등장하는 개념들 — (행동)하기(prattein)와 만들기(poiein) — 사이의 구분을 어떻게 수용하였는가 하는 점에 대해서는 아리스토텔레스 『니코마코스 윤리학』의 논의를 참조할 수 있다. 또 이 점에 대해서는 「작품 안내」의 '절제'라는 개념의 번역어 선택에 대한 논의에서, 그리고 해당 텍스트 구절에 상응하는 주석에서, 다루었으므로 그 부분을 참고하라.

어찌 되었건 163b3 이하의 구절을 읽어 나가다 보면, 어쩌면 크리티아스가 마치 엄청나게 정교한 개념 규정에 대한 논의(an elaborate conceptual issue)를 주도하려고 하는 것처럼 보일 수도 있겠다. 또한 그는 헤시오도스를 끌어들여서 자신의 개념 구분을 지지하려고 하는 모습을 보이지만, 이는 정확하고 공정한 인용 또는 근거 제시라고 볼 수 없는 견강부회에 지나지 않는 것으로 보인다. 또한 그 과정에는 그의 편협한 계급의식이 드러난다. 역자는『카르미데스』의 현재 맥락에서는 크리티아스의 개념 구분 시도를 일관된 입장으로 재구성하는 일은 난망(難望)하다고 본다(주석의 설명을 보라). 또한 그가 이로운 것은 자기 것이고 해로운 것은 타인의 것이라고 주장하는 대목에 이르게 되면, 그가 과연 자신이 속한 공동체의 시민들을 자신과 동등한 자격을 지닌 동료 시민으로서 대우하는 그러한 인물인지 의문을 품게 된다. 결국 크리티아스가 개념을 정교하게 규정하고자 시도하는 것으로 묘사하는 일련의 과정은 그가 지닌 몰이해, 비일관성과 그 인물형의 인식과 태도 상의 한계를 드러내려는, 즉 크리티아스라는 인물을 형상화하는 플라톤의 글쓰기 전략의 일부라고 역자는 본다(주석의 내용을 참고하라).

이제 소크라테스는 163d 이하에서 크리티아스의 말을 받아서, 자신에게 고유한 것과 자신에게 속한 것들을 좋은 것들이라 하고 그리고 좋은 것들을 만듦을 행하기라고 크리티아스가 부르겠다고 하는 주장을 이해했다고 한다. 또한 이름(개념)들을 구별하는 일이 낯선 것은 아니라고 하면서도, 크리티아스에게 그가 사용하는 이름이 어떤 것이든지 간에, 그 이름을 무엇에다가 가져다 붙이는지 그 대상만큼은 분명히 해 두라고 요구한다. 그러면서 이제 소크라테스는 절제가 바로 좋은 것들을 행하기(또는 만들기)라고 크리티아스가 주장하는 것이냐고 묻고 확인하려고 한다.

이와 같이 소크라테스는 크리티아스의 난삽한 주장을 비판하면서도, 그중에서 핵심이라고 할 만한 요소를 포착해 낸다. 그것은 바로 자신에게 속하는 것들이 좋은 것이라고 하는 점과 ('자신에게 속하는 것들'이 '좋은 것'과 같다면, 앞에서부터 논의하고 있는 '자기 자신에게 속하는 것들을 행함'은 '좋은 것들을 행함'과 동등한 것이 되므로) 좋은 것들을 행하는 것이 절제라고 크리티아스가 제안하는 것인지를 되묻고 확인하면서 논의를 계속하는 대목에서 드러난다. 그것은 어쩌면 인간의 행위를 설명하는 가장 근본적이고 일반적인 원리와 연결되어 있는 것이기에 소크라테스도 부정하고 있지 않는 것으로 보인다. 우리는 과연 좋지 않은 것을 일부러 선택해서 만들거나 행할 수 있는가? 바로 이 질문을 마주한 채로 우리 인간의 행위가 무엇을 지향하는가를 숙고해 보게 되면, 우리는 자신의 행위가 궁극적으로는 좋은 것을 이루고자 그것을 지향한다는 점을 인정하게 될 것이다. 그런 바탕 위에서 비로소 소크라테스가 크리티아스의 난삽한 주장 가운데에서도 굳이 유일하게 이 점을 받아서 논의를 이어가는 취지를 이해할 수 있을 것이다. 하지만 크리티아스의 주장 중에서 해로운 것들은 모두 다른 사람들에게 속하는 것이라고 한 부분에 대해서 소크라테스는 별다른 언급을 하지 않고, 크리티아스의 것에서 절반만 취한 것으로 보인다(주석의 설명을 보라).

그러자 이제 163e8~11에서 크리티아스는 좋은 것들을 행함이 바로 절제라고 정의하겠다고 말한다. 사실 앞에서 등장한 절제는 자기 자신에게 속하는 것을 행하는 것이라는 정의(definition)의 뜻을 온전히 다 밝히지 않았기에, 바로 그 앞에서의 정의와 좋은 것을 행하는 것 사이의 관계를 좀더 상세하게 탐구할 필요가 있을 것이다. 하지만 크리티아스는 소크라테스가 뭔가 새로운 단서를 제시하자마자 — 바로 앞의 것을 제쳐두고 — 새로운 제안을 붙들고 그 방향으로 먼저 달려가는 모습을 보인다.

(3) 좋은 일을 행함과 자기 자신을 앎은 어떻게 연결되는가?: 소크라테스와 크리티아스의 의견이 근본적으로 갈라지는 지점(164a1~164d3)

위와 같은 크리티아스의 반응에 맞서서 소크라테스는 이제 164a1에서 문득 — 추론의 단계를 벌써 몇 걸음 앞서 건너뛴 듯한 — 질문을 던진다. 만약 절제 있는 사람들이 그들 자신이 절제 있다는 사실을 모른다고 크리티아스가 생각한다면, 대단히 놀라울 것이라고 소크라테스는 말한다. 그러자 크리티아스도 절제 있는 사람들은 자신들이 절제 있다는 사실을 알 것이라고 답한다. 그러자 소크라테스는 크리티아스가 앞서서 이야기했던 바(163a1~9)와 지금 인정하고 있는 것이 일치를 이루는지를 검토하고자 한다. 이러한 일련의 질문을 통해서 소크라테스는 '자기 자신에게 속하는 것을 행함'이 '좋은 일을 행함' 그리고 '자기 자신을 앎'과 어떻게 연관되는지를 검토하고자 하는 것으로 보인다.

그는 이제 164a9 이하에서 의사를 예로 들면서, 의사가 누군가를 치료하여 건강하게 만들 때, 그는 그 자신에게나 환자에게나 이로운 것들을 산출하며, 이러한 것들을 행하는 사람은 해야 하는 것들을(ta deonta) 행하며, 해야 하는 것들을 행하는 사람은 절제 있다는 것을 크리티아스가 동의하는지 묻고, 크리티아스도 긍정의 답을 한다. 그리고 더 나아가 164b7~9에서 소크라테스는 그런 의사가 언제 그 자신이 이롭게 치료하고 또 언제 그렇지 못한지를 아는 것도 필연적이냐고 크리티아스에게 묻는다. 우리는 아마도 당연히 그렇다고 긍정의 답을 할 것이며, 크리티아스도 그렇게 답할 것이라고 기대하면서 읽어나가게 될 것이다. 하지만 이 대목 164b10에서 크리티아스는 아마도 그렇지 않을 것이라고 부정하는 대답을 한다. 하지만 이렇게 부정하게 되면 크리티아스의 입장에서는 의사가 경우에 따라서 이롭게 또는 해롭게 일을 행하고서도, 그 자신이 어떻게 그 일을 행하였는지 스스로를 알지 못하는 사태가 생기게 된다(164b11~c1). 한 걸음 더 나아가서 그는 앞에서 좋은(논의 진행에서 '좋음'과 '이로움'은 동일시되며 상호 교환 가능하게 사용되고 있다) 것을 행함이 절제라고 하였으므로, 그러한 의사가 때때로 이롭게 행하였으니 절제 있기도 한데, 그런데도 그는 그 자신이 절제 있다는 사실을 모르게 된다는 귀결이 따라 나올 수 있다(164c1~6). 하지만 이 또한 크리티아스로서는 받아들이기 곤란한 귀결이다. 그는 164a4에서 이미 절제 있는 사람은 자신이 절제 있음을 안다고 인정했기 때문이다.

그렇다면 과연 크리티아스는 왜 이 지점(164b10)에서 우리의 기대와는 다른 답변을 내놓는 것일까? 역자는 이 장면이 의사로 대변되는 기술자들이 추구하는 좋음이 어떤 성격의 것인지, 그 것을 추구하는 의사 및 기술자들이 자기 자신 및 자신의 기술이 작동하는 방식에 대해서 어떤 이해를 지니고 있다고 보아야 하는가 하는 논점에 대한 소크라테스와 크리티아스의 이해의 차이가 극적으로 드러나는 장면이라고 본다. 소크라테스가 질문한 바는 의사가 언제 자신의 치료 행위가 환자를 이롭게 하고 또 언제 그렇지 못한지를 아는 것이 필연적이지 않겠느냐는 것이고, 이는 의사가 그 본성상 그가 치료하는 환자의 좋음을 추구하는 자라는 점을 인정한다면, 마땅히 긍정해야 할 것이었다. 이러한 논의 진행을 더 정확히 이해하려면, 『국가』 1권 338c 이하에서 소크라테스가 트라쉬마코스에 맞서서 엄밀한 의미에서의 의사가 그 본성상 무엇을 추구하는 자인가를 논하면서 트라쉬마코스의 정의(正義)는 강자의 이익이라는 주장을 논박하는 구절과 기본적으로 같은 취지의 입장 위에서, 이곳에서도 소크라테스가 논변을 펴고 있는 것으로 이해하는 것이 합리적이라고 본다(주석에 좀더 자세하게 설명하였다). 소크라테스와 크리티아스의 의견이 만약에 일치했었다면(이것은 반사실적 가정이다) 크리티아스는 164a9~b10에서 다른 답을 내놓았어야 마땅하다. 하지만 실상 크리티아스는 의사를 일차적으로 자기 자신에게 이득이 되는 일을(즉 돈벌이를) 하는 자로 간주하고 있기 때문에 소크라테스의 질문에 대하여 164b10에서 긍정하는 답을 하지 않는 것으로 보인다.

그리고 이제 164c7에 이르러서 크리티아스의 입장에 불일치가 있음이 드러나기 시작한다. 아마도 의사로 대변되는 기술자들이 추구하는 좋음에 대한 이해를 소크라테스 방식으로 교정하는 것이 크리티아스에게는 가장 근본적인 처방이었을 것이다. 즉 절제, 좋은 것을 행함, 절제 있는 사람이 자신이 절제 있음을 이해하는 사태, 이 셋 사이에 어떤 연관 관계가 있는지를 정확히 이해하게 되면, 사실 뒤에 진행되는 논변은 좀더 다른 방식으로 진행되었을 수 있는 가능성도 있다. 그러나 크리티아스는 (여러 가지 대응이 가능했었을 법하지만) 그런 선택을 하지 않았고, 다시 한 번 바로 앞에서 스스로 제안했던 바(절제는 좋은 것을 행함이다)

를 버리고, 164a1~4에서 소크라테스가 제시했었고 자신이 인정했던 바(절제 있는 사람은 자신이 절제 있음을 안다)를 붙잡고 그쪽으로 내달려 간다. 하지만 이 길은 결국 멀리 돌아가는 길이 된다.(소크라테스가 크리티아스가 원으로 빙 둘러서 먼 길을 돌아서 왔다고 질책하는 174b11~c3을 보라.) 물론 대화편 전체의 구성을 고려할 때 멀리 돌아가는 길이 불필요한 길은 아니었을 것이다. 이제 크리티아스의 입장이 어떤 귀결에 도달하게 되는지를 인내심을 갖고 끝까지 따라가 보자.

(4) 크리티아스가 "너 자신을 알라"라는 델포이의 경구를 역설(力說)하다 — 크리티아스의 왜곡된 해석과 극적인 아이러니(164d3~165b4)

자신이 주장한 바에 불일치가 있음이 드러나게 되자 크리티아스는 절제 있는 사람은 자신이 절제 있음을 안다는 논제를 선택하고서 이제 절제는 '자기 자신을 앎(to gignōskein heautou, knowing oneself)'이라는 새로운 정의(定義)를 제안한다(164d4). 그렇게 하면서 그는 곧바로 델포이 신전에 쓰여진 경구로 관심을 옮겨간다. 우리가 흔히 상식적으로 소크라테스의 지혜를 떠올리면 늘 회자되는 것이 바로 델포이 신전에 쓰여진 '너 자신을 알라'라는 경구(警句)이다. 그런데 이 장면에서는 크리티아스가 바로 그 유명한 경구의 의미와 중요성을 소크라테스에게 — 그것도 다분히 왜곡된 방식으로 — 설명해 주겠다면서 일장 연설을 펴고 있다. 바로 이 점이 독자에게는 대단히 역설(逆說)적인 효과를 불러일으킨다.

더구나 크리티아스는 그러한 경구를 델포이 신전에 써서 바친 옛사람이 '절제하라'라는 문구를 신이 (우리가 일상적으로 사용하는 '안녕'이라는 인사말 대신에) 인간에게 건네는 인사말로서 간주하고 그렇게 했다고 주장한다. 또 더 나아가서 그는 '너 자신을 알라'라는 말과 '절제하라'라는 말이 같은 것이라고 주장한다. 물론 절제가 함축하는 바인 건전하고 현명하게 생각하는 일과 자기 자신을 앎은 모종의 연관 관계가 있을 수는 있다(주석을 보라). 하지만 크리티아스는 명확한 근거를 제시하지는 않는 채로, 자기 멋대로 견강부회하고 있는 것으로 보인다. 또한 그 내용상 충고를 담고 있는 것이 분명한 후대의 명문들을 — '어떤 것도 지나치지 말라' 그리고 '보증, 파탄이 곁에 (있다)' — 바친 사람들도 '너 자신을 알라'는 말을 충고로 받아들였기 때문에 그런 문구를 바친 것이라고 하면서, 그들도 그것이 애초에 (자신이 지금 주장하듯이) 인사였다는 점은 알지 못했던 것이라고 억지 주장을 펴고 있는 것으로 보인다.

사실 '너 자신을 알라'와 '절제하라'를 충고가 아닌 인사말로 간주한다는 것이 정확히 무엇을 뜻하는 것인지를 추론해 내기는 어렵다. 하지만 추정해 보건대, 어쩌면 크리티아스는 자신과 같은 부류의 사람들은 신의 충고와 경계의 말을―즉 인간사에 관하여 무엇이 좋고 나쁜지를 판단하는 기준이나 넘지 말아야 하는 한도가 무엇인지에 대해서―들을 필요가 없고 인사를 나누는 것으로 충분하다고 생각하는 것일 가능성이 있어 보인다. 만약 그렇게 자신이 신과 대등하게 인사를 나누는 것으로 충분하다고 그가 정말로 생각하는 것이라면, 그래서 만약 그가 신과 대등한 지위를 지닐 수 있다고 주장하는 것이라면, 특히 고대 그리스인의 관점에서 그는 한도를 넘은 대단히 큰 불경함을 범하고 있는 것이라고 볼 수 있다(그의 불경함과 오만함은 173c3~174b10에서 예언술마저도 아마도 자신이 지니고 있다고 주장하는 것으로 추정되는 앎에 대한 앎의 통제 아래에 둘 수 있다는 태도에서도 다시 한번 드러난다). 아무튼 이렇게 꽤 긴 연설을 마치면서, 그는 앞에서의 논의를 자기 멋대로―논의된 것들 중에서 어떤 것도 결코 분명하지 않았다고―평가한다. 그리고 앞에서의 제안을 거두어 들이고, 만약 소크라테스가 절제가 자기 스스로 자신을 앎이라고 동의하지 않는다면, 자신이 그것을 소크라테스에게 설명해 주겠다고 나선다. 이렇게 그는 또 한번 소크라테스가 내비친 단서를 물고 자신의 것으로 잡아채서 그 방향으로 달려가는 행태를 보여준다.

4) '자기 자신을 앎'이라는 개념을 어떻게 이해할 것인가? — 서로
　 대비를 이루는 두 견해(165b5~175a8)

(1) 소크라테스가 탐구에 임하는 태도와 '자기 자신을 앎'(165b5~
　　165c3)

이제 논의의 새 국면이 시작되면서 우리는 크리티아스와 소
크라테스가 대화 및 논의 진행에 대하여 서로 다른 태도를 보이
는 것을 목격하게 된다. 크리티아스는 바로 앞에서 자신이 제안
한 '절제는 자기 스스로 자신을 앎'이라고 하는 새로운 규정에 소
크라테스가 동의하지 않으면 자신이 설명해 주겠다고 자신만만
하게 나섰다(165b3~4). 하지만 소크라테스는 그러한 크리티아
스의 태도를 비판한다. 소크라테스에 따르면, 크리티아스는 누
구든 — 어떤 논제에 대하여 충분히 검토해 보기 전이라고 하더
라도 — 자신이 원하기만 하면 동의할 수 있을 것처럼 간주하고
있지만, 실제로는 사정이 그렇지 않다. 소크라테스는 자신이 아
직 정확히 알지 못하기 때문에 지금 제기되는 문제들을 탐구하
고 있으며, 또한 크리티아스의 제안에 동의할 수 있으려면 관
련된 사태에 대하여 충분한 검토가 선행되어야 한다고 말한다
(165b5~c2). 비록 짧게 한마디씩 주고받은 셈이지만, 이곳에 드
러난 크리티아스와 소크라테스 각각의 태도는, 그들이 대화를
통한 탐구와 검토의 과정을 어떻게 바라보고 있으며, 현재의 논

점에 대하여 각자 자기 자신이 지니고 있는 앎의 상태와 상황을 어떻게 평가하고 있는가 하는 점을 잘 대조하여 보여준다.

그리하여 이제 시작되는 자기 자신에 대한 앎에 대한 (그 의미, 가능성, 유용성 여부 등) 논의 과정에서도 크리티아스는 앞에서 이미 보여주었던 것처럼 소크라테스를 자기 방식으로 모방하면서 소크라테스의 것과 외견상 대단히 유사해 보이는 입장을 내놓으면서 독자들을 혼란스럽게 할 것이다. 우리는 그 과정을 추적해 나가면서, 논의의 전면에 진행되고 있는 논변 진행과 추론 과정에서 둘의 입장이 정확히 어떻게 어느 지점에서 다른지를 명확히 읽어내야 할 것이다. 또 그와 동시에 다른 한편으로는 소크라테스와 크리티아스가 관련된 사태에 대해서 (대화편의 도입 부분에서부터 그렇게 해 왔던 것처럼) 서로 어떻게 다른 태도를 보이면서 어떻게 상호작용하고 있는가를 추적하는 것도 중요한 관전 포인트가 될 것이다.

(2) '자기 자신을 앎'에 대한 서로 다른 두 해석(165c4~167b5)

이제 165c4 이하에서는 절제라는 덕을 한 분야의 앎으로 인정한다고 하면, '그 개념을 정확히 어떤 모델에 입각하여 이해해야 하는가'라는 개념 규정에 대한 논의(conceptual issues)가 본격적으로 시작된다. 그 시작점으로서 162e7 이하에서 이미 언급되었으나, 크리티아스의 성공적이기 어려운 개념 구분 시도 및 과시욕으로 인해서 충분히 논의되지 못했던 앎의 제작자 모델을 기본적인 패러다임으로 삼아서 논의와 검토가 진행된다.

우선 소크라테스는 만약 절제가 무엇인가를 앎(gignōskein ti)이라면, 그것은 어떤 하나의 앎이고 또한 무엇에 대한 앎 (epistēmē tis … kai tinos)이겠느냐고 묻는다. ('gignōskein'을 'epistēmē'로 바꾸어 동일시하는 일에 대해서는 주석을 보라.) 크리티아스는 동의하면서 그것은 자신에 대한(heautou) 앎이라고 답한다(165c6). 이를 바탕으로 소크라테스가 제시하는 제작자 모델에 따르면, 각각의 기술에는 그것에 상응하는 대상과 그것이 산출하는 유용한 결과물이 있다. 예를 들면, 의술은 건강함을 대상으로 하고 유용한 결과물인 건강을 산출하며, 건축술은 집 짓기를 대상으로 하고 그 결과물로서 집을 만들어 낸다. 이와 같은 모델을 밀고 나가서, 절제가 자신을 앎이라면, 그것이 우리에게 어떤 아름다우며 그 이름에 걸맞은 결과물을 만들어 내는지를 소크라테스는 크리티아스에게 묻는다. 물론 소크라테스가 논변의 이 단계에서 제작자 모델이 도덕적인 앎으로서의 덕(절제)을 설명하기 위한 모델로서 적합한가에 대해서 어느 정도로 긍정적인 견해를 갖고 있는지를 지금 속단하기는 이르다. 지금은 앞에서 언급했던 것처럼 일차적으로 크리티아스가 어떤 견해를 보이는지를 확인하고 검토하는 과정 속에 있다고 보는 것이 좋겠다.

하지만 크리티아스는 소크라테스가 올바르게 탐구하고 있지 않다면서 제작자 모델을 확장하여 적용하는 일을 반대한다. 그는 각 분야의 앎이 서로 비슷하지 않으며(물론 이 점은 일정 정도 일리가 있다고 볼 수 있다), 지금 논하고 있는 절제(자기 자신을 앎)도 다른 앎들과 그 본성이 다르다고 한다. 그러면서 그는 산술이나 기하학에도 건축술의 결과물인 집이나 직조술의 결과물인 외투 같은 결과물이 있느냐고 소크라테스에게 되묻는다.

물론 각 분야의 기술이나 앎(학문)에서 산출되는 결과물들의 성격이 서로 다르다는 것만큼은 소크라테스도 부정하지 않을 것이다. 소크라테스는 일단 산술은 짝수와 홀수를 대상으로 다루고, 홀수와 짝수는 산술 바로 그것 자체와는 다른 것처럼, 여러 분야의 기술이나 앎들 각각은 그것이 다루는 대상이 있으며, 그 대상은 그 앎 자체와는 다른 것이라는 점에 대해서 크리티아스의 동의를 얻고, 절제에 대해서도 같은 방식으로 질문을 한다. 즉 절제는 바로 그것 자체와는 다른 무엇을 대상으로 하는 앎인가를 소크라테스는 묻는다(166b5~6). 크리티아스는 자신이 165e3 이하에서 주장했던 논점에 소크라테스가 이제 당도했다고 하면서, 소크라테스가 앎들의 비슷한 공통점을 찾고 있지만, 실상은 그렇지 않다고 한다. 이제 크리티아스는 절제라는 이 앎만이 다른 앎들에 대한 앎이면서 또 그것 자체로 그 자체에 대한 앎이라고 주장한다(166c2~3). 그러면서 소크라테스가 그 점을 몰랐을 리가 없는데, 그 논점을 내버려둔 채로 자기를 논박하려고 하는 것 아니냐면서 따지고 든다.

우선 절제만이 다른 앎들에 대한 앎이면서 또 그 자체에 대한 앎이라는 크리티아스의 주장은 어쩌면 반대를 위한 반대를 하는 것처럼 보이기도 한다. 그 주장의 절반은 — 절제라는 앎은 그것 자체를 대상으로 한다는 부분은 — 바로 앞에서 소크라테스가 확인하고자 했던 바(각각의 앎은 바로 그 자체와는 다른 어떤 것을 대상으로 한다는 점)를 반대로 뒤집어서 부정하고 있다. 그러는 와중에 앞의 165c5와 165e1에서는 자기 자신에 대한 앎(epistēmē heautou, 사람이 자기 자신을 안다는 뜻)이라고 지칭되던 개념이 지금 166c2~3에 이르러서는 그 자체에 대한 앎(epistēmē heautēs, 앎이 그 자체를 안다는 뜻, 자세한 설명은 해당 구절의 주석을 보라)으로 대체되었다. 또한 나머지 절반도 — 절제라는 앎은 다른 앎들을 대상으로 하는 앎이라는 부분은 — 지금까지의 논의를 바탕으로 명시적으로 추론되어 나온다고 보기는 어렵다. 이와 같이 절제라는 앎만이 지니는 독특한 특성을 내세우는 크리티아스의 주장이 과연 정당화 또는 합리적으로 설명될 수 있는 것인지는 이후의 논의 전개를 참고하여 더 숙고해 보기로 하자.

또한 크리티아스는 166c3~6에서 소크라테스가 논박하려고 든다면서 따진다. 그의 이러한 행동과 태도는 어쩌면 크리티아스가 여전히 논의 과정에서 누가 이겨서 명성을 얻고 또 누가 지거나 논박당하여 수치심을 느끼게 되는지에 우선적인 관심을 두고 있음을 보여준다. 하지만 소크라테스는 자신이 대화와 논의를 통해서 궁극적으로 지향하는 바가 무엇인지를 밝힌다. 그는 자기 자신이 실제로는 모르면서도 무엇인가를 알고 있다고 자기도 모르게 생각하게 되는 일이 발생하지나 않을까 두려워서(즉 자신의 무지를 못 알아 차리지 않기 위해서), 자신이 뭔가 말이 되는 이야기를 하고 있는지 자기 자신 스스로를 검토하고 있다고 한다. 즉 그는 무엇보다도 자기 자신을 위해서 논변을 검토하고 있으며, 아마도 그것은 다른 동료들을 위해 도움이 될 것이라고 하면서, 또 있는 것들이 있는 바 그대로 분명하게 드러나는 일이 모든 인간들에게 공통되게 좋은 것이지 않겠느냐고 하면서, 그것이 탐구의 궁극적 지향점임을 일종의 성명서(manifesto)처럼 내놓는다(166c7~d6). 그렇게 말하면서, 소크라테스는 논박당하는 사람이 누구인지에 관심을 두기보다는 논변의 내용에 주목해서, 지금 크리티아스가 제안한 것이 테스트 과정을 거쳐서 어떤 귀결에 도달하게 되는지를 살펴보자고 하면서, 크리티아스를 달랜다(166d8~e2). 그러자 크리티아스는 방금 전 앞에서(166c2~3) 제안한 내용을 다시 한번 — 앎들 가운데에서 오로지 이것만이 그 자체에 대한 앎이고 또 다른 앎들에 대한 앎이라고 — 주장한다(166e5~6).

그러자 이번에는 소크라테스가 크리티아스에게 만약 그것이 앎에 대한 앎이라고 한다면, 그것은 무지에 대한 앎이기도 한지를 묻는다(166e7~8). 그런데 이 질문은 크리티아스가 앞에서 (166c2~3, 166e5~6) 제안한 개념이 방금 전에 166c7~d6에서 소크라테스 자신이 강조하며 선언하듯 말했던 (그리고 독자들이 플라톤의 여러 작품에서 보아 왔던 소크라테스라는 인물을 통해서 자연스럽게 연상하게 되는) 무지의 자각(이것도 또한 자기 자신에 대한 앎의 한 유형이다)과 동일한지를(또는 무지의 자각을 함축하는지를) 묻고 있는 것으로 보인다. 크리티아스는 무비판적으로 별다른 검토도 없이 그렇다고 긍정한다(166e9).

그러자 소크라테스는 절제 있는 사람이 어떤 일들을 할 수 있는지를 제시하고 크리티아스도 같은 의견을 지니고 있는지를 재차 확인하고자 한다. 소크라테스는 절제 있는 바로 그 사람만이 그 자신을 알게 될 것이고 자신이 실제로 무엇을 알고 무엇을 모르는지를 잘 검토할 수 있을 것이며, 다른 사람들도 마찬가지로 검토할 수 있을 것이며, 다른 어떤 누구도 그렇게 하지 못할 것이라고 한다. 즉 그는 누군가가 무엇을 알고 무엇을 모르는지를 앎이 바로 절제라고 말한다(167a1~7). 그런데 이 내용은 소크라테스가 일종의 성명서처럼 방금 전에 166c7~d6에서 밝힌 내용과 근본적으로 취지를 같이 하는 것들이라고 볼 수 있으며, 독자인 우리들이 플라톤의 여러 작품에서 보아 온 것처럼 소크라테스가 평소에 늘 해 온 일의 요지를 요약해 놓은 것으로 보인다. 크리티아스는 다시 한번 그것이 자기가 말하는 바라고 답한다

(167a8).

　하지만 이 구절에서 일어나고 있는 일이 어떤 성격이나 함축을 지니는지를 간과하면 이후 논의 진행이 대단히 혼란스러워 보일 가능성이 크다. 지금 벌어지고 있는 일에 대해서는 다음의 것들을 언급해 두자. 우선 독자의 입장에서 보자면, 크리티아스가 주장하는 '앎 자체에 대한 앎이면서 다른 앎들에 대한 앎'이 실질적으로 가능한지 또 정확히 어떤 성격의 것인지는 지금까지 명확하게 검토된 바가 없다. 그러므로 두 인물이 각각 '자기 자신에 대한 앎'을 어떻게 이해하고 있는가 하는, 그 입장의 차이는 아직 검토되거나 확정되지 못한 채로 남아 있는 셈이다. 그래서 소크라테스는 크리티아스의 앎에 대한 앎이 자신이 관심을 두고 있는 무지에 대한 앎과 같은지 (또는 그것을 함축하는지) 묻고, 또 재차 절제 있는 사람이 무엇을 할 수 있는가에 대해서도 크리티아스가 자신과 같은 의견을 지니고 있는지를 확인하고자 하는 것이라고 볼 수 있다. 아직 그 구체적인 내용을 검토하지 않은 상황이므로, 크리티아스의 입장에서도 (만약 그가 단지 소크라테스를 따라서 모방하는 것이 아니라 실질적으로 독자적이고 독창적인 내용을 제안할 것이 있었다면) 일단 검토해 보고 나서 답하겠다고 역제안하는 것도 불가능한 것은 아니었을 것이다. 하지만 크리티아스는 본격적인 검토가 시작도 되기 전에 ─ 따라서 소크라테스의 제안이 지니는 함축이나 둘 사이의 입장의 차이를 미처 충분히 이해하지 못한 채로 — 섣불리 호언하고 있다.

그러나 어찌 보면, 만약 누군가가 크리티아스의 제안들을 긍정적인 시각으로 받아들이고자 한다면, 크리티아스의 주장이 일견 소크라테스의 것과 비슷해 보이거나 또는 결합될 수 있는 여지가 있어 보이기에, 지금부터의 논의 진행이 어려움과 혼란을 선사할 수도 있겠다. 하지만 역자는 이제부터는 사실상 두 인물의 의견이 좀더 본격적으로 대결하고 경쟁하는 국면에 접어들었다고 본다. 앞에서 크리티아스가 논변을 넘겨받은 이후로 그는 소크라테스가 뭔가 새로운 단서를 내비치면 그것을 선취하려고 기존의 주장을 놓아두고 새것으로 연속적으로 옮겨 타고 바꾸어 가면서 새로운 의견을 제시하기만 했을 뿐 그 주장들의 실질적인 내용을 밀도 있게 논의했다고 보기는 어렵다. 소크라테스가 검토를 지속해 오면서, 크리티아스가 제안하는 앎의 대상을 확정하는 데에도 긴 지면이 소요되었고, 이제 비로소 그것이 소크라테스의 것과 나란히 함께 등장한 셈이다. 그리하여 그간 미결정 상태로 그 차이점이 누적되어 온 두 인물의 입장들이 이제 167a 이하에서 그러한 앎의 가능성과 이로움 여부를 검토하는 과정을 통해서 본격적으로 대결을 벌이게 될 것이다. 그런데 그와 동시에 한편으로는, 현재 대화편 내부의 논의 진행 맥락에서는 우리가 163e6~7에서 확인했던 것처럼 일차적으로 크리티아스의 제안과 의견을 검토하는 중이었음을 다시 한번 상기하고 유념해 보자. 그러한 맥락을 고려할 때, 텍스트의 지금 단계에서는 우선 크리티아스가 주장하는 내용이 무엇인지를 확정해 놓고 나서 좀더 본격적으로 그가 제안하는 앎이 가능한 것인지를 검토하는 과정 속에 있었다. 그러므로 이후 진행되는 논의의 귀결은 일차적으로 크리티아스의 제안과 주장에 바탕을 두고 그것에서 따라 나오는 것으로 이해하는 것이 합당하다. 그리고 그 바탕 위에서, 독자의 관점에서 보자면, 그러한 검토 과정이 궁극적으로는 크리티아스와 소크라테스의 차이점을 드러내는 방향으로 가고 있다고 보는 것이 좋겠다.

이제 167a9 이하에서 소크라테스는 구원자 제우스에게 행운과 성공을 기원하는 세 번째 기도의 잔을 올리면서 맨 처음부터 다시 시작하는 것처럼, '누군가가 자신이 알고 있는 것은 그것을 안다는 사실을 알고, 또 자신이 모르는 것은 그것을 모른다는 사실을 앎'이 있을 수 있는지, 그리고 만약 그런 것이 있다면 그런 앎을 지닌 우리에게 어떤 이로움이 있게 되는지를 검토해 보자고 제안한다(167a9~b4).

(3) 어떤 것이 자신과 관계를 맺는 것은 가능한가? ─ 앎에 대한 앎의 가능성 탐구(167b6~169c2)

이제 167b6 이하에서는 크리티아스가 자기 주장이라고 확인한 앎이 가능한지에 대한 본격적인 검토가 시작된다. 우선 소크라테스는 길을 찾을 방도를 모르겠다면서(167b6~7), 일단 다시 한번 크리티아스의 주장 내용을 확인하고(167b10~c3), 자신이 지금 그 가능성을 탐구하고자 하면서 얼마나 이상한 것을 이야기하려고 시도하고 있는지 보라면서 본격적인 논의를 시작한다(167c4~6). 그런데 소크라테스는 앞에서 크리티아스가 절제라는 앎에 대해서 주장했던 바(절제만이 그 자체에 대한 앎이면서 다른 앎들에 대한 앎이고, 또 더 나아가 무지에 대한 앎이기도 하다는 주장, 166e5~9, 167b10~c3)와 똑같은 패턴을 따라가면서, 시각과 청각에 대하여 질문하기 시작한다. 즉, 그는 다른 봄들이 그것들에 대한 것이 되는 바로 그러한 대상들(색)을 보지는 않으면서, 봄 그 자체를 그리고 다른 봄들을 봄이며, 또 마찬가지로 못 봄들을 보는 그런 어떤 봄이 있는지, 그리고 그와 같은 방식으로 어떠한 소리도 결코 듣지 않으면서, 듣기 바로 그 자신을 듣고, 다른 듣기들을 듣고, 또 못 들음들을 듣기가 있는지를 질문한다. 그리고 그는 이와 같은 유형의 질문을 감각 지각, 욕구, 바람, 사랑, 두려움, 의견, 앎에 대하여 연속적으로 제기한다(167c8~168a8). 여기에 등장하는 사례들은 (플라톤이나 아리스토텔레스가) 인간 영혼의 여러 기능 또는 능력들이라고 부를 만한 것들인데, 크리티아스는 각각의 질문에 대하여 그러한 것이 불가능하다고 줄곧 답을 이어 나가다가 앎에 대해서만큼은 그러한 것이 가능하다고 주장한다(168a9). 하지만 소크라테스는 그런 것이 있다면 정말로 이상할 것이라고 하면서, 아직은 확언하지 말고 계속 더 검토해 보자고 제안한다(168a11).

이어서 소크라테스는 더 큼, 두 배임, 더 많음, 더 무거움, 더 나이듦 등과 같은 우리가 이항 관계라고 부를 만한 사례들을 도입하여 동일한 유형의 질문을 던진다. 그러면서 그는 어떤 것이 통상적으로 관계를 맺는 그것의 대상 대신에 그 자신과 관계를 맺게 된다면 어떤 귀결이 따라 나오는지를 검토한다. 이를테면, 만약 어떤 것이 그 자신에 대하여 더 크다면, 동시에 그것은 그 자신에 대하여 더 작기도 하다는 귀결이 따라 나온다는 것을 보인다. 그렇게 하면서 소크라테스는 각 사례마다 만약 그러한 것들이 있다면 직관적으로 다소 이상해 보이는 귀결이 따라 나온다는 것을 보이고(각각의 개별 사례에 대한 상세한 설명은 해당 구절의 주석을 보라), 크리티아스도 동의한다(168b5~d1). 그리하여 지금까지의 논의는 어떤 것이 자기 자신과 관계를 맺을 수 있는지 그 가능성을 검토하면서 그것이 불가능해 보이는 사례에 주목해 온 것으로 보인다.

하지만 168d1 이하에서부터 소크라테스는 지금까지 검토해 온 사례들을 일반화하면서, 그것이 무엇이건 간에 그 자신의 힘을 자신을 향해서 지니게 된다면, 그것은 또한 그것의 힘이 애초에 관계를 맺고 있던 대상의 그것임(대상이 무엇이라고 하는 규정)을 지니게 되지 않겠느냐고 말한다(168d1~3). 그리고 이 구절의 조건문 구문이 표현하고 있는 가능성의 정도를 고려할 때—귀결절에 직설법 미래(indicative future) 시제를 사용하고 있는데, 이는 조건문 중에서 가능성의 정도가 높은 쪽에 속한다—이 구절은 그것이 담고 있는 내용의 가능성 여부를 어느 정도는 확실한 것으로 상정하고 있는 것으로 읽을 수 있다. 또 바로 이어지는 구절에서 소크라테스는 예를 들면서, 만약 듣기가 그 자신을 듣게 되려면 소리를 지닌 자신을 듣게 될 것이고, 보기가 그 자신을 보게 되려면 그것은 어떤 색을 지닐 것이 필연적이라고 이야기한다(168d6~e2). 이 구절도 마찬가지로 조건문으로 표현되어 있는데, 그 구문이 함축하는 가능성의 정도는 꽤 높은 편에 속하고 또 직접적으로 '필연적(anankē)'이라고까지 표현하고 있다. 이러한 점들을 고려할 때, 지금 이렇게 제시되고 있는 내용은 가설적으로 제시되고 있는 것으로 보이기는 하지만, 어떤 것이 그 자신과 관계 맺을 수 있는가 하는 문제에 대하여 조금은 더 긍정적인 가능성을 열어 놓고 있는 것으로 보인다.

즉 지금 제시되고 있는 조건문은 그것이 담고 있는 어떤 구조적인 특징을 애초에 문제의 출발점을 제공한 '앎'의 경우에 적용하여, '앎에 대한 앎'이 어떤 방식으로 가능한지를—그리고 또 어째서 그래야 마땅한지를—탐색해 보라고 독자들에게 권고하고 있는 것으로 읽을 수 있다. 물론 소크라테스는 이러한 문제에 대해서 각 사례마다 어떤 경우에는 그것이 불가능해 보이고 또 다른 경우에는 의문이 있다면서 탐구의 가능성을 열어 놓는다. 또한 그는 이러한 문제에 대하여 사례마다 충분하게 구분하여 답해 줄 위대한 사람이 필요하다고 하면서, 자신이 이것들을 충분히 구분해 낼 수 있을지 믿지 못하겠다고 한다. 그리하여 소크라테스가 이 구절에서 직접 그 가능성을 충분히 탐색하거나 직접 보여주지는 않는다(168e3~169a8).

하지만 그 단서를 활용해서 논의를 조금만 더 밀고 나가 보자. 우선 앞서서 확인한 바에 따르면, 각각의 감각 지각에는 그것에 고유한 감각 대상과 감각 기관이 있고 그것들이 관계를 맺을 때 (아리스토텔레스의 어휘를 빌려 쓰자면 그것들이 현실태로서 연결되어 있을 때) 그 감각 지각의 힘이 발휘된다. 이러한 방식으로 인간의 감각 지각을 개념화할 때 성립하는 구조적인 특성을 밑에 놓고서, 그 바탕 위에서 각각의 감각 지각이 자신과 관계를 맺게 되려면(또는 2차 수준의 감각 지각이 성립하려면) 요청되는 일종의 구조적인 특성이 무엇인가를 탐구하는 것이 이 구절(168d6~e2)이 제기하는 문제이다. 이 구절에 등장하는 사례 중에서 시각에 초점을 두고 이야기해 보자면, 봄은 기본적으로 색을 대상으로 성립하는 것이므로, '봄^{1}을 봄^2'이라는 것이 애초의 기본 모델에 따라서 의미 있게 성립하려면, 봄^{2}의 대상은 색이어야 마땅하므로, 봄^{2}의 대상인 봄^{1}이 색을 지니고 있어야 할 것을 요청한다. 하지만 우리가 '봄^{1}을 봄^2'이라는 것이 도대체 인간의 감각 기관을 통해서 일어나고 있는지, 또는 '봄¹'이 색을 지니고 있는지를 확인하기는 어려워 보인다. 플라톤은 과연 이 구절에서 인간의 감각인 청각과 시각이 작동하는 현상의 차원에서 소리를 지닌 자신을 듣는 청각이나 색을 지닌 자신을 보는 시각이 가능하다고 말하는 것일까? 아마도 많은 이들이 일차적으로 그런 가능성에 대해서 생각해 보려고 할 것이다.

이 구절의 단서를 수용하여 자신의 논의에 활용하고 있는 아리스토텔레스도 어쩌면 그런 경향성을 보여주는 것 같다. 그는 앞서서 감각 지각에 대하여 설명하고, 또한 제6의 감각은 없다는 점을 논한 이후에, 『영혼론(De Anima)』 III. 2에서 공통 감각(또는 통각)에 대해서 논하기 시작한다. 그는 우리가 보고 듣는다는 사실을 우리가 지각하므로, 누군가가 보고 있다는 사실을 지각하는 일은 시각에 의해서 또는 다른 감각에 의해서 이루어질 수밖에 없다는 데에서 논의를 시작한다(425b12~13). 그는 그 특유의 변증법적 방법론을 활용해서 논의를 펴고 있는데, 위의 두 선택지 각각을 선택할 때 어떤 귀결들이 따라 나오는지를 검토하고(425b13~17), 그것이 함축하는 난점(아포리아)에 대해서도 검토한다. 그러면서 만약 시각으로 감각함이 봄이고, 색 또는 색을 지닌 것이 보여진다고 한다면, 그리고 만약 어떤 것이 보고 있는 것을 보게 된다면, 보고 있는 첫 번째 것도 색을 지니게 될 것이라고 한다(425b17~20). 그러면서 시각으로 감각하는 일은 한 가지가 아님이 분명하다고 주장한다. 즉 우리가 '시각으로 감각한다'고 할 때 그것이 실현되는 방식이 여러 가지일 수 있다면서, 우리가 특정한 대상을 보는 것은 아니면서도 시각으로 어둠과 빛을 식별하는 것이 사례가 될 수 있으며, 각각의 경우에 똑같은 방식으로 식별하는 것은 아니라고 주장한다(425b20~22). 더 나아가 보고 있는 것도 어떤 방식으로 색을 지닌다고 하면서, 각각의 감각 기관은 그 대상을 질료 없이 받아들일 수 있다는 점을 근거로 든다. 또한 감각 대상들이 사라져도 감각들과 상상들이 감각 기관들 안에 남아 있는 현상을 같은 이유로 설명할 수 있다고 한다(425b22~25). (이것으로 논의가 끝나는 것은 아니고, 이후의 논의는 서로 다른 감각을, 예를 들어 시각과 청각을, 구분하는 것은 그 둘 중 하나가 아니라 동일한 하나의 것이 둘 모두를 그리고 그 둘이 서로 다르다는 것을 지각한다는 점에 주목하여 전개되며, 그 동일한 것은 그 자신이 말하는 대로 사유도 하고 감각도 한다고 한다(426b22). 물론 이렇게 전개되는 공통감각에 대한 논의가 앎에 대한 앎의 가능성과 관련하여 일정한 함축을 지닐 수도 있다. 또한 아리스토텔레스의 이러한 논의가 근대의 여러 철학자들이 '통각(Apperzeption)' 또는 '자기의식(Selbstbewußtsein)'이라는 개념을 사용하여 자신의 논변을 전개해 나간 시발점과 모티브를 제공한 것도 사실이다. 하지만 그 방향으로 논의를 전개하는 일은 지금 맥락에서는 적절하지 않아 보이므로 자제하기로 한다.) 이와 같은 아리스토텔레스의 논의에는, 그가 취하는 변증법적 방법으로 인해서, 그 자신이 적극적으로 받아들이지 않더라도 논의 과정에서 논리적으로 상정해 볼 수 있는 (어떤 관점에서 가능하다고 인정해야 할 것 같지만, 받아들이기 어려운 난점을 동시에 함축하는) 것들과 다른 한편으로는 — 또 다른 어떤 의미에서 — 받아들일 만한 것들이 함께 등장한다. 이로 인해서 그 논의 과정이 다소 복잡해 보이기는 하지만, 그의 논의는 크게 보면 인간의 감각 지각과 관련된 일련의 경험적이고 생리적인 작용과 현상의 기술에 관심을 두고 있는 것으로 보인다.

하지만 다시 플라톤 『카르미데스』의 맥락으로 돌아오자면, 이 구절(168d1~e2)은 우리가 무엇인가를 지각할 때 일어나는 현상에 대한 기술(description of phenomenon of perception)이라고 보기 어렵다. 이 구절을 그렇게 읽으면 도리어 오해를 불러일으킨다. 이 구절은 위에서 논의되어 온 바와 같이 어떤 것이 자기 자신과 관계 맺는 일이 가능하려면, 그 개념과 모델을 이루는 구성요소들이 서로간에 어떤 특성을 지니고 있어야 마땅한가를 탐구하면서 따라 나오는 일종의 요청과 요구를 담고 있다고 읽는 것이 합당하다. 달리 말하면, 플라톤은 이미 위에서 여러 종류의 관계들 중에서도 특히 감각 지각의 성립을 설명하기 위한 특정한 구조를 지닌 모델을 보여주었고, 그러한 모델의 틀 위에서 봄에 대한 봄이 성립하려면 그 모델이 함축하는 (일종의 논리적인 필연성에 의거하여 따라 나오는) 귀결이 무엇인가를 제시하고 있는 것이다. 또 그러한 모델이 담고 있는 구조적인 특성이 인간의 앎(특히 일종의 앎으로서 제시되는 도덕과 관련된 덕, 즉 절제의 정의로서 제안된 앎에 대한 앎)에 대해서도 적용되고 성립되어야 마땅하다는 주장을 내비치고 있는 것이다. 또 이 구절에 등장하는 '필연(anankē, 168d10)'이라는 개념도 주의 깊게 읽어야 한다. 물론 우리가 '필연'이라는 개념을 이해하는 여러 방식이 있을 수 있겠다. 이 구절에서 그것은 감각 지각을 개념화하는 모델의 구조적 특성이 함축하는 바를 지칭하는 일종의 논리적 필연성을 뜻하는 것과 동시에 — 동일한 모델의 구조적인 특성이 절제에 대해서도 성립되어야 함을 시사하고 있다는 점에서 — 도덕과 윤리적인 차원에서의 요청(ethical demand or postulate)까지를 함축하고 시사하는 것으로 읽을 수 있다고 본다. 그리고 그러한 일종의 윤리적인 요청은, 대화편의 표면을 읽어서는 제대로 포착하기 어렵다. 저자인 플라톤이 그것을 명시적으로 드러내기 일보 직전에 멈춘 채로, 그러한 문제 상황에서 기대되고 요청되는 바가 무엇인지를 독자가 읽어내도록 부추기면서 일종의 힌트만 제시하고 있기 때문이다.

이제 그 힌트를 조금만 더 밀고 나가 보자. 우선 위에서 보기(seeing)에 대해서 이야기했던 바를 다시 한번 확인해 두자. 봄은 애초에 색을 대상으로 하므로, '봄¹을 봄²'이라는 것이 그 기본 모델에 따라서 성립하려면, 봄²의 대상도 색이어야 마땅하므로,

봄^{2}의 대상인 봄^{1}이 색을 지니고 있어야 함을 요청한다. 그러면 이제 '봄^1'을 봄^2'에 대하여 이야기된 감각 지각 모델의 구조적인 특성이 '앎에 대한 앎'에서도 마찬가지로 성립한다고 해 보자. 이제 '앎(knowing)'을 출발점에 놓고 추론해 보자. 그리고 이때의 앎은 (시각 또는 청각과 같이) 아는 작용 또는 능력을 지칭하는 것으로서 이해하자. 물론 앎에는 그것에 고유한 대상이 있다. 그러한 앎(아는 작용 또는 능력)이 그것 자신을 알게 되려면(이때 앎의 주체로서의 사람을 연상하지 않고 개념화하는 것이 어려워 보이기는 하지만, 아는 능력 자신이 반드시 사람이어야 할 필요는 없다), 일차적으로 그 앎의 대상과 연결되어 있는(즉 그 대상을 아는) 그것 자신을 알아야 마땅하다. 그리고 이러한 내용은 앞에서 이미 논의했던 158e7~159a4, 160d5~e5, 164a1~d3 구절, 곧이어 등장할 앎에 대한 앎이 이로운가에 대한 논의(169c3~172a9), 그리고 그 결과 위에서 제시되는 172b1~c2 구절의 논의가 함축하는 바와 내적으로 연결되어 있다고 볼 수 있다. 더 상세한 논의가 필요하겠지만, 여기에서는 일단 이 정도로 설명하기로 하자. (역자는 이미 별도의 논문에서 이 주제를 다룬 바 있고, 작은 세부사항 일부를 다듬고 싶은 점이 최근에 생겼는데, 그것은 추후의 과제로 남겨 둔다. 이 구절과 관련된 다른 참고문헌들은 해당 구절의 주석을 통해서 확인할 수 있다.)

이러한 방식으로 이미 (저자인 플라톤이 형상화하고 있는 등장인물로서의) 소크라테스는 어떤 것이 자신과 관계 맺을 수 있는 가능성, 특히 앎에 대한 앎의 가능성에 대하여 일종의 힌트를 제시하고 있으며, 일정 정도 긍정적으로 답할 수 있는 가능성도 열어 놓고 제시하고 있다고 역자는 이해하고 있다. 하지만 플라톤은 (등장인물 소크라테스를 통해서) 그러한 단서를 텍스트 내부에서는 충분히 발전시켜 논의하지는 않는다. (등장인물로서의) 소크라테스는 자신 스스로는 그것들을 충분히 가려낼 능력이 부족하다고 하면서, 자신은 앎에 대한 앎이 있을 수 있는지에 대해서 확언할 수는 없지만, 만약 그것이 있다고 하더라도, 그것이 우리를 이롭게 하는지 그렇지 않은지를 검토해 보기 전까지는, 그것이 절제라고 받아들이지도 않겠다고 말한다. 왜냐하면 절제가 정말로 이로운 것이며 좋은 것이라는 점은 그에게 마치 신탁의 말과도 같이 물릴 수 없는 판단의 준거기준이기 때문이라고 한다. 그리고 소크라테스는 크리티아스가 앞서서 놓았던 — 절제가 앎에 대한 앎이며 또 더 나아가 알지 못함에 대한 앎이기도 하다는 — 전제를 다시 한번 확인하면서, 크리티아스에게 그것이 가능하다는 점을, 또 더불어 그것이 이로운 것임도 보여달라고 요청한다 (169a1~c2).

(4) '앎에 대한 앎은 이로운가?'에 대한 검토와 그 귀결(169c3~
173a2)

소크라테스가 이미 일종의 단서와 힌트를 제시했음에도 불구
하고(물론 역자의 관점에서 보자면 그렇다는 말이다) 크리티아스
는 알아차리지 못한다. 하지만 소크라테스는 도리어 자신이 앎
에 대한 앎의 가능성 여부에 대해서 확답을 하지 못하는 길 없
음(aporia) 상태에 처했으며, 그러한 자신의 사정을 목격한 크리
티아스도 (마치 누군가가 하품하는 사람을 보고 자신도 하품을 하
게 되는 상황과 유사하게) 길 없음(아포리아)에 처한 것으로 보였
다고 위트 있게 묘사한다. 하지만 크리티아스는 늘 좋은 평판
을 얻고자 하는 명예욕으로 인해서 참석자들을 볼 낯이 없어했
고, 소크라테스가 제안했던 것을 그 자신이 해 낼 수 없다고 동
의하려고 하지도 않았으며, 자신이 길 없음에 처했음을 숨기면
서 아무것도 분명하게 이야기하지 않는다. 그러자 소크라테스는
논의가 더 진전될 수 있도록 일단 앎에 대한 앎이 생겨나는 일
이 가능하다고 동의해 보자고 제안하면서, 사정이 정말로 그러
한지는 다시 검토하게 될 것이라고 말한다(길 없음에 직면하여 등
장인물들 각각이 보여주는 태도 및 대응 방식의 차이와 그 함축에 대
해서는 해당 구절에 상응하는 주석을 보라). 그러면서 소크라테스
는 만약 앎에 대한 앎이 가능하다면, 누군가가 무엇을 알고 무엇
을 모르는지를 아는 일이 왜 조금이라도 더 가능한지를 묻는다

(169c3~d8).

　그러자 크리티아스는 누군가가 빠름을 지니면 그는 빠르게 되고, 아름다움을 지니면 아름답게 되고, 앎을 지니면 아는 자가 되는 것처럼, 누군가가 그것이 그것 자체를 아는 그런 앎을 지니게 되면 그는 자신이 자신을 아는 자가 될 것이라고 말한다(169d9~e5). 크리티아스의 이러한 대답은 사실상 플라톤의 작품들 여러 곳에 등장하는 형상(이데아)과 개별자의 관계에 대한 설명을 떠올리게 한다. 즉 크리티아스는 (플라톤이 형상화하고 있는 등장인물로서의) 소크라테스가 형상과 그것을 지닌 개별자의 관계를 설명하면서 동원하는 개념과 설명 방식을 빌려서 '앎에 대한 앎'이 '자기 자신을 앎'의 원인이 된다고 주장하고 있는 것이다. 하지만 그러한 주장이 적실성을 지니는지를 평가하고 논하려면, 이 맥락에서 과연 '앎'이나 '그것 자체를 앎'이 형상들이라고 불리는 것들과 동등한 존재론적 지위를 갖는다고 볼 수 있을지가 일단 문젯거리가 될 것이다. 크리티아스가 그러한 세부적인 논쟁점에 대해서 텍스트의 맥락 외부에서 고려하였는지는 확인할 길이 없으나, 추측컨대 그는 그러한 논쟁점에 대한 충분한 고려 없이 '(앎이) 그것 자체를 앎'을 마치 그것이 형상들과 유사한 지위를 갖는 것처럼 취급하면서 그것을 가진 자가 자신을 알게 될 것이라고 주장하는 것으로 보인다. 게다가 크리티아스는, 우리가 164a~d에서 이미 보았던 것처럼, 이곳에서도 다시 한번 소크라테스가 평소에 이야기해 왔던 것이라고 독자들이 연상하는 개념 및 설명의 방식을 자신이 먼저 낚아채서, 그것을 모방하고 따라하고 있으면서도, 그것을 마치 자신의 독창적인 아이디어인 것처럼 제시하는 행태를 보여주는 것으로 보인다.

하지만 소크라테스는 크리티아스의 주장을 듣고서, 일단 누군가가 그것 자체를 아는 것(to hauto gignōskon)을 지니게 될 때마다, 바로 그 자신도 자신을 알게 될 것이라는 점에 대해서는 이의를 제기하지 않는다고 한다(169e6~7). 아마도 소크라테스는 크리티아스의 주장이 담고 있는 형상과 개별자의 관계를 설명하는 모델에 대해서는—그것이 평소에 자신이 이야기해 온 것이기에—반론을 제기하지 않는 것으로 보인다. 하지만 앞에서 크리티아스가 '(앎이) 그것 자체를 앎(gnōsin autēn hautēs)'이라는 표현을 사용했던 것과는 다르게 지금 소크라테스는 '그것 자체를 아는 것(to hauto gignōskon)'이라는 표현을 사용하고 있다. 얼핏 보면, 아주 사소한 차이인 것 같지만, 이 대목에서 소크라테스가 동사의 분사 형태, 즉 형용사로 활용되는 개념을 써서 표현하고 있다는 점에 주목해 보자. 좀더 세부적인 논점에 대해서는 추가 논의가 필요하겠지만, 소크라테스는 최소한 언어 선택과 사용에서 일반적으로 형상들이라고 불리는 것들이 지니는 문법적 특성을 반영하여 그에 상응하는 방식으로 '그것 자체를 아는 것'이라는 표현을 사용하고 있는 것으로 보인다. 이러한 어휘 선택을 통해서 (플라톤이 형상화하고 있는) 소크라테스는 크리티아스처럼 '앎' 또는 '(앎이) 그것 자체를 앎'를 형상과 동등한 지위를 지니는 것으로 간주하지 않고 있음을 우리는 읽어낼 수 있을 것이다. 그리하여 소크라테스는 형상과 개별자의 관계를 설명하는 모델을 방금 전에 크리티아스가 시도한 방식으로는 적용할 수 없음을 지적한 셈이고, 또 더 나아가 그렇게 형식적 측면에 주목한 설명을 요구하는 것이 아님을 밝힌 것이다. 오히려 그는 '그것 자체를 앎' 또는 '앎에 대한 앎'을 지니고 있는 사람이 자신이 무엇을 알고 또 무엇을 모르는지를 알게 되는 어떤 필연성이 있는 것인지를 재차 질문한다(169e7~8).

하지만 이 대목에서도 크리티아스는 다시 한번 (소크라테스가 줄곧 관심을 표명해 온) 자신이 무엇을 알고 무엇을 모르는지를 앎이 크리티아스 자신이 줄곧 내세우고 있는 앎에 대한 앎을 지니게 되는 일과 같다고 주장한다(170a1). 앞에서 진행된 논의 전개를 다시 상기해 보자. 이미 앞에서 전개된 논의(166e7~8, 167a1~b3, 167b10~c2)에서 소크라테스는 '앎에 대한 앎'이 '누군가가 자신이 무엇을 알고 무엇을 모르는지를 앎'과 어째서 — 크리티아스의 주장처럼 — 일치하는지, 또는 전자가 후자를 함축하는지를 알아내려고 탐구해 왔고, 크리티아스는 그에 대한 충분한 검토 없이 둘의 일치를 계속 주장해 왔다. 그런데 지금 이 대목에 와서도 크리티아스가 — 여전히 추가적인 근거를 제시하지 않으면서 — 다시 한번 같은 이야기를 반복한다는 사실은 둘의 핵심 개념에 대한 이해의 차이가 해소되거나 또는 둘의 의견 차이가 명확한 근거 제시와 논변을 통해서 서로 납득되거나 반박되지 않은 채로 미결정 상태로 남아 있었음을 보여준다.

그러한 크리티아스의 반응에 직면하여 소크라테스는 그 둘이 어떻게 동일한지 이해할 수 없다고 하면서 논의를 이어간다(170a2~4). 그리하여 170a6 이하에서 소크라테스는 앎에 대한 앎이 정확히 무엇을 할 수 있는지를 본격적으로 논의하기 시작한다. 달리 말하면, 소크라테스는 누군가가 앎에 대한 앎을 지니게 됨을 통해서 얻게 되는 실질적인 앎의 내용이 무엇이며 어떤 이로운 결과를 산출하는지를 검토하려는 것으로 보인다. 그는 우선 앎에 대한 앎은 어떤 것이 앎이고 어떤 것이 앎이 아니라는 사실 이상의 것을 구별해 낼 수 있겠느냐고 묻고, 크리티아스가 앎에 대한 앎은 단지 그 정도만을 구별해 낼 수 있다고 받아들이고 있음을 확인하고 논의를 전개한다(170a6~9).

그런데 바로 이 점을 인정한다면, 만약 누군가가 의술이 다루는 건강함이나 정치술이 다루는 정의로움을 덧붙여 알지 못하고, (앎에 대한 앎으로서의 절제를 지님으로써) 단지 앎을 구별해 알아낼 수 있을 뿐이라면, 그는 누군가가 무엇을 (그것을 정확하게 특정하지 않은 채로) 안다는 점과 누군가가 어떤 앎을 지니고 있다는 점에 대해서만 앎을 지닐 뿐이므로, 그는 그 자신에 대해서도 그리고 다른 사람들에 대해서도 이것만을 — 즉 절제를 지닌 그가 구별해 내는 앎이 정확히 무엇을 대상으로 하는지를 특정하지 않은 채로 (그 자신이나 다른 사람들이) 어떤 앎을 지니고 있다는 점만을 — 알게 될 것이라고 소크라테스는 지적한다 (170b6~10).

그런데 한편 우리의 보편적 상식에 따르면, 우리는 건강함을 의술에 의해서 알고, 화성은 음악에 의해서 알고, 집짓기는 건축술에 의해서 안다(170c1~4). 그렇다면 오로지 앎들을 가려낼 수 있는 앎으로서의 절제를 지닌 사람은 누군가가 건강함이나 집짓기를 안다는 사실을 알게 될 수가 없을 것이다(여기에서는 '누군가가 건강함을 안다는 사실'과 '누군가가 집짓기를 안다는 사실'로 대상이 특정되어 있다는 점에 주목하라). 그리하여 이제 소크라테스는 각 분야의 개별 기술들이 다루는 대상을 모르는(즉 크리티아스가 제안한 방식으로 절제 있는) 사람은 누군가가 무엇을(그 구체적 대상을) 알고 있는지를 알지 못할 것이고, 단지 누군가가 (그 대상을 특정하지 않은 채로) 안다는 점만을 알게 될 것임을 이끌어 내고, 크리티아스도 이것을 확인한다(170c6~11).

그렇다면 절제는 누군가가 무엇을 알고 또 무엇을 모르는지에 대한 앎이 아닐 것이고, 단지 누군가가 안다는 사실과 누군가가 모른다는 사실에 대해 앎이 될 것이라고 지적하며 소크라테스는 크리티아스의 의견을 확인한다(170d1~4). 또 그렇다면 그러한 절제를 지닌 사람은 무엇인가를 안다고 주장하는 어떤 사람이 그가 안다고 주장하는 것을 아는지 또는 모르는지를 검토하여 구별해 낼 수 없을 것이며(그것이 무엇에 대한 것인가 하는 점을 절제가 알게 만들어 주지는 않을 것이므로 그러하다), 그가 어떤 앎을 지니고 있다는 사실만을 알 것이라고 소크라테스는 그 귀결을 반복해서 강조하고 크리티아스도 받아들인다(170d1~10). 그렇다면 이러한 귀결을 받아들이게 되면, 크리티아스가 제안하는 바대로의 절제를 지닌 사람은 일례로 진짜 의사와 가짜 의사를 가려낼 수 없게 될 것이다(170e1~3).

하지만 이러한 귀결을 우리의 보편적인 상식에 비추어 고찰해 보자. (플라톤 작품의 여러 곳에서 논의된 바를 따라서) 의사는 누군가를 성공적으로 치료하는 한에서 의사이다. 자신이 의사인 한에서 그는 무엇이 건강함인지를 알 것이며 또 자신이 치료하였음을(치료할 수 있음을) 알 것이다. 그러한 의사는 자신이 의사임을 알 것이고, 또 타인이 진짜 의사인지를 가려낼 수 있을 것이며, 그런 한에서 의사가 앎을 지니고 있음을 알 것이다. 이것이 우리가 보편적으로 받아들이는 상식이고, 그것은 164a1~4에서 크리티아스가 인정했던 내용(좋음을 행하는 것으로서의 절제를 행하는 사람은 자신이 절제 있음을 안다)과도 일관성이 있으며, 그리고 164a1~d3에서의 함축(그곳에서 크리티아스의 의견에는 내적 불일치가 있었으나, 소크라테스가 지적한 내용을 다시 상기해 보자)과

168d1~e2에서 (누군가가 앎을 지닌 자신을 알게 되는 가능성과 그 방식에 대하여) 논의된 내용의 함축과도 상호 부합한다. 하지만 크리티아스가 현재 이 구절에서 제안하는 바에 따라 그것을 밀고 나가자면, 우리는 (의술의 실질적 내용에 대한 이해를 바탕으로) 누군가가 진짜 의사인지 가짜 의사인지를 가려내는 것과 의사가 앎을 지녔는가를 (내용은 묻지 않고 사실 여부만) 가려내는 것을 별개의 것으로 구분해서 보아야 한다. 누군가가(이를테면 의사가) 앎을 지니고 있는지를 구분해 내는 일은 (크리티아스가 제안한 내용에 따라서) '앎에 대한 앎'으로서의 절제를 지닌 사람만이 가려낼 수 있다고 할당하였기 때문에, 의사가 어떤 앎을 지니고 있다는 사실은 절제 있는 사람이 알게 될 것이다. 하지만 그렇게 되면, 의사는 그가 의사인 한에서 그의 앎이 대상으로 다루는 건강과 질병은 알고 치료할 줄도 알지만, 자신이 (의술도 앎이므로) 앎을 지니고 있다는 사실 자체는 모른다는 귀결이 따라 나오게 된다. 이러한 귀결은 크리티아스의 제안으로부터 따라 나오는 것인데, 그것은 우리의 일상적인 상식과 어긋나 보이기에, 어쩌면 독자들도 혼란스럽게 느낄 가능성이 있어 보인다(170e4~171a2).

그러나 이런 귀결을 소크라테스는 받아들이지 않을 것으로 보인다. 그는 추론 과정에서 조금 더 큰 전제에 해당하는 점을 다시 확인하면서 논의를 이어간다. 곧 이어지는 구절 171a3~b3에서 소크라테스는 만약 절제 있는 사람이 그가 판정하고자 하는 대상이 되는 앎이 무엇인가를 파악하려고 시도해야만 한다면, 그는 그것이 바로 무엇들에 대한 것인가 하는 점을 살펴보려고 할 것이라면서, 각각의 앎이 단지 앎이라고 규정될 뿐만 아니라 어떤 특정한 무엇이라고 규정되는 것은 그것이 무엇에 대한 것인가 하는 점에서라고—즉 그 대상을 특정함을 통해서라고—확인한다. 또한 소크라테스는 의술을 올바르게 검토하는 사람은(이 대목에서는 크리티아스의 관점에서가 아니라 사태를 객관적으로 검토할 수 있는, 달리 말하면 이상적으로 검토하는 사람을 가정하고 논의를 전개하고 있음에 주목해 보자) 건강한 것과 병든 것에 대해서 의사를—그가 의술을 행하는 자인 한에서—검토하게 될 것이라고 말한다. 또한 누군가가 의술과 관련해서 그 어떤 의사가 이론적 측면에서 정확한 이해를 지니고 있는지 또 그 실제 의료 행위에서 올바르게 실행하고 있는지를 검토하고 가려내려면 그 자신이 의술을 지니지 않고서는 그렇게 할 수 없을 것이라고 한다(171b4~12). 그렇다면 누군가가 정말로 의술을 지니고 있는지는 의술을 지닌 사람만이 가려낼 수 있게 될 것이다. 그런데 앞에서는—크리티아스의 제안을 따라간 논의의 귀결로서—누군가가 (그 앎의 대상과 분야를 특정하지 않은 채로) 앎을 지니고 있는가를 가려내는 일은 절제가(또는 절제를 지닌 사람이) 할수 있는 일이라고 했었다. 그렇다면 우리는 이 대목에서 어떤 귀결을 도출해 낼 수 있을까?

두 방향으로 논의를 전개할 수 있겠다. 우선 첫째, 171b11~c3 구절에서 가능성으로만 제시된 내용의 함축을 읽어내자면 다음과 같다. 만약 누군가가 의술을 지니고 있고 그것에 덧붙여 다른 누군가가 의술을 지니고 있는지를 가려낼 수도 있다면, 그는 의사이기도 하면서, 누군가가 앎을 지니고 있는지 가려낼 수 있으므로 절제 있는 사람이기도 할 것이다(이것은 사실상 164a1~d3에서 등장했던 논점으로 다시 돌아가는 것이기도 하다). 즉 달리 말하면, 개별 분야의 기술이 다루는 대상에 대한 앎이 함께 있어야 앎에 대한 앎은(이를테면 진짜 의사와 가짜 의사를 가려내는 것과 같은) 실질적인 유용성을 지닐 수 있다는 것이 이 구절에서 가능성으로서 제시된 아이디어의 핵심이다.

둘째, 하지만 171c4 이하에서 진행된 실제 논의는 크리티아스가 제안한 절제가 유용한 결과를 산출하지 못한다는 것을 보이는 데에 초점을 두고 있다. 즉 만약 절제가 오직 앎과 알지 못함에 대한 앎이기만 하다면, 진짜 의사와 가짜 의사를 가려낼 수 없을 것이고, 다른 분야의 앎과 관련해서도 마찬가지로 전문적 앎을 지닌 사람을 가려낼 수 없을 것이며, 일반적으로 다른 어느 누구도 (앎을 지닌 제작자들은) 자기 자신의 것과 같은 종류의 기술을 지닌 자를 제외하고는, 누군가가 앎을 지니고 있는지를 가려낼 수 없게 될 것이라는 귀결을 소크라테스는 이끌어낸다(171c4~10). 그러므로 개별 분야의 앎이 다루는 대상은 모르는

채로 오직 앎과 알지 못함을 가려내기만 할 수 있는 (크리티아스
가 제안하고 있는 바대로의) 절제는 이로운 결과를 산출한다고 볼
수 없다.

　이와 같은 논의의 귀결은 일차적으로는 크리티아스의 왜곡
된 견해와 허황된 정치적 야망에 대한 비판을 담고 있는 것으
로 읽을 수 있다(아래에서 곧 좀더 분명하게 드러날 것이다). 하지
만 또 한편으로는 철학 또는 철학자가 하는 일에 대한 자기 비판
으로 읽을 수 있는 여지도 열려 있다. 철학이 개별 분야의 기술
(학문)이 다루는 앎의 구체적인 내용에 대한 이해를 결여하고 있
을 때 그것은 앎을 주장하는 누군가가 진정으로 앎을 갖고 있는
지 거짓된 주장을 하고 있는지를 정확히 가려낼 수 있을까? 이를
테면, 진짜 의사와 가짜 의사를 또는 진짜 정치가와 가짜 정치가
를 철학자는 의술(의학)이나 정치술(정치학)에 대한 앎이 없이도
가려낼 수 있을까? 이러한 질문들이 크리티아스가 주장하는 바
의 절제(앎에 대한 앎)를 지닌 자와 철학자가 아마도 공통으로 마
주 대하게 되는 질문이라고 할 수 있다. 그 점에서 보자면, 이 구
절의 논의는 지혜를 사랑하는 탐구 과정으로서의 철학이 그 탐
구와 비판의 칼을 일차적으로 자기 자신이 행하는 작업에 대해
서 들이대며 근본적인 성찰을 진행하고 있는 것으로 — 적어도
성찰을 요청하고 있는 것으로 — 읽을 수도 있다. 하지만 이 질문
은 오늘날의 제도 속에서 철학을 직업으로 삼는 자가 의사 면허

가 없이 누군가가 진짜 의사인지를 가려낼 수 있느냐고 묻는 것과 동일한 질문이 아니다. 오늘날 우리는 각각의 분야마다 그 분야의 전문 지식에 대한 시험 등을 통해서 자격증을 부여하는 제도를 지니고 있지만, 플라톤의 논의는 그 맥락 내에서 이루어지는 것이 아니다. 플라톤이 여러 작품에서 보여주는 논의 맥락에서 누군가가 의사라고 규정되는 것은 환자를 치료하는 일과 관련해서 그가 사태에 대한 정확한 이해와 올바른 앎을 바탕으로 실제로 환자를 성공적으로 치료하느냐(그것이 의사의 본질적 규정이자 본성이다)를 기준으로 정해진다. 그렇다면 누군가가 두 가지 앎을 더불어 지닐 수 있는 가능성은 배제되지 않는다고 볼 수 있다(171c1~2 구절과 그 함축을 단서로 삼아서 논의를 더 전개할 수도 있겠다).

다시 대화의 주된 흐름으로 돌아오자. 소크라테스는 지금 171c10에 이르기까지 크리티아스가 제안하는 (앎에 대한 앎으로서의) 절제가 실질적인 이로움을 가져다주지 못하며, 그가 주장하고 있는 바와는 달리, 그러한 절제를 지닌 사람은 다른 누군가가 이를테면 진짜 의사인지 가짜 의사인지를 판별해 낼 수 없음을 보였다. 하지만 이제 171d~173a에서의 대화는 그런 결과에도 불구하고 크리티아스가 앞에서부터 어떤 의도나 동기 그리고 기대를 지니고 있었는지를, 소크라테스의 질문과 크리티아스의 대답을 통해서 재확인하여 보여주고, 지금까지의 논의 진행에 대한 최종 평가로 이행해 가는 중간적인 단계에 해당한다고 할 수 있다.

우선 171d1 이하에서 소크라테스는 다시 한번 절제가 지금까지의 논의에서 드러난 바와 같은 것이라면 어떤 이로움이 우리에게 여전히 절제로부터 있게 될 것이냐고 묻는다. 그러면서 소크라테스는 방금 전까지의 논변 진행과는 달리 앞의 출발점이었던 167a1~8에서 자신이 묻고 크리티아스가 확인하며 전제로 놓았던 내용을 다시 상기시키면서 논의를 전개한다. 소크라테스는 절제 있는 사람이 자신이 무엇을 알고 있었고 또 무엇을 알고 있지 못했는지를 알고 있었더라면, 즉 그가 아는 것은 안다고 알고 그가 모르는 것은 모른다고 알았더라면, 그리고 다른 사람도 무엇을 알고 있었고 무엇을 알지 못했는지를 검토할 수 있었더라면, 절제가 우리에게 대단히 이로운 것이었을 것이라고 하면서 크리티아스의 의견을 확인하고자 한다(171d1~6). 이러한 맥락 위에서 소크라테스는 절제로부터 한 나라의 시민들이 누릴 수도 있었을 법한 이상적인 결과들을 열거한다. 즉 절제를 지닌 자들에 의해서 한 나라가 다스려지면 모든 사람들이 실수를 저지르지 않고 살았을 것이며, 시민들이 자신이 알지 못했던 것을 스스로 하려고 시도하지 않았을 것이고 아는 사람들을 찾아내서 그들에게 그 일을 하도록 넘겨주었을 것이며, 그 결과로 절제에 의하여 가정과 나라가 아름답게 운영되었을 것이라고 한다. 그렇게 해서 실수가 제거되고 올바름이 인도하게 되면, 모든 사람이 아름답고 잘 행위하게 되고 모두가 행복하게 될 것이 필연적이라고 하면서, 이러한 것들이 (앞의 167a1~8에서 제시되었던) 누군가가 무엇을 알고 무엇을 알지 못하는지를 아는 일로서의 절제가 가져다줄 것이라고 크리티아스가 기대하고 있던 결과물인지를 묻는다(171d6~172a5).

그런데 이 구절의 함축을 정확하게 이해하기 위해서는 이곳에 제시되고 있는 이상적인 공동체의 모습이 반사실적 가정 위에서 표현되고 있음에 주목할 필요가 있다(그 가정의 실현 가능성 정도 및 구문의 문법적인 특성에 대해서는 주석을 보라). 사실 방금 전 171c10까지의 논의에서 크리티아스가 제안한 바대로의 절제가 이로운 결과를 산출해 내지 못한다는 점을 확인했으므로, 소크라테스는 그 점을 반영해서 지금 171d1~e7에서는 현재까지 드러난 사실에 반대되는 반사실적 가정 위에서(즉 "절제 있는 사람이 자신이 무엇을 알고 있었고 또 무엇을 알고 있지 못했는지를 알고 있었더라면") 절제로부터 얻을 수도 있었을 이로운 결과가 어떠한 것들이라고 크리티아스가 생각하고 있었는지를 확인하고자 하는 것으로 보인다. 하지만 크리티아스는 자신이 지녔던 기대가 현실적으로 실현 가능한 것인지, 또 그것이 자신이 방금 전 171c10까지의 검토 과정에서 인정했던 바와 일관되게 성립할 수 있는지에 대해서는 아직 정확하게 파악하지 못한 채로(또는 그 일관성 여부에 개의치 않는다는 듯이) 그러한 이상적인 나라의 모습을 반색하며 긍정한다(172a6).

하지만 크리티아스가 주장하는 절제를 지닌 사람은 누군가가 앎을 지니고 있는지 그 사실 여부만을 알 뿐이며, 진짜 기술자와 가짜 기술자를 구별해 낼 수 없었는데, 어떻게 각 분야에 필요한 전문 기술자들이 그 각각의 적재적소에서 임무를 담당하게(이것은 절제 있는 사람이 각 분야의 앎의 내용을 알아야 가능하다) 할 수 있다는 말인가? 그러면서도 어떻게 크리티아스는 절제가 이끌어 가는 나라가 완벽하고 이상적인 방식으로 운영될 수 있다고 주장하는 것인가? 바로 이런 취지에서 소크라테스는 어디에서도 어떤 앎도 그러한 것이라고 드러난 적이 없다는 것을 크리티아스도 보고 있다면서(172a7~8) 크리티아스에게 일종의 결정타를 날린다. 즉 소크라테스는 방금 전 171c10까지 자신과 크리티아스가 진행해 온 논의 과정에서 크리티아스가 주장해 온 (누군가가 앎을 지니고 있는지를 가려내는 앎으로서의) 절제는 누군가가 무엇을 알고 무엇을 알지 못하는지를(이를테면 누군가가 진짜 의사인지 가짜 의사인지를) 알 수 없었음을 다시 지적하고 있는 것이다. 크리티아스도 이를 인정할 수밖에 없다(172a9).

그러자 이제 소크라테스는 앎과 알지 못함을 가려내는 앎으로서의 절제가 (비록 제한된 범위의 것이라고 하더라도) 여전히 어떤 좋음을 지니는지를 크리티아스에게 질문하며 검토를 이어 나간다. 하지만 이번에는 대단히 온건한 전망이 제시된다. 소크라테스는 앎과 알지 못함을 가려내는 앎을 지닌 사람은 다른 어떠한 것을 배우더라도 그것을 더 쉽게 배울 것이며, 자신이 배운 것들에 대해서는 다른 사람들도 더 잘 검토하게 될 것이라고 하면서, 이 정도의 것들이 절제로부터 누리게 될 것들인데, 자신들이 그것이 실제로 그러한 것보다 더 큰 것이기를 추구하고 있는 것이냐고 크리티아스에게 묻는다(172b1~c2).

그런데 이번에 제시된 내용은 배우고 검토하는 능력에 초점이 맞추어져 있을 뿐이고, 앞에서 언급된 것과 같이 절제에 의거하여 다른 사람들을 다스린다거나 공동체가 이상적으로 운영될 것이라는 거창하고 과장된 전망은 제거되어 있다. 이러한 정도의 온건한 전망이라면 앞서 제시된 과장된 아이디어보다는 실현 가능성이 높고(그 구문의 문법적인 특성과 실현 가능성 정도에 대해서는 주석을 보라), 또한 171c10까지의 검토 결과와도 조화를 이룰 수 있을 것으로 보인다. 특히 이번에는 앎과 알지 못함을 가려내는 앎을 지닌 사람이 다른 분야의 것을 배우게 될 때 따라 나오게 될 귀결을 제시하고 있는데, 그것은 사실상 171b11~c3에서 가능성으로만 제시된 내용과 그것의 함축을 소크라테스의 편에서 승인하는 것으로 볼 수 있다. 하지만 크리티아스는 지금까지 진행된 검토의 귀결에도 불구하고 온건한 전망은 인정하고 싶어 하지 않는 것으로 보이며, (자신이 제안한) 절제가 실제보다 더 큰 것이기를 추구하고 있는 것이냐는 질문에 어쩌면 그럴 수도 있겠다고 답한다(172c3).

그러자 소크라테스는 이제 크리티아스의 의견과는 좀더 분명하게 거리를 취하면서, 자신들이 전혀 유용하지 않은 것을 좇아왔다고 말하면서 크리티아스가 제안했던 절제가 이로움을 산출해 내지 못한다는 귀결에 도달했었음을 재확인한다. 또한 소크라테스는 만약에 절제가 크리티아스가 제안했던 것과 같은 것이라면, 절제에 대하여 이상한 것들이(atop' atta) 드러난다고 하면서, 다시 한번 검토를 계속해 나갈 것을 제안한다. 그는 만약 크리티아스가 원한다면, (크리티아스가 제안한) 앎을 가려내는 앎이 가능하다고 동의하고, 검토의 시작에서 전제로 놓았던 바인 절제가 누군가가 무엇을 알고 무엇을 모르는지를 앎이라는 점도 일단 인정하고, 그것이 우리를 이롭게 해 줄지를 더 잘 탐구해 보자고 제안한다(172c4~d2). 이와 같이 소크라테스가 재차 검토를 제안하는 취지는 다음과 같이 이해할 수 있다. 우선 절제가 아름답고 좋은 것이라는 점은 이미 대화의 초반부에서부터 대화 참여자들이 논의의 출발점이자 대전제로서 받아들인 것이었다. 그러므로 비록 크리티아스가 제안한 절제 개념이 이로움을 산출해 내지 못한다는 점이 검토를 거쳐서 귀결로 나왔지만, 소크라테스는 절제가 이롭지(모든 이로움이 좋음에 속한다고 볼 수 있는지는 추가 논의가 필요하겠지만, 어떤 다수의 이로운 것들이 좋다는 것

은 동의할 수 있고, 지금의 논의 맥락을 제공한 앞의 171d~172a에서
도 이미 이로움을 좋음과 등치시키면서 논의가 진행되었다는 점은 확
인할 수 있다) 않다는 귀결을 받아들이지 않을 것으로 보인다. 그
리하여 소크라테스는 크리티아스의 제안 위에서 진행된 논의 과
정이 정확히 어느 지점에서 부족함이 있었는지를 명확히 밝히는
작업을 시작하려는 것으로 볼 수 있다. 또한 그 작업이 정확하고
의미 있게 진행되기 위해서는 지금 갑자기 크리티아스가 앞서서
제안했던 내용을 바꾸도록 허용할 것이 아니라 크리티아스가 앞
에서 제안했던 (앎에 대한 앎으로서의) 절제 개념과 출발점의 전
제는 일단 유지하도록 하는 일이 필요했을 것이다. 이러한 맥락
과 취지 위에서 소크라테스는 절제가 공동체를 이끌어 가게 되
면 이상적인 통치가 이루어졌을 것이라는 (171d1~172a6에서 언
급된) 기대와 전망이 (그리하여 절제가 얼마나 좋은 것이겠느냐는 이
야기가) 아름답게 동의한 것이 아니었으며(172d3~5), 우리가 아
는 것은 스스로 행하고, 알지 못할 법한 것은 그것을 아는 다른
사람에게 넘겨주면 그것이 사람들에게 대단히 큰 좋음이 될 것
이라는 점을 자신들이 쉽게 동의했기 때문에 그러하다고 말한다
(172d7~10).

그렇다면 소크라테스의 이러한 평가는 과연 어떻게 이해하는
것이 합당할까? 첫째, 소크라테스가 위와 같이 말하는 근본적
인 취지는 인간의 앎이 지니는 근원적 한계에 대한 자각과 연관

지어 이해할 수 있겠다. 플라톤 작품의 여러 곳에서 소크라테스는 자신의 (그리고 일반적으로는 인간의) 앎이 지닌 근원적인 한계를 명확히 하려는 노력을 늘 끊임없이 하는 인물로 형상화되어 왔다. 소크라테스는 자신의 무지에 대한 자각을 강조해 왔고(특히 『소크라테스의 변론』편을 상기해 보자), 이곳에서도 그 기본 정신에 충실하게 말하고 행동하고 있는 것으로 보인다. 그러한 맥락에서 소크라테스는 특히 '앎'이라는 개념을 대단히 높은 기준을 충족해야 하는 것으로 설정하고 있는 것으로 보인다. 사실상 특정 분야와 관련해서도 우리는 우리 자신이 (이상적인 전문가가 아닌 한에서) 그 특정 분야의 기술(앎)이 다루는 대상을 정확하고 완벽하게 안다고 하는 데에 한계가 있을 것이라는 것이 아마도 소크라테스의 취지인 것 같아 보인다(배움과 검토 능력에 초점을 둔 172b1~8의 내용도 함께 다시 상기해 보자). 하지만 크리티아스는 그런 앎을 지니는 것이 쉽게 성취될 수 있다고 오만하게 나서고 있는 것으로 보이며, 이런 점에서 그도 자신의 무지를 자각하지 못하는 부류에 속하는 인물이라고 볼 수 있을 것이다. 둘째, 앞에서 한 차례 언급했듯이, 소크라테스의 이러한 평가와 지적은 대화 진행의 드라마 구성상 일차적으로는 크리티아스가 ― 자기 스스로 제안한 (앎에 대한 앎으로서의) 절제가 실질적인 이로움을 가져다주지 못한다는 귀결에 도달했음에도 불구하고 ― 헛되고 과장된 전망을 지니고 있었음을 명확하게 드러내려는 의도를 담고 있는 것이라고 볼 수 있다. 크리티아스가 어떤 내적 동기를 지니고 있었길래 그렇게 쉽게 승인한 과도한 전망을 포기하려고 하지 않는지는 이후의 검토를 통해서 단계적으로 드러나게 될 것이다. 셋째, 그렇다면 만약 이상적인 공동체가 정말로 실현되고 우리 인간들이 행복한 삶을 살게 되려면, 지금까지의 논의에 덧붙여 어떤 요소들이 추가적으로 더 고려되어야 마땅할까? 이 점도 173a 이하에서 단계적으로 드러나게 될 것인데, 좋음에 대한 앎이 일정한 역할을 하게 될 것이라는 점만을 언급해 두기로 하자.

이와 같이 이 구절에서 발견할 수 있는 여러 함축들이 있지만, 크리티아스는 도리어 소크라테스가 정말로 이상한 소리를 한다면서, 앞의 논의 과정에서 자신들이 아름답게 동의하지 않았다는 말을 부정한다(172e1~3). 그러자 소크라테스는 다시 한번 논의 과정에서 이상한 것들이 드러났으며, 자신들이 올바르지 않게 탐구하고 있는 것은 아닌지 염려된다고 하면서, 특히 만약 절제가 앞에서 (크리티아스의 제안 위에서) 논의된 바와 같은 것이라면, 그것이 어떤 좋은 것을 만들어 주는지가 분명하지 않다면서 논의를 이어나간다(172e4~173a1). 이 대목에서는 이상한 것들에 대하여 두 인물이 서로 어떻게 다르게 대응하고 있는지를 주목해 보는 것이 좋겠다. 소크라테스에게 드러난 이상한 것들(atop' atta)은 지금까지의 탐구를 재평가하고 그 원인을 찾아서 탐구를 지속해 나가는 추동력을 제공하는 것이지만, 크리티아스는 자신이 인정하고 승인했던 것이 재고하거나 수정할 필요가 없다는 듯이 지나친 자기 확신으로 인해서 소크라테스의 평가를 수용하지 못하고 그것이 도리어 이상하다고 응대하고 있는 것으로 보인다. 달리 말하면, 크리티아스는 자신이 내놓은 의견이 어떤 점에서 재검토의 여지가 있는지를 미처 깨닫지 못하고 또 그 점을 인정하지 않으면서 과장되고 허황된 기대를 품고 있지만, (플라톤의 관점에서 철학자의 이상인) 소크라테스는 언제든 자신이 수행해 온 탐구 과정에 어떤 부족한 점과 한계가 있는지를 인식하고 그것을 인정하고 명확하게 탐구할 준비가 되어 있는 인물로 그려지고 있다. 그러한 태도의 차이가 두 인물 사이의 가장 근본적인 차이이다. 어떤 이유에서 소크라테스가 위와 같이 — 절제가 어떤 좋은 것을 산출하는지가 분명하지 않다고 — 이야기하는지는 바로 이어서 등장하는 논의에서 점차 밝혀질 것이다.

(5) 어떤 앎이 우리를 행복하게 하는가? 좋음에 대한 앎의 재등장

(173a3~175a8)

이제 소크라테스는 만약 누군가가 자기 자신을 돌보는 일에 조금이라도 마음을 쓴다면, 논의 과정에서 문제로 드러난 것을 지나쳐 버리지 말고 검토해야 한다면서 논의를 이어간다. 그는 자신의 꿈을 이야기하면서 그것이 실현 가능성이 있어 보이는지 크리티아스에게 물으면서 검토를 계속한다. 그는 가설적인 방식으로 — 지금까지 논의되어 온 바와 같이 절제가 통치의 원리가 되는 — 한 나라를 제시한다. 그 나라에는 인간 삶을 이루는 거의 전 영역에 걸쳐서 각 분야마다 서로 다른 앎이 있고 그 각각의 분야와 대상을 다루는 전문가가 있어서 소기의 결과물을 산출해 내는 것으로 상정되어 있다. 또 그 바탕 위에서 각 분야의 앎이 다루는 삶의 영역마다 전문가를 할당하는 일이 앎에 대한 앎으로서의 절제에 의해서 이루어지는 것으로 상정되어 있다. 그렇다면 다른 모든 분야의 앎들을 관할하는 앎으로서의 절제에 의해서 다스려지는 이 나라에서는 어떤 일이 일어날까? 어쩌면 인간의 공동체적 삶이 요구하는 모든 필요들이 각각의 앎들에 의해서 충족되고, 가짜 전문가가 진짜인 양 행세할 수 없으므로, 그런 상황에서라면 이를테면 조타수, 의사, 장군 등이 제역할을 충분히 할 것이라고 기대할 수 있을 것이다. 그렇다면 이러한 방식으로 운영되는 나라가 앎들에 의거해서 모든 것들이 수행되는 결과가 나오므로 어떤 의미에서 이상적이라고 볼 수도 있을 것이다(173a7~c2). 그런데 지금 제시되고 있는 일종의 이상적인 전망은 171d1~172a5에 등장했던 모든 실수가 제거되고 완벽하게 다스려지는 나라의 모습에 비하면 다소간 온건한 것이라고 볼 수 있다. 하지만 앞에서 171c10까지의 논의에서 소크라테스는 크리티아스가 주장해 온 (누군가가 앎을 지니고 있는지를 가려내는 앎으로서의) 절제는 누군가가 무엇을 알고 무엇을 알지 못하는지를(이를테면 누군가가 진짜 의사인지 가짜 의사인지를) 알 수 없었음을 지적했었고, 이를 근거로 171d1~172a5에 등장한 이상적인 전망이 실현 가능성이 낮다는 것을 이미 보인 바 있다. 그런데 이제 173a7 이하에 와서 소크라테스가 다시 굳이 그 실질적 내용이 크게 다르지 않고 유사해 보이는 전망을 제시하고 그것의 실현 가능성을 검토하자고 하는 취지는 무엇일까?

물론 바로 앞 단락의 논의에서 소크라테스는 이상한 것들이 드러났으며 크리티아스가 제안하고 있는 바대로의 절제가 어떤 좋은 것을 만들어 주는지가 분명하지 않다고 말했고(172e4~173a1), 그것을 밝히고자 지금의 논의를 이어나가고 있음은 분명하다. 이러한 맥락 위에서 역자는 우선 두 가지 논점을 고려할 필요가 있다고 본다. 첫째, 소크라테스가 이 구절에서 '자신에게 속한 것을 행함(to ta heautou prattein)'이라는 개념을 명시적으로 사용하고 있지는 않지만, 지금 173a7~c2에서 제시된 나라의 모습은 사실상 대화의 전반부 161b3~162b11에서 카르미데스가 언급했던 '자신에게 속한 것을 행함'이라는 아이디어를 정치, 경제적인 맥락에서 실현한 한 사례라고 볼 수 있다. 이 개념을 카르미데스가 처음 꺼냈을 때, 그는 소크라테스의 질문에 제대로 답하지 못하며 한계를 드러냈고, 그 개념의 출처인 크리티아스가 대화를 넘겨받았다. 그러나 크리티아스는 일종의 과시욕으로 인해서 '만듦'과 '행함'을 구분하려고 시도하더니, 곧 이어서 '좋은 것을 행함'을 절제의 정의로 제시했고, 다시 '자기 자신을 앎'이라는 개념에 주목하여 그것을 절제의 정의로 제시하면서 대화의 방향을 틀었다. 그렇게 시작된 (크리티아스가 이해하고 있는 바대로의) 자기 자신을 앎이라는 개념에 대한 논의가 지금 이 지점에 도달한 것임을 다시 상기해 보자. 그리고 크리티아스와 긴 논의를 해 온 결과 그가 주장해 온 앎에 대한 앎으로서의 — 개별 분야의 앎이 다루는 대상은 모르는 채로 오직 앎과 알지 못함을 가려내기만 할 수 있는 — 절제는 이로운 결과를 산출하지 못함을 이미 확인했었다(그 상세한 진행 과정은 해당 구절에 대한 해설을 다시 보라). 이제 대화편 전체의 논의를 정리하고 마감하는 단계에 들어선 지금, 소크라테스는 크리티아스가 선택해서 밀고 나갔던 논의의 길과는 다른 선택지가 있음을 암시하고 있는 것으로 읽을 수 있다. 즉 앞에서 언급만 되었지 충분히 논의되지 못한 '자신에게 속한 것을 행함'이라는 개념을 소크라테스가 다시 가져와서 검토를 제안하고 있는 것으로 이 구절을 읽게 되면, 그것이 곧이어 '좋음에 대한 앎'과 어떻게 연결되는가 하는 논점을 대화편의 전반부에서 진행된 논의 맥락과 연결지어서 이해할 수 있게 될 것이다(이 점에 대해서는 특히 164a~d의 해당 구절에 대한 주석과 「작품 안내」를 다시 참고하라).

둘째, 소크라테스는 지금 제시하고 있는 나라의 모습을 꿈에서 가져온 것이라고 하면서 스스로 일정한 거리를 취하고 있다. 이 점을 고려할 때, 소크라테스는 자신의 의견을 제시하기보다는 크리티아스가 대화의 현 단계에 이르러서도 여전히 지니고 있는 오도된 편견과 한계를 알지 못하는 무절제한 욕구가 어디에까지 이르는가 하는 점을 테스트하면서 그것을 드러내고자 준비하고 있는 것으로 보인다. 또한 현 단계(173a7 이하)의 논의는 바로 앞의 172c4~173a1에서 소크라테스가 시작했던 추가적인 검토의 연장선 위에 있는 것임을 다시 상기해 보면(앞 단락의 해설을 다시 보라), 소크라테스의 지향점이 어디에 있는지를 좀더 분명하게 이해할 수 있을 것이다. 이러한 맥락 위에서 173c3에서부터 소크라테스는 — 만약 크리티아스가 원한다면 — 예언술도 한 분야의 앎이라고 가정하고, 절제가 그것까지도 관할하는 의장이 되어서 가짜 예언자는 쫓아내고 진짜 예언자를 예언관으로서 임명해 준다고 동의해 보자고 하면서 논의를 전개한다. 그런데 예언술을 도입한 것이 겉으로 보이는 것보다 더 큰 함축을 지닌다.

사실 예언술이 과연 일종의 분과 기술(학문)로서의 앎이라고 할 수 있는지, 또 그렇게 이해된 예언술이 다른 기술들과 동등한 자격과 지위를 지닌 것으로 놓일 수 있는지는 별도의 검토가 필요한 일일 것이다. 왜냐하면 예언술은 아직 도래하지 않은 미래의 일에 관심을 두며, 그것은 신적인 영역과 맞닿아 있는 것으로 간주되기에 그것이 다루는 대상 영역이 여타의 기술 및 학문 분과와는 성격을 달리하는 것으로 보이기 때문이다. 하지만 이 점에 논란의 여지가 있다고 하더라도, 바로 그러한 예언술마저도 (앎으로서의) 절제가 (그리고 절제를 발휘하여 나라를 다스리는 사람이) 주관하여 (예언술이라고 주장하는 그 어떤 것이 앎인지 여부를 판단하고, 또 누군가가 진짜 예언가인지를 가려내어) 한 나라 내에서 관직을 부여할 수 있다고 하는 아이디어를 크리티아스가 받아들이고 있는지를 일단 확인하고, 그런 일이 과연 가능한지를 소크라테스는 검토하고자 하는 것이다. 만약 크리티아스가 다른 의견을 지니고 있었다면, 소크라테스의 질문에 긍정하거나 동의하지 말고 자신의 의견을 분명히 밝혔어야 했을 것이다. 크리티아스가 반대하거나 부정하지 않은 채로 논의를 계속한다는 사실은 지금 제시되는 아이디어가 크리티아스의 견해를 (소크라테스가 추정하여) 반영한 것이며, 지금 검토되고 있는 것이 크리티아스의 의견이라는 점을 다시 한번 확인하게 해 준다. 그런데 앞서서 170e3~171c10에 등장한 논변에 따르면, 누군가가 진짜 의사와 가짜 의사를 가려낼 수 있으려면 그 자신도 의술을 행하는 자여야 했다. 따라서 그 논변에 따르면, 만약 어떤 예언자라고 주장하는 자가 진짜 예언자인지 그렇지 않은지를 가려내려면 그 자신도 예언술을 행하는 능력을 갖춘 자여야 마땅하다. 그렇다면 절제가 그런 일을 행할 수 있다고 주장하게 된다면, 이는 사실상 절제를 지닌 자가 전지(全知, omniscient)함을 주장하는 셈이 된다. 그런 점에서 크리티아스는 절제를 지닌 자가 과거, 현재, 미래의 모든 것을 아는 자로서 나라 안에서 다른 사람들의 직업과 그들이 할 일을 결정해 주는—그런 의미에서 정치적인 영향력을 최대한으로 발휘할 수 있는— 지위에 있어야 마땅하다고 주장하고 싶어하는 것으로 보인다. 그리고 이러한 사실은 곧이어 173e10~174a9에서 확인하게 될 것이다.

그런데 지금의 이 논의는 통치자와 예언관의 관계에 대한 전통적인 이해 방식을, 즉 나라의 중대사 결정을 위해서 통치자는 자신이 모르는 (관련 사태에 관하여 정확한 판단을 내릴 수 없는) 일에 대하여 예언관을 통해서 신의 뜻을 묻고 그것을 반영하여 결정을 내린다는 전통적인 견해를, 크리티아스가 ('자기 자신에게 속하는 것을 행함' 그리고 '앎에 대한 앎으로서의 절제'를 자신의 정치적인 선전 구호로 동원하면서) 어떻게 왜곡하고 있는지를 보여주고 있는 것으로 해석할 수 있다. 일례를 들어 『일리아스』1. 57행 이하를 간단히 살펴보면, 그러한 전통적인 이해 방식이 어떠한 것이었으며 크리티아스의 주장이 어떤 점에서 전통적 견해에서 벗어나 있는가를 좀더 생생하게 이해할 수 있다. 전쟁과 역병이 동시에 아카이아인들을 쓰러뜨리는 상황에 직면하여 아킬레우스는 예언자나 사제에게 그 원인을 물어보자고 아가멤논에게 제안한다. 뛰어난 예언자인 칼카스(Kalchas)가 신의 뜻을—아폴론

이 노여워하는 까닭을 ― 말하겠다고 하면서, 그 자신이 하게 될 말이 아가멤논을 성나게 할 것이 분명하니, 아킬레우스에게 자신의 안위를 지켜달라고 요청한다. 칼카스는 아킬레우스가 자신을 지켜주겠다는 약속을 받아내고 나서야 비로소 신의 뜻을 전한다. 그리하여 칼카스는 신이 노여워하는 까닭은 아가멤논이 사제 크뤼세스를 모욕했기 때문이며, 그 딸을 몸값을 받지 않고 돌려주라고 말한다. 아가멤논은 칼카스가 자신에게 좋은 말을 한 적이 한 번도 없으며 늘 나쁜 일만 예언하고 싶어한다고 하면서 불만과 노여움을 표출한다. 그리하여 전리품을 분배하는 일을 놓고 아가멤논과 아킬레우스가 다툼을 벌인다. (그 이후 이야기 전개는 우리가 익히 아는 내용이니 여기에 길게 반복 서술하지 않겠다. 다만 아가멤논의 반응은 주목해 보는 것이 좋겠다.) 하지만 칼카스를 지켜주기로 했던 아킬레우스는 물론이고, 노여워하는 아가멤논도 칼카스가 전해준 아폴론의 뜻을 거역하지는 않는다. 이러한 점을 보면, 예언관이 (통치자가 휘두를 수도 있는 폭력으로 인하여) 자신의 신변에 대하여 위협을 느끼는 상황은 있을 수 있어도, 통치자가 신의 뜻을 거역하지는 않는 모습을 『일리아스』는 보여준다.

이에 견주어 보면, 크리티아스가 주장하는 바대로의 절제를 지닌 통치자는 어떤 예언자가 진짜인지도 가려낼 수 있으며 결국 그 자신이 예언자와 동등한 능력을 발휘할 수 있는 자가 된다는 점에서 『일리아스』의 통치자와 확연히 다르다. 이와 같은 크리티아스의 견해는 앞서 진행된 (그 자신이 지니고 있다고 주장하는 것으로 보이는 앎에 대한 앎으로서의 절제에 대한) 논변의 결과를 온전히 인정하고 받아들이지 못한 채로 그 앎의 한계를 알거나 수용하지 못하는 데에서 비롯된 것으로 그의 정치적인 야욕이 투영된 결과라고 보는 것이 마땅하다. 저자인 플라톤은 인간적인 앎과 신적인 앎의 경계에 놓인 시험적 사례인 예언술을 도입하여, 그것과 (크리티아스가 주장하는 바대로의) 절제와의 관계를 논함으로써 크리티아스가 오만하고 불경한 견해를 지니고 있었음을 보여주고 있다.

이제 다시 주된 흐름으로 돌아오자면, 여전히 핵심 질문이 남아 있다. 소크라테스는 방금 전에 상술된 바와 같이 (앎에 대한 앎으로서의) 절제가 통치하는 나라에서 사람들이 앎에 의거하여 살아가게 되리라는 점은 인정하지만, 사람들이 앎에 의거해서 행위한다고 해서 잘 행하고 행복하게 되리라는 점은 아직 이해할 수 없다면서 크리티아스의 의견을 묻는다(173c7~d5). 달리 말하면, 우리가 행복이라는 인간 삶의 궁극적인 목적을 지향한다고 할 때, 절제가 통치하는 나라에서는 과연 인간들이 행복에 도달할 수 있는지, 또 만약 가능하다면 무엇을 통해서 그 목적에 도달할 수 있는가 하는 것이 이 질문의 핵심이다. 크리티아스는 자못 확신에 차서 '앎에 의거해서'라는 요소를 하찮게 여기고서는 잘 행위함(행복)의 성취를 쉽게 이룰 수 없을 것이라고 답한다 (173d6~7). 지금까지의 논의 맥락을 고려할 때, 그것이 크리티아스가 주장해 온 앎에 대한 앎으로서의 절제를 지칭하는 것으로 보인다는 점은 추론할 수 있지만, 크리티아스가 말하는 앎이 정확히 무엇을 지칭하는지는 아직 명확하게 드러나 있지 않다. 그래서 소크라테스는 '무엇을 앎에 의거해서'라고 말하는 것이냐고 그 앎이 다루는 대상이 무엇인지를 확정하고자 질문을 이어 간다(173d8~9). 소크라테스는 일단 크리티아스가 (이를테면 무두질, 청동 다루기, 직조술, 목공기술 등과 같은) 개별 분과의 앎들을 염두에 두고 그것들에 의거해서 우리가 행복하게 된다고 말하는 것은 아니라는 점을 확인한다(173d9~e10). 그러자 소크라테스는 예언술을 지니고 미래의 모든 것을 아는 사람이 비로소 앎에 의거해서 살아가는 행복한 사람이라고 크리티아스가 주장하는 것이냐고 묻는다(173e10~a2). 크리티아스는 이것을 긍정하면서 — 우리의 일반적 상식에서 보자면 — 뜻밖에도 또 다른 한 사람을 덧붙인다(174a3). 소크라테스는 크리티아스의 의도를 간파하고, 미래뿐만이 아니라 과거와 현재의 모든 것들도 아는 전지적 능력을 지닌 자가 있다고 해 보자면서, 바로 이 사람보다 더 앎에 의거해서 살아갈 사람이 있다고 크리티아스가 말하지는 않을 것이라는 점을 확인받는다(174a4~9). 하지만 그러한 능력을 지닌 사람이 있다고 하더라도(즉 그가 아는 대상들이 과거, 현재,

미래의 것들을 폭넓게 포괄한다고 하더라도) 그가 지닌 앎들 중에서 정확히 어떤 앎이 그를 행복하게 만들어 주는지를 소크라테스는 재차 묻는다(174a10~b2). 장기 두기 기술, 계산술, 의술 등이 장난스럽고 희극적인 분위기 속에서 후보로 제시되지만, 결국 크리티아스는 좋음과 나쁨에 대한 앎이 그러한 사람을 행복하게 만들어 준다고 인정한다(174b2~10).

그러자 소크라테스의 입에서는 욕이 터져 나온다. 그는 크리티아스가 좋음과 나쁨에 대한 앎이 우리를 행복하게 만들어 준다는 사실을 숨기고서 원으로 빙 둘러 끌고 왔다고 비판한다(174b11~c3). 그렇다면 원을 그리며 먼 길을 에둘러 돌아오게 된 출발점은 어디였을까? 좁은 범위에서 보자면, 어쩌면 누군가는 크리티아스가 '앎에 의거해서'를 강조하면서 정확히 어떤 앎에 의거해서 우리가 행복해질 수 있는가를 명확히 말하지 않다가 '좋음에 대한 앎'에 뒤늦게 도달하게 된 것을 지칭한다고 볼 수도 있겠다. 하지만 우리의 상식적인 경험에 비추어 보면, 우리는 어떤 동일한 것을 다시 마주치게 되었을 때 비로소 우리가 원을 그리며 먼 길을 돌아왔다는 사실을 깨닫게 된다. 그러므로 여기에서는 '좋음에 대한 앎'이라는 개념이 다시 등장한 것을 두고, 그 개념을 본격적으로 논의할 수도 있었던 계기를 처음 마주쳤던 때로부터 먼 길을 돌아서 다시 그것을 마주하게 되었음을 지칭하는 것으로 보는 것이 합당하다(앞의 162c~164d 구절에 대한 「작

366

품 안내」와 주석을 보라). 이어서 소크라테스는 또한 개별 분과의 기술과 앎이 있어서 소기의 결과물들을 산출해 낸다고 하더라도 이것들 각각이 잘 그리고 이롭게 이루어지기(즉 행복이라는 목표에 도달하는 데에 기여하기) 위해서는 좋음과 나쁨에 대한 앎이 필수적으로 요청된다는 점을 확인하면서 크리티아스의 동의를 얻는다(174c3~d2). 그리고 크리티아스의 이러한 견해를 근거로 삼아서 절제가 아니라 좋음과 나쁨에 대한 앎이 우리를 이롭게 해 주는 것이라는 귀결을 소크라테스는 이끌어낸다(174d3~7).

하지만 크리티아스는 다시 한번 자신의 주장을 반복한다. 그는 만약 절제가 앎들에 대한 앎이라면, 그래서 절제가 다른 앎들까지도 관할하는 의장이 된다면, 그것이 좋음에 대한 앎까지도 관할하여 다스릴 것이며 이를 통해서 우리를 이롭게 해 줄 것이라고 주장하면서 물러서지 않는다(174d8~e2). 이러한 그의 입장은 앞에서 (앎에 대한 앎으로서의) 절제가 예언술까지도 그 관할 범위에 두고 진짜 예언가와 가짜를 구별해 낼 수 있다고 인정하고 받아들였을 때에 예견된 것이기도 하다(173c3~d7 구절에 대하여 논한 부분을 다시 한번 참고하라). 인간적인 앎의 한계 지점이자 전통적으로 신적인 앎의 영역으로 간주되어 온 예언술의 상위에서 그것을 관할하겠다는 욕망을 지닌 자가 좋음에 대한 앎까지도 관할하여 다스릴 수 있다고 주장하는 것은 어찌 보면 그다지 놀랄 만한 일이 아니다. 이와 같이 크리티아스는 자신이 내세운 앎에 대한 앎이 실질적으로 이로운 결과물을 산출해 낼 수 없다는 점이 앞의 검토 과정에서 드러났음에도 불구하고 그것을 온전히 인정하지 못하고, 자신의 한계를 모르는 채로 자신의 과도한 정치적 욕망을 드러내고 있는 것으로 보인다.

같은 주장을 반복하고 있는 크리티아스에게 맞서는 소크라테스도 다시 한번 이를 반박한다. 소크라테스는 크리티아스가 주장하는 앎에 대한 앎은 (개별 분과의 기술과 앎이 다루는 내용은 알지 못하기 때문에) 예를 들면 건강과 같은 실질적으로 좋은 결과물을 산출해 낼 수 없다면서, 그것은 오직 앎과 알지 못함에 대한 앎일 뿐이고 그 밖의 다른 어떠한 것도 아니라고 했던 앞선 논변을 재확인한다(174e3~7). 이에 근거를 두고 진행되는 이후 175a8에 이르기까지의 논의는 사실상 앞에서 다룬 내용의 반복이다. 그리하여 건강을 만들어 내는 제작자(기술)는 의술이었고, 이로움을 만들어 내는 제작자(기술)는 좋음과 나쁨에 대한 앎이며, 절제는 어떠한 이로움도 만들어 내는 제작자가 아니라는 귀결에 도달한다(174e9~175a8). 결국 소크라테스가 마주친 어떤 이상한 것들에서 촉발되고(172c~e) 그가 자신의 꿈을 언급하면서(173a7 이하) 시작된 일종의 이상적인 나라에 대한 논의는 크리티아스가 제안해 온 (앎에 대한 앎으로서의) 절제가 어떤 한계를 지니는지를(그것이 우리를 행복하게 만들어 주지는 않는다는 점을) 확인해 보여주었다. 그리하여 앞에서 소크라테스가 말했던 이상한 것들이란 크리티아스의 주장이 함축하는 부정적인 귀결을 지칭하는 것이었음이 드러났다. 또한 그 과정을 통해서 저자인 플라톤은 크리티아스가 논변과 논증이 따라야 하는 논리적 필연성과 일관성을 중시하며 고수하는 인물이기보다는 자신의 정치적 욕망을 우선시하며(예언술과 좋음에 대한 앎까지도 자신의 관할 하에 둘 수 있다고 주장하며) 자신의 앎과 욕망의 적절한 한계를 알지 못하는 인물로 형상화하고 있다.

5) 논의에 대한 소크라테스의 평가와 그 함축(175a9~176a5)

이제 175a9 이하에서 소크라테스는 지금까지의 논의 전체를 정리하면서 그 과정에 어떤 부족함이 있었는지를 비판적으로 검토한다. 그는 이러한 검토를 자기 성찰과 비판의 기회로 삼는다. 만약 자신이 탐구 과정에 도움이 되었더라면 무엇보다도 가장 아름답다고 동의되었던 절제가 우리에게 이롭지 않다는 귀결이 나오지는 않았을 것이라고 말한다(175a9~b2). 이 글에서 역자가 제안해 온 해석에 따르면, 지금까지의 논의 과정은 소크라테스가 크리티아스의 (절제와 앎에 대한 앎이라는 개념에 대한) 의견과 제안 위에서 출발해서 그의 주장이 어떤 부정적인 귀결에 도달하는가를 비판적으로 검토해 온 과정이었다. 아마도 이쯤 되면 논의가 이러한 결과에 도달한 것은 상대방 탓이라고 소크라테스가 크리티아스를 몰아붙이는 것이 현대의 독자들이 기대하고 예상하는 전개 방향이었을 법하다. 하지만 소크라테스는 절제에 관해서 어떠한 유용한 것도 찾아내지 못했다고 자신을 탓한다(175a9~b4). 이 작품을 읽는 독자의 한 사람으로서 역자는 이 대목에서도 저자인 플라톤이 소크라테스를 어떤 인물로 형상화하려고 의도하고 있었는가를 읽어내는 일이 중요하다고 본다. 그러기 위해서 우리는 지금 이 구절에서 우선 그가 보여주는 행동 및 태도, 그리고 자신에게서 원인을 찾는 것이 합당하다고 하면서 그가 제시하는 근거를 모두 고려할 필요가 있다.

우선 지금까지 소크라테스와 크리티아스의 대화를 통한 검토 과정을 소크라테스가 주도하여 이끌어 왔다는 점은 분명하다. 그렇다면 논의가 어떤 귀결에 도달했든지 간에 그것에 대해서 소크라테스도 어느 정도 책임이 있다고 볼 수 있다. 그 점을 인정하는 것은 자신이 해 온 일의 한계를 알고 인정하는 절제의 한 모습이라고 볼 수 있다. 또한 이 구절에서 그는 무엇보다도 자기 자신이 논의 과정에 어떤 기여를 했는지, 또 자신이 논의 주제와 관련된 사태에 대해서 명확하게 이해하고 있는지를 가장 일차적인 관심사로 두고 자기 자신을 검토 대상으로 삼고 있는 것으로 보인다. 이러한 모습은 그가 앞에서 무엇보다도 자기 자신을 위해서 논변을 검토하고 있다고 말했던 구절(166c7~d6)과 일관된 태도를 견지하고 있음을 보여준다. 자신을 탓하는 소크라테스의 언행은 사태를 객관적으로 보고 판단하려는 그의 노력의 일부이며, 또 그러한 자기 검토의 과정은 그가 앞에서 절제 있는 사람이 어떤 일들을 할 수 있는지를 제시했던 구절(167a1~7 그리고 172b1~c2)의 내용을 이 대목에 와서 자신의 언행으로 구현해 보여주고 있는 것으로 볼 수 있다.

이어서 소크라테스는 자신들이 논의에서 따라 나오지 않는 많은 것들을 함께 동의했다면서 비평을 이어간다. 즉 앎에 대한 앎이 있다는 것을 비록 논의가 허용하지 않았지만 그것이 있다고 동의했으며, 이 앎이 다른 앎들에 속하는 일들도 안다고 함께 동의했다고 지적한다. 이 또한 논의가 허용하지는 않았지만, 그가 아는 것들은 안다고 알고 또 그가 알지 못하는 것들은 그가 알지 못한다고 아는 그러한 절제 있는 사람이 우리에게 생겨나도록 하기 위해서 그렇게 했다고 말한다. 특히 누군가가 전혀 알지 못하는 것들을 알기는 불가능하다는 점을 살펴보지 않은 채로, 그가 그것들을 알지 못한다는 사실을 안다고 동의했으며, 이것이 가장 비합리적이었다고 지적한다(175b4~c8, 이렇게 말하는 이유에 대해서는 주석을 보라). 그렇다면 이러한 일들은 어디에서 일어났는가?

앞에서 진행된 논의의 맥락을 간단히 되짚어 보자. 소크라테스는 167a9 이하에서, 앎에 대한 앎이 있을 수 있는지, 또 만약 그것이 가능하다면 그것으로부터 어떤 이로움이 있게 될 것인지에 대한 논의를 본격적으로 시작했다. 그렇게 시작된 탐구 과정 중에 168d1~e2에서 긍정적인 힌트가 언급되기는 했지만, 소크라테스는 169a7에 이르기까지 앎에 대한 앎의 가능성 여부에 대해서 답해 줄 위대한 사람이 필요하다고 하면서, 확답을 내놓지 않았다. 그러면서 소크라테스는 절제가 앎에 대한 앎이며 알지 못함에 대한 앎이기도 하다고 전제로 놓았던 것은 크리티아스였음을 상기시키면서, 그것이 가능하며 또 이로운 것임을 보여달라고 요구했다(169b5~c2). 하지만 크리티아스는 일종의 아포리아에 처해서 아무것도 이야기하지 못했다(169d1). 이러한 상황에서 논의를 진전시켜 나가기 위해서 소크라테스는 앎에 대한 앎이 생겨나는 것이 가능하다고 동의해 보자고 제안했고(169d2~8), 이를 바탕으로 지금까지의 논의가 진행되어 왔다. 그렇게 진행된 논의에서 171c10에 이르기까지 소크라테스는 크리티아스가 제안하는 (앎에 대한 앎으로서의) 절제가 실질적인 이로움을 가져다주지 못한다는 것을 보였고, 171d1~172c3에서는 크리티아스가 실상과 다르게 과도한 기대와 전망을 지니고 있음을 보였다. 또 바로 이어서 소크라테스는 크리티아스가 제안하고 있는 바대로의 절제에 대해서 이상한 것들이 드러난다고 하면서, 추가 검토를 제안했다. 소크라테스는 다시 한번 크리티아스가 제안한 바대로 앎을 가려내는 앎이 가능하다고 동의하고, 절제가 누군가가 무엇을 알고 무엇을 모르는지를 앎이라는 점도 인정하고, 그것이 우리를 이롭게 해 줄지를 탐구해 보자고 제안했다(172c4~d2). 그리하여 173a2에서부터 본격적으로 진행된 추가 검토는 다시금 크리티아스가 (합리적인 논변 과정을 통해서는) 정당화될 수 없는 과도한 정치적 욕망을 품고 있었음을 드러냈고, 그가 제안해 온 절제가 이로움을 산출하지 못한다는 것을 확인하면서 175a8에서 마무리되었다. 이러한 과정을 다시 잘 검토해 보자면, 앎에 대한 앎이 있다고 동의하고 가정했던 것은 크리티아스의 제안이 함축하는 바를 명확히 규명하기 위해서 이루어졌던 일이며 논의가 난관에 봉착했을 때 논의를 더 진전시켜 나가기 위한 일이기도 했다. 그 과정을 소크라테스가 주도해 오기는 했지만, 사실상 소크라테스와 크리티아스가 서로 다른 의견과 지향점을 지니고 있었음을 (그리고 그 둘의 차이가 어떤 것인지를) 역자는 이미 해당 구절들에 대한 해설과 주석에서 상술하였다.

그리고 지금 175b4~c8에 이르러서 바로 이렇게 앞에서의 논의 과정에서 어떤 부족함이 있었는가를 소크라테스가 스스로 평가하고 드러내고 있다는 사실은 앞에서 진행된 논의의 부정적인 귀결이 (역자의 관점에서 해석해 온 바와 같이) 크리티아스에게 귀속되어야 마땅하다는 것을 지지해 주는 추가적인 근거가 될 수 있다. 달리 말하면, 앞서 진행된 논의 과정과 그 귀결로부터 일정한 거리를 취하며 자신을 탓하고 비판하는 과정을 통해서 소크라테스는 논의가 도달한 부정적 결과에 대한 자신의 책임에서 부터 어느 정도 자유로워지고 있다고 볼 수 있다. 반면에 자신의 주장이 난파당한 크리티아스는 175a9 이하에서 논의 과정을 총정리하여 평가하는 맥락에서, 소크라테스에게 재반론하거나 또는 역으로 스스로를 비평하기는커녕, 한마디도 거들지 못한 채로 침묵한다.

절제가 아름답고 좋으며 이롭다는 것은 대화의 초반에서 카르미데스와 대화를 나누기 시작하면서부터 동의했던 바였다. 그런데 지금 크리티아스와 함께 진행해 온 논의는 절제가 이롭지 않다는 귀결에 도달하게 되었기에 소크라테스는, 특히 카르미데스를 위해서, 대단히 실망스럽다고 말한다. 다시 대화의 시작에서 크리티아스가 본격적인 검토가 시작되기도 전에 카르미데스를 치켜세우며 했던 언사들을 다시 언급하면서, 카르미데스가 외모도 아름답고 영혼도 가장 절제 있는 사람인데 이 절제로부터 아무런 이로움도 누리지 못하게 된다면 대단히 실망스러운 일이며, 자신이 트라케 사람에게서 열성을 다해서 배웠던 주문이 아무런 가치가 없다면 이 또한 실망스럽다고 소크라테스는 말한다 (175c8~e5).

하지만 소크라테스는 이러한 결과가 실상에 부합하는 것이라고 생각하지 않으며, 자기 자신이 어설픈 탐구자라고 생각한다고 말한다. 앞에서 확인했듯이 절제는 대단히 좋은 어떤 것이므로, 만약 카르미데스가 정말로 그것을 지니고 있다면, 그가 축복 받은 자라고 자신은 생각한다고 하면서, 자신이 절제를 지니고 있어서 어떠한 주문도 필요로 하지 않는지 스스로 더 탐구해 보라고 권유한다. 만약 정말로 그렇다면, 소크라테스 자신이 탐구 능력이 부족했던 것이니, 카르미데스 자신은 절제가 있는 만큼 더 행복하다고 믿으라고 말한다(175e5~176a5). 이와 같이 논의의 끝에 이르러서도 소크라테스는 여전히 겸손하게 자신의 한계를 인정하는 태도를 보이면서, 더 진전된 탐구의 가능성을 열어 놓는다.

6) 결말 ─ 이 대화에 참여한 이들에게는 미래에 과연 어떤 일이 일어나게 될까?(176a6~176d5)

소크라테스가 위와 같이 카르미데스에게 탐구를 권유하자, 카르미데스는 자신이 절제를 지니고 있는지 그렇지 않은지 알지 못한다고 하면서, 크리티아스와 소크라테스 두 사람이 함께 찾아내지 못한 것을 자신이 어떻게 알 수 있겠느냐고 답한다. 또 그는 소크라테스에게 완전히 설득되지는 못했고, 자신이 그 주문을 필요로 한다고 말한다. 그러면서 어떠한 것도 자신이 소크라테스에게서 주문을 듣지 못하게 막지 못할 것이며 시간이 얼마나 걸리든 소크라테스가 충분하다고 인정할 때까지 그렇게 할 것이라고 말한다(176a6~b4). 카르미데스의 이러한 태도는 어떻게 평가하는 것이 좋을까? 우선 대화 초반부의 맥락을 다시 상기해 보자. 대화의 시작 단계였던 156a에서 카르미데스는 다짜고짜 소크라테스에게서 주문을 받아 적겠다는 태도를 보였고, 소크라테스는 카르미데스가 자신을 설득하지 못하더라도 자신이 카르미데스에게 주문을 알려 주어야 할지를 되물었다. 이에 대해서 카르미데스는 자신이 소크라테스를 설득하거든 주문을 알려달라고 살짝 한발 물러서면서 소크라테스의 질문에 응답했다. 하지만 카르미데스는 162b~d에서 진즉에 대화를 통한 논의를 포기했고, 크리티아스가 논변을 넘겨받은 이후로 지금껏 논의 진행에 아무런 기여도 하지 못했으며, 소크라테스를 설득하지도 못했다. 그런데 지금 이 장면에서도 그는 자신이 소크라테스에게 설득되지 못했다고 이야기함으로써, 바로 앞의 176a1~5에서 카르미데스 자신이 절제를 지니고 있는지 그래서 어떠한 주문도 필요로 하지 않는지를 스스로 검토해 보라고 했던 소크라테스의 권고를 받아들이지 않았다. 이와 같이 카르미데스는 스스로 추가적인 검토를 할 수 있는 기회를 거부함으로써 대화와 논변의 과정을(이것이 곧 소크라테스가 말하는 주문일 것이다. 이 점에 대해서는 이미 앞에서 설명하였다) 통해서 자신의 영혼을 교정하고 치유할 수 있는 기회를 스스로 다시 저버린 것이다. 그러면서도 다짜고짜 다시 한번 소크라테스에게 주문을 내놓으라고 요구하면서, 상대방의 의사를 묻거나 동의를 구하는 과정과 절차도 없이 원하는 것을 얻으려고 하는 자신을 막을 것은 아무것도 없다고 하는 태도는 대단히 위험하고도 무도한 것이다.

그러자 이때 크리티아스가 개입하면서 카르미데스가 만약 소크라테스에게 주문을 외도록 자신을 내맡기고 소크라테스를 저버리지 않는다면 바로 이것이 카르미데스가 절제 있다는 증거가 될 것이라고 말한다(176b5~8). 카르미데스는 따를 것이고 저버리지 않을 것이라고 답하면서, 만약 자신이 후견인인 크리티아스에게 설득되어 따르지 않는다면 끔찍한 일을 저지르게 될 것이라고 한다(176b9~c2). 하지만 카르미데스는 과연 누구를 따르고 누구를 저버리지 않겠다는 것일까? 표면상으로 크리티아스는 카르미데스에게 소크라테스를 따르라고 권고하고 있고, 카르미데스도 소크라테스를 따르겠다고 한다. 하지만 카르미데스가 소크라테스를 따르며 추종한다고 해도 그 행위는 크리티아스의 지시와 명령에 종속된 것임을 간과할 수 없다. 특히 자신이 크리티아스에게 설득되어 그의 명령에 따르지 않는다면 끔찍한 일을 저지를 것이라는 대목이 의미심장하다. (작품 속 등장인물로서의) 카르미데스는 말로는 끔찍한 일(deina)을 방지하기 위해서 크리티아스의 명령을 따르겠다고 공언하고 있지만, 작품 외부에서 훗날의 사태에 대한 정보를 갖고 있는 독자의 관점에서 보자면, 역사적인 인물로서의 카르미데스는 크리티아스가 주도한 30인 참주의 과두정에 참여하여 (크리티아스의 명령에 따라서) 끔찍한 일을 저질렀기 때문이다. 그리하여 이 장면은 카르미데스가 (작품 내의 시점을 기준으로 미래에 가서) 크리티아스의 명령을 하달받아 수행하고 추종하는 하수인이 될 것임을 예견하게 한다(소크라테스는 이 관계를 앞의 162c1~d6에서 원작자와 배우의 관계로 묘사했다). 또한 이 장면은 현재와 미래의 사건들, 등장인물과 독자가 지닌 정보의 차이와 그로 인해서 발생하는 인지적 간극 등이 복합적으로 작용하여 독특한 아이러니를 만들어 낸다.

이후의 진행도 이와 같은 전망과 평가를 지속적으로 강화시켜 준다. 카르미데스에게 응답하여, 곧바로 크리티아스는 명령을 내리고, 카르미데스는 즉각 그 명령에 따라 행동할 태세가 되어 있음을 표명한다(176c3~4). 소크라테스가 그 둘이 무슨 일을 꾸미는 것인지 묻지만(176c5), 카르미데스는 아무것도 아니라고 둘러대면서, 이미 크리티아스와 자신 사이에 둘만이 소통하는 별도의 방식이나 사전에 마련된 계획이 있다는 듯이 소크라테스에게 달려든다(176c6). 그러자 소크라테스는 그들이 폭력을 행사할 것이며, 자신에게는 적법한 사법 절차를 따를 기회조차도 주지 않을 것이냐고 묻는다(176c7). 그러자 카르미데스는 당연한 일이라는 듯이, 크리티아스가 명령을 내리고 있으니 자신은 폭력을 써서라도 그 지시를 따를 것임을 잘 알아두라고 그리고 소크라테스가 무엇을 해야 할지 숙고해 두라고 사실상 거의 협박에 가깝게 훈계조로 말한다(176c8~9). 결국 카르미데스는 크리티아스에게는 설득되어 그 명령을 따르지만, 소크라테스에게는 강제로 폭력을 행사할 것임이 분명해진다. 이렇게 두 진영 간의 긴장의 수위가 높아지는 과정에서 젊은 소년인 카르미데스가 크리티아스를 추종하면서 연장자인 소크라테스에게 위협하듯이 대들고, 소크라테스가 마치 젊은이에게 비위를 맞추려는 듯한 태도를 보이는 설정은 『국가』 562a4 이하의 장면을 연상시킨다. 그곳에서 소크라테스는 어떻게 민주정체가 참주정체로 변모해 가는가를 논하는데, 그는 통제되지 않은 극단적인 자유와 방종이 그러한 변화의 주요 동인이 된다고 말하면서, 그것이 가져오는 무질서가 가정과 사회 전반에 만연하게 될 것임을 여러 사례를 들어서 논한다. 그중에서도 특히 선생과 학생, 젊은이와 연장자의 관계가 어떻게 변모하게 될 것인가를 언급하는 구절(563a4~b3)을 마지막 장면에서 카르미데스가 보여주는 태도와 견주어 눈여겨볼 만하다. 하지만 소크라테스는 뜻밖에도 별다른 반대 없이 상황을 수용하는 듯한 태도를 보인다. 그는 폭력을 동원해서 뭔가를 해 보려고 시도하고 있는 카르미데스에게 어느 누구도 반대할 수 없을 것이라면서 자신에게는 아무것도 숙고할 일이 남아 있지 않다고 말한다. 카르미데스는 소크라테스에게 반대하지 말라고 으름장을 놓고, 소크라테스는 순순히 반대하지 않겠다고 하면서(176d1~5), 전체 대화가 종결된다.

카르미데스는 과연 크리티아스가 제시하는 삶의 방식을 택할 것인가, 소크라테스가 제시하는 삶의 방식을 택할 것인가? 어떤 삶의 방식을 선택할 것인가 하는 점이 지금까지 다루어 온 다양한 문제들이 하나로 수렴하는 핵심 질문의 하나라고 하겠다. 그런데 마지막 장면은 카르미데스가 결국은 크리티아스 편에 설 것이며, 그 둘이 한 편이 되어서 소크라테스를 상대로 (작품 내부 장면의 설정 시점을 기준으로 미래에 가서) 뭔가 끔찍한 일을 벌일 것임이 분명하다는 것을 암시하면서 끝난다. 이는 곧 이 작품의 장면 설정이 훗날의 역사적 사건 전개를 반영하고 있음을 보여주는 것이기도 하다(30인 참주의 전횡에 소크라테스가 어떻게 맞서서 저항했는지는 『소크라테스의 변론』 32c3~e1을 보라. 그리고 역사적 배경과 플라톤의 저술 동기 및 의도에 대한 설명을 다시 참고하라).

　결국 『고르기아스』 등 플라톤의 다른 작품들에서 발견할 수 있는 것과 같이, 이 작품도 어떤 삶의 방식이 더 선택할 만한 것인지를 독자들이 숙고하여 깨닫도록 하는 것을 중요한 한 가지 목표로 삼고 있다고 본다. 애초에 작품 내의 논의 과정에서 카르미데스나 크리티아스가 소크라테스에게 설복당하는 모습을 그려보여주는 것이 이 작품을 쓴 플라톤의 목표는 아니었으리라고 본다. 이 대화편 내의 여러 논의는 상대적으로 대단히 짧은 시간 동안 진행된 것으로 볼 수 있는데, 사실상 누군가의 삶의 방식과 가치관이 그 시간 동안에 근본적으로 바뀌기를 기대하는 것은 어려운 일임을 우리는 인정할 필요가 있다. 따라서 소크라테스의 일종의 교육 프로젝트가 (이것은 독자의 관점에서 그렇게 볼 수 있다는 것이고, 사실 소크라테스 자신은 『소크라테스의 변론』에서 볼 수 있는 것처럼 선생을 자처하지도 않는다) 실패했다고 볼 이유는 없다. 그렇게 소크라테스가 실패했다고 보는 입장은 그 자체로 이미 많은 가정과 전제 — 이를테면 소크라테스가 크리티아스와 같은 인물을 가르칠 의도를 지니고 일련의 활동을 하고 있었으며, 그러한 일종의 가르침이나 설득은 단기간 내에 완수될 수 있다는 가정 — 위에 서 있는 것이다. 하지만 그러한 가정과 전제는 우리의 일상적인 삶이 제공하는 경험에 비추어 볼 때(견해를 달리하는 서로 다른 진영 간의 끊임없는 논쟁 과정을 보라) 필연적으로 정당화되기는 어렵다.

물론 소크라테스가 (단순하게 지식을 전달하는 것과는 대비되는 의미에서) 대화를 통해서 누군가가 자신의 영혼을 검토하고 교정할 수 있는 기회를 제공해 온 것은 사실이다. 또 바로 그렇게 영혼을 인도하는 일련의 활동을 하고 있다는 점에서 소크라테스의 활동을 일종의 교육이라는 개념으로 포착할 여지는 있다고 본다. 즉 대화의 도입 단계였던 157b~c에서 소크라테스는 카르미데스에게 자신의 영혼을 내놓고 주문을 — 즉 대화와 논변을 — 활용해서 보살핌 또는 치유를 받겠느냐고 질문했고, 이에 스스로 응하여 (물론 크리티아스의 부추김도 한몫했겠으나) 카르미데스는 대화에 참여하게 되었다. 하지만 결국 카르미데스는 자신의 영혼을 치유할 — 인격의 성장을 도모할 수 있는 — 기회를 제대로 선용하지 못했다. 하지만 그것이 소크라테스의 책임은 아닐 것이다. 크리티아스도 소크라테스와의 대화에서 승부욕이 앞서서 논의 과정에서 어떤 새로운 단서가 제시되면 그것을 낚아채어 자기 주장으로 내세우며 자신만만한 태도를 보였으나 문제의 핵심에는 도달하지 못했고, 소크라테스는 긴 논의 과정을 거쳐서 크리티아스가 제안한 앎에 대한 앎은 실질적 이로움이 없다는 점과 그것은 크리티아스의 (자신의 인지적 상태와 그 한계를 명확히 인식하지 못한, 즉 절제를 발휘하지 못한) 욕망이 투사된 것이었음을 드러내 보여주었다. 따라서 크리티아스도 그 점에서 자신의 영혼을 개선할 기회를 선용하지 못했다고 말할 수 있다. 하지만 그것이 소크라테스가 잘못 가르친 탓이라고 하는 것은 사리에 맞지 않는다고 본다. 요컨대 결국 소크라테스와 크리티아스의 근본적인 차이를 독자들이 읽어낼 수 있을 정도까지만 보여주는 것이, 그리고 이를 통해서 독자들이 누구의 삶의 방식이 절제와 정의를 실현하는 삶의 방식이었는지를 스스로 판단할 수 있도록 하는 것이, 저자인 플라톤이 이 작품에서 목표로 한 지점이라고 역자는 이해하고 있다.

3. 『카르미데스』 핵심 결론 — 재요약

그렇다면 과연 『카르미데스』 작품 내에 등장하는 논의의 결과로 우리는 어디에 도달했는가? 여러 다양한 관점에서 조망하고 반추해 볼 수 있을 것이다. 우선 우리가 자기 자신을 알게 되는 사태는 아무런 노력 없이 저절로 이루어지는 사태가 아니다. 자기 자신을 명확하게 아는 일은 어렵다. 근대 철학에서 자아와 자기 자신에 대한 앎을 다루는 문제 설정 방식이나, 그 연장선 위에 있는 현대의 논의 중에서 소위 '자신의 내면이 당사자에게는 투명하게 드러난다는 입론(transparency thesis)'은 플라톤의 이 작품에서 발견할 수 있는 자기 자신에 대한 앎을 개념화하는 모델과는 상당한 거리가 있는 것으로 보인다. 크리티아스는 자기 자신이 하고 있는 일과 그 함축을 정확하게 이해하지 못한 채로 그리고 자기 자신에 대한 앎을 지니지 못한 채로 그것을 정치적인 슬로건의 일부로 오용하려는 듯한 모습을 내비치고 있고, 그렇게 해서 그가 미래에 참주로 변모해 갈 것임을 예견하게 하는 그러한 싹이 이 대화편의 장면들에서부터 자라나고 있다고 보인다. 반면에 플라톤의 철학적 이상인 소크라테스는 — 대단히 겸손하게도 — 자신은 계속 자기 자신을 알고자 노력하고 있을 뿐이지 그것에 도달했거나 그것을 소유하고 있다고 주장하지 않는다. 자기 자신을 아는 일이 소크라테스조차도 그것에 도달했고 주장하지 않는 것처럼 그렇게도 지난(至難)한 것이기에 도덕적이고 윤리적인 존재인 인간은 그러한 이상(理想)에(또는 이상적인 사태라고 표현해도 되겠다) 도달하기를 요청받고 또한 자발적으로 그것에 도달하고자 노력하는 존재가 된다.

요컨대 '자기 자신을 안다'는 것은 단순하게 인식론의 문제이기만 한 것이 아니다. 그러한 앎의 가능성에 관련된 여러 가지 문제에 접근하는 당사자의 태도와 그러한 문제를 다루는 사람의 인격과 사람됨을 포함하는 도덕과 윤리의 문제까지를 포괄한다는 점에서 이 개념의 독특하고도 고유한 특성이 포착될 수 있다. 또한 그러한 (오늘날의 독자들이 보기에는 여러 분야에 걸쳐 있는) 논점들이 어떻게 서로 긴밀하게 연결되어 있는가를 보여주는 것이 플라톤이 이 작품에서 의도하고 있는 바 가운데 하나라고 역자는 이해하고 있다.

결국 자기 자신에 대한 앎에 도달하고자 그것을 추구하는 일은 궁극적으로 자기 자신의 영혼을 돌보는 일과 동등하다. 그렇게 영혼을 돌보는 일은 자신의 사람됨과 인격을 도야(陶冶)하여 덕을 실현하는 도덕적인 삶을 살아가고자 끊임없이 노력하는 과정이기도 하다. 다시 말하면, 자신이 지닌 앎의 범위와 한계를 자각하는 일은 그러한 도야의 과정에 추동력을 제공하는 — 일련의 인과적인 과정을 상정할 때 그리고 그에 대한 이론적인 설명의 맥락에서 — 그 출발점이 된다. 자신이 아는 것과 모르는 것을 명확히 가려낼 수 있고, 또 궁극적으로는 신적인 지혜에 견주어 인간의 앎이 지니는 한계를 명확히 인지하고 인정할 때 (그리하여 큰 틀에서 신적인 앎에 견주어 보자면 인간의 앎은 보잘것없음을 인정할 때) 우리는 자신이 아직 알지 못하는 것을 알고자 노력할 것이기 때문이다. 그리고 그러한 자기 자신에 대한 이해는 신에 견주어 불완전하지만 신적인 앎에 도달할 수 있는 가능성을 내포하고 있는 중간자로서의 인간이 덕을 실현하기 위해서 노력하는 도덕적인 존재로서의 자기 자신을 자각하는 일의 출발점이라고 바꾸어 표현할 수 있다. 하지만 다시 반복할 수밖에 없는데, 우리 인간은 노력하지 않고도 도덕적이고 윤리적인 삶을 살 수 있는 것은 아니다. 즉 "인간은 도덕적인 존재이다"라는 말의 의미는 인간이 노력하지 않고도 도달하게 된 어떤 사태를 기술하는 것이 아니라, 인간이면 그래야 마땅하다는 일종의 윤리적인 요청과 당위적이고 규범적인 요구를 담고 있는 말이다. 즉 인간은 도덕적으로 그리고 윤리적으로 행위하고 덕을 실현하고 덕을 갖춘 인격에 도달하기 위해서 부단한 노력을 해야 하며, 그렇게 할 때 비로소 온전한 의미에서 인간이 된다는 것이 위 표현의 진정한 의미인 것이다. 또 그렇게 덕을 갖춘 인격으로 성장하기 위해서 끊임없이 노력하는 과정은—『테아이테토스』176a~b, 『국가』613a~b 등에 등장하는 것처럼 — 신을 닮아가기를 추구하는 과정이기도 하며, 그러한 삶이 곧 플라톤이 추구하는 행복한 삶이라고 하겠다. 플라톤은 그와 같은 자신의 철학적인 이상을 소크라테스라는 인물을 통해서 그리고 소크라테스가 지향하는 삶의 방식을 통해서 보여주고 있는 것이다.

이러한 플라톤의 저술 의도를 고려한다면, 대화 속 논변 진행 과정에서 카르미데스의 기여는 상대적으로 미미했고 크리티아스가 더 주도적인 역할을 해 왔음에도 불구하고, 크리티아스가 아니라 카르미데스가 대화편 제목에 오른 까닭도 더 잘 이해할 수 있다. 적어도 대화편의 설정 시점에서 카르미데스는 절제를 비롯한 덕을 갖추고 덕을 자신의 삶에서 실현하는 훌륭한 시민으로 성장할 수 있는 가능성을 품고 있는 소년이었다. 이 작품의 158c1~d6 구절에서 볼 수 있듯이, 그가 자기 자신의 인지적 상태에 대해서 숙고하면서, 부끄러움에 얼굴을 붉히면서 보여준 최소한의 자기 성찰 능력은 어찌 보면 우리가 어느 정도의 상식과 양식을 가진 사람이 공통적으로 체화하고 있는 것으로 간주하는 일상적인 모습이기는 하다. 하지만 그렇다고 해서 그것을 가벼이 보아 넘길 것은 아니다. 왜냐하면 그러한 최소한의 자기 성찰이 결여되었을 때, 누군가는 참주적인 삶의 방식을 택하게 될 가능성이 있기 때문이다.

훌륭한 시민으로 성장할 수 있는 가능성을 아직은 지니고 있었던 꽃다운 나이의 카르미데스, 그가 어떤 삶의 방식을 선택하여 자신의 삶을 어떤 길로 이끌어 가서 어떤 사람이 될 것인가

하는 점은 대화편 내에 설정된 장면에서는 아직 열려 있는 문제였다. 하지만 대화의 마지막 장면이 암시하듯이 그는 결국에 역사적인 현실 속에서는 크리티아스의 편에 서서, 30인 참주의 행동대원 정도의 역할을 한 것으로 알려져 있다. 또한 이 작품이 처음 세상에 나왔을 당시의 아테네 독자들은 이미 30인 참주가 정권을 잡고 어떤 일들을 저질렀는지를 이미 경험한 채로 이 작품을 접했을 것이다. 어쩌면 플라톤의 작품을 처음 접했을 당시의 아테네 사람들은 아직 소년이었던 카르미데스가 이 작품에서 소크라테스가 보여준 삶의 방식을 택하였더라면 자신들이 경험한 아테네의 정치적 격변이 다른 방향으로 전개되었을 수도 있었을 것이라고 생각했을 법도 하다. 그리고 그러한 카르미데스의 태도와 선택에는 크리티아스가 지대한 영향을 끼쳤을 것이라는 점은 자못 분명해 보인다. 달리 말하면 크리티아스의 가치관과 태도가 자기 자신 한 사람에게만 그치지 않고, 그의 사촌인 카르미데스의 가치관과 태도 그리고 실제 행위에도 영향을 주게 되었다고 보는 것이 자연스럽다.

또한 대화편은 절제를 비롯한 덕을 (이론의 맥락과 실천의 맥락 모두에서) 실현하고 발휘하는 삶을 살아내는 것이 얼마나 어렵고 깨지기 쉬운(fragile)가 하는 점을 보여주려는 의도도 함께 지니고 있다고 본다. 즉 인간이 이 세상에서 처한 실존적이고 실천적인 상황에 대한 이해를 함께 품고 있다고 볼 수 있다. 젊고 아름답고 훌륭한 시민으로 성장할 수 있는 가능성을 지니고 있었던 카르미데스, 그가 선택의 기로에 서서 한쪽으로 기울어가기 시작하는 시점이 이 대화편에서 형상화되고 있다고 할 수 있을 것이다. 대화편의 제목이 '카르미데스'이지 '크리티아스'가 아닌 이유는 바로 여기에 있다.

4. 주요 개념의 번역에 대하여

1) 절제(sōphrosynē)

'절제'는 이 대화편이 다루는 가장 중요한 핵심 개념 중의 하나인 'sōphrosynē'를 옮긴 말이다. 그 어원을 고려하자면, 'sōphrosynē'는 'saos'와 'phrēn'의 합성어에서 파생된 형용사 'sōphrōn'의 추상 명사형으로 볼 수 있으며, '건전한 판단력을 지닌 상태'를 폭넓게 지칭한다고 볼 수 있다. 다만 그것이 활용되는 맥락에 따라서 좀더 구체적이고 특수한 의미를 지니게 된다고 보는 것이 좋겠다. 그리고 영어로 옮기는 경우에도 'temperance', 'sound-mindedness', 'prudence', 'self-control' 등으로 번역되어 오곤 했으나, 단일한 영어 단어 하나와 일대일 대응을 이룬다고 보기 어렵다. 우리말로는 '절제', '신중함', '사려 깊음', '현명함' 등을 후보로 생각해 볼 수 있다. 하지만 그중 어느 것 하나만으로는 만족스러운 번역어가 되기에 충분하지 못해 보인다. 물론 그 모두를 포괄할 수 있는 좋은 우리말이 있다면 그것을 찾아보는 것도 한 가지 대안이 될 수 있겠다. 그럼에도 불구하고 '절제'라는 단어를 'sōphrosynē'의 번역어로 택한 주된 이유는 다음과 같다.

우선 플라톤이 이 대화편에서 수행하고 있는 작업의 성격을 고대 그리스 당시의 역사적인 맥락에서부터 고려하고 이해할 필요가 있다. 'sōphrosynē'라는 개념은 플라톤이 처음으로 지어낸 개념이 아니다. 그것은 고대 그리스의 역사, 문학, 문화적인 맥락 속에서 호메로스 이래로 플라톤 이전의 여러 저자들도 인간의 어떤 유형의 바람직하거나 뛰어난 행위 또는 품성이나 덕목을 지칭하는 개념의 하나로서 모종의 겸양 또는 자기 절제와 관련된 논의의 맥락에서 다양하게 활용해 온 개념이었다.(이와 관련해서는 노스(North, 1966)와 라데마커(Rademaker, 2005)를 참조할 수 있다.) 그와 같이 기존의 선행하는 작가들과의 연관 관계 속에서 플라톤은 'sōphrosynē'라는 개념을, 그것의 핵심이 무엇인지를, 자기 자신의 방식으로 규정하는 작업을 하고 있다고 볼 수 있다. 그렇다면 플라톤이 이 작품에서 진행하고 있는 작업의 결과로 도달한 'sōphrosynē'의 의미를(일단 작품 내부의 대화 진행 맥락 전체를 고려해서, 대략적으로 말하자면, 플라톤은 소크라테스라는 인물이 이끌어 가는 이론적 논의와 실천적 행위를 통해서 '자기 자신이 무엇을 알고 무엇을 모르는지를 명확히 앎'이 'sōphrosynē'라는 개념의 핵심을 이룬다는 것을 보여주고 있다고 요약할 수 있다) 포함하고 대변하는 개념을 (만약 그것에 적합한 단일한 단어가 있다면) 'sōphrosynē'의 번역어로 채택하는 것은 합당한 선택일까? 그러한 선택은 아마도 플라톤 이전의 여러 작가들이 주목했던 'sōphrosynē' 개념의 활용 사례에 견주어 볼 때, 상당히 '앎'을 강조하는 소위 주지주의적인 경향을 지니는 길을 강조하여 선택하는 형국이 될 것이다.(물론 그렇다고 해도 여기에서의 그 앎은 좋음과 나쁨에 관한 윤리적인 판단과 관련된 앎을 핵심으로 삼으며, 소크라테스 방식의 소위 주지주의는 지행합일을 근간으로 삼는다는 점을 일단 언급해 둔다.) 만약 그러한 번역어를 선택하게 되면, 'sōphrosynē'라는 개념이 지니는 의미의 폭을 상당히 좁혀서 제시하는 셈이 될 것이고, 고대 그리스의 역사, 문학, 문화적인 맥락에서 그것이 활용되어 온 다양한 맥락을 충분히 포괄적으로 담아내기에 부족함이 크게 될 것이다. 그렇게 되면, 그러한 선택은 도리어 플라톤이 이 작품에서 행하고 있는 작업의 성격과 의의를 명확히 드러내는 데에도 도움이 된다고 보기 어려울 것이다. 오히려 요컨대 플라톤은 전통적으로 '절제'라는 의미로 이해되어 온 'sōphrosynē'라는 개념을 '자기 자신에 대한 앎'으로 이해하고자 했다고 표현하는 것이 그가 이 작품에서 행하고 있는 작업의 성격과 역사적인 맥락 속에서의 의의를 더 잘 드러내 주는 번역어 선택이 될 것이다.

물론 이 개념의 정확한 이해를 위해서, 플라톤의 여러 작품들에 등장하는 그 용례들을 비교하고 검토하는 일은 물론 필요하다. 또 각각의 구절과 맥락에 적절해 보이는 서로 다른 우리말 단어를 번역어로 선택하는 것도 누군가는 원칙으로 삼을 수 있을 것이다. 그러나 과연 그와 같이 각 구절과 맥락마다 서로 다른 우리말 단어를 선택하게 될 때 거시적인 맥락에서 우리가 놓치거나 독자들에게 미처 전달되지 못하고 누락되고 사장되는 의미나 정보는 없을까? 위에서 이미 언급했듯이, 역자는 이 개념의 용례들에서 발견할 수 있는 일종의 역사적 변천 과정을 포괄적으로 담을 수 있는 번역어를 택하는 것이 분명한 장점이 있다고 본다. 하지만 그럼에도 불구하고 이러한 논점들에 대한 논의와 공방은 어느 한쪽으로 쉽게 일방적으로 결판이 나기는 쉽지 않다. 여러 다양한 선택지들과 번역이 목표로 삼는 지향점들 가운데에서 어떤 것이 적절하고 좋은 선택일지 근본적으로 깊은 숙고와 지속적인 성찰이 필요한 대목이라고 본다. 이러한 사정과 그 주제의 무게를 고려하여, 『프로타고라스』, 『국가』편에서 절제(sōphrosynē) 개념이 사용되는 맥락에 대해서는 지금 여기에서 자세히 다루지 않기로 한다. 『국가』편과 관련해서 역자는 이미 별도의 지면에서 간략하게나마 다룬 바가 있고, 이 문제에 대한 좀더 포괄적인 논의는 훗날을 기약하기로 한다.

한편 아리스토텔레스가 『니코마코스 윤리학』에서 논하고 있는 내용을 참고해 보는 것도 좋겠다. 물론 후대의 것을 이전 시대의 것에 부당하게 역으로 투사해서 적용하는 오류를 범해서는 안 되겠지만, 아리스토텔레스가 『니코마코스 윤리학』에서 논하고 있는 내용 및 그 맥락은 플라톤의 것을 이어받아서 발전시킨 것이라고 볼 수 있으므로, 그가 절제(sōphrosynē)에 대해서 논하고 있는 내용을 참고로 비교해 보는 것도 플라톤이 다루고 있는 절제 개념을 폭넓게 이해하는 데에 간접적으로 도움이 될 것이다. 즉, 아리스토텔레스는 『니코마코스 윤리학』 VI. 1140a22 이하에서 절제(sōphrosynē)와 실천적 지혜(phronēsis)의 긴밀한 관계에 대해서 논하고 있는데, 그는 절제라는 것이 '실천적 지혜를 살려서 유지함(hōs sōizousan tēn phronēsin, 1140b11~12)'을 뜻한다고 말하고 있으며, 또한 실천적 지혜란 '(인간 삶의) 행위와 관련된, 인간적인 좋은 것들에 관하여 이성(판단의 준거 및 원리)을 동반하는 참된 성향(tēn phronēsin hexin einai meta logou alēthē peri ta anthrōpina agatha praktikēn, 1140b20~21)을 뜻한다고 한다.

좀더 부연하자면, 『니코마코스 윤리학』의 해당 맥락에서 아리스토텔레스는 특정한 전문 기술과의 대비를 통해서 실천적 지혜의 의미를 부각시키는 방식으로 논의를 진행하고 있다. 즉, 특정한 전문 기술과 관련된 앎은 특정한 관심사나 목적의 성취와 관련된 맥락에서 좋거나 이득이 되는 것들과 관련되어 있다. 반면에 위에 언급된 '행위와 관련된 인간적인 좋은 것들'이란 '개별자로서의 인간 행위자가 선택하거나 회피하거나 할 수 있는 좋은 것'을 의미하며, 그렇다면 실천적 지혜란 행위자 자신에게 좋거나 이득이 되는 것에 관한 숙고와 관련된 것이 된다. 그리고 개별적인 특정 분야의 전문 기술자로서 누군가가 성취하는 바인 결과물은 그가 그것을 산출하는 행위와는 구분되는 별개의 것이지만, 누군가가 실천적인 지혜를 발휘하여 삶의 실천적인 맥락에서 잘 행위하여 성취하는 결과물은 그 자신의 행위(잘 행위함 또는 행위 자체의 좋음)와 별개의 것으로 구분되지 않는다. 그렇다면 삶의 실천적인 맥락에서 행위자 자신에게 좋은 것을 선택하여 추구하고자 하는 일련의 숙고 과정은 이성적인 원리를 동반하는 참된 성향(즉, 실천적 지혜)의 안내를 따를 때 바로 그 행위자를 좋은 삶으로 ─ 또한 궁극적으로는 행복으로 ─ 이끌어주게 될 것이다.(또한 아리스토텔레스는 이와 같이 인간 행위의 뛰어남과 행복에 대해 탐구하는 것은 (전문 기술로서의) 정치학이 다루는 주제 영역이라고 한다.) 그리고 이와 같이 실천적 지혜의 독특한 성격과 중요성을 강조하는 그의 논의는 『니코마코스 윤리학』 VI. 1140a1~b30에 등장하는 함(prattein 또는 praxis)과 만듦(poiein 또는 poiēsis)의 구분을 그 바탕으로 삼고 있다. 또한 그 논점은 사실상 『카르미데스』 163a 이하에 등장하는 논의를 이어받아서 자신의 방식으로 다소간 변모시켜서 발전시켰다고 보는 것이 합당하다.(텍스트 163a 이하의 해당 구절 및 그에 대한 주석을 참고하라.)

요컨대 아리스토텔레스는 실천적 지혜라는 것이 인간이 공동체를 이루면서 삶을 영위하는 과정에서 이루어지는 다양한 행위들과 관련해서, 이성적인 판단의 준거에 비추어 좋은 것과 나쁜 것을 가려서 판단하고 행위하게 해 주는 지속적인 반복을 통해서 습성으로 체화된 참된 성향(실천과 관련된 품성 상태)이라고 말하고 있으며, 그러한 실천적 지혜를 살려 유지하는 것이 절제라고 이해하고 있다. 그리고 그러한 실천적 지혜를 발휘하여 덕을 실현하는 삶을 사는 것이 인간 삶의 궁극적 지향점인 행복에 도달하는 길이 된다고 보는 것이 아리스토텔레스의 견해이다.

그렇다면 이와 같이 덕윤리라는 논의의 지평에서 실천적 지혜를 강조하는 전체적인 맥락을 고려할 때, 아리스토텔레스의 절제에 대한 논의와 그 이해 방식이 플라톤의 것과 (그 각각이 인간의 영혼 또는 자아를 이해하고 논의하는 데에 동원하는 논의의 틀과 구조 그리고 강조하여 주목하는 세부 논점의 차이는 있더라도) 근본적으로 크게 길을 달리하는 것이라고 볼 이유는 없을 것이다. 지금까지 살펴본 바와 같은 상호 연관 관계 및 일종의 연속성을 인정할 수 있다면, 플라톤이 『카르미데스』에서 행하고 있는 절제(sōphrosynē)에 대한 논의는 아리스토텔레스가 『니코마코스 윤리학』에서 다루고 있는 절제(sōphrosynē) 및 실천적 지혜(phronēsis 또는 현명함)에 대한 논의의 기반과 출발점을 제공하는 것으로 이해할 수 있고, 아리스토텔레스는 플라톤의 논의를 계승하여 자신의 방식으로 전개해 나갔다고 볼 수 있다.

다시 한번 요약하자면, 역자는 우선 『카르미데스』편 내부에 한정하자면, 전통적으로 절제와 겸양을 뜻하는 것으로 이해되고 사용되어 온 개념을 플라톤은 '자기 자신을 안다'는 개념으로 이해하고자 했다고, 또는 달리 표현하면, 절제는 근본적으로 자기 자신이 무엇을 알고 무엇을 모르는지를(즉 그런 의미에서 자신의 한계를) 자각하는 일에 뿌리를 두고 있는 것이라고 재해석하고자 했다고 본다. 한편 플라톤의 여러 작품들에서 발견할 수 있는 용례들에서 그 각각의 맥락에 미시적으로 들어맞는 개념어들을 찾아서 'sōphrosynē'라는 단어가 등장하는 사례마다 각각 다르게 사용하려고 시도하는 것도 의미가 있겠으나, 그에 따르는 득실도 함께 고려될 필요가 있다고 본다. 요컨대 역자는 'sōphrosynē'라는 개념이 호메로스 이래로 플라톤과 아리스토텔레스에 이르기까지 사용되어 온 그 개념의 역사성과 그 역사적 변천 과정을 담는 일종의 그릇으로서 또는 이를 둘러싼 논의들이 통시적으로 이루어질 수 있게 해 주는 일종의 자리(여기에도 어쩌면 'topos' 또는 'centre'라는 말을 사용할 수 있겠다)로서 '절제'라는 개념을 번역어로 선택하는 것이 가능하며 일정한 합리성과 효용을 지닌다고 본다.

주요 개념어의 번역과 관련된 이러한 사정은 단지 'sōphrosynē'에 대해서만 발견할 수 있는 것이 아니라, 희랍어 및 여러 외국어 개념을 번역하면서 우리가 일반적으로 만나게 되는 일이기도 하다. 이를테면, 우리가 이미 널리 사용하듯이 소크라테스, 플라톤, 아리스토텔레스가 좋은 삶과 그것을 추구하고 탐구하는 일의 의미와 의의 등을 이론적인 맥락에서 논의하면서 사용하는 'eudaimonia'라는 개념을 공리주의자들이나 현대의 심리학자들이 사용하는 'happiness'와 하나의 연속성을 가진 것으로 간주하며 '행복'이라는 개념으로 공통되게 번역하거나 'aretē'와 'virtue'를 '덕(德)'으로 번역하는 일에서도 마찬가지로 유사한 사정이 발견된다.(예전에 은사님이신 이태수 선생님께서도 철학사에 등장하는 여러 개념의 — 이를테면 칸트(Kant) 철학에 등장하는 'a priori'라는 개념의 — 번역과 관련해서도 위와 같은 취지의 말씀을 누차 하셨던 일이 있음을 다시금 상기해 본다.)

2) 자기 자신에게 속하는 것을 행함 또는 자기 자신의 것을 행함(to ta heautou prattein)

이 개념은 그 자체로는 자기 자신에게 속하는 것이 무엇인지 그 뜻이 확정되어 있지 않아서 중의적으로 이해할 수 있고, 여러 맥락에서 다양하게 쓰일 수 있다. 이 작품 내에서는 정치 공동체 (폴리스)가 제공하는 삶의 맥락에서 그 뜻을 규정하는 것이 적절해 보인다. 또한 그렇게 맥락을 한정하더라도 다양한 관점과 입장에서 이 개념을 규정하고 이해할 수 있는 가능성은 남아 있다. 플라톤이 소크라테스를 통해서 피력하고자 하는 바를 (그것이 이 작품 내에서 명시적으로 드러나 있지는 않기에) 추론해 보자면, 자기 자신에게 속하는 것을 행한다는 것은 한 나라 안에서 각각의 직능을 수행하는 자가 그 기술(앎)이 그것의 본성상 산출하도록 되어 있는 소기의 결과물을 성공적으로 산출해 냄을 뜻하는 것으로 보인다. 만약 한 나라 안에서 각각의 직능들이 그것이 다루는 대상과 그 자신의 본성에 대한 이해를 기반으로 그 본래적인 기능과 역할을 훌륭하고 합당하게 수행내 낸다면, 의식주와 관련된 생산, 국방, 통치를 포함하는 공동체의 삶을 이루는 전 영역에서 각각의 업무와 임무가 아름답고 훌륭하게 수행되는 나라가 구현될 수 있을 것이다. 그렇게 된다면 각각의 직능을 수행하는 시민들은 자신들이 본성에 따라서 할 수 있는 일이 무엇인지를 안다는 의미에서 절제를 구현하고 있다고 볼 수 있고, 그것이 이상적으로 실현된다면 그 나라는 절제를 원리로 삼아 그것을 구현하였다고 말할 수도 있을 것이다. 그렇다면 이 개념은 사실상 덕윤리 이론의 출발점을 제공한다고 볼 수 있다. 그에 상응하는 아이디어를 동양 사상에서 찾아보자면 공자의 정명론(正名

論)을 떠올려 볼 수 있겠다. 아무튼 각자가 자기 자신에게 속하는 것을 행하는 일을 한 나라 안에서 어떻게 구현할 것인가 하는 구체적인 실현 방안에 대해서는 여러 가지 논란이 있을 수 있겠는데, "과연 우리는 각각의 시민이 그 본성상 어떤 직능을 수행하는 것이 합당하다는 것을 어떻게 알 수 있는가?" 하는 점이 무엇보다도 관건이 될 것이다. 이 작품 속 대화에서 크리티아스는 (자신이 지니고 있다고 당연시하는 것으로 보이는) 앎에 대한 앎으로서의 절제를 지닌 자가 각각의 직능을 할당하는 일을 관할할 것이라고 주장하지만, 소크라테스는 그러한 크리티아스의 주장이 적절한 한도를 알지 못하는 참주적인 발상에서 비롯된 것이며 실질적 결과를 보장하지 못하는 속이 빈 것임을 보여준다.

3) 자기 자신에 대한 앎 또는 자기를 앎(to gignōskein heauton)

현대를 사는 우리는 종종 이 개념을 '자기 자신에 대하여(또는 자신과 관련된) 무엇인가를 안다'는 뜻으로 사용하기도 한다. 하지만 플라톤과 소크라테스에게 이 개념은 그러한 뜻이라기보다는 말 그대로 '자기 자신을 안다'는 뜻이다. 물론 이때 '자기 자신'은(즉 자신의 identity는) 플라톤과 소크라테스의 관점에서 그 자신의 영혼을 지칭하는 것이기에 자기 자신을 안다는 것은 자기 자신의 영혼이 어떤 상태에 있는지를 안다는 뜻이고, 이는 곧 자신이 어떤 양육과 교육의 결과로 어떤 자아와 인격을 지니고 있으며 무엇을 지향해 나가고 있는지를 스스로 아는 것을 뜻한다(누군가가 행복한가 여부를 판단하기 위해서는 그 사람이 교육 및 정의로움과 관련하여 어떠한 상태에 있는지를 알아야 한다고 소크라테스가 말하는 『고르기아스』 470e를 참고해 보라). 이 작품 내부에서는 크리티아스가 제안하는 바를 검토하는 데 집중하다 보니, '자기 자신에 대한 앎'이라는 개념이 곧 '앎에 대한 앎'으로 해석되어 다루어졌고, 그 자체로 본격적으로 주제화되어 다루어졌다고 보기는 어렵다. 물론 작품의 드라마적 구성을 잘 추적해 보면, 그것이 실제 대화와 삶의 과정에서 어떻게 구현될 수 있고 또 어떻게 구현되어야 하는가 하는 점은 소크라테스가 실제로 행위하고 있는 바를 통해서 어느 정도 드러나고 있다고 볼 수 있다.

4) 앎에 대한 앎(epistēmē epistēmēs)

이 개념은 'epistēmē epistēmēs'(영어로 옮기자면, knowledge of knowledge)를 옮긴 말이다. 이 개념을 번역하면서 '앎의 앎'이라는 용어를 후보로 고려해 보았으나, 여기에서의 '~의'가 주어를 나타내는지 목적어를 나타내는지를 명확히 하기 어렵기 때문에 그것을 택할 수 없었다. 한편 '앎을 앎'도 이 앎이 앎을 대상으로 한다는 점을 나타낼 수는 있는 장점이 있어서 나름대로 후보가 될 수 있으나, 그것이 문장 중에 주어나 목적어로 쓰일 때 독자들에게 혼란을 불러일으킬 우려가 있어서 선택할 수 없었다. 결국 '앎^{1}에 대한 앎^2'를 번역어로 택하였는데, 이 경우에도 이 앎^{2}가 앎^{1}에 대해서 또 다른 무엇인가를(something about knowledge) 안다는 의미가 아니라, 앎^{1}을 대상으로 삼는 앎이라는 뜻임을 독자들이 유념하고 이해해 주시기를 당부하고 싶다. 이 경우 '앎에 대한 앎'은 (소크라테스의 관점에서는) 자신이 무엇을 알고 무엇을 모르는지를 아는 것이 그 앎의 핵심 내용이고, 또한 그런 앎을 지닌 누군가는 앎의 주체가 되는 자신과 그 자신이 지닌 앎(또는 믿음)의 상태(즉, 자신이 알고 있다는 사실 또는 모르고 있다는 사실을 포함한 자신이 처한 사태에 대한 이해의 정도)가 어떠한 것인지를 알게 될 것이므로, '~에 대한'이라는 표현을 쓰는 것이 나름의 적절함을 지닐 수 있다고 판단하였다. 하지만 작품 내부의 논의 전개 과정에서 크리티아스는 이 개념을 조금 다르게 사용한다. 크리티아스는 앎에 대한 앎이 다른 어떤 것이 앎(기술)인지 여부를 가려내고 그것에 관직도 할당할 수 있다고 주장한다. 하지만 앎에 대한 앎이 어떤 다른 앎이 다루는 구체적인 대상과 내용은 모르는 채로 검토의 대상이 되는 그것이 한 분과의 앎이라는 사실만을 가려낼 수 있다는 그의 주장 자체가 허무맹랑한 것이라는 점이 소크라테스가 주도하는 검토의 과정을 통해서 드러난다. 그럼에도 불구하고 크리티아스는 앎에 대한 앎

으로서의 절제가 예언술과 좋음에 대한 앎까지도 그것의 관할
하에 둘 수 있다는 오만한 주장을 펼치는데, 이것도 플라톤이 크
리티아스라는 인물을 형상화화는 과정의 일부라고 보는 것이 합
당하다.

참고문헌

1. 고전 텍스트, 외국어 번역, 주석서

1) 플라톤

Burnet, J. (ed.) (1900~1907), *Platonis Opera*, 5 vols., Oxford: Oxford University Press.

Duke, E. A. et al. (eds.) (1995), *Platonis Opera* I, Oxford: Oxford University Press.

Slings, S.R. (ed.) (2003), *Platonis Respublica*, Oxford: Oxford University Press.

Adam, J. (ed.) (1902), *The Republic of Plato*, Cambridge: Cambridge University Press.

Apelt, O. (übersetzt und erläutert von) (1922), *Platons Dialoge: Charmides, Lysis, Menexenos* (Der Philosophischen Bibliothek Band 177), Leipzig: Felix Meiner.

Burnet, J. (ed.) (1986), Plato *Euthyphro, Apology of Socrates, and Crito*,

Oxford: Oxford University Press.

Cooper, J. M. and Hutchinson, D. S. (eds.) (1997), *Plato: Complete Works*, Indianapolis: Hackett Publishing Company.

Denyer, N. (ed.) (2008), *Plato: Protagoras*, Cambridge: Cambridge University Press.

_____. (ed.) (2001), *Plato: Alcibiades*, Cambridge: Cambridge University Press.

Dodds, E. R. (ed.) (1959), *Plato: Gorgias*, Oxford: Oxford University Press.

Dorion, L.-A. (Traduction inédited, introduction et notes par) (2004a), *Platon: Charmide & Lysis*, Paris: GF–Flammarion.

Gallop, D. (1975), *Plato's* Phaedo, Oxford: Clarendon Press.

Hazebroucq, M.-F. (1997), *La Folie Humaine et Ses Remedes: Charmide ou de La Moderation*, Paris: Vrin.

Heidel, M. A. (1902), *Plato's Euthyphro*, New York: American Book Company.

Lamb, W. R. M. (tr.) (1927/1955), *Plato* (in Twelve Volumes), vol. 8, Cambridge, MA.: Harvard University Press.

Levett, M. J. (tr.) (1982), *Plato Theaetetus* (ed. Intr. B. Williams; revised by M. Burnyeat), Indianapolis: Hackett Publishing Company.

Reeve, C. D. C. (2004), *Plato Republic*, Indianapolis: Hackett Publishing Company.

Rowe, C. J. (tr.) (2010b), *Plato: The Last Days of Socrates* (tr. intr. and notes), London: Penguin Books.

_____. (1998b), *Plato: Symposium* (tr. and commentary), Warminster: Aris & Phillips.

_____. (ed.) (1993), *Plato: Phaedo*, Cambridge: Cambridge University Press.

_____. (1986/1988), *Plato: Phaedrus* (tr. and commentary), Warminster: Aris & Phillips.

Schleiermacher, F. (deutsche Übersetzung von) (1818/1977), *Platon Werke* (in acht Bänden), Darmstadt: Wissenschaftliche Buchgesellschaft.

Slings, S. R. (2005), *Critical notes on Plato's* Politeia, (ed. By) G. Boter and J. van Ophuijsen, Leiden: Brill.

Sprague, R. K. (tr.) (1997), *Charmides*, in Cooper, J. M. and Hutchinson, D. S. (eds.) (1997), *Plato: Complete Works*, Indianapolis: Hackett Publishing Company.

Stokes, M. C. (1997), *Plato: Apology*, Warminster: Aris & Phillips.

Strycker, E. de and Slings, S. R. (eds.) (1994), *Plato's Apology of Socrates: a literary and philosophical study with a running commentary* (edited and completed from the papers of the late E. de Strycker, by S.R. Slings), Leiden: New York: E.J. Brill.

Taylor, C. C. W. (1996), *Plato: Protagoras*, The World's Classics (tr. intr. and notes), Oxford: Oxford University Press.

_____. (1976), *Plato: Protagoras*, Oxford: Clarendon Press.

Tuckey, T. G. (1951), *Plato's Charmides*, Cambridge: Cambridge University Press.

Van der Ben, N. (1985), *The Charmides of Plato: Problems of Interpretations*, Amsterdam: B.R. Grüner Publishing.

West, T. G. and West, G. S. (tr.) (1986), *Plato Charmides*, Indianapolis: Hackett Publishing Company.

Witte, B. (1970), *Die Wissenschaft der Guten und Bösen: Intrepretationen zu Platons 'Charmides'*, Berlin: Walter de Gruyter.

플라톤 지음, 박종현 역주 (2003), 『플라톤의 네 대화편 ─ 에우티프론, 소크라테스의 변론, 크리톤, 파이돈』, 서울: 서광사.

_____ 지음, _____ 역주 (1997), 『국가 · 정체』, 서울: 서광사.

_____ 지음, 천병희 옮김 (2019), 『파이드로스/메논/뤼시스/라케스/카르미데스/에우튀프론/에우튀데모스/메넥세노스』, 파주: 숲.

_____ 지음, 김인곤 옮김 (2021), 『고르기아스』, 파주: 아카넷.

_____ 지음, 김주일, 정준영 옮김 (2020), 『알키비아데스 I · II』, 파주: 아카넷.

_____ 지음, 정준영 옮김 (2013), 『테아이테토스』, 서울: 이제이북스.

_____ 지음, 강철웅 옮김 (2020), 『소크라테스의 변명』, 파주: 아카넷.

_____ 지음, _____ 옮김 (2020), 『향연』, 파주: 아카넷.

_____ 지음, 강성훈 옮김 (2021), 『에우튀프론』, 파주: 아카넷.

_____ 지음, _____ 옮김 (2021), 『프로타고라스』, 파주: 아카넷.

_____ 지음, 전헌상 옮김 (2020), 『파이돈』, 파주: 아카넷.

2) 소크라테스 이전 철학자들

Diels, H. and Kranz, W. (eds.) (1952/1985), *Die Fragmente der Vorsokratiker*, 3 vols., Berlin: Weidmann. (*DK*로 약칭함)

Kirk, G. S. and Raven, J. E. (1983), *The Presocratic Philosophers: A Critical History with a Selection of Texts*, Cambridge: Cambridge University Press.

탈레스 외, 김인곤 외 옮김 (2005), 『소크라테스 이전 철학자들의 단편 선집』, 파주: 아카넷.

3) 아리스토텔레스

Bywater, I. (ed.) (1894/198619), *Aristotelis Ethica Nicomachea*, Oxford: Oxford University Press. (*EN*으로 약칭함)

Minio-Paluello, L. (ed.) (1949), *Aristotelis Categoriae et Liber de Interpretatione*, Oxford: Oxford University Press.

Walzer, R. R. and Mingay, J. M. (eds.) (1991), *Aristotelis Ethica Eudemia*,

Oxford: Oxford University Press. (*EE*로 약칭함)

Ackrill, J. L. (tr. and notes) (1963/1989), *Aristotle's Categories and De Interpretatione*, Oxford: Clarendon Press.

Broadie, S. and Rowe, C. J. (tr. Introduction, and commentary) (2002), *Aristotle Nicomachean Ethics*, Oxford: Oxford University Press.

Charlton, W. (tr. Introduction, and notes) (1970/1985), *Aristotle's Physics, Books 1 & 2* (Clarendon Aristotle series), Oxford: Clarendon Press.

Frede, M., & Patzig, G. (Text, Übersetzung und Kommentar) (1988), *Aristoteles "Metaphysik Z"*, München: C.H. Beck.

Hamlyn, D. W. (1993), *Aristotle: De Anima* Books II and III, Oxford: Clarendon Press.

Hicks, R. D. (1907), *Aristotle: De Anima*, Cambridge: Cambridge University Press.

Irwin, T. (tr. and notes) (1985), *Aristotle Nicomachean Ethics*, Indianapolis: Hackett Publishing Company.

Ross, W. D. (Revised text, Introduction, and commentary) (1924), *Aristotle: Metaphysics*, Oxford: Clarendon Press.

_____. (ed. With Introduction and Commentary) (1961), *Aristotle: De Anima*, Oxford: Clarendon Press.

아리스토텔레스, 강상진 외 옮김 (2011), 『니코마코스 윤리학』, 서울: 길.

_____, 오지은 옮김 (2018), 『영혼에 관하여』, 파주: 아카넷.

_____, 유원기 옮김 (2001), 『영혼에 관하여』, 서울: 궁리.

_____, 이재룡 옮김 (1997), 「영혼론 (I)」, 《가톨릭신학과사상》 제20호, pp. 192~225.

_____, _____ 옮김 (1997), 「영혼론 (II)」, 《가톨릭신학과사상》 제21호, pp. 190~231.

_____, _____ 옮김 (1997), 「영혼론 (III)」, 《가톨릭신학과사상》 제22호,

pp. 222~260.

4) 그 외

Allen, T. W. & Monro, D. B. (eds.) (1917/1988), *Homeri Opera*, 4 vols., Oxford: Oxford University Press.

Most, G. W. (ed. and tr.) (2010), Hesiod *Theogony, Works and Days, Testimonia*, Cambridge, MA.: Harvard University Press.

Murray, A. T. (tr.) (1924), Homer *Iliad*, Cambridge, MA.: Harvard University Press.

_____. (tr.) (1919), Homer *Odyssey*, Cambridge, MA.: Harvard University Press.

Sinclair, T. A. (ed.) (1966), Hesiod *Works and Days*, Hildesheim: Georg Olms Verlagsbuchhandlung.

Solmsen, F., Merkelbach, R. and West, M. L. (eds.) (1990), *Hesiodi Theogonia, Opera et Dies, Scutum, Fragmenta Selecta*, Oxford: Oxford University Press.

호메로스, 천병희 옮김 (1996), 『일리아스』, 서울: 단국대학교 출판부.

_____, _____ 옮김 (1996), 『오뒤세이아』, 서울: 단국대학교 출판부.

2. 사전 및 참고서(Lexicon and Reference Books)

Denniston, J. D. (1934/1959), *The Greek Particles*, Oxford: Clarendon Press.

Emde Boas, E. v., Rijksbaron, A., Huitink, L., & Bakker, M. d. (2019), *The Cambridge Grammar of Classical Greek*, Cambridge: Cambridge University Press. (*CGCG*로 약칭함)

Hornblower, S. and Spawforth, A. (1996^3), *Oxford Classical Dictionary*,

Oxford: Oxford University Press.

Liddell, H. G. and Scott, R. (1940), *A Greek–English Lexicon*, (revised and augmented throughout by H. S. Jones, with the assistance of R. McKenzie), Oxford: Oxford Clarendon Press. (*LSJ*로 약칭함)

Nails, D. (2002), *The People of Plato: A Prosopography of Plato and Other Socratics*, Indianapolis/Cambridge: Hackett.

Brill's New Pauly Online [electronic resource], In Cancik, H., Gentry, F. G., Landfester, M., Salazar, C. F., and H. Schneider (eds.) (2012), *New Pauly*, Leiden: Koninklijke Brill NV.

Pauly, A. F. v., Cancik, H., & Schneider, H. (1996), *Der neue Pauly: Enzyklopädie der Antike*, Stuttgart: J. B. Metzler.

3. 단행본 및 논문

강철웅 외 (2013), 『서양고대철학 1』, 서울: 길.

강상진 외 (2016), 『서양고대철학 2』, 서울: 길.

김귀룡 (1996), 「원형적 비판으로서의 소크라테스적 논박」, 《서양고전학연구》 제10집, pp. 43~77.

김영균 (2008), 「플라톤의 『카르미데스』편에서 절제(Sōphrosynē)와 자기인식」, 《서양고전학연구》 제33집, pp. 69~94.

루이-앙드레 도리옹 지음, 김유석 옮김 (2006), 『소크라테스』, 서울: 이학사. (원서 = Dorion, L.-A. (2004b/2006))

서영식 (2006), 「『카르미데스』편 전반부 논의를 통해 본 소크라테스 대화술의 모습」, 《서양고전학연구》 제26집, pp. 89~113.

_____ (2004), 「플라톤의 초기 대화편에서 자기인식의 문제」, 철학연구회: 《철학연구》 제67집, pp. 115~137.

유혁 (2013), 「플라톤의 윤리학」, 『서양고대철학 1』 제10장, 서울: 길, pp. 309~339.

전헌상 (2005), 「'함'[praxis]과 '만듦'[poiēsis]: 『니코마코스 윤리학』 VI. 4~5」, 《서양고전학연구》 제23집, pp. 95~124.

Ackrill, J. L. (1997/2001), *Essays on Plato and Aristotle*, Oxford: Oxford University Press.

_____. (1972), "Aristotle on "Good" and the Categories", *Islamic Philosophy and the Classical Tradition*, pp. 17~25. in Ackrill (1997/2001).

Ahbel-Rappe, S. and Kamtekar, R. (eds.) (2006), *A companion to Socrates*, Malden, MA.: Blackwell.

Ambühl, A. (2006), "Hyperboreioi", in: *Der Neue Pauly*, Herausgegeben von: Hubert Cancik,, Helmuth Schneider (Antike), Manfred Landfester (Rezeptions- und Wissenschaftsgeschichte), consulted online on 06 July 2016 http://dx.doi.org/10.1163/1574-9347_dnp_e519690 First published online: 2006

Anderson, R. L. and Landy, J. (2001), "Philosophy as Self-Fashioning: Alexander Nehams's *Art of Living*", *Diacritics*, vol. 31, no. 1, pp. 25~54.

Annas, J. (2008), "Plato's Ethics", in Fine, G. (ed.) (2008), pp. 267~285.

_____. (2006), "Ethics and argument in Plato's Socrates", in Reis, B. (ed.) (2006), *The Virtuous Life in Greek Ethics*, Cambridge: Cambridge University Press, pp. 32~46.

_____. (2003), *Plato: A very short Introduction*, Oxford: Oxford University Press.

_____. (2002a), "What are Plato's "Middle" Dialogues in the Middle of", in Annas, J. and Rowe, C. J. (eds.) (2002), pp. 1~23.

_____. (1985), "Self-knowledge in early Plato", in D. J. O'Meara (ed.),

Platonic Investigations (Studies in Philosophy and the History of Philosophy, vol. XIII), Washington DC: Catholic University of America Press, pp.111~138.

Annas, J. and Rowe, C. J. (eds.) (2002), *New Perspectives on Plato, Modern and Ancient*, Washington, D.C.: Center for Hellenic Studies, Trustees for Harvard University; Cambridge, Mass.: Distributed by Harvard University Press.

Armstrong, D. M. (1968), *A Materialist Theory of the Mind*, London: Routledge & Kegan Paul.

_____. (1994), "Introspection", in Cassam (ed.) (1994), pp. 107~117 (originally from Armstrong (1968), pp. 323~327, 333~338, reference in accordance with the pagination of the 1994 reprint).

Baudy, G. (2006), "Abaris", in: *Der Neue Pauly*. Herausgegeben von: Hubert Cancik, Helmuth Schneider (Antike), Manfred Landfester (Rezeptions− und Wissenschaftsgeschichte), consulted online on 05 November 2014 http://referenceworks.brillonline.com/entries/der−neue−pauly/abaris−e100220 First appeared online: 2006

Benson, H. H. (ed.) (2006), *A companion to Plato*, Malden, Mass.: Blackwell.

_____. (1995), "The Dissolution of the Problem of the Elenchus", *Oxford Studies in Ancient Philosophy* 13, pp. 45~112.

_____. (ed.) (1992), *Essays on the philosophy of Socrates*, New York: Oxford University Press.

_____. (1990), "The priority of Definition and the Socratic Elenchus", *Oxford Studies in Ancient Philosophy* 8, pp. 19~65.

Bett, R. (2010), "Beauty and its relation to goodness in Stoicism", in Nightingale, A. W. & Sedley, D. N. (2010), *Ancient Models of Mind: Studies in Human and Divine Rationality*, Cambridge:

Cambridge University Press, pp. 130~152.

Beversluis, J. (2006), "A Defence of Dogmatism in the Interpretation of Plato", *Oxford Studies in Ancient Philosophy* 31, pp. 85~111.

Bitbol, M. & Petitmengin, C. (2013a), "On the Possibility and Reality of Introspection", in *Kairos: Revista de Filosofia & Ciencia* 6, 2013, pp. 173~198. Retrieved 13 October 2013; available at http://clairepetitmengin.fr/onewebmedia/Kairos%20On%20the%20possibility%20and%20reality%20of%20introspection.pdf

_____. (2013b), "A Defense of Introspection from Within", *Constructivist Foundations* 8(3), pp. 269~279. Retrieved 07 September 2014; available at http://www.univie.ac.at/constructivism/journal/8/3/269.bitbol

Blondell, R. (2002), *The Play of Character in Plato's Dialogues*, Cambridge: Cambridge University Press.

Blyth, D. (2013), "Review: Tuozzo, T. M. Plato's Charmides: *Positive Elenchus in a "Socratic" Dialogue*", *The Classical Review*, 63, pp 60~62. doi:10.1017/ S0009840X12002351

Bobonich, C. (1996), "Reivew: *Plato's Ethics*. By Terence Irwin", *The Philosophical Review*, vol. 105, no. 2, pp. 235~240.

Bonazzi, M., Dorion, L.-A., Hatano, T., Notomi, N., Van Ackeren, M., (2009), ""Socratic" Dialogues", *Plato* 9 (2009), [En ligne], mis en ligne: October 2009, URL: http://gramata.univ-paris1.fr/Plato/article88.html, consulte le 27 October 2010.

Boolos, G. S. & Jeffrey, R. C. (1989), *Computability and Logic* (3rd ed.), Cambridge: Cambridge University Press.

Boys-Stones, G. R. & Haubold, J. H. (eds.) (2010), *Plato and Hesiod*, Oxford: Oxford University Press.

Boys-Stones, G. R. & Rowe, C. J. (2013), *The Circle of Socrates:*

Readings in the First-Generation Socratics, Indianapolis: Hackett Publishing Company.

Brickhouse, T. C. and Smith, N. D. (1991), "Socrates' Elenctic Mission", *Oxford Studies in Ancient Philosophy* 9, pp. 131~159.

Brisson, L. (2000), "L'incantation de Zalmoxis dans le 《Charmide》 (156d-157c)", in Robinson, T. M. and Brisson, L. (eds.) (2000), pp. 278~286.

Burge, T. (1988), "Individualism and Self-Knowledge", *Journal of Philosophy* 85, pp. 649~663 (= Burge, T. (1994), "Individualism and Self-Knowledge", in Cassam (ed.) (1994), pp. 65~79 (reference in accordance with the pagination of the 1994 reprint).

Burnyeat, M. F. (2012), *Explorations in Ancient and Modern Philosophy*, 2 vols., Cambridge: Cambridge University Press.

_____. (2002), "*De Anima* II 5", *Phronesis*, vol. 47, no. 1, pp. 28~90.

_____. (1997), "First Words: a valedictory lecture", *Proceedings of the Cambridge Philological Society* 43, pp. 1~20.

_____. (1982), "Idealism and Greek Philosophy: What Descartes saw and Berkeley missed", *The Philosophical Review*, vol. 91, no. 1, pp. 3~40.

_____. (1981), "Aristotle on Understanding Knowledge", in Berti, E. (ed.) *Aristotle on Science: The Posterior Analytics*: (Proceedings of the eighth Symposium Aristotelicum held in Padua from September 7 to 15, 1978), Padova: 1981, pp. 97~139.

_____. (1977/1992), "Socratic Midwifery, Platonic Inspiration", in Benson, H. H. (ed.), *Essays on the Philosophy of Socrates*, New York: Oxford University Press, pp. 53~65. (Reprinted from *Bulletin of the Institute of Classical Studies* 24 (1977), pp. 7~16.)

_____. (1976), "Plato on the Grammar of Perceiving", *Classical*

Quarterly NS, 26(01), pp. 29~51.

Buxton, R. (ed.) (1999), *From Myth to Reason?: Studies in the Development of Greek Thought*, Oxford: Oxford University Press.

Cairns, D. (1993), *Aidōs: The Psychology and Ethics of Honour and Shame in Ancient Greek Literature*, Oxford: Oxford University Press.

Cassam, Q. (ed.) (1994), *Self-Knowledge*, Oxford: Oxford University Press.

Caston, V. (2004), "More on Aristotle on Consciousness: Reply to Sisko", *Mind* 113 (451), pp. 523~533.

_____. (2002), "Aristotle on Consciousness", *Mind* 111 (444), pp.751~815.

_____. (1999), "Aristotle's Two Intellects: A Modest Proposal", *Phronesis*, vol. 44 (3), pp. 199~227.

Chisholm, R. (1969), "On The Observability Of The Self", *Philosophy and Phenomenological Research* 30 (1), pp. 7~21 (= Chisholm, R. (1994), "On The Observability Of The Self", in Cassam (ed.) (1994), pp. 94~108 (reference in accordance with the pagination of the 1994 reprint).

Claus, D. B. (1981), *Toward the Soul: An Inquiry into the Meaning of yuxh/ before Plato*, New Haven and London: Yale University Press.

Coliva, A. (ed.) (2012), *The self and self-knowledge*, New York, NY: Oxford University Press.

Collobert, C., Destrée, P., & González, F. J. (eds.) (2012), *Plato and myth: studies on the use and status of Platonic myths*, Leiden; Boston: Brill.

Cooper, J. M. (2007), "Socrates and Philosophy as a Way of Life", in Scott, D. (2007), *Maieusis: Essays on Ancient Philosophy in Honour of Myles Burnyeat*, Oxford: Oxford University Press, pp. 20~43.

_____. (1982), "The *Gorgias* and Irwin's Socrates", *Review of*

Metaphysics 35, pp. 577~587.

Cordner, C. (ed.) (2011), *Philosophy, Ethics, and a Common Humanity: Essays in Honour of Raimond Gaita*, Routledge.

Crombie, I. M. (1962-1963/1979), *An examination of Plato's doctrines*, London: Routledge & Kegan Paul.

Decker, W. (2006), "Long jump", in: *Brill's New Pauly*, Antiquity volumes edited by: Hubert Cancik and Helmuth Schneider, English Edition by: Christine F. Salazar, Classical Tradition volumes edited by: Manfred Landfester, English Edition by: Francis G. Gentry. Consulted online on 23 January 2019 http://dx.doi.org.libproxy. snu.ac.kr/10.1163/1574-9347_bnp_e12210090 First published online: 2006, First print edition: 9789004122598, 20110510

Devereux (2006), "The Unity of the Virtues", in Benson (ed.) (2006), pp. 325~340.

Dodds, E. R. (1951), *The Greeks and the Irrational*, Berkeley: University of California Press.

Dorion, L.-A. (2012), "The Delphic Oracle on Socrates' Wisdom: A Myth?", in Collobert, C., Destrée, P., & González, F. J. (eds.) (2012), *Plato and Myth: Studies on the Use and Status of Platonic Myths*, Brill, pp. 419~434.

_____. (2004b/2006), *Socrate* (Collection: *Que sais-je?*), Paris: PUF (Les Presses Universitaires de France) (국문번역: 루이-앙드레 도리옹 지음, 김유석 옮김 (2006), 『소크라테스』, 서울: 이학사.)

Dover, K. J. (1974), *Greek Popular Morality in the Time of Plato and Aristotle*, Oxford: Basil Blackwell.

Doyle, J. (2009), "The Socratic elenchus: no problem", in Lear, J. and Oliver, A. (eds.) (2009), *The Force of Argument: Essays in Honour of Timothy Smiley*. (pages unknown: retrieved 02 November 2014;

available at http://69.195.111.79/wp-content/uploads/2013/07/
SocrtcElnchsNoProbRtldge.pdf)

_____. (2006), "On the first eight lines of Plato's *Gorgias*", *Classical
Quarterly* 56, pp. 599~602.

Dyson, M. (1974), "Some problems concerning Knowledge in Plato's
Charmides", *Phronesis*, vol. 19. no. 1~2, pp. 102~111.

Erler, M. (1987), *Der Sinn der Aporien in den Dialogen Platons*, Berlin:
Walter de Gruyter.

Fernández, J. (2013), *Transparent minds: A study of self-knowledge*,
Oxford: Oxford University Press.

Ferrari, G. R. F. (2008), "Socratic Irony as Pretence", *Oxford Studies in
Ancient Philosophy*, 34, pp. 1~33.

_____. (ed.) (2007), The Cambridge Companion to Plato's Republic,
Cambridge: Cambridge University Press.

_____. (2003), *City and Soul in Plato's* Republic, Sankt Augustin:
Academia Verlag.

Figal, G. (1995), *Sokrates*, München: C. H. Beck.

Fine, G. (ed.) (2008), *The Oxford Hnadbook of Plato*, Oxford: Oxford
University Press.

_____. (2008a), "Does Socrates Claim to Know that He Knows
Nothing?", *Oxford Studies in Ancient Philosophy*, vol. XXXV,
Winter 2008, Oxford: Oxford University Press. pp. 49~88.

Frede, M. (1992), "Plato's arguments and the dialogue form", in Klagge,
J. C. and Smith, N. D. (eds.), *Methods of Interpreting Plato and his
Dialogues* (*Oxford Studies in Ancient Philosophy* 10, suppl. vol.),
pp. 201~219.

Gerson, L. P. (2014), "The Myth of Plato's Socratic Period", *Archiv Für
Geschichte Der Philosophie* 96 (4), pp. 403~430.

_____. (1989), "Plato on Virtue, Knowledge, and the Unity of Goodness", in Anton, J. and Preus, A. (ed.) (1989), *Essays in Ancient Greek Philosophy III: Plato*, Albany NY: State University of New York Press.

Gertler, B. (2015), "Self-Knowledge", *The Stanford Encyclopedia of Philosophy* (Summer 2015 Edition), Zalta, E. N. (ed.), first published in February 2003, retrieved 22 October 2015; available at http://plato.stanford.edu/archives/sum2015/entries/self-knowledge/

_____. (2011a), *Self-Knowledge*, Routledge.

_____. (2011b), "Self-Knowledge and the Transparency of Belief", in Hatzimoysis, A. (ed.) (2011), pp.125~145.

_____. (ed.) (2003), *Privileged Access: Philosophical Accounts of Self-Knowledge*, Aldershot: Ashgate.

_____. (2003a), "Introduction", in Gertler, B. (Ed.) (2003), also available at http://people.virginia.edu/~bg8y/PAIntro.html; retrieved 3 December 2014.

Gill, C. (2008a), "The Ancient Self: Issues and Approaches", in Remes, P. & Sihvola, J. (eds.) (2008), *Ancient Philosophy of the Self*, pp. 35~56.

_____. (2008b), "Self-Knowledge in Plato's *Alcibiades*", in *Reading Ancient Texts vol. 1: Presocratics and Plato*: Essays in Honour of D. O'Brien (ed. by Suzanne Stern-Gillet and Kevin Corrigan), Brill's Studies in Intellectual History vol. 161, Brill Academic Publisher, pp. 97~112.

_____. (2002), "Dialectic and Dialogue Form", in Annas, J. and Rowe, C. J. (eds.) (2002), pp. 145~171.

González, F. J. (1998), *Dialectic and Dialogue: Plato's Practice of*

Philosophical Inquiry, Evanston, IL.: Northwestern University Press.

_____. (ed.) (1995), *The Third Way: New Directions in Platonic Studies*, Lanham: Rowman & Littlefield Publishers.

_____. (1995a), "Self-Knowledge, Practical Knowledge, and Insight: Plato's Dialectic and the Dialogue Form", in González, F. J. (ed.) (1995), *The Third Way: New Directions in Platonic Studies*, Rowman & Littlefield Publishers, pp. 155~187.

Griswold, C. L. Jr. (ed.) (1988), *Platonic Writings Platonic Readings*, New York: Routledge.

_____. (1988), "Unifying Plato", *Journal of Philosophy* 85, pp. 550~551.

_____. (1986), *Self-knowledge in Plato's Phaedrus*, New Haven: Yale University Press.

Guthrie, W. K. C. (1969/1971), *A History of Greek philosophy*, v. 3, Cambridge: Cambridge University Press.

_____. (1975), *A History of Greek philosophy*, v. 4, Cambridge: Cambridge University Press.

Halliwell, S. (1995), "Forms of address: Socratic Vocatives in Plato", in de Martino, F. & Sommerstein, A. H. (eds.), *Lo Spettacolo delle voci*, Bari, parte seconda, pp. 87~121.

_____. (1994), "*The Cambridge Companion to Plato*": Book Review, *Dialogos* 1, pp. 128~134.

Halper, E. (2000), "Is Knowledge of Knowledge Possible?: *Charmides* 167a–169d", in Robinson, Thomas M. and Brisson, L. (eds.) (2000), pp. 309~316.

Hamlyn, D. W. (1976), "Aristotelian Epagoge", *Phronesis*, vol. 21, no. 2, pp. 167~184. (= Stable URL: http://www.jstor.org/stable/4181988)

Hatzimoysis, A. (ed.) (2011), *Self-knowledge*, Oxford; New York:

Oxford University Press.

_____. (2011a), "Introduction", in Hatzimoysis, A. (ed.) (2011), pp. 1~8.

Heath, J. (2005), The Talking Greeks: Speech, Animals, and the Other in Homer, Aeschylus, and Plato, Cambridge: Cambridge University Press.

Heath, M. (1991), "The Universality of Poetry in Aristotle's Poetics", *The Classical Quarterly* 41 (2), pp. 389~402.

Heinaman, R. (1997), "Review: *Plato's Ethics*. By Terence Irwin", *Mind*, New Series, vol. 106, no. 421, pp. 176~181.

Howland, J. (1993), *The* Republic: *The Odyssey of Philosophy*, New York: Twayne Publishers.

Hume, D. (1978/1888), *A Treatise of Human Nature*, (ed. with an analytical index by L. A. Selby-Bigg), Oxford: Clarendon Press.

Hyland, D. A. (1981), *The Virtue of Philosophy: An Interpretation of Plato's* Charmides, Athens, Ohio: Ohio University Press.

Irwin, T. (1995), *Plato's Ethics*, New York: Oxford University Press.

_____. (1988), *Aristotle's first principles*, Oxford: Clarendon Press.

_____. (1977), *Plato's Moral Theory*, Oxford: Clarendon Press.

_____. (1981), "Homonymy in Aristotle", *The Review of Metaphysics*, 34 (3), pp. 523~544.

Johansen, T. K. (2005), "In defense of inner sense: Aristotle on perceiving that one sees", *Proceedings of the Boston Area Colloquium in Ancient Philosophy*, 21, pp. 235~276.

Kahn, C. (2002a), "Response to Christopher Rowe", *Plato* 2 (2002), [En ligne], mis en ligne: January 2008, URL: http://gramata.univ-paris1.fr/Plato/article31.html, consulte le 27 October 2010.

_____. (2002b), "On Platonic Chronology", in Annas, J. and Rowe, C.

J. (eds.) (2002), *New Perspectives on Plato, Modern and Ancient*, Washington, D.C.: Center for Hellenic Studies, Trustees for Harvard University, Cambridge, Mass.: Distributed by Harvard University Press.

_____. (1996), *Plato and the Socratic Dialogues*, Cambridge: Cambridge University Press.

_____. (1988), "Plato's 'Charmides' and the Proleptic Reading of Socratic Dialogues", *Journal of Philosophy* 85, pp. 541~549.

Kang, C.-U. (2008), "Socratic Eros and Self-Knowledge in Plato's *Alcibiades*", *The Journal of Greco-Roman Studies*, The Korean Society of Greco-Roman Studies, vol. 32, pp. 79~102.

Kinzl, K. (2006), "Taureas", in: *Brill's New Pauly*, Antiquity volumes edited by: Hubert Cancik and, Helmuth Schneider, consulted online on 29 June 2016 http://dx.doi.org/10.1163/1574-9347_bnp_e1201600 First published online: 2006; first print edition: 9789004122598, 20110510

Kosman, A. (2014a), "Self-Knowledge and Self-Control in Plato's *Charmides*", in Kosman, A., (2014) *Virtues of Thought: Essays on Plato and Aristotle*, Cambridge, MA.: Harvard University Press. pp. 227~245.

_____. (2014) *Virtues of Thought: Essays on Plato and Aristotle*, Cambridge, MA.: Harvard University Press.

_____. (1975), "Perceiving that We Perceive: On the Soul III. 2", *The Philosophical Review*, vol. 84, no. 4 (Oct., 1975), pp. 499~519.

Kraut, R. (1996), "Review Article: Virtue as a Means: Socrates in Plato's Ethics by T. Irwin", *Classical Philology*, vol. 91, no. 3, pp. 261~273.

_____. (ed.) (1992), *The Cambridge Companion to Plato*, Cambridge:

Cambridge University Press.

_____. (1992a), "Introduction to the study of Plato", in Kraut, R. (ed.) (1992), *The Cambridge Companion to Plato*, Cambridge: Cambridge University Press. pp. 1~50.

Lampert, L. (2010), *How Philosophy Became Socratic – A Study of Plato's* Protagoras, Charmides, and Republic, Chicago: The University of Chicago press.

Lane, M. (2006), "The Evolution of *EIRŌNEIA* in Classical Greek Texts: why Socratic *EIRŌNEIA* is not Socratic Irony", *Oxford Studies in Ancient Philosophy* 31, pp. 49~83.

Lear, J. (2006), "The Socratic Method and Psychoanalysis", in Ahbel-Rappe & Kamtekar (eds.) (2006), *A Companion to Socrates*, Blackwell, pp. 442~462.

Long, A. A. (2001), "Ancient Philosophy's Hardest Question: What to Make of Oneself?", *Representations* 74 (1), The Regent of the University of California, pp. 19~36.

Lyons, J. (1972/1963), Structural semantics: an analysis of part of the vocabulary of Plato, Oxford: Basil Blackwell.

McCabe, M. M. (2015), *Platonic Conversations*, Oxford: Oxford University Press.

_____. (2011), "'It goes deep with me': Plato's *Charmides* on knowledge, self-knowledge, and integrity", in Cordner, C. (ed.) (2011), *Philosophy, Ethics, and a Common Humanity: Essays in Honour of Raimond Gaita*, Abingdon: Routledge, pp. 161~180.

_____. (2010), "'Look, see': Plato on moral vision" (Abstract and Handout), *Proceedings of the IX Symposium Platonicum*, Plato's *Politeia*, International Plato Society, Tokyo Organizing Committee.

_____. (2008), "Protean Socrates: Mythical Figures in the *Euthydemus*", in Remes, P. & Sihvola, J. (eds.) (2008), *Ancient Philosophy of the Self*, pp. 109~123.

_____. (2007a), "Irony in the soul: should Plato's Socrates be sincere", in Trapp, M. (2007), pp. 17~32.

_____. (2007b), "Looking Inside Charmides' Cloak: Seeing Others and Oneself in Plato's *Charmides*", in Scott, D. (2007), *Maieusis*: Essays on Ancient Philosophy in Honour of Myles Burnyeat, Oxford: Oxford University Press, pp. 1~19.

_____. (2007c), "Perceiving that we see and hear: Aristotle on Plato on Judgement and Reflection", in McCabe, M. M. and Textor, M. (2007), *Perspectives on Perception*, Frankfurt, Ontos Verlag, pp. 143~177.

_____. (2006a), "Is dialectic as dialectic does? The virtue of philosophical conversation", in Reis, B. (ed.) (2006), *The Virtuous Life in Greek Ethics*, Cambridge: Cambridge University Press, pp. 70~98.

_____. (2006b), "Form and the Platonic Dialogues", in Benson (ed.) (2006), pp. 39~54.

_____. (2002), "Developing the Good itself by itself: Critical Strategies in Plato's *Euthydemus*", *Plato* 2 (2002), [En ligne], mis en ligne : January 2008, URL: http://gramata.univ-paris1.fr/Plato/article20. html, consulte le 27 October 2010.

_____. (2000), *Plato and His Predecessors: The Dramatisation of Reason*, Cambridge: Cambridge University Press.

MacDonald, S. (1989), "Aristotle and the Homonymy of the Good", *Archiv für Geschichte der Philosophie*, 71 (2), pp. 150~174.

McKim, R. (1985), "Socratic Self-Knowledge and "Knowledge of Knowledge" in Plato's *Charmides*", *Transactions of the American*

Philological Association 115, pp. 59~77.

McKirahan, R. D. (1983), "Aristotelian Epagoge in *Prior Analytics* 2. 21 and *Posterior Analytics* 1. 1", *Journal of the History of Philosophy*, vol. 21, no. 1, January 1983, pp. 1~13.

McPherran, M. L. (1996), *The Religion of Socrates*, Pennsylvania: The Pennsylvania State University Press.

Murphy, D. J. (2013), "Review: Plato's Charmides: Positive Elenchus in a "Socratic" Dialogue by Thomas M. Tuozzo", *Classical World: A Quarterly Journal on Antiquity*, Vol. 106 (3), pp. 525~526.

_____. (2007), "Critical Notes on Plato's *Charmides*", *Mnemosyne*, vol. 60, no. 2 (2007), pp. 213~234, Brill.

_____. (2000), "Doctors of Zalmoxis and immortality in the *Charmides*", in Robinson, Thomas M. and Brisson, L. (eds.) (2000), pp. 287~295.

Natorp, P. (1921), Platos Ideenlehre: eine Einführung in den Idealismus, Leipzig: Felix Meiner.

Nehamas, A. (2007), "Beauty of Body, Nobility of Soul: The Pursuit of Love in Plato's *Symposiun*", in Scott, D. (2007), pp. 97~135.

_____. (1998), *The Art of Living: Socratic Reflections from Plato to Foucault*, Berkeley: University of California Press.

Nightingale, A. (2010), "Plato on aporia and self-knowledge", in Nightingale, A. W. & Sedley, D. N. (2010), *Ancient models of mind: studies in human and divine rationality*, Cambridge: Cambridge University Press, pp. 130~152.

_____. (2002), "Distant Views: "Realistic" and "Fantastic" Mimesis in Plato", in Annas, J. and Rowe, C. J. (eds.) (2002), pp. 227~247.

_____. (1996), *Genres in Dialogue: Plato and the Construct of Philosophy*, Cambridge: Cambridge University Press.

North, H. (1966), Sophrosyne: Self-Knowledge and Self-Restraint in Greek Literature, Ithaca NY: Cornell University Press.

Notomi, N. (2000), "Critias and the Origin of Plato's Political Philosophy", in Robinson, T. M. and Brisson, L. (eds.) (2000), pp. 237~250.

Osborne, C. (1999), "Review: *Plato's Ethics*. By Terence Irwin", *The Philosophical Quarterly*, vol. 49, no. 194, pp. 132~135.

_____. (1983), "Aristotle, *De anima* 3. 2: How do we perceive that we see and hear?", *The Classical Quarterly* 33(02), pp. 401~411.

Owen, G. E. L. (1960), "Logic and metaphysics in some earlier works of Aristotle", in During, I., and Owen, G. E. L. (eds.), *Aristotle and Plato in the mid-fourth century*, Goteborg, pp. 163~190. Reprinted in Barnes, J., Schofield, M., & Sorabji, R. (eds.) (1979), *Articles on Aristotle*, vol. 3, London: Duckworth.

Patzig, G. (1979), "Theology and Ontology in Aristotle's *Metaphysics*", *Articles on Aristotle*, vol. 3, London: Duckworth, pp. 33~49. (Originally published as "Theologie und Ontologie in der "Metaphysik" des Aristoteles", *Kant Studien* 52 (1960/1961), pp. 185~205.)

Penner, T. (2006), "The Forms and the Sciences in Socrates and Plato", in Benson, Hugh H. (ed.) (2006), *A companion to Plato*, Malden, Mass.: Blackwell, pp. 165~183.

_____. (2002), "The Historical Socrates and Plato's Early Dialogues: Some Philosophical Questions", in Annas, J. and Rowe, C. J. (eds.) (2002), *New Perspectives on Plato, Modern and Ancient*, pp. 189~212.

_____. (1973), "The Unity of Virtue", *Philosophical Review* 82, pp. 35~68. (Reprint in Benson, H. H. (ed.) (1992), *Essays on the Philosophy of Socrates*, New York: Oxford University Press, pp.

162~184.)

Penner, T. and Rowe, C. J. (2005), *Plato's* Lysis, Cambridge: Cambridge University Press.

Planeaux, C. (1999), "Socrates, Alcibiades, and Plato's ΤΑ ΠΟΤΕΙΔΕΑΤ ΙΚΑ. Does the *Charmides* have an historical setting?", *Mnemosyne* 52: pp. 72~76, Brill Academic Publishers.

Press, G. A. (2013), "Review of 'Plato's Charmides: Positive Elenchus in a "Socratic" Dialogue' by Thomas M. Tuozzo", *Journal of the History of Philosophy*, Vol. 51, No. 2, pp. 310~311.

Politis, V. (2008), "The Place of *aporia* in Plato's *Charmides*", *Phronesis*, vol. 53, January 2008, pp. 1~34.

Prior, W. J. (2006), "The Socratic Problem", in Benson (ed.) (2006), pp. 25~35.

Rademaker, A. (2005), Sophrosyne and the rhetoric of self-restraint: polysemy & persuasive use of an ancient Greek value term, Leiden: Brill.

Rasmussen, W. (2006), "Resolving Inconsistencies in Plato: the Problem of Socratic Wisdom in the *Apology* and the *Charmides*", PhD thesis, King's College London.

Reis, B. (ed.) (2006), *The Virtuous Life in Greek Ethics*, Cambridge: Cambridge University Press.

Remes, P. & Sihvola, J. (eds.) (2008), *Ancient Philosophy of the Self* (The New Synthese Historical Library vol. 64.), Springer Science+Business Media B.V.

Robinson, D. B. (1965), "Structural Semantics and Plato's Vocabulary" — Review on Lyons, J. (1963), *Structural Semantics: An Analysis of Part of the Vocabulary of Plato*, Oxford: Basil Blackwell, *The Classical Review*, 15 (03), pp. 311~314.

Robbins, E., Weißenberger, M., Hoesch, N. and Nutton, V. (2006), "Cydias", in: *Brill's New Pauly*, Antiquity volumes edited by: Hubert Cancik and, Helmuth Schneider, consulted online on 29 June 2016 http://dx.doi.org/10.1163/1574-9347_bnp_e625600 First published online: 2006; first print edition: 9789004122598, 20110510

Robinson, T. M. and Brisson, L. (eds.) (2000), *Plato: Euthydemus, Lysis, Charmides*: Proceedings of the V Symposium Platonicum: International Plato Studies 13, Sankt Augustin: Academia Verlag.

Rowe, C. J. (2010a), "How to Read Plato: Some Rival Approaches", *The Journal of Greco-Roman Studies*, vol. 42, The Korean Society of Greco-Roman Studies, pp. 161~179.

_____. (tr.) (2010b), *Plato: The Last Days of Socrates* (tr. intr. and notes), London: Penguin Books.

_____. (2007), *Plato and the Art of Philosophical Writing*, Cambridge: Cambridge University Press.

_____. (2006a), "Socrates in Plato's dialogues", in Ahbel-Rappe & Kamtekar (2006), pp. 159~170.

_____. (2006b), "Interpreting Plato", in Benson (ed.) (2006), pp. 13~24.

_____. (2002), "Just How Socratic Are Plato's "Socratic" Dialogues?: A response to Charles Kahn, *Plato and the Socratic Dialogue: The Philosophical Use of Literary Form* (Cambridge University Press, 1996)", *Plato* 2 (2002), [En ligne], mis en ligne : January 2008, URL: http://gramata.univ-paris1.fr/Plato/article30.html, consulte le 27 October 2010.

_____. (1999), "Myth, History, and Dialectic in Plato's *Republic* and *Timaeus-Critias*", in Buxton, R. (ed.) (1999), pp. 263~278.

_____. (1998a), "The Uses and Disadvantages of Socrates", *HISTOS* vol.

2 1998. (http://www.dur.ac.uk/Classics/histos/1998/rowe.html)

_____. (1987), "Platonic Irony", *Nova Tellus* 5, pp. 83~101.

Rowe, C. J. and Schofield, M. (eds.) (2000), *The Cambridge History of Greek and Roman Political Thought*, Cambridge: Cambridge University Press.

Rutherford, R. B. (1995), *The Art of Plato*, London: Duckworth.

Santas, G. (1983), "Socrates at Work on Virtue and Knowledge in Plato's *Charmides*", *Exegesis and Argument*: Studies in Greek Philosophy presented to Gregory Vlastos, (ed. E. N. Lee, A.P.D. Mourelatos, R.M. Rorty), (= *Phronesis* Suppl. Vol. I), Assen, pp.105~132.

Schmid, W. T. (1998), *Plato's* Charmides *and the Socratic Ideal of Rationality*, Albany: State University of New York Press.

Schofield, M. (2000), "Ch. 10. Approaching the *Republic*", in Rowe, C. and Schofield, M. (2000) (eds.), *The Cambridge History of Greek and Roman Political Thought*, Cambridge: Cambridge University Press.

_____. (1973), "Socrates on Conversing with Doctors", *Classical Review* 23 (1973), pp. 121~123.

Scott, D. (2013). "Plato (Book Notes)", *Phronesis* 58 (2), pp. 176~194.

_____. (ed.) (2007), *Maieusis*: Essays on Ancient Philosophy in Honour of Myles Burnyeat, Oxford: Oxford University Press.

_____. (2007a), "*Erōs*, Philosophy, and Tyranny", in Scott, D. (2007), *Maieusis*: Essays on Ancient Philosophy in Honour of Myles Burnyeat, Oxford: Oxford University Press, pp. 136~153.

_____. (2006), *Plato's* Meno, Cambridge: Cambridge University Press.

_____. (2000), "Plato's Critique of the Democratic Character", *Phronesis*, vol. 45, no. 1 (Feb., 2000), pp. 19~37.

_____. (1999), "Platonic pessimism and moral education", *Oxford*

Studies in Ancient Philosophy 17, pp. 15~36.

Sedley, D. N. (2004), *The Midwife of Platonism: Text and Subtext in Plato's* Theaetetus, Oxford: Oxford University Press.

_____. (2002), "Socratic Irony in the Platonist Commentators", in Annas, J. and Rowe, C. J. (eds.) (2002), pp. 37~57.

Shields, C. J. (1999), Order in Multiplicity: Homonymy in the Philosophy of Aristotle, Oxford: Oxford University Press.

Shoemaker, S. (1986), "Introspection and the Self", in French, P. A. et al. (eds.), *Studies in the Philosophy of Mind* (Midwest Studies in Philosophy, 10), pp. 101~120 (= Shoemaker, S. (1994), "Introspection and the Self", in Cassam (ed.) (1994), pp. 118~139 (reference in accordance with the pagination of the 1994 reprint).

Shorey, P. (1907), "Emendation of Plato Charmides 168b", *Classical Philology*, vol. 2, no. 3 (Jul., 1907), p. 340.

Sorabji, R. (2008), "Greco-Roman Varieties of Self", in Remes, P. & Sihvola, J. (eds.) (2008), *Ancient Philosophy of the Self*, pp. 13~34.

_____. (2006), Self-Ancient and Modern Insights about Individuality, Life, and Death, Oxford: Clarendon Press.

Stern, P. (1999), "Tyranny and Self-Knowledge: Critias and Socrates in Plato's *Charmides*", *The American Political Science Review*, vol. 93, no.2, (Jun., 1999), pp. 399~412.

Strycker, E. de and S. R. Slings (eds.) (1994), *Plato's Apology of Socrates: a literary and philosophical study with a running commentary* (edited and completed from the papers of the late E. de Strycker, by S.R. Slings), Leiden: New York: E.J. Brill.

Suh, Young-Sik (2008), "Das Konzept des Wissens in den Frühdialogen Platons", *The Journal of Greco-Roman Studies*, The Korean Society of Greco-Roman Studies, vol. 34, pp. 17~36.

Szaif, J. (2006), "Louis−André Dorion, *Socrate (Que sais−je?)*, Paris: Presses Universitaires de France, 2004", Review article for Les Etudes Platoniciennes, vol. III, Paris: Les Belles Lettres, 2006, pp. 339~349. URL:http://philosophy.ucdavis.edu/people/jmszaif/jan−szaifs−home−page/talks−and−final−drafts/review−of−dorion−socrate−que−sais−je, retrieved 16 October 2014.

Szlezák, T. A. (2002), "Friedrich Schleiermacher und das Platonbild des 19. und 20. Jahrhunderts", *Plato* 2 (2002), [En ligne], mis en ligne: January 2008, URL: http://gramata.univ−paris1.fr/Plato/article32.html, consulte le 27 October 2010.

_____. (1985), *Platon und die Schriftlichkeit der Philosophie*, Berlin: Walter de Gruyter.

Taylor, C. C. W. (2002), "The Origins of Our Present Paradigms", in Annas, J. and Rowe, C. J. (eds.) (2002), pp. 73~84.

_____. (2000), *Socrates: A very short Introduction*, Oxford: Oxford University Press.

Thür, G. (2006), "Anakrisis," *Brill's New Pauly*. Antiquity volumes edited by: Hubert Cancik and, Helmuth Schneider, consulted on 03 August 2014 http://referenceworks.brillonline.com/entries/brill−s−new−pauly/anakrisis−e119870 First appeared online: 2006/ First Print Edition: 9789004122598, 20110510

Trapp, M. (ed.) (2007), *Socrates from Antiquity to the Enlightenment*, Centre For Hellenic Studies, King's College London, Publications 9, Aldershot: Ashgate.

_____. (2007a), "Introduction: questions of Socrates", in Trapp, M. (ed.) (2007), pp. xv~xxviii.

Tuominen, M. (2008), "Assumptions of Normativity: Two Ancient Approaches to Agency", in Remes, P. & Sihvola, J. (eds.) (2008),

Ancient Philosophy of the Self, pp. 57~74.

Tuozzo, T. M. (2011), *Plato's Charmides: Positive Elenchus in a "Socratic"
Dialogue*, Cambridge: Cambridge University Press.

_____. (2001), "What's Wrong with These Cities? The Social Dimension
of 'Sophrosyne' in Plato's '*Charmides*'", *Journal of the History of
Philosophy*, 39 (3), pp. 321~350.

_____. (2000), "Greetings from Apollo: *Charmides* 164c–165b, *Epistle
III*, and the structure of the *Charmides*", in Robinson, T. M. and L.
Brisson (eds.) (2000), pp. 296~305.

Twomey, R. (2008), "Is De Anima III.2 Really Concerned with
Awareness?," Colloquium Paper, 2008 APA Eastern Division
Meeting, Philadelphia PA, 30 December 2008.

Upton, T. V. (1981), "A Note on Aristotelian epagōgē", *Phronesis*,
vol. 26, no. 2, pp. 172~176. (URL: http://www.jstor.org/
stable/4182121)

Versényi, L. (1963), *Socratic Humanism*, New Haven: Yale University
Press.

Vlastos, G. (1994), *Socratic Studies*, (ed. by M. Burnyeat), Cambridge:
Cambridge University Press.

_____. (1991), *Socrates, Ironist and Moral Philosopher*, Cambridge:
Cambridge University Press.

_____. (1985), "Socrates' Disavowal of Knowledge", *The Philosophical
Quarterly*, vol. 35, pp. 1~31. (in Vlastos, G. (1994))

_____. (1983), "The Socratic Elenchus", *Oxford Studies in Ancient
Philosophy* 1, pp. 27~58. (in Vlastos, G. (1994))

_____. (1982), "The Socratic Elenchus", *The Journal of Philosophy*, vol.
79, no. 11, pp. 711~714.

_____. (1981), *Platonic Studies*, Princeton: Princeton University Press.

Ward, J. K. (2008), *Aristotle on Homonymy: Dialectic and Science*, Cambridge: Cambridge University Press.

Wedin, M. V. (2000), Aristotle's Theory of Substance: the Categories and Metaphysics Zeta, Oxford: Oxford University Press.

_____. (1997), "The Strategy of Aristotle's Categories", *Archiv für Geschichte der Philosophie*, Vol. 79, pp. 1~26.

Wellman, R. R. (1964), "The Question Posed at *Charmides* 165a-166c", *Phronesis*, vol. 9, pp. 107~113.

White, N. (1996), "Review: Irwin, Terence. *Plato's Ethics*", *Ethics*, vol. 107, no. 1, pp. 146~149.

Wieland, W. (1982), *Platon und die Formen des Wissens*, Göttingen: Vandenhoeck und Ruprecht.

Wilberding, J. (2009), "Plato's Two Forms of Second-Best Morality", *Philosophical Review* 118, no. 3, pp. 351~374.

Wilkins, E. G. (1917), *"Know Thyself" in Greek and Latin Literature*, Wis., George Banta publishing Company, (reprint by University of Chicago).

Woolf, R. (2008), "Socratic Authority", in Remes, P. & Sihvola, J. (eds.) (2008), *Ancient Philosophy of the Self*, pp. 77~107.

Yu, H. (2010a), "What do you know when you know yourself? — Knowing oneself in Plato's *Charmides* 165a7ff.", *The Journal of Greco-Roman Studies*, vol. 40, The Korean Society of Greco-Roman Studies, pp. 135~161. (Written in English: = 유혁 (2010a), "플라톤 『카르미데스』편 165a7이하에서의 '자기를 앎'—당신이 자기 자신을 알 때 당신은 무엇을 아는가?", 《서양고전학연구》 제40집, pp. 135~161.)

_____. (2010b), "Doing what belongs to oneself (τὸ τὰ ἑαυτοῦ πρά-ττειν): Different uses of the formula and different orientations",

Proceedings of the IX Symposium Platonicum, Plato's *Politeia*, International Plato Society, Tokyo Organizing Committee. (Written in English: = 유혁 (2010b))

찾아보기

일러두기

- 색인어가 나오는 페이지 번호와 면수는 스테파누스 번호(Stephanus Number)를 기준으로 삼았다. 스테파누스 번호에 관한 설명은 권두의 「일러두기」를 참고하라.
- 표제어 선정은 다음의 원칙을 따랐다.
1) 동사의 경우에는 고전그리스어 사전과 우리말 사전, 각각에서 표제어로 삼고 있는 형태를 대응시켰다. 우선 고전그리스어 사전에서 각각의 동사 원형(infinitive)을 동사의 표제어로 취하지 않고, 1인칭, 단수, 현재, 직설법, 능동태(또는 중간태) 형태를 표제어로 취하고 있음을 그대로 반영했다. 그런데 만약 이것을 우리말로 옮길 때 그 의미를 직역하는 것을 원칙으로 삼자면, 예를 들어 'epistamai'라는 동사는 그에 상응하는 번역어로서 '나는 안다' 또는 '나는 이해한다'라고 뜻을 써야 마땅할 것이다. 하지만 그에 해당하는 우리말 번역어의 표제어는 ― 우리말 사전에서는 용언의 기본형을 표제어로 삼고 있다는 사실을 반영하여 ― '알다' 또는 '이해하다'를 택했다.
2) 접두어가 첨가된 복합동사의 경우에 그 접두어가 붙기 이전 동사의 어간 첫머리가 기식음(rough breathing) 모음으로 시작된다면, 로마자로 옮길 때 접두어 뒤의 기식음을 살려서 음차하였다. 동사에서 파생된 형용사(verbal adjective)는 동일한 어근을 지닌 동사 표제어에 포함되는 것으로 간주했다.
3) 고전그리스어 명사는 단수(복수로만 활용되는 단어는 복수) 주격(nominative) 형태를 표시했다.
4) 고전그리스어 형용사는 남성, 단수, 주격 형태를 사용했다. 이에 상응하는 우리말 번역어는 용언(형용사)의 기본형이 아니라 해당 용언의 관형사형을 취했다. 한편 어떤 한 형용사가 중성으로 명사적으로 쓰인 경우에도 그 형

용사의 남성, 단수, 주격 형태를 표제어로 삼아서 분류하였다. 형용사가 비교급이나 최상급으로 활용된 경우에는 그 형용사의 원급의 형태를 표제어로 취했다. 단 '더 큰', '가장 훌륭한'과 같은 몇몇 사례들에서는 (그것에 주목하는 것이 효용이 있다고 판단하여) 예외적으로 비교급이나 최상급 형태를 그대로 표제어로 취했다.

5) 고전그리스어 부사는 형용사의 활용 형태로 간주하여 동일 어근을 지닌 형용사 형태를 기본 표제어로 삼았다. 단 이 작품 내에서 부사로만 쓰이고, 동일 어근을 지닌 형용사 형태로 활용된 용례가 없는 경우에는 부사 형태를 표제어로 취했다.

6) 원문 텍스트 편집자 버넷이 대괄호 안에 넣어서 지우고 읽자고 제안한 단어는, 그것을 역자도 채택하여 해당 단어나 개념이 우리말 번역 본문에 등장하지 않는 경우에, 색인에 포함시키지 않았다. 하지만 주석에서는 그와 관련된 사정을 밝히고 합당한 설명을 했다.

• 한 단어가 원문 텍스트의 동일한 한 면에(예를 들어서 167a) 두 번 이상 등장하는 경우에는 중복해서 표기하지 않았다.

• 한 단어(또는 개념)가 본문에서 두 번 이상 사용되고, 또 그 각각의 사례마다 서로 다른 두 개 이상의 번역어를 사용하여 옮긴 경우에는 별도로 분류하여 표시했다. 다만 서로 다른 우리말 번역어의 의미 차이가 미미한 경우에는 별도로 분류하지 않았다.

• 우리말 번역어에서 출발하여 고전그리스어의 로마자 음차와 텍스트의 자리를 찾아가는 색인에서는 우리말로는 같은 단어이더라도 서로 다른 고전그리스어 단어의 번역어인 경우에 그것들을 통합하지 않고, 각각 별도의 것으로 반복하여 열거했다.

• 고전그리스어에서 출발하여 우리말 번역어를 찾아가는 색인에는 고전그리스어를 병기했다. 다만 다수의 일반 독자들의 편의를 위하여 로마자 음차를 먼저 표제어로 제시하고 로마자 알파벳 순서를 따라서 배열했다.

• 다음과 같은 기호를 사용했다.

1) ( ) : 괄호 안에는 대안으로 삼을 수 있는 번역어를 표시하거나 독자의 이해를 돕기 위해서 해당 단어가 사용되는 맥락이나 의미를 보충해 넣었다.

2) / : 한 표제어에 대하여 복수의 번역어를 사용했으나 그것들 사이의 의
미 차이가 미미하여 그것들 각각이 등장하는 원문의 자리를 별도로 분류하
지 않은 경우에, 그리고 같은 뜻의 동족 어근을 지닌 다른 품사의 단어를
하나의 표제어로 묶어서 그 번역어들을 병기한 자리에서 사용했다.

3) → : 한 표제어에 대하여 복수의 번역어를 사용하고 그 각각이 등장하는
원문의 자리를 별도로 분류한 경우에, 우리말 번역어에서 출발하여 화살표
를 따라가면 동일한 희랍어 단어의 또 다른 우리말 번역어를(대개의 경우 대
표로 삼은 번역어를) 확인할 수 있다.

4) ← : 같은 어근을 가진 다른 품사의 단어를 확인할 수 있다.

한국어 – 그리스어

436

대답 apokrisis 162c

대답하다 apokrinomai 153b, 155e,
158c, d, 159b, 166d

대화하다/대화를 나누다 dialegomai
154e, 155a, c, 159b, 170e

더 작은 elattōn 168b, c

더 잘(→더 훌륭한) beltiōn 172d

더 잘 kallion 172b

더 큰 meizōn 168b, c, 172c

더 훌륭한 ameinōn 157e

더 훌륭한 beltiōn 157d, e, 158e

더러운 miaros 161b, 174b

돌보다(→치료하다) therapeuō 157a

동료 synergos 173d

두 배의 diplasios 168c

두려움 phobos 167e, 168a

두려워하다 deidō 175a

두려워하다 phobeomai 166d,
168a, 172e

(사람을) 뒤쫓아오다/쫓아가다(이해하
다) hepomai 154c, 173d

뒤처지는 cheirōn 157d

드러나다(→보이다) phainō 160b, c,
d, 172b, 175b

따라 나오다(추론의 결과로 나오다)
symbainō 169d, 175b

따르다 akoloutheō 176b

따져보다(→검토하다, 살펴보다) skopeō
162e

때밀이 stlengis 161e

뛰어나다(→차이가 있다) diapherō
153d

뛰어난(가장 뛰어난 친구여) beltistos
163e

뛰어남 aretē 158a

뛰어오르다 anapēdaō 153b

뜻을 품고 있다(…라는 의미로 사용
하다)/생각에 품다 noeō 161d,
162b, d

레슬링 경기장 palaistra 153a, 155d

레슬링 (경기하다) palaiō 159c

마주치다 katalambanō 153a

마침 …하다/정말로 …이다/사실
상 …이러저러하다/분명 …이다/
실제로 …하다/…이다/사실 …이
다(→만나다/마주치다) tynchanō
154a, d, e, 155a, 156b, 160c,
161b, 166a, b, 167a, e, 171a

만나다/마주치다 tynchanō 175d

만들기 poiēsis 163a, b, e

만들다/만들어 주다/만들어 내다
apergazomai 160e, 165c, d, e,
173a

만들다 ergazomai 162a, 163b

만들다 poieō 155e, 156b, 157c,
163b, c, d, e, 164a, b, 170d,

174c, e, 176c

말(→이야기) logos 156c, 157a, 158d,
    164c, 173e

멀리 뛰다/멀리뛰기 hallomai 159c

명령하다 epitattō 176c

명민(明敏)함 anchinoia 160a

명예를 얻고 싶어 하는 philotimos
    162c

몰래 …하다 lanthanō 166c, d, 173b

몸(→신체) sōma 173b

무거운 barys 166b, 168c

무두질하다 skytotomeō 161e

믿다 hēgeomai 166c, 176a

바라보다/보다 apoblepō 153d,
    162b, 172e

바라보다/주시하다 theaomai 154c,
    e

바람 boulēsis 167e

배우다 manthanō 159e

법 nomos 161e

병든 nosōdēs 170e, 171a, b

보다(보았다) eidon 154a, 159b,
    169c, 172c

보여주다(증명하다) epideiknymi
    155a, 157e, 158d

보여주다 deiknymi 166a

보여주다 endeiknymi 156b, 169b

보이다/…에게 …라고 보이다/보다

(…가 보기에) dokeō 154a, c, d,
    155a, e, 156c, 157d, 158a, b,
    c, d, e, 159b, 160a, e, d, 161a,
    b, d, e, 162a, b, c, d, 163a, e,
    164a, d, e, 165a, 166e, 167c, d,
    e, 169c, d, 172d, e, 173a

보이다 phainō 154b, d, 158d, d,
    159a, 160e, 161a, 162a, 170c, d,
    171c, 172a, 175c

(…처럼) 보이다/(아마도) …인 것 같
    다 eoika 159d, 161a, c, 162a,
    164c, 168a, 170c, d, 171b, c,
    174d, 175a

봄(視覺) opsis 167c, d, 168d, e

부끄러운 aischros 155a, 159d

부끄러워하다 aischynō 160e, 164d,
    169c

부당한 일을 저지르다 adikeō 156a

분명하다(→보이다) phainō 154a,
    159d, 166d, 174e

분명한 dēlos 158e, 162c, 163d,
    165c, 173a

분명히 드러나 보이다 kataphainō
    172c

불신(不信) apistia 169a

빨래를 하다 plynō 161e

사고능력 dianoia 157c

사내답게 andreiōs 160e

사내답게 andrikōs 160e

사랑 erōs 167e

사실대로(→참된/참이다) alēthēs 153c

사촌 anepsios 154b

산술 logistikē technē 165e

살펴보다(→검토하다) skopeō 158d, e, 161b, c, 167c, d, 171a, b

살펴보다 episkopeō 167a, 171b, 175c

삶 bios 160b, c, 171d

삼촌 theios 154b

샌들 hypodēma 161e

생각을 품다(뜻하다) noeō 162d

생각을 품다 dianoeomai 164e

생각하다 hēgeomai 161d, 163c

설득하다 peithō 156b, 176b, c

솔직하게 말하다 parrēsiazomai 156a

수수께끼 ainigma 161c, 162b

수수께끼 같은 ainigmatōdēs 164e

수수께끼를 이야기하다 ainittomai 162a

수줍어하는 aischyntēlos 158c

수치스러운 (것) oneidos 163b, c

수치심을 느끼는 aischyntēlos 160e

수행하다(→행하다) prattō 173b

숙고 boulē 176d

숙고하다 ennoeō 160d

숙의하다 bouleuō 160a

시도하다 epicheireō 166c, 167c, 171e, 176d

시선을 두다/바라보다 blepō 154c, 172c

시인 poiētēs 157e

시작하다(→다스리다) archō 176c

시재(詩才)가 뛰어난 poiētikos 155a

시종(侍從)(←따르다) akolouthos 155b

신 theos 156d, 164d, e, 165a

신뢰하다 pisteuō 161a, 169a

신발류 hypodesis 173b

신전 hieron 153a, 164e

신체 sōma 156c, e, 157a, b, 159c, d, 160b

신탁을 전달하는 것처럼 점치다 manteuomai 169b

실수 hamartia 171e

실수를 저지르지 않는 anamartētos 171d

(글자를) 쓰다 graphō 159c, 161d, e

아는(친근한, 면식이 있는 사람들) gnōrimos 153a, c

아들 hyios/hyos 154b

아름다운 kalos 154a, b, e, 155a, d, 157a, b, 158c, 159c, d, e, 160a, b, c, d, e, 161a, 163c, 165d, e, 167e, 169e, 172b, d, 175a

아름다움 kallos 153d, 154c, 157e,

169e

아름답게, 잘, 좋게 kalos 156a, c, d, e, 157a, 162e, 163c, 171e, 172a, e, 173a, 175b

안녕(인사말) chairō 164d, e

안녕하고 내버려두다(인사하고 떠나다) chairō 166d

알다 epistamai 155b, c, e, 159a, 170b, d, 171c, e, 172b, d

알다 gignōskō 164b, c, d, 165b, c, 167a, 169d, e, 170b, c, d, 171a, 175b

알다 oida 162b, d, e, 165b, c, 166d, d, 167a, b, 169d, 170a, d, 171d, 172a, c, d, 173a, b, 174a, 175c, 176a

알아내다(지식이나 정보 등을 알아내려고 시도하다, 배우다) pynthanomai 158e

알지 못하다 agnoeō 153a, 164d, 170c, 174a

알지 못함 anepistēmosynē 166e, 167c, 169b, 170a, b, 171c, 172b, 173d, 174d, e

앎 epistēmē 165c, d, e, 166a, 166b, c, e, 167b, c, 168a, b, 169a, b, d, e, 170a, b, c, d, e, 171a, c, e, 172a, b, c, 173b, c, 174c, d, e, 175b

앎 gnōsis 169e

앎을 지닌/앎을 지닌 사람/앎에 의거하여 epistēmōn 170e, 173d, e, 174a, b, 175c

앞에 드러나다 prophainō 172e, 173a

(치료)약, 약초 pharmakon 155b, c, e, 157b, c, 158c

어려운 chalepos 162b

엉터리로 kakōs 162d

연애(문제)에 관한 erōtikos 155d

연인 erastēs 154a, c

열성(熱誠) spoudē 155c, 175e

염치 aidōs 160e, 161a, b

영혼 psychē 154e, 156e, 157a, b, c, 160a, b, 175d

예언가/예언자 mantis 164e, 173c

예언관(豫言官) prophētēs 173c

예언술 mantikē(technē) 173c

오만무례하게 hybristikōs 175d

옷감/외투 himation 161e, 165e

옷감을 짜다(직조하다/옷을 만들다) hyphainō 161e

완성 telos 173d

완성하다(완성해 내다)(→만들어 내다) apergazomai 161e

왕 basileus 156d, 158a

외모 eidos 154d, e

외모 idea 157d, 158b, 175d

욕구 epithymia 167e

442

행복 eudaimonia 158a

행복하다/행복하게 되다 eudaimoneō
173d, 174c

행복한 eudaimōn 172a, 173e, 174a,
176a

행위(→행하기) praxis 160c, 172a

행하기(→행위) praxis 163b, c, d, e

행하다/행위하다 prattō 159b, 160c,
c, 161b, d, e, 162a, b, d, 163a,
b, c, e, 164b, c, 171b, e, 172a, d,
173d, 174b, 176d

헬라스 말을 하다 hellēnizō 159a

화성(和聲)의 harmonikos 170c

후견인 epitropos 155a

훌륭한(→좋은) agathos 156b, 160e,
161a, b

힘 dynamis 156b, 168b, d, e, 169a

그리스어 – 한국어

adikeō ἀδικέω 부당한 일을 저지르다

agalma ἄγαλμα 조각상

agan ἄγαν 지나치다

agathos ἀγαθός 좋은/좋은 것/좋음,
훌륭한(→좋은)

agnoeō ἀγνοέω 알지 못하다

aidōs αἰδώς 염치

ainigmatōdēs αἰνιγματώδης 수수께
끼 같은

ainigma αἴνιγμα 수수께끼

ainittomai αἰνίττομαι 수수께끼를 이
야기하다

aischros αἰσχρός 부끄러운

aischynō αἰσχύνω 부끄러워하다

aischyntēlos αἰσχυντηλός 수줍어하
는, 수치심을 느끼는

aisthanomai αἰσθάνομαι 감지(感知)
하다, 지각(知覺)하다

aisthēsis αἴσθησις 지각

akoloutheō ἀκολουθέω 따르다

akolouthos ἀκόλουθος 시종(侍從)
(←따르다)

alētheia ἀλήθεια 진리

alēthēs ἀληθής 사실대로(→참된/참
이다), 참된, 참이다/정말로 그렇
다(→참된)

cf. hōs alēthōs ὡς ἀληθῶς 정말
로/진짜(→참된/참)

alēthinos ἀληθινός 진짜

ameinōn ἀμείνων 더 훌륭한

anagignōskō ἀναγιγνώσκω (글을)
읽다

anamartētos ἀναμάρτητος 실수를
저지르지 않는

anamimnēskō ἀναμιμνήσκω 다시
떠올리다

anankaios ἀναγκαῖος 필연적인

anankazō ἀναγκάζω 강제하다/강
요하다

anankē ἀνάγκη 필연/필연적/필연성

anapēdaō ἀναπηδάω 뛰어오르다

anchinoia ἀγχίνοια 명민(明敏)함

andreiōs ἀνδρείως 사내답게

andrikōs ἀνδρικῶς 사내답게

anepistēmosynē ἀνεπιστημοσύνη
알지 못함

anepsios ἀνεψιός 사촌

angellō ἀγγέλλω (소식을) 전하다

apergazomai ἀπεργάζομαι 만들다/
만들어 주다/만들어 내다, 완성하
다(완성해 내다)(→만들어 내다)

aphorizō ἀφορίζω 한정하다

apistia ἀπιστία 불신(不信)

apoblepō ἀποβλέπω 바라보다/보다

apokrinomai ἀποκρίνομαι 대답하다

apokrisis ἀπόκρισις 대답

apoleipō ἀπολείπω 저버리다

apophainō ἀποφαίνω 증명하다

aporeō ἀπορέω 길 없음에 봉착하
다, 길을 찾을 방도를 모르다, 난
감하다(→길 없음에 봉착하다)

aporia ἀπορία 길 없음

apothnēskō ἀποθνήσκω 죽다

archē ἀρχή 처음/(맨) 처음 시작

archō ἄρχω 다스리다, 시작하다(→
다스리다)

aretē ἀρετή 뛰어남

aristos ἄριστος 고귀한 (친구여)

astheneia ἀσθένεια 질병

atechnōs ἀτεχνῶς 단지

atē ἄτη 파탄

axios ἄξιος …할 만하다(값어치가 있
다)/(…에) 걸맞은

badizō βαδίζω 걷다

barys βαρύς 무거운

basileus βασιλεύς 왕

beltiōn βελτίων 더 잘(→더 훌륭한),
더 훌륭한

beltistos βέλτιστος 가장 훌륭한, 고
귀한 (친구여), 뛰어난(가장 뛰어난
친구여)

biazō βιάζω 폭력을 쓰다

bios βίος 삶, 인생(→삶)

blepō βλέπω 시선을 두다/바라보다

boulē βουλή 숙고

boulēsis βούλησις 바람

bouleuō βουλεύω 숙의하다

boulomai βούλομαι 원하다

chairō χαίρω 안녕(인사말), 안녕하
고 내버려두다(인사하고 떠나다)

chalepos χαλεπός 어려운

cheirōn χείρων 뒤처지는

deidō δείδω 두려워하다

deiknymi δείκνυμι 보여주다

deinos δεινός 겁나는(무서운), 끔찍한

dēlos δῆλος 분명한

dēmiourgos δημιουργός 제작자

diaita δίαιτα 처방

diakrinō διακρίνω 가려내다

dialegomai διαλέγομαι 대화하다/
대화를 나누다

dianoeomai διανοέομαι 생각을 품다

dianoia διάνοια 사고능력

diapherō διαφέρω 구분되다(→차이
가 있다), 능가하다(→차이가 있다),
뛰어나다(→차이가 있다), 차이가
있다, 특출하다(→차이가 있다)

diaskopeō διασκοπέω 검토하다

diatribē διατριβή 늘 마음 쓰던 일

didaskō διδάσκω 가르치다

dihorizomai διορίζομαι 정의(定義)
로 제안하다

dikaios δίκαιος 정당한/정당하게,
정의로운/정의로움

diplasios διπλάσιος 두 배의

dokeō δοκέω 보이다/…에게 …라고
보이다/보다(…가 보기에)

doxa δόξα 의견

doxazō δοξάζω 의견을 지니다

dynamis δύναμις 힘

dysmathia δυσμαθία 잘 못 배움

echthros ἐχθρός 적(敵)

eidon εἶδον 보다(보았다)

eidos εἶδος 외모

eikos εἰκός 그럴듯한 (것)

elattōn ἐλάττων 더 작은

elenchō ἐλέγχω 논박하다/검토하다

emblepō ἐμβλέπω 쳐다보다

endeiknymi ἐνδείκνυμι 보여주다

enkōmiazō ἐγκωμιάζω 칭송하다

ennoeō ἐννοέω 숙고하다

eoika ἔοικα (…처럼) 보이다/(아마
도)…인 것 같다

epaeidō ἐπαείδω 주문을 외우다

epicheireō ἐπιχειρέω 시도하다

epideiknymi ἐπιδείκνυμι 보여주다
(증명하다)

epieikōs ἐπιεικῶς 정확하게

epimeleia ἐπιμέλεια 관심

episkopeō ἐπισκοπέω 검토하다,
살펴보다

epistamai ἐπίσταμαι 알다

epistateō ἐπιστατέω 관할하는 의장
이 되다

epistēmē ἐπιστήμη 앎

epistēmōn ἐπιστήμων 앎을 지닌/앎
을 지닌 사람/앎에 의거하여

epitattō ἐπιτάττω 명령하다

epitēdeios ἐπιτήδειος (…를) 위한
(다른 이들에게 도움이 되는)

epithymia ἐπιθυμία 욕구

epitropos ἐπίτροπος 후견인

epōidē ἐπῳδή 주문(呪文)

erastēs ἐραστής 연인

ergasia ἐργασία (재료를) 다루기(→
일하기), 일하기

ergazomai ἐργάζομαι 만들다

ergon ἔργον 일/결과/결과물/업적

erōs ἔρως 사랑

erōtikos ἐρωτικός 연애(문제)에 관한

eudaimoneō εὐδαιμονέω 행복하
다/행복하게 되다

eudaimonia εὐδαιμονία 행복

eudaimōn εὐδαίμων 행복한

eudokimeō εὐδοκιμέω 좋은 평판을
얻다

eumatheia εὐμάθεια 잘 배움

euporos εὔπορος (길, 방법 등을) 잘
찾아내다

exetazō ἐξετάζω 검토하다

exheuriskō ἐξευρίσκω 찾아내다

gennadas γεννάδας 고귀한 사람

gennaios γενναῖος 태생이 고귀한

geōmetrikē(technē) γεωμετρικὴ
(τέχνη) 기하학

gignōskō γιγνώσκω 알다

gnōrimos γνώριμος 아는(친근한, 면
식이 있는 사람들)

gnōsis γνῶσις 앎

grammatistēs γραμματιστής 글 가
르치는 선생님

graphō γράφω (글자를) 쓰다

hallomai ἅλλομαι 멀리뛰다/멀리뛰기

hamartēma ἁμάρτημα 잘못

hamartia ἁμαρτία 실수

harmonikos ἁρμονικός 화성(和聲)의

hasmenōs ἀσμένως 기쁘게

hēdonē ἡδονή 즐거움

hēgeomai ἡγέομαι 믿다, 생각하다,
이끌어가다

hēlikia ἡλικία 나이

hellēnizō ἑλληνίζω 헬라스 말을 하
다

hēmisys ἥμισυς 절반

hepomai ἕπομαι (사람을) 뒤쫓아오
다/쫓아가다(이해하다)

hēsychia ἡσυχία 조용함

hēsychios ἡσύχιος 조용한/조용하게

hēsychiotēs ἡσυχιότης 조용함

heuriskō εὑρίσκω 찾아내다

hieron ἱερόν 신전

himation ἱμάτιον 옷감/외투

horizō ὁρίζω 정의하다

hybristikōs ὑβριστικῶς 오만무례하
게

hygiainō ὑγιαίνω 건강하게 만들다

hygieia ὑγίεια 건강

hygieinos ὑγιεινός 건강한/건강함

hygiēs ὑγιής 건강한

hyios/hyos υἱος/υός 아들

hyphainō ὑφαίνω 옷감을 짜다(직조 하다/옷을 만들다)

hyphantikē(technē) ὑφαντικὴ(τέχνη) 직조술

hypodēma ὑπόδημα 샌들

hypodesis ὑπόδεσις 신발류

iaomai ἰάομαι 치료하다

iatrikē(technē) ἰατρικὴ(τέχνη) 의술, 치료법(→의술)

iatros ἰατρός 의사

idea ἰδέα 외모

ischuros ἰσχυρός 격렬한

kakos κακός 나쁜/나쁜 것/나쁨

kakōs κακῶς 엉터리로

kallion κάλλιον 더 잘

kallos κάλλος 아름다움

kalos καλός 아름다운, 아름답게, 잘, 좋게

katalambanō καταλαμβάνω 마주치 다

katanoeō κατανοέω 인지하다

kataphainō καταφαίνω 분명히 드러 나 보이다

kindyneuō κινδυνεύω 감히 ···하다, 그렇겠다/그럴 것 같다, 위험을 무릅쓰다

kitharistēs κιθαριστής 키타라 (가르 치는) 선생님

kitharizō κιθαρίζω 키타라 연주(하 다)

kosmiōs κοσμίως 조화롭게

kouphos κοῦφος 가벼운

kybernētēs κυβερνήτης 조타수

kybernētikē(technē) κυβερνητικὴ (τέχνη) 조타술

lanthanō λανθάνω 몰래 ···하다

leipō λείπω 남겨두다(남겨두고 떠나 다)

lēkythos λήκυθος 기름병

logistikē technē λογιστικὴ τέχνη 산술

logos λόγος 논변(→말), 논의(→말), 말(→이야기), 원리(→말), 이야기 (→말)

makarios μακάριος 축복받은

manteuomai μαντεύομαι 신탁을 전 달하는 것처럼 점치다

manthanō μανθάνω 배우다

mantikē(technē) μαντικὴ(τέχνη) 예 언술

mantis μάντις 예언가/예언자

meizōn μείζων 더 큰, 우람한(→더 큰)

miaros μιαρός 더러운

mimnēskō μιμνήσκω 기억하다

mousikē μουσική 음악

neos νέος 젊은

noeō νοέω 뜻을 품고 있다(⋯라는 의미로 사용하다)/생각에 품다/생각을 품다(뜻하다)

nomos νόμος 법

noos νόος 주목/주의

nosēma νόσημα 질병

nosōdēs νοσώδης 병든

oida οἶδα 알다

oikia οἰκία 집

oikodomikē(technē) οἰκοδομικὴ (τέχνη) 건축술

onar ὄναρ 꿈

oneidos ὄνειδος 수치스러운 (것)

onoma ὄνομα 이름

ōpheleia ὠφέλεια 이로움

ōpheleō ὠφελέω 이롭게 하다

ōphelimos ὠφέλιμος 이로운/이롭게

ophelos ὄφελος 이로움/도움

opsis ὄψις 봄(視覺)

palaiō παλαίω 레슬링(경기하다)

palaistra παλαίστρα 레슬링 경기장

pankratiazō παγκρατιάζω 종합 격투기 경기(하다)

parrēsiazomai παρρησιάζομαι 솔직하게 말하다

paschō πάσχω 겪다

peithō πείθω 설득하다

phainō φαίνω 드러나다, 보이다, 분명하다

pharmakon φάρμακον (치료)약, 약초

philosophia φιλοσοφία 지혜를 사랑함

philosophos φιλόσοφος 지혜를 사랑하는 자

philotimos φιλότιμος 명예를 얻고 싶어 하는

phobeomai φοβέομαι 두려워하다

phobos φόβος 두려움

phronimos φρόνιμος 지각 있는

pisteuō πιστεύω 신뢰하다

plynō πλύνω 빨래를 하다

poiēma ποίημα 작품

poieō ποιέω 만들다, 자아내다(→만들다), 저지르다(→만들다), 하다(→만들다)

poiēsis ποίησις 만들기

poiētēs ποιητής 시인, 작가

poiētikos ποιητικός 시재(詩才)가 뛰

어난

polis πόλις 나라

politikos πολιτικός 정치적인

polypragmoneō πολυπραγμονέω
남의 일에 참견하다

prattō πράττω 수행하다, 행하다, 행
위하다

praxis πρᾶξις 행위/행하기

prepō πρέπω 합당하다

presbys πρέσβυς 늙은

prophainō προφαίνω 앞에 드러나다

prophētēs προφήτης 예언관(豫言官)

prospoieō προσποιέω …하는 척하
다(가장하다)

pseudēs ψευδής 거짓말하는

psychē ψυχή 영혼

pykteuō πυκτεύω 권투 시합(하다)

pynthanomai πυνθάνομαι 알아내
다(지식이나 정보 등을 알아내려고 시
도하다, 배우다)

skepsis σκέψις 탐구

skopeō σκοπέω 검토하다(→살펴보
다), 따져보다(→검토하다, 살펴보
다), 살펴보다(→검토하다), 탐구하
다(→검토하다, 살펴보다)

skytotomeō σκυτοτομέω 무두질하다

sōma σῶμα 몸, 신체

sophia σοφία 지혜

sophos σοφός 전문가다운, 지혜로
운(→전문가다운)

sōphroneō σωφρονέω 절제 있다

sōphronōs σωφρόνως 절제 있게(←
절제 있는)

sōphrōn σώφρων 절제 있는

sōphrosynē σωφροσύνη 절제

sōtēr σωτήρ 구원자

sōzō σῴζω 구원하다

spoudē σπουδή 열성(熱誠)

stlengis στλεγγίς 때밀이

stratēgos στρατηγός 장군

stratopedon στρατόπεδον 주둔지

symbainō συμβαίνω 따라 나오다(추
론의 결과로 나오다)

synergos συνεργός 동료

tarichopōleō ταριχοπωλέω 절인 생
선을 팔다

technē τέχνη 기술

technikōs τεχνικῶς 기술을 써서

tekmairomai τεκμαίρομαι 증거를
대다(증거를 제시하며 말하다)

tēlikountos τηλικοῦντος 그만한 나
이에 이른

telos τέλος 완성

thaumastos θαυμαστός 놀랄 만한

theaomai θεάομαι 바라보다/주시하
다

theios θεῖος 삼촌

theos θεός 신

theō θέω 달리다/달리기

therapeuō θεραπεύω 돌보다(→치료
하다), 치료하다(→돌보다)

tynchanō τυγχάνω 마침 ···하다/정
말로 ···이다/사실상 ···이러저러하
다/분명 ···이다/실제로 ···하다/···
이다/사실 ···이다(→만나다/마주치
다), 만나다/마주치다

xenos ξένος 이방인

zēteō ζητέω 탐구하다

zētēsis ζήτησις 탐구

zētētēs ζητητής 탐구자

주요 개념

알지 못함에 대한 앎 epistēmē
anepistēmosynēs ἐπιστήμη ἀν-
επιστημοσύνης 166e, 167c, 169b,
171c, 172b, 174d, e

앎과 알지 못함을 가려내는 앎
to epistēmēn epistasthai kai
anepistēmosynēn τὸ ἐπιστήμην
ἐπίστασθαι καὶ ἀνεπιστημοσύ-
νην 172b

앎 그 자체에 대한 앎 epistēmē (autē)
heautēs ἐπιστήμη (αὐτὴ) ἑαυτῆς
166c, e, 167c, 168a

(다른) 앎들에 대한 앎 epistēmē tōn
(allōn) epistēmōn ἐπιστήμη τῶν
(ἄλλων) ἐπιστημῶν 166c, e,
167c, 168a, 170c, 174d

앎에 대한 앎 epistēmē epistēmēs
ἐπιστήμη ἐπιστήμης 166e, 169b,
d, 170a, 171c, 172b, 174e, 175b

앎을 가려내 앎 epistasthai epistēmēn
ἐπίστασθαι ἐπιστήμην 172c

앎을 알다 epistēmēn gignōskō
ἐπιστήμην γιγνώσκω 170b

자기 자신을 앎 to gignōskein heauton
τὸ γιγνώσκειν ἑαυτόν 164d, 165b,
167a, 169d, e

자신에게 고유한 것 ta oikeia τὰ οἰ-
κεῖα 163c, d

자신에게 속하는 것을 행함/자기 자
신의 것을 행함 to ta heautou
prattein(=to ta hautou prattein) τὸ
τὰ ἑαυτοῦ πράττειν(=τὸ τὰ αὑτοῦ
πράττειν) 161b, d, 162a, b, d,
163a, c

cf. 자신에게 속하는 (것을 하는) 같
은 기술을 행하는 자 ho hautou
homotechnos ὁ αὑτοῦ ὁμότεχνος

171c

cf. (다른 기술들 각각이) 그 자신에
게 속하는 일을 (하다/만들다) to
hautēs ergon(… poiein) τὸ αὐτῆς
ἔργον(… ποιεῖν) 174e

자신에게 속한 것들(동사와 함께 사용
되지 않고 명사로 쓰임) ta hautou
τὰ αὑτοῦ 163d

자신을 앎/자신에 대한 앎 epistēmē
hēautou ἐπιστήμη ἑαυτοῦ 165c,
d, e

좋은 것들을 만듦 hē tōn agathōn
poiēsis ἡ τῶν ἀγαθῶν ποίησις
163d, e

좋은 것들을 행하기/행함 hē tōn
agathōn praxis ἡ τῶν ἀγαθῶν
πρᾶξις 163e

좋음과 나쁨에 대한 앎 epistēmē (…)
agathou te kai kakou ἐπιστήμη
(…) ἀγαθοῦ τε καὶ κακοῦ 174d

좋음과 나쁨에 대한 앎 epistēmē
peri to agathon te kai kakon ἐπι-
στήμη περὶ τὸ ἀγαθόν τε καὶ κα-
κόν 174c

좋음에 대한 앎 epistēmē peri
tagathon ἐπιστήμη περὶ τἀγαθόν
174e

고유명사, 격언

글라우콘 Glaukōn Γλαύκων 154b,
158b

너 자신을 알라 Gnothi sauton
Γνῶθι σαυτόν 164e, 165a

델포이 Delphoi Δελφοί 164d
드로피데스 Drōpidēs Δρωπίδης
157e

바실레(여신) Basilē Βασίλη 153a
보증, 파탄이 곁에 (있다) Engyē para
d'atē Ἐγγύη πάρα δ᾽ ἄτη 165a

소크라테스 Sōkratēs Σωκράτης
153a, b, 154a, 154d, 156a, 157c,
160d, 161b, c, 163b, 164c, 165a,
e, 166b, d, e, 168c, 169d, 170a,
172e, 175a, 176a, b
솔론 Solōn Σόλων 155a, 157e

아나크레온 Anakreōn Ἀνακρέων
157e
아바리스 Abaris Ἄβαρις 158b
아테네 Athēnai Ἀθῆναι 157e
어떤 것도 지나치지 말라 Mēden
agan Μηδὲν ἄγαν 165a

옮긴이의 말

　자기 자신에 대한 앎이라는 주제에 이끌려 플라톤의 『카르미데스』를 처음 만나 읽게 된 것은 1995년이었다. 오랜 시간 동안 품고 키워 온 번역이 이제 출간된다. 여기에 오기까지 그 과정에 도움을 주신 많은 분들을 기억하고 기록하고 감사의 뜻을 전할 때다. 한 아이를 키우는 데 온 마을이 필요하다는 말이 있다고 전해 들었다. 내가 성장해 온 과정을 잠시 되돌아보면 그 이상으로 많은 분들의 도움이 있었고 그 모든 스승들에게 감사드린다. 그 가운데에서도 우선 이태수 선생님과 김남두 선생님께 감사드린다. 내가 서양고대철학을 전공하며 철학의 길을 걸어온 것은 두 분 은사님의 덕택이다. 학부 시절부터 희랍어를 배우고 여러 고전 작품들을 함께 읽고 토론하며 지금에 이르기까지 두 분의 가르침은 여러 맥락에서 내게 소중한 자산이자 자양분이 되어 왔다. 부족한 점이 있더라도 이 번역을 기쁘게 반겨 주시기를 희망한다.

크리스토퍼 로우(Christopher Rowe) 선생님에게도 감사드린다. 로우 선생님의 지도로 박사 논문을 쓰면서, 『카르미데스』의 기존 영어 번역을 인용하는 대신 나 자신의 영어 번역을 만들어 활용하기로 하였는데, 희랍어 문장 하나하나를 영어로 옮기는 전 과정에서 세세하게 작은 부분까지도 바로잡아 주셨다. 그 과정에서 특히 희랍어 소사(小辭, particle)가 어떻게 활용되고 있는지를 더 면밀하게 이해할 수 있게 되었고, 이를 바탕으로 등장인물들의 언어를 통한 상호작용이 어떻게 이루어지고 있는지, 그 행간에 담긴 논변의 함축을 더 자세히 볼 수 있게 되었으며, 이 작품에 대한 이해를 한층 더 심화할 수 있었다. 그 과정은 희랍어, 영어에 대한 이해뿐만 아니라 우리말에 대한 이해까지도 정련하는 과정이었다.

이정호 선생님을 비롯하여 정암학당의 (교열 및 윤독에 참여하신 선생님들 이외에도) 많은 선후배 동료 선생님들에게도 감사의 마음을 전한다. 후배들에 대한 이정호 선생님의 관심과 사랑에서 비롯된 정암학당이 발족하던 초창기에, 서울 연구실에서뿐만 아니라 방학이면 횡성의 연구실에서 숙식을 같이하면서 플라톤 작품을 강독하던 일, 2001년 여름 그리스의 여러 유적지들로 함께 여행을 가서 현장의 생생함을 경험했던 일 등은 소중한 추억으로 남아 있다. 이 번역에 대한 정암학당에서의 교열 및 윤독은 2010년 11월~2011년 1월에 걸쳐서 이루어졌다. 그 검토 과정에서 이전에 역자가 범했던, 그리고 범했을 수도 있는, 실수를 걸러 내어 바로잡을 수 있도록 여러 선생님들께서 애써 주셨다. 그런 제안들을 수용한 것들이 있는가 하면, 큰 틀의 취지에는 공감하면서도 몇몇 세부사항에서 역자의 의견을 고집한 것들도 있다. 그러다 보니 그것이 주석과 작품 안내의 분량이 늘어나는 한 요인이 되었다. 여러 선생님들께서 너그러이 혜량하여 주시기를 바란다. 특히나 오랜 기간 역자를 신뢰하고 지지하며 이 번역의 출간을 기다려 주신 여러 선생님들과 정암학당의 후원회원들에게도 감사드린다.

이 작품 『카르미데스』를 함께 강독했던 학생들에 대한 감사와 고마움도 빼놓을 수 없다. 2010년과 2014년에 이 작품을 학생들과 강독하면서 번역을 재차 다듬을 수 있었고, 독자들이 어떤 설명과 설득을 필요로 하는지를 명확히 알 수 있었으며, 주석과 작품 안내에 포함시킬 정보와 설명의 양과 수준을 결정하는 데에 큰 도움을 얻었다. 물론 이 작품 이외에도 플라톤의 여러 작품들을 여러 해 동안 강독하고 있는데, 함께 고전을 읽고 공부하는 즐거움을 누릴 수 있게 해 주는 학생들에게 (이곳에 이름을 일일이 열거하지 못해서 미안하다) 감사할 따름이다.

한편 번역 원고의 공동 검토 과정에서 일반 독자들을 위해서 상세한 주석이나 설명을 다소 덜어 내고 조금 더 단순하게 정리해도 좋지 않겠느냐는 의견도 있었다. 하지만 역자는 대학생들이나 성인들뿐만 아니라 최근에 들어서는 고등학생들과 플라톤 작품을 읽는 기회를 누리게 되었는데, 일정한 학습 동기와 열의를 갖춘 학생들이 고전 작품의 핵심을 충분히 이해한다는 것을 확인하였고, 이를 근거로 우리의 현재 시점의 문화 저변의 기초 체력을 대단히 긍정적으로 보게 되었다. 달리 말하면, 일반 독자의 수준을 꽤 높게 잡아도 좋다고 판단하게 되었다. 역자가 일반 독자의 수준을 미리 염려할 일이 아니라, 자연스럽게 독자들이 저마다 자신의 관심사에 맞게 주석과 해설의 내용을 취사선택해서 읽으면 될 일이라고 본다. 또한 이 번역에 동반하는 작품 안내가 (그리고 그것을 집필하는 일이) 일반 독자들에게 좀더 가까이 다가가서 직접 소통할 수 있는 사실상 몇 안 되는 대단히 소중한 기회라는 사실을 인지하게 되었고, 이 기회를 최대한 살려 선용하자는 생각에 이르게 되었다. 역자가 할 수 있는 한 최선의 설명과 해석을 곁들이고자 노력했고, 그것이 오랜 시간 기다려 주신 독자들에게 그리고 더 넓게는 나를 키우고 성장시킨 공동체에 대한 보답이 되기를 희망한다.

교열 및 윤독을 마치고 긴 시간이 흐르는 동안에 천병희 선생님의 『카르미데스』 우리말 번역이 이미 출간되었다. 그 번역의 구체적인 내용을 역자의 번역과 비교하여 비평하는 일은 하지 않았다. 원로 선생님께서 내놓으신 많은 번역이 학계에 그리고 특히 학생들을 위해서 큰 기여를 해 왔다고 본다. 역자의 번역을 포함하여 복수의 저자들이 출간한 여러 번역이 지닌 장단점을 비교하여 평가하는 일은 독자의 몫이리라. 또 다른 후속 번역과 해석이 지속적으로 나오고 상생 발전하는 선순환이 이어지기를 기대한다.

이 작품의 중요한 메시지 중 하나는 인간이 스스로의 무지를 자각하는 것이 얼마나 중요한가 하는 것이었다. 이 점은 역자 자신에게도 적용해 볼 수 있겠다. 많은 정성과 노력을 기울였음에도 역자가 스스로 보지 못한—그래서 자각하지 못한—부족한 점이 이 번역에도 남아 있을 것이다. 또한 독자들이 지니는 관점에 따라서 이견이 있을 수도 있겠다. 번역에 대해서도 그러하겠지만, 특히 번역 안에 실려 있을 수밖에 없는 역자의 관점과 해석에 대해서 동의하지 않는 분들도 있을 것이다. 그 점에 대해서는 서로 간의 관점과 출발점이 얼마만큼 같거나 다른지, 긴 시간을 두고 여유롭게 대화하고 논의하면서, 바로잡을 점이 있다면, 그러한 것들은 추후에 반영해 나가기로 하겠다. 겸허하고 진솔한 마음으로 독자 제현의 제안, 질정, 격려를 기다린다.

그럼 이제 텍스트 밖으로 나오면서, 다시 한번 질문해 보자.

자기 자신을 안다는 것은 무엇이고, 어떻게 가능하며, 우리에게 어떤 의미를 지니는 것인가? 이 작품 내용의 범위를 넘어서서, 나 자신의 삶의 맥락 속에서 스스로 탐구해 보자. 아마도 자신을 안다는 것은 스스로가 자신의 행위를 통해서 자아를 이루고 완성해 가고, 그렇게 해서 자신이 어떠한 사람인지를 발견하고, 그렇게 그 과정을 통해서 자신이 어떠한 사람인지를 자신의 행위와 실천을 통해서 전체로서의 삶의 과정을 통해서 정의해 나가는 여정이라고 표현할 수도 있을 것이다. 나 또한 나 자신이 지향해 나가는 궁극의 지향점과 목적이 무엇인지를 스스로의 삶을 통해서 지속적으로 탐구하고 찾아 나갈 것이다. 그리하여 우리 각자가 자기 자신의 진정한 모습을 발견해 나가는 것이 우리 인생의 과정이리라고 조심스레 이야기해 본다. 결국 이것은 우리가 각자 자신의 삶의 현장에서 행동으로 답해야 할 질문이다.

길어진 옮긴이의 말을 이제 마무리하자. 번역 본문과 작품 안내 원고를 완성한 이후에 후반 작업을 진행하면서, 색인 작성을 도와준 김현서 씨와 안상욱 선생에게도 감사의 마음을 전한다. 또한 아카넷 출판사의 여러 분들께 특히 박수용 학술팀장에게, 때로는 기다리며 때로는 다그치며 편집 작업을 진행하면서도 그간 역자가 처했던 여러 상황과 사정들을 이해하고 공감해 주어서, 더욱 감사드린다.

삶의 여러 단계와 과정에서 서로를 지지하며 동고동락해 온 동생 혜완, 조카 동현에게도 감사하는 마음을 전한다. 마지막으로 학문 탐구의 길이자 인생의 길을 찾는 여정을 자유롭게 갈 수 있도록 지지해 주시면서 일생을 자식들을 위해서 헌신하신 아버지와 어머니께 감사하는 마음을 담아 이 책을 바친다. 두 분이 생존해 계실 때 책의 출간을 보여 드렸어야 했는데 진즉에 그러지 못해서 안타까움이 크지만, 지금이라도 기쁘고 반갑고 흡족한 마음으로 받아 주시기를 앙망한다.

2021년 11월 15일
관악과 평택을 왕래하며
유혁

사단법인 정암학당을 후원해 주시는 분들

정암학당의 연구와 역주서 발간 사업은 연구자들의 노력과 시민들의 귀한 뜻이 모여 이루어집니다. 학당의 모든 연구는 시민들의 자발적인 후원을 바탕으로 하기 때문입니다. 그 결실을 담은 '정암고전총서'는 연구자와 시민의 연대가 만들어 내는 고전 번역 운동의 산물이라고 할 수 있습니다. 이 같은 학술 운동의 역사적 의미를 기리고자 이 사업에 참여한 후원회원 한 분 한 분의 정성을 이 책에 기록합니다.

평생후원회원

Alexandros Kwanghae Park 강대진 강상진 강선자 강성훈 강순전 강창보
강철웅 고재희 권세혁 권연경 기종석 길명근 김경랑 김경현 김기영
김남두 김대오 김미성 김미옥 김상기 김상수 김상욱 김상현 김석언
김석준 김선희(58) 김성환 김숙자 김영균 김영순 김영일 김영찬 김운찬
김유순 김 율 김은자 김인곤 김재홍 김정락 김정란 김정례 김정명
김정신 김주일 김진성 김진식 김출곤 김 헌 김현래 김현주 김혜경
김혜자 김효미 류한형 문성민 문수영 문종철 박계형 박금순 박금옥
박명준 박병복 박복득 박상태 박선미 박세호 박승찬 박윤재 박정수
박정하 박종민 박종철 박진우 박창국 박태일 박현우 반채환 배인숙
백도형 백영경 변우희 서광복 서 명 설현석 성중모 손성석 손윤락
손효주 송경순 송대현 송성근 송순아 송유레 송정화 신성우 심재경
안성희 안 욱 안재원 안정옥 양문흠 양호영 엄윤경 여재훈 염수균
오서영 오지은 오홍식 유익재 유재민 유태권 유 혁 윤나다 윤신중
윤정혜 윤지숙 은규호 이기백 이기석 이기연 이기용 이두희 이명호
이미란 이민숙 이민정 이상구 이상원 이상익 이상인 이상희(69) 이상희(82)
이석호 이순이 이순정 이승재 이시연 이광영 이영원 이영호(48) 이영환
이옥심 이용술 이용재 이용철 이원제 이원혁 이유인 이은미 이임순
이재경 이정선(71) 이정선(75) 이정숙 이정식 이정호 이종환(71) 이종환(75) 이주형
이지수 이 진 이창우 이창연 이창원 이충원 이춘매 이태수 이태호
이필렬 이향섭 이향자 이황희 이현숙 이현임 임대윤 임보경 임성진
임연정 임환균 장경란 장동익 장미성 장영식 전국경 전병환 전헌상
전호근 정선빈 정세환 정순희 정연교 정 일 정정진 정제문 정준영(63)
정준영(64) 정태흡 정해남 정흥교 정희영 조광제 조대호 조병훈 조익순
지도영 차경숙 차기태 차미영 최 미 최세용 최수영 최병철 최영임
최영환 최운규 최원배 최윤정(77) 최은영 최인규 최지호 최 화 표경태
풍광섭 하선규 하성권 한경자 한명희 허남진 허선순 허성도 허영현
허용우 허정환 허지현 홍섬의 홍순정 홍 훈 황규빈 황유리 황희철
나와우리〈책방이음〉 도미니코 수도회 도바세 방송대문교소담터스터디
방송대영문과07 학번미아팀 법률사무소 큰숲 부북스출판사(신현부)
생각과느낌 정신건강의학과 이제이북스 카페 벨라온

개인 241, 단체 10, 총 251

후원위원

강성식	강승민	강용란	강진숙	강태형	고명선	곽삼근	곽성순	구미희
길양란	김경원	김나윤	김대권	김명희	김미란	김미선	김미향	김백현
김병연	김복희	김상봉	김성민	김성윤	김순희(1)	김승우	김양희(1)	김양희(2)
김애란	김영란	김용배	김윤선	김정현	김지수(62)	김진숙(72)	김현제	김형준
김형희	김희대	맹국재	문영희	박미라	박수영	박우진	백선옥	사공엽
서도식	성민주	손창인	손혜민	송민호	송봉근	송상호	송연화	송찬섭
신미경	신성은	신영옥	신재순	심명은	오현주	오현주(62)	우현정	원해자
유미소	유형수	유효경	이경진	이명옥	이봉규	이봉철	이선순	이선희
이수민	이수은	이승목	이승준	이신자	이은수	이재환	이정민	이주완
이지희	이진희	이평순	이한주	임경미	임우식	장세백	전일순	정삼아
정현석	조동제	조문숙	조민아	조백현	조범규	조성덕	조정희	조준호
조진희	조태현	주은영	천병희	최광호	최세실리아		최순렬	최승아
최이담	최정옥	최효임	한대규	허 민	홍순혁	홍은규	홍정수	황정숙
황훈성	정암학당1년후원							

문교경기〈처음처럼〉	문교수원3학년학생회	문교안양학생회
문교경기8대학생회	문교경기총동문회	문교대전충남학생회
문교베스트스터디	문교부산지역7기동문회	문교부산지역학우일동(2018)
문교안양학습관	문교인천동문회	문교인천지역학생회
방송대동아리〈아노도스〉	방송대동아리〈에사모〉	방송대동아리〈프로네시스〉
사가독서회		

개인 118, 단체 16, 총 134

후원회원

강경훈	강경희	강규태	강보슬	강상훈	강선옥	강성만	강성심	강신은
강유선	강은미	강은정	강임향	강주완	강창조	강 항	강희석	고경효
고복미	고숙자	고승재	고창수	고효순	곽범환	곽수미	구본호	구익희
권 강	권동명	권미영	권성철	권순복	권순자	권오성	권오영	권용석
권원만	권장용	권정화	권해명	김경미	김경원	김경화	김광석	김광성
김광택	김광호	김귀녀	김귀종	김길화	김나경(69)	김나경(71)	김남구	김대겸
김대훈	김동근	김동찬	김두훈	김 들	김래영	김명주(1)	김명주(2)	김명하
김명화	김명희(63)	김문성	김미경(61)	김미경(63)	김미숙	김미정	김미형	김민경
김민웅	김민주	김범석	김병수	김병옥	김보라미	김봉습	김비단결	김선규
김선민	김선희(66)	김성곤	김성기	김성은(1)	김성은(2)	김세은	김세원	김세진
김수진	김수환	김순금	김순옥	김순호	김순희(2)	김시형	김신태	김신판
김승원	김아영	김양식	김영선	김영숙(1)	김영숙(2)	김영애	김영준	김옥경
김옥주	김용술	김용한	김용희	김유석	김은미	김은심	김은정	김은주
김은파	김인식	김인애	김인욱	김인자	김일학	김정식	김정현	김정현(96)
김정화	김정훈	김정희	김종태	김종호	김종희	김주미	김중우	김지수(2)

김지애	김지열	김지유	김지은	김진숙(71)	김진태	김철한	김태식	김태욱
김태헌	김태희	김평화	김하윤	김한기	김현규	김현숙(61)	김현숙(72)	김현우
김현정	김현정(2)	김현철	김형규	김형전	김혜숙(53)	김혜숙(60)	김혜원	김혜정
김홍명	김홍일	김희경	김희성	김희준	나의열	나춘화	남수빈	남영우
남원일	남지연	남진애	노마리아	노미경	노선이	노성숙	노채은	노혜경
도종관	도진경	도진해	류다현	류동춘	류미희	류시운	류연옥	류점용
류종덕	류진선	모영진	문경남	문상흠	문순혁	문영식	문정숙	문종선
문준혁	문찬혁	문행자	민 영	민용기	민중근	민해정	박경남	박경수
박경숙	박경애	박귀자	박규철	박다연	박대길	박동심	박명화	박문영
박문형	박미경	박미숙(67)	박미숙(71)	박미자	박미정	박배민	박보경	박상선
박상준	박선대	박선희	박성기	박소운	박순주	박순희	박승억	박연숙
박영찬	박영호	박옥선	박원대	박원자	박윤하	박재준	박정서	박정오
박정주	박정은	박정희	박종례	박주현	박준용	박지영(58)	박지영(73)	박지희
박진만	박진현	박진희	박찬수	박찬은	박춘례	박한종	박해윤	박헌민
박현숙	박현자	박현정	박현철	박형전	박혜숙	박홍기	박희열	반덕진
배기완	배수영	배영지	배제성	배효선	백기자	백선영	백수영	백승찬
백애숙	백현우	변은섭	봉성용	서강민	서경식	서동주	서두원	서민정
서범준	서승일	서영식	서옥희	서용심	서월순	서정원	서지희	서창립
서회자	서희승	석현주	설진철	성 엄	성윤수	성지영	소도영	소병문
소선자	손금성	손금화	손동철	손민석	손상현	손정수	손지아	손태현
손혜정	송금숙	송기섭	송명화	송미희	송복순	송석현	송염만	송요중
송원욱	송원희	송유철	송인애	송태욱	송효정	신경원	신기동	신명우
신민주	신성호	신영미	신용균	신정애	신지영	신혜경	심경옥	심복섭
심은미	심은애	심정숙	심준보	심희정	안건형	안경화	안미희	안숙현
안영숙	안정숙	안정순	안진구	안진숙	안화숙	안혜정	안희경	안희돈
양경엽	양미선	양병만	양선경	양세규	양예진	양지연	엄순영	오명순
오승연	오신명	오영수	오영순	오유석	오은영	오진세	오창진	오혁진
옥명희	온정민	왕현주	우남권	우 람	우병권	우은주	우지호	원만희
유두신	유미애	유성경	유정원	유 철	유향숙	유희선	윤경숙	윤경자
윤선애	윤수홍	윤여훈	윤영미	윤영선	윤영이	윤 옥	윤은경	윤재은
윤정만	윤혜영	윤혜진	이건호	이경남(1)	이경남(72)	이경미	이경선	이경아
이경옥	이경원	이경자	이경희	이관호	이광로	이광석	이군무	이궁훈
이권주	이나영	이다영	이덕제	이동래	이동조	이동춘	이명란	이명순
이미옥	이병태	이복희	이상규	이상래	이상봉	이상선	이상훈	이선민
이선이	이성은	이성준	이성호	이성훈	이성희	이세준	이소영	이소정
이수경	이수련	이숙희	이순옥	이승훈	이시현	이아람	이양미	이연희
이영숙	이영신	이영실	이영애	이영애(2)	이영철	이영호(43)	이옥경	이용숙
이용웅	이용찬	이용태	이원용	이윤주	이윤철	이은규	이은심	이은정
이은주	이이숙	이인순	이재현	이정빈	이정석	이정선(68)	이정애	이정임

이종남	이종민	이종복	이중근	이지석	이지현	이진아	이진우	이창용
이철주	이춘성	이태곤	이평식	이표순	이한솔	이현주(1)	이현주(2)	이현호
이혜영	이혜원	이호석	이호섭	이화선	이희숙	이희정	임석희	임솔내
임정환	임창근	임현찬	장모범	장시은	장영애	장영재	장오현	장지나
장지원(65)	장지원(78)	장지은	장철형	장태순	장홍순	전경민	전다록	전미래
전병덕	전석빈	전영석	전우성	전우진	전종호	전진호	정가영	정경회
정계란	정금숙	정금연	정금이	정금자	정난진	정미경	정미숙	정미자
정상묵	정상준	정선빈	정세영	정아연	정양민	정양욱	정 연	정연화
정영목	정옥진	정용백	정우정	정유미	정은정	정일순	정재웅	정정녀
정지숙	정진화	정창화	정하갑	정은교	정해경	정현주	정현진	정호영
정환수	조권수	조길자	조덕근	조미선	조미숙	조병진	조성일	조성혁
조수연	조영래	조영수	조영신	조영연	조영호	조예빈	조용수	조용준
조윤정	조은진	조정란	조정미	조정옥	조증윤	조창호	조현희	조황호
주봉희	주연옥	주은빈	지정훈	진동성	차문송	차상민	차혜진	채수환
채장열	천동환	천명옥	최경식	최명자	최미경	최보근	최석묵	최선희
최성준	최수현	최숙현	최영란	최영순	최영식	최영아	최원옥	최유숙
최유진	최윤정(66)	최은경	최일우	최자련	최재식	최재원	최재혁	최정욱
최정호	최종희	최준원	최지연	최혁규	최현숙	최혜정	하승연	하혜용
한미영	한생곤	한선미	한연숙	한옥희	한윤주	한호경	함귀선	허미정
허성준	허 양	허 웅	허인자	허정우	홍경란	홍기표	홍병식	홍성경
홍성규	홍성은	홍영환	홍은영	홍의중	홍지흔	황경민	황광현	황미영
황미옥	황선영	황신해	황예림	황은주	황재규	황정희	황주영	황현숙
황혜성	황희수	kai1100	익명					

리테라 주식회사 문교강원동문회 문교강원학생회
문교경기〈문사모〉 문교경기동문〈문사모〉 문교서울총동문회
문교원주학생회 문교잠실송파스터디 문교인천졸업생
문교전국총동문회 문교졸업생 문교8대전국총학생회
문교11대서울학생회 문교K2스터디 서울대학교 철학과 학생회
(주)아트앤스터디 영일통운(주) 장승포중앙서점(김강후)
책바람

개인 688, 단체 19, 총 707

2021년 11월 30일 현재, 1,047분과 45개의 단체(총 1,092)가 정암학당을 후원해 주고 계십니다.

┃ 옮긴이

유혁

서울대학교 철학과와 영국 더럼 대학교 고전학과(Durham University, Department of Classics and Ancient History)에서 서양고대철학을 전공했다. 현재 서울대학교 인문대학과 기초교육원에서 후학들을 기르고 있다. 저서로는 『서양고대철학 1』(공저)이 있으며, 논문으로는 「플라톤 『법률』편에서 입법의 궁극적인 목표와 원리」, "What do you know when you know yourself? — Knowing oneself in Plato's *Charmides* 165a7ff.", "Doing what belongs to oneself(τὸ τὰ ἑαυτοῦ πράττειν): Different uses of the formula and different orientations" 등이 있다.

정암고전총서는 정암학당과 아카넷이 공동으로 펼치는 고전 번역 사업입니다.
고전의 지혜를 공유하여 현재를 비판하고 미래를 내다보는 안목을 키우는
문화적 기반을 마련하고자 합니다.

정암고전총서 플라톤 전집

카르미데스

1판 1쇄 펴냄 2021년 12월 27일
1판 2쇄 펴냄 2023년 2월 20일

지은이 플라톤
옮긴이 유혁
펴낸이 김정호

책임편집 박수용
디자인 이대웅

펴낸곳 아카넷
출판등록 2000년 1월 24일(제406-2000-000012호)
주소 10881 경기도 파주시 회동길 445-3 2층
전화 031-955-9511(편집) · 031-955-9514(주문)
팩스 031-955-9519
www.acanet.co.kr

© 유혁, 2021

Printed in Paju, Korea.

ISBN 978-89-5733-763-9 94160
ISBN 978-89-5733-634-2 (세트)